Knaur

Über den Autor:

*Daniel Deckers* wurde 1960 in Düsseldorf geboren und ist in Köln aufgewachsen. Das Studium der Katholischen Theologie absolvierte er in Freiburg, Bonn und Frankfurt am Main (Jesuitenhochschule St. Georgen). Promotion über die Gerechtigkeitslehre im Mittelalter und in der frühen Neuzeit. 1993 trat er in die Redaktion der *Frankfurter Allgemeinen Zeitung* ein. Seit 1997 ist er dort für die Berichterstattung über die katholische Kirche in Deutschland zuständig. Seit 2000 ist er Mitglied der Politischen Redaktion.

Daniel Deckers

# Der Kardinal

## Karl Lehmann

*Eine Biographie*

Knaur

Bildnachweis:
Abb. 1–9, 11, 14–16, 25, 29: Privat und Bischöfliches Ordinariat,
Dr. Barbara Nichtweiß; 17–24, 26–28: KNA-Bild; 10, 12: Pino, Rom
13: Gioberti

Leider konnten nicht alle Rechteinhaber ermittelt werden.
Berechtigte Ansprüche wird der Verlag selbstverständlich abgelten.

Besuchen Sie uns im Internet:
www.droemer-knaur.de

Vollständige Taschenbuchausgabe 2004
Knaur Taschenbuch. Ein Unternehmen der Droemerschen Verlagsanstalt
Th. Knaur Nachf. GmbH & Co. KG, München
Copyright © 2002 bei Pattloch Verlag GmbH & Co. KG, München
Alle Rechte vorbehalten. Das Werk darf – auch teilweise – nur mit
Genehmigung des Verlages wiedergegeben werden.
Umschlaggestaltung: ZERO Werbeagentur, München
Umschlagabbildung: Barbara Klemm, Frankfurt / Main
Satz: QuarkXPress im Verlag
Reproduktion: Kaltner Media, Bobingen
Druck und Bindung: Clausen & Bosse, Leck
Printed in Germany
ISBN 3-426-77690-1

2 4 5 3 1

*Für Ursula*

*Teresa, Johanna, Maria*
*Tilman, Jakob, Hedwig*

# An den Leser

Diese Biographie gibt redlich Rechenschaft. Zahlreiche Begegnungen und ausführliche Gespräche mit Karl Kardinal Lehmann standen an ihrem Anfang. Dem Bischof von Mainz und Vorsitzenden der Deutschen Bischofskonferenz sei Dank gesagt für das Vertrauen und die Großherzigkeit, mit denen er den Verfasser an seinem Leben und seinen Erfahrungen hat teilhaben lassen. Was davon in diese Beschreibung eingegangen ist, hat der Kardinal gutgeheißen.

Alle Sachverhalte sind nach bestem Wissen und Gewissen beschrieben. Manche Darstellung stößt dort an Grenzen, wo sie allein auf der Erinnerung von Zeitzeugen beruht. Archive und Akten zu nahezu allen Ereignissen, die in diesem Buch beschrieben sind, stehen der Forschung noch auf Jahrzehnte nicht zur Verfügung.

Dank für Gespräche, Kritik und Anregungen sei zudem gesagt Pfarrer Udo Bentz (Mainz), Matthias Fallert (Freiburg i. Br.), Generalvikar Dr. Werner Guballa (Mainz), Dr. Rudolf Hammerschmidt (Bonn), Weihbischof Dr. Peter Henrici SJ (Zürich), Donat Hercsik SJ (Rom), Bischof Dr. Josef Homeyer (Hildesheim), Prälat Dr. Georg Hüssler (Freiburg i. Br.), Bischof Dr. Franz Kamphaus (Limburg), Prälat Franz Kaspar (Wiesbaden), Prälat Dr. Max-Eugen Kemper (Rom), Dr. Friedrich Kronenberg (Bonn), Professor Dr. Werner Löser SJ (Frankfurt a. M.), Ordinariatsrätin Dr. Barbara Nichtweiß (Mainz), Professor Dr. Josef Pilvousek (Erfurt), Professor Dr. Fidel Rädle (Göttingen), Honorarprofessor Dr. Albert Raffelt (Freiburg i. Br.), Dr. Ulrich Ruh (Freiburg i. Br.), Professor Dr. Philipp Schmitz SJ (Rom), Jürgen Schymura (Stuttgart), Ministerpräsident Dr. Bernhard Vogel (Erfurt), Weihbischof Dr. Jo-

sef Voß (Münster), Professor Dr. Peter Walter (Freiburg i. Br.),
Bischof Dr. Joachim Wanke (Erfurt), Dr. Günther Wassilowsky
(Mainz), Professor Dr. Hubert Wolf (Münster).

Für vielfältige Hilfe dankt der Verfasser auch dem Seminar
für Zeitgeschichte der Theologischen Fakultät Erfurt, der Pressestelle des Bistums Mainz, der Pressestelle der Deutschen Bischofskonferenz (Bonn), der Pressestelle des Erzbistums Freiburg i. Br., dem Generalsekretariat des Zentralkomitees der
deutschen Katholiken (Bonn), der Martinus-Bibliothek der
Diözese Mainz und der Bibliothek der Philosophisch-Theologischen Hochschule Sankt Georgen (Frankfurt a. M.).

Bernhard Meuser, der Geschäftsführer des Pattloch Verlags,
München, hat den Verfasser für die Biographie des Kardinals
gewonnen. Der Mühe des Lektorats unterzog sich Dr. Petra
Riedl. Sie mußte eine wesentlich umfangreichere Version des
Buches lesen als die, die nun vor Ihnen liegt. Auch dafür Dank.

Möge das Buch allen gerecht geworden sein.

D. D.

## Hinweise zu den Anmerkungen

Ausführliche biographische Angaben und detaillierte Verweise
auf allgemein zugängliche Quellen finden sich im Text so wenig
wie möglich, aber so viel wie nötig. Zu vielen Stichwörtern enthält das *Lexikon für Theologie und Kirche* (LThK) weiterfüh-
rende Hinweise und verzeichnet die jüngste Literatur.

Dokumente des Heiligen Stuhls sind chronologisch in den
*Acta Apostolicae Sedis* veröffentlicht. Die Dokumente des Zweiten Vatikanischen Konzils sind nach den Ergänzungsbänden
der zweiten Auflage des LThK zitiert. Dokumente der Deutschen Bischofskonferenz, darunter auch die Einführungsrefera-

te des Vorsitzenden, sind von der Pressestelle der Deutschen Bischofskonferenz veröffentlicht worden. Die Beschlüsse der Gemeinsamen Synode der Bistümer in der Bundesrepublik Deutschland sind nachzulesen in der zweibändigen *Offiziellen Gesamtausgabe* (Freiburg i. Br. 1976/77). Dokumente, die das Bistum Mainz betreffen, lassen sich über die Pressestelle des Bistums beziehen.

Anschauliche Lebensbilder der letzten Päpste finden sich bei Georg Schwaiger, *Papsttum und Päpste im 20. Jahrhundert* (München 1999). Kurze Biographien oder Biogramme aller *Bischöfe der deutschsprachigen Länder 1945–2001* bietet das gleichnamige Buch von Erwin Gatz (Freiburg i. Br. 2002). Den Freiburger Erzbischöfen ist das Buch *Die Freiburger Bischöfe* von Christoph Schmider gewidmet (Freiburg i. Br. 2002). Für das Bistum Mainz liegt ein *Handbuch der Mainzer Kirchengeschichte* vor.

Ein präziser Abriß der Geschichte der Katholischen Kirche in beiden Teilen Deutschlands nach 1945 (Erwin Gatz/Josef Pilvousek) sowie nach der Wiedervereinigung (Erwin Gatz) findet sich in Erwin Gatz (Hg.), *Kirche und Katholizismus seit 1945, Band 1: Mittel-, West- und Nordeuropa*, Paderborn 1998.

Eine vollständige Bibliographie von Karl Lehmann mit inzwischen annähernd 2000 Eintragungen ist über das Internet unter www.uni-freiburg.de/theologie/forsch/lehmann/lehmann1. htm einzusehen.

Die Abkürzungen richten sich nach der zweiten Auflage des *Internationalen Abkürzungsverzeichnisses für Theologie und Grenzgebiete* (IATG$^2$). »KB« steht allerdings für das *Korrespondenzblatt für die Alumnen des Collegium Germanicum et Hungaricum*, nicht für die *Keilinschriftliche Bibliothek*.

# Inhalt

# Prolog: Menschen 2001

Zuerst hatte Karl Lehmann an einen schlechten Scherz gedacht, damals, an jenem Freitag mittag im Januar 2001, als ein Anrufer aus Bonn ihn mit der Nachricht konfrontierte, die 37 neuen Kardinäle des vergangenen Sonntags seien nicht das letzte Wort. Am nächsten Sonntag werde Papst Johannes Paul II. auch *ihn,* Karl Lehmann, in die Schar der »Senatoren« der Kirche einreihen. Ein schlechter Scherz? Zu oft schon war Lehmann, seit fast zwanzig Jahren der Prellbock zwischen Rom und der deutschen Kirche, übergangen worden. Zu sehr waren er und mit ihm die meisten deutschen Bischöfe von Papst und Kurie in dem jüngsten Konflikt, dem Konflikt über die Konfliktberatung, gedemütigt worden.

Freilich steht der Mainzer Bischof schon seit 1987 an der Spitze der Deutschen Bischofskonferenz. Zweimal war er in diesem Amt bestätigt worden. Wäre er der »Liberale«, für den seine sich »papsttreu« nennenden Gegner ihn halten, er hätte niemals das Vertrauen der anderen Bischöfe gewinnen und auch behalten können. Auch Lehmann ist ein Papsttreuer. Nur nennt er sich nicht so. Sieben Jahre hat er in Rom studiert, hat als akademischer Lehrer seinen Schülern die Achtung vor der Überlieferung der Kirche vermittelt. Aber er ist kein Triumphalist. Kirchlichkeit und Treue zum Papst, wahre *romanitá,* schließen Freimut und Kritik nicht aus, sondern ein. Lehmann, Römer, aber kein Römling, soll wohl Kardinal werden können.

Als Johannes Paul II. während des Angelus-Gebetes auf dem Petersplatz am Sonntag, dem 28. Januar, den Namen »Karl Lehmann, vescovo di Moguntia« nennt, verbreitet sich die Nachricht nicht nur in Deutschland wie ein Lauffeuer. Lehmann selbst, nüchtern, unromantisch, kann sich des Gefühls der Genugtuung nicht länger erwehren. Er ist sich immer treu geblieben, hat sich nicht verbiegen lassen.

Fünf Wochen lang ist in der katholischen Kirche Deutschlands »der Teufel los«. Nicht nur Lehmann, auch der Paderborner Erzbischof Johannes Joachim Degenhardt, der deutsche Kurienkardinal Walter Kasper, bis vor kurzem Bischof von Rottenburg-Stuttgart, und der hochbetagte Münchner Dogmatiker Leo Scheffczyk bereiten sich auf das feierliche Konsistorium in Rom vor. Gefeiert wird in Paderborn und Stuttgart, in München und Mainz. Und überall dort, wo Lehmann sich sehen läßt. Hochstimmung hat alle erfaßt, nicht nur in Mainz und Freiburg, seinem Heimatbistum; sie bewegt alle, die aus welchen Gründen auch immer dem Vorsitzenden der Deutschen Bischofskonferenz zugetan sind. Mit Glückwünschen und Ehrungen überhäuft, ist Karl Kardinal Lehmann einer der ersten »Menschen 2001«.

Petersplatz und Deutsche Botschaft, Martinsdom und Rheingoldhalle – der Alltag kehrt erst nach und nach in das Mainzer Bischofshaus zurück. Als die »Deutsche Bischofskonferenz« sich zu Beginn der Fastenzeit zu ihrer Frühjahrsvollversammlung in Augsburg trifft, ist Lehmann wieder in seinem Element. Nach dem Streit über die Schwangerenkonfliktberatung, der die Bischofskonferenz in ihre tiefste Krise seit Jahrzehnten gestürzt hat, will Lehmann die vielbeschworene Einheit der Bischöfe wiederherstellen – und das nicht nur in Fragen der Bioethik, bei denen der Vorsitzende mittlerweile ebenso standfest ist wie auf den anderen Feldern, auf denen die Kirche sich in der Gesellschaft und im Dialog mit der Politik zu bewähren hat.

Gefeiert worden ist genug! Meint der Kardinal.

Nicht einmal drei Monate später versammelt sich im Martinsdom in Mainz abermals eine stattliche Gemeinde – Karl Lehmann zu Ehren. Es ist ein gewöhnlicher Werktag. Man singt die Vesper, das Abendlob der Kirche, und begibt sich in den nahe gelegenen »Erbacher Hof«, das Bildungszentrum des Bistums Mainz. Dort soll eine Feier stattfinden. Anlaß ist der 65. Geburtstag des Bischofs von Mainz, Karl Kardinal Lehmann, so ist auf der Einladung an gut 200 geladene Gäste zu lesen. Hatte Lehmann unter dem Eindruck der Feierlichkeiten aus Anlaß der Kardinalserhebung nicht gesagt: »Nun aber keine eigene Geburtstagsfeier mehr«? Zumal es keinen »runden« Geburtstag zu feiern gibt.

Doch geht es dieses Mal nicht um Kirche, sondern um Wissenschaft. Deswegen kann die lange vor der überraschenden Erhebung in den Kardinalsstand geplante Akademische Feier nicht ausfallen. Heute, am 16. Mai 2001, wäre Professor DDr. Karl Lehmann, geboren am 16. Mai 1936 im hohenzollerischen Sigmaringen, seit 1971 Ordinarius für Dogmatik und Ökumenische Theologie, nach dreißigjähriger Lehrtätigkeit an der Albert-Ludwigs-Universität Freiburg im Breisgau emeritiert worden. Wenn, ja wenn das Mainzer Domkapitel den 47 Jahre alten Freiburger Diözesanpriester nicht am 2. Juni 1983 einstimmig zum Nachfolger von Hermann Kardinal Volk gewählt hätte. Und wenn die wissenschaftliche Laufbahn des zweifachen Doktors in Philosophie wie Theologie mit der Ernennung zum Bischof von Mainz durch Papst Johannes Paul II. nicht zu Ende gewesen wäre. Doch auch Lehmann, der Bischof, konnte vieles verwirklichen, was Lehmann, dem Professor, wichtig und wertvoll erschienen war. Und seine Liebe zu Philosophie und Theologie hat er auch als Bischof weitergepflegt.

Wohl kaum ein Ordinarius eines deutschen Bistums, ja der Weltkirche, und wohl kaum ein Ordinarius an einer Katholisch-Theologischen Fakultät kann sich mit der Gelehrsamkeit und Bildung des Kardinals messen. Auch wenn Lehmann immer seltener die Zeit und die Gelegenheit hat, seinem theologischen Lehrer Karl Rahner nachzueifern und »große Vorträge« zu halten, verfolgt er den Weg der Theologie als Wissenschaft, in all der Weite der Disziplinen, im Schnittpunkt von Kirche und Gesellschaft, Kultur und Politik.

*Weg und Weite* – so heißt denn auch die Festschrift, die Albert Raffelt und Barbara Nichtweiß, zwei ehemalige Mitarbeiter des Freiburger Dogmatikers und Mainzer Bischofs, ihrem Lehrer an diesem Dienstag im Mai 2001 übereignen. Auf annähernd 800 Seiten haben sich alle versammelt, die in der theologischen Wissenschaft, katholisch wie evangelisch, Rang und Namen haben, die besten Vertreter ihres Faches.

Da sind die Kardinäle Joseph Ratzinger und Walter Kasper, streitlustige Weggefährten seit fast 40 Jahren und in der ménage a trois zusammen mit Lehmann die wohl bedeutendsten zeitgenössischen katholischen Dogmatiker. Nicht zurück stehen Eberhard Jüngel und Wolfhart Pannenberg, Systematiker der evangelischen Theologie. Auch Hans Küng und Johann Baptist Metz, wie Lehmann einst Rahners Schüler, Theodor Schneider, Lehmanns Nachfolger auf dem Lehrstuhl in Mainz als katholischer wissenschaftlicher Leiter des Ökumenischen Arbeitskreises katholischer und evangelischer Theologen, und Peter Walter, einst der erste Bischofskaplan Lehmanns, nun Dogmatiker in Freiburg, Werner Löser, Jesuit und einst Lehmanns Assistent, und Otto Hermann Pesch, der Grenzgänger zwischen Katholiken und Protestanten, und Dorothea Sattler, die erste Frau auf einem bedeutenden systematischen Lehrstuhl in Deutschland. Sind diese alle nicht die »radikale Mitte«, von der Karl Lehmann immer wieder spricht?

Auch Exegeten von Rang haben den Weg des Kardinals gekreuzt: Alfons Deissler, der dem jungen Freiburger Studenten Lehmann den Sinn für die Heilige Schrift erschloß, Erich Zenger, ein »Germaniker« wie Lehmann, Eduard Lohse, Ulrich Wilckens, beide Lutheraner, beide einst Bischöfe.

Wäre Heinz Schürmann, der Freund aus Erfurt, nicht schon verstorben, auch er wäre unter den Gratulanten. Namen über Namen: Alexander Hollerbach und Heribert Schmitz etwa repräsentieren das Kirchenrecht, Paul Kirchhof war Bundesverfassungsrichter, Julius Berger ist Cellist, Leo Trepp Rabbiner, Hans Maier war einst Präsident des Zentralkomitees der deutschen Katholiken wie jetzt Sachsens Wissenschaftsminister Hans-Joachim Meyer ...

Und dann findet man noch etliche Grußworte nicht unbekannter Personen: Der Bundespräsident schreibt ebenso wie der Bundestagspräsident und der Bundeskanzler. Die Ministerpräsidenten von Rheinland-Pfalz, Baden-Württemberg und Thüringen, Kurt Beck, Erwin Teufel, Bernhard Vogel; der Kardinalstaatssekretär und der emeritierte Kardinal-Erzbischof von Wien, Angelo Sodano und Franz König; der Vorsitzende des Rates der Evangelischen Kirche in Deutschland, Manfred Kock; der Apostolische Nuntius in Berlin, Erzbischof Giovanni Lajolo, und der Freiburger Erzbischof Oskar Saier, der Metropolit; die Intendanten von ZDF und SWR, Dieter Stolte und Peter Voß. Nicht einer ist darunter, der Lehmann nicht aus persönlichen Begegnungen kennt, nicht einer, der nicht in eigenen, herzlichen Worten dem Menschen Karl Lehmann Dank sagt. Und als Lehmann das Werk endlich in der Hand hält und es prüfend wiegt, entfährt es ihm nicht mehr ganz so nüchtern, nicht mehr ganz so unromantisch, nicht mehr ganz so realistisch wie sonst: »So ein Professor wünscht sich einmal eine Festschrift. Die meisten geben es nur nicht zu.« Und dann tut er, was er in solchen Situationen oft tut: Er lacht aus vollem Hals.

Freilich muß nicht jeder für die Festschrift zur Feder gegriffen haben, den es an diesem Mittwoch im Mai nach Mainz zieht. Wie in einem Mikrokosmos versammeln sich Freunde und Weggefährten aus vielen Orten, an denen Lehmann gelebt, aus vielen Zeiten, die Lehmann mitgeprägt hat.

Was ist aus den sieben Jahren im Deutsch-Ungarischen Kolleg in Rom geworden, was aus der »königlich vielen Zeit« zum Selbststudium, der Erinnerung an das Zweite Vatikanische

Konzil inmitten von Päpsten, Kardinälen, Bischöfen und Theologen, den Begegnungen mit Martin Heidegger? Peter Henrici ist gekommen, ein Jesuit, Lehmanns erster Doktorvater und zugleich Primizprediger in Rom, nun Weihbischof in Zürich, dazu Max-Eugen Kemper, Lehmanns Freund aus den Tagen im Germanikum, nun Geistlicher Botschaftsrat an der Botschaft der Bundesrepublik Deutschland beim Heiligen Stuhl.

Wo sind die Jahre der Kindheit und Jugend geblieben, die Jahre vor dem Krieg als preußischer Schwabe, als echter Hohenzoller, die vielen Ortswechsel mit den Eltern Karl und Gretel, mit dem drei Jahre jüngeren Bruder Reinhold, wo die Schatten des Krieges, die kurze Zeit im St. Fidelishaus in Sigmaringen, die Jugend in Veringenstadt hoch auf der Schwäbischen Alb, zwischen Elternhaus, Gymnasium und Pfarrkirche? Zwei Schulfreunde Lehmanns haben den Weg nach Mainz gefunden: Professor Fidel Rädle, mit Lehmann zusammen Klassenbester, und Karl Missel, Priester wie er und seit Jahrzehnten Rektor des Konviktes, das beide einst als Kinder besucht haben.

Die Eltern leben nicht mehr. Erst starb der Vater, am 10. Juni 1986, ein Jahr nach der Goldenen Hochzeit, in der Heimat, in Sigmaringen, elf Jahre später, am 22. Mai 1997, die Mutter, bei amerikanischen Ordensschwestern im Odenwald. Verstorben ist aber auch schon Bruder Reinhold, am 2. Dezember 1998, noch nicht 60 Jahre alt. Reinhold war ganz anders als Karl, viel umtriebiger, rastloser, freigeistiger. Als es zum Essen geht, nimmt Lehmann neben seiner Schwägerin Platz.

Verstorben, wenn auch schon vor vielen Jahren, ist ein anderer Mann, an den Lehmann in diesem Jahr, an diesem Tag immer wieder in dankbarer Erinnerung gedacht hat: Julius Kardinal Döpfner, Erzbischof von München und Freising, Vorsitzender der Deutschen Bischofskonferenz, Lehmanns väterlicher Freund. Lehmann trägt den Bischofsring des früheren Kardinals. Dessen fränkisch-knorrig-knurriges Temperament

15

hat er nicht. Doch wie Döpfner vermeidet Lehmann als Bischof und Vorsitzender der Bischofskonferenz alles, was polarisiert, hält sich von allen fern, die intrigieren und Zwietracht säen. Und wie Döpfner stand Lehmann mehr als einmal vor dem Papst, sprach in Freimut und Demut, in einer Haltung von Kirchlichkeit, wie sie sein sollte, die Kritik nicht aus-, sondern einschließt.

Und als an diesem Abend im Mai 2001 die Reden gehalten und alle Musikstücke bis auf eines erklungen sind, spricht der Kardinal. Frei, ohne Manuskript. Er dankt den vielen, die gekommen sind, gedenkt der nicht wenigen, die nicht mehr kommen konnten.

Und er blickt zurück auf ein Leben, das mit einer gar nicht hoffnungsvollen Prophezeiung begann. Es sollte das Leben eines Kardinals werden.

# 1 *Im Licht der frühen Jahre – der Schüler (1936–1956)*

### Die Geburt: Am Nachmittag nix G'scheits

Im späten Frühling des Jahres 1936 soll das erste Kind der Familie Karl und Gretel Lehmann, geborene Waldner, das Licht der Welt erblicken. Von Empfingen, einem Dorf im rauhen, hohen Norden Hohenzollerns, wo das Lehrerehepaar seit der Heirat im vergangenen Jahr wohnt, ist die Mutter rechtzeitig nach Langenenslingen gefahren. Hier, unweit der Donau, ist sie aufgewachsen, hier hat sie ihren Mann kennengelernt, hier leben auch noch ihre Eltern, ihre Geschwister und Verwandten.

Geboren werden soll das Kind aber nicht zu Hause. Auch nicht im nahe gelegenen Riedlingen, wo es ein kleines Krankenhaus gibt. Margarete Lehmann hat sich für das Krankenhaus in Sigmaringen entschieden, das beste weit und breit, das größte zwischen Freiburg und Tübingen. Zudem verläuft zwischen Langenenslingen und Riedlingen eine unsichtbare Grenze. Langenenslingen gehört zu Preußen, genauer zu den Hohenzollernschen Landen, Riedlingen zu Württemberg.

Sigmaringen also ist nicht irgendeine Stadt. Es ist eine Residenzstadt. Ein Schloß, malerisch auf einem Felsen über der Donau gelegen, ist ihr Wahrzeichen. Der Stammsitz der Fürsten zu Hohenzollern-Sigmaringen, einem alten schwäbischen Geschlecht, das dem katholischen Glauben immer treu geblieben war. Unterhalb des Schlosses, in der Stadt, zwischen Kirchen und Schulen, die Behörden: preußische Behörden. Schon mehr als achtzig Jahre gehören die einstmals selbständigen hohenzollerischen Fürstentümer Sigmaringen und Hechingen zu Preußen. Wer nun in Sigmaringen geboren wird, der ist ein schwäbischer Preuße oder auch ein alemannischer Schwabe.

Das Kind läßt sich Zeit, am 16. Mai 1936. Unter den Wehen verrinnt Stunde um Stunde. Die Hebamme, eine junge Ordensschwester, ist nicht aus der Ruhe zu bringen. Das Kind müsse doch wohl noch an diesem Tag kommen, hofft die Mutter um die Mittagszeit. »Besser nicht, am Nachmittag und Abend kommt nix G'scheits«, prophezeit die Schwester.

Mitten am Nachmittag, um 16.15 Uhr, wird Karl Lehmann als erstes Kind der Familie Karl und Gretel Lehmann geboren. Mutter und Sohn haben die Warnung der Hebamme ignoriert. »Sehr lebhafter Blick nach der Geburt«, hält Mutter Gretel später im »Buch der Kindheit« fest. Und sie bewahrt auch das Bändchen auf, das man dem »Knaben Lehmann« um das Handgelenk macht.

Mit fünf Wochen lächelt das Kind zum ersten Mal. Mit dreieinhalb Monaten kräht es zum ersten Mal mit Wohlbehagen, im Lauf des achten Monats sagt es »Ma-ma« und »Pa-pa«. Im Alter von einem Jahr mag der kleine Karl nicht sitzen, nur stehen. »Er ist ungemein zäh und ausdauernd, bis er in den Schlaf findet«, schreibt die Mutter. »So geht es ins II. Jahr.«

Mit zwei Jahren stellt »Karlebubi« Fragen, mit zweieinhalb läßt er sich zum ersten Mal ruhig die Haare schneiden. Vom Spiel mit Nachbarskindern fast nicht wegzubekommen. »Oft gibt es zähen Widerstand«, beobachtet Mutter Gretel. »Zäh« – das Prädikat taucht früh auf. Aus »Karlebubi« soll einmal ein Doktor der Philosophie, ein Priester und ein Doktor der Theologie, ein Ordinarius für Dogmatik und Ökumenische Theologie, Honorarprofessor, vielfacher Doktor honoris causa, ein Bischof von Mainz, der Vorsitzende der Deutschen Bischofskonferenz und ein Kardinal der römisch-katholischen Kirche werden. Und die ihn kennen, bezeugen, daß er auch im Alter von mehr als 65 Jahren von vielen Gesprächen noch immer kaum wegzubekommen ist, daß er zäh und ausdauernd wie eh und je agiert und abends oft nur schwer in den Schlaf findet …

### Der Namenspatron: Karl (Borromäus)

Getauft wird der Erstgeborene natürlich auch in Sigmaringen. Nicht in der Pfarrkirche, wo die Täuflinge in die Wiege des heiligen Fidelis gelegt werden, sondern in der Kapelle des Landeskrankenhauses, drei Tage nach der Geburt, am 19. Mai 1936. Bauer Anton Waldner, ein Bruder der Mutter, ist der Pate, Thekla Hepp, geb. Lehmann, eine Schwester des Vaters, die Patin. Da der Erstgeborene nicht in der Pfarrkirche getauft wird, liegt es den Eltern auch fern, ihm den Namen des Patrons der Pfarre, der Stadt und des Landes Hohenzollern zu verleihen: Fidelis heißt der Junge nicht. Die Eltern, sie ahnen vielleicht, daß ihr Sohn nicht nach Fidelis schlagen könnte, einem Glaubenszeugen zwar, aber einem, der auf Gewalt, nicht auf Überzeugung gesetzt hat. Fidelis, erst Rechtsanwalt, dann Kapuziner, war weder ein echter Hohenzoller, noch hatte er das ausgleichende, mitunter mit ein wenig Schwermut durchwirkte Temperament, wie es manchem schwäbischen Alemannen zu eigen ist. Er war der Sohn des Stadtschultheißen von Sigmaringen, ein Eiferer, ein Gegenreformator, der erste Märtyrer seines jungen Ordens und der noch jüngeren römischen »Propaganda«-Kongregation. Calvinistische Bauern hatten ihn im Jahr 1622 in der Ostschweiz erschlagen.

Karl und Gretel Lehmann nennen ihren erstgeborenen Sohn Karl.

Karl Lehmann und Karl Lehmann? Die Namensgleichheit des Sohnes mit dem Vater ist nur eine scheinbare: Karl Lehmann senior ist nach Karl dem Großen benannt worden, der Namenspatron des Sohnes ist der heilige Karl Borromäus (1538–1584).

In der Familie hat der Name Tradition. Ein kürzlich verstorbener Großonkel, Studienrat Dr. theol. Karl Waldner, ein angesehener Mann, der viele Jahre am staatlichen Gymnasium in Sigmaringen unterrichtete, war gleichfalls nach Carlo Borromeo benannt.

Wie Pater Fidelis war auch dieser ein Mann der Kirche, ein Mann der katholischen Reform, sogar Erzbischof von Mailand und Kardinal. Aber Karl Borromäus setzte nicht auf äußeren Zwang, sondern auf die Macht der Überzeugung: In Visitationen und Synoden, Instruktionen und Verwaltungsvorschriften, Kollegien und Seminaren und in seinen Schriften, den *Schulen des christlichen Lebens*, nahm der Geist des Trienter Konzils im 16. Jahrhundert »gleichsam Fleisch und Blut« an.[1]

Bis heute ist der Reformer ein Inbegriff von Bildung und Gelehrsamkeit katholischer Prägung. Auch in Hohenzollern. Mitte des 19. Jahrhunderts nimmt sich in Bonn ein katholischer Verein den lombardischen Heiligen zum Vorbild: Man nennt sich »Borromäus-Verein« und widmet sich der »Förderung von Geistes- und Herzensbildung auf katholischer Grundlage durch die Verbreitung guter Bücher«.

Karl oder Fidelis? Hier der Patron der Seelsorger, der Katecheten, der Katechumenen und der Seminaristen, dort der Patron der Juristen, in Gerichtsangelegenheiten und für die – eifernde – Ausbreitung des Glaubens.

Die Wahl paßt: Zu Beginn der fünfziger Jahre entsteht in Veringenstadt eine Borromäus-Pfarrbibliothek mit etwa 2000 Bänden. Drei Bücher kommen auf jeden Einwohner, schätzt ihr Leiter, der Gymnasiast Karl Lehmann. Der Priesteramtskandidat für das Erzbistum Freiburg Karl Lehmann wohnt für drei Semester im Collegium Borromäum, dem Konvikt der badischen Bischofsstadt. Im Deutsch-Ungarischen Kolleg in Rom wirkt Karl Lehmann als Oberbibliothekar. Als Assistent und Professor wird Karl Lehmann nach und nach stolzer Besitzer einer Privatbibliothek, die mittlerweile mehr als 50 000 Bücher umfaßt. Oder sind es schon 60 000? Besucht Bischof Karl eine Gemeinde seiner Diözese, darf ein Besuch in der Borromäus-Bibliothek nicht fehlen. »Auch nicht der Dank an alle Ehrenamtlichen, die dort mitarbeiten« – sagt der Kardinal Karl Lehmann.

Die Lebensgeschichte von Karl Borromäus ist dem Kardinal selbstverständlich geläufig, die Schriften sind es auch. Hin und wieder ist Karl Lehmann in Mailand auf den Spuren des Karl Borromäus gewandelt, hat in Archiven unveröffentlichte Schriftstücke und Briefe gesucht und auch gefunden. Carlo M. Martini, Jesuit und bis zum Jahr 2002 Kardinal-Erzbischof von Mailand, hat ihn in die Privatgemächer seines Vorgängers im Erzbischöflichen Haus geführt, in die Kapelle, in das Schlafzimmer Carlo Borromeos. Zu dessen 400. Todestag am 16. Oktober 1984 würdigt Karl Lehmann, Bischof von Mainz, seinen Namenspatron als »Pionier neuzeitlicher Pastoral«.[2]

## Die Herkunft: Hohenzollern

Sigmaringen, 16. Mai 1936: Karl Lehmann wird in eine hohenzollerische Familie hineingeboren. Hohenzollern – ein kleiner Landstrich, eingekeilt zwischen zwei großen, Baden und Württemberg, und deshalb preußisch – aber nur im Politischen. Im Religiösen ist Hohenzollern so katholisch, wie es nur irgend geht, katholischer als alle anderen Regionen des badischen Erzbistums Freiburg[3] und erst recht katholischer als das nahe gelegene württembergische Bistum Rottenburg.[4]

Auch die protestantischen Preußen haben daran ihren Anteil. Die beiden katholisch-schwäbischen Fürstenlinien Hohenzollern-Sigmaringen und Hohenzollern-Hechingen[5] nämlich haben nach dem revolutionären Volksaufstand des Jahres 1848 keine rechte Freude mehr an ihrer Selbständigkeit und danken zugunsten der protestantischen Verwandten im fernen

Berlin ab. Die aber wollen sich mit Blick auf die deutsche Einigung unter ihrer Führung keine Feinde machen, sondern sich als Bewahrer der Tradition und als Motoren des Fortschritts zugleich darstellen. »Zum ersten Mal setzt Preußen seinen Fuß tief in den Süden Deutschlands, um hier, so Gott will, Preußischen Geist und Preußische Sitte auf die Dauer heimisch zu machen. Soll dies gelingen, so ist es dringende Pflicht, mit größter Vorsicht zu verfahren und jeden Schritt sorgfältig zu vermeiden, der irgend entfremdend auf die Bevölkerung wirken oder die Tüchtigkeit der bisher nur traditionell hier gekannten Preußischen Verwaltung in Zweifel stellen könnte«, stellt der preußisch-königliche Besitzergreifungskommissar weitsichtig fest.[6] Das Staatskirchentum in Preußen wird 1850 mit der neuen Verfassung abgeschafft – das kirchliche Leben blüht auf. Auch in Hohenzollern. Denn anders als im Großherzogtum Baden und im Königreich Württemberg dürfen Männerorden in Preußen Niederlassungen gründen.

Gorheim etwa, Anfang des 14. Jahrhunderts als Franziskanerinnenkloster gegründet, war 1782 unter Kaiser Joseph II. aufgehoben worden. 1852 entsteht in den Gebäuden des alten Klosters, die der preußische Militärfiskus 1850 der Kirche zurückgegeben hatte, das Noviziat der deutschen Provinz der »Gesellschaft Jesu«. Mit etwa 20 Patres und 30 Novizen strahlt die Kommunität weit über Sigmaringen und sein Gymnasium, ja weit über Hohenzollern hinaus.

Neu besiedelt wird auch das 1077 als Augustinerchorherrenstift gegründete Kloster St. Martin in Beuron im Donautal. Die Brüder Maurus und Placidus Wolter[7] richten im Jahr 1863 in den alten Klostergebäuden, die sich seit 1806 im Besitz der Fürsten von Hohenzollern-Sigmaringen befinden, ein Benediktinerkloster ein und erneuern die Wallfahrt zum Gnadenbild der schmerzhaften Mutter. Schon 1868 wird Beuron von Papst Pius IX. in den Rang einer Abtei erhoben.

Der preußische Kulturkampf macht vor Hohenzollern nicht

halt. Zu den ersten Repressalien gegen die katholische Kirche zählt das Verbot des Jesuitenordens und mit ihm verwandter Orden und Kongregationen auf dem Boden des Deutschen Reiches vom 4. Juni 1872. Die Gorheimer Jesuiten werden als erste in alle Winde zerstreut. Drei Jahre später werden in Preußen alle Orden und Kongregationen aufgehoben, sofern sie nicht im Dienst der Krankenpflege stehen. Nun müssen auch 80 Benediktiner[8] ihr Kloster verlassen. Auch das »St. Fidelishaus« in Sigmaringen, ein Gymnasialkonvikt, darf nicht mehr weitergeführt werden.

Auch Laien werden in den Kulturkampf hineingezogen. In Hechingen lebt ein Journalist, ein Großonkel Karl Lehmanns mütterlicherseits. Er fällt mit seinem Temperament ein wenig aus dem Rahmen der schwäbisch-preußischen Tugendhaftigkeit und verbringt als Agitator einige Zeit im Gefängnis. Reinhold, der jüngere Bruder Karl Lehmanns, könnte – so grübelt der Kardinal – manches von dem Hechinger Lehmann geerbt haben.

Nach dem Ende des Kulturkampfs wird das St. Fidelishaus wiedereröffnet. Die Jesuiten bleiben verboten. Die Beuroner Benediktiner aber können zurückkehren. Schon bald wird die Abtei zum Mutterkloster der Beuroner Kongregation und entwickelt als Zentrum der liturgisch-monastischen Erneuerungsbewegung eine Anziehungskraft, die weit über die Landesgrenzen hinausreicht. In Hohenzollern wird Beuron zu einem Zentrum des kirchlichen Lebens. Manches Landeskind schließt dort seinen Bund fürs Leben: Karl Lehmann (senior) etwa mit Gretel Waldner im Jahr 1935. Gefeiert wird im Hotel Klosterhof, Beuron, Telefon Nr. 3. Und Reinhold Lehmann heiratet ebenfalls dort im Jahr 1963.

In Sigmaringen-Gorheim lassen sich Franziskaner nieder. Sie gründen eine Philosophisch-Theologische Hochschule, die ebenfalls weit über die Region und den Orden hinaus bekannt wird. Benediktinerinnen besiedeln das Kloster Habsthal, ein mittelalterliches Dominikanerinnenkloster. Karl Lehmann, der Vater, hat zwei ältere Schwestern, Zwillinge. Eine der beiden wird dort Chorfrau – »Klostertaube«, sagt der Kardinal.

In der Volksfrömmigkeit hat der Kulturkampf keine bleibenden Spuren hinterlassen. In den Dörfern, die meisten weit abgelegen von einer auch nur kleinen Stadt und oben auf der Alb vor allem im Winter von der Außenwelt nahezu abgeschnitten, geht das religiöse Leben einen seit vielen Generationen gewohnten Gang. Die Kirchturmuhr schlägt die Stunde, der Sonntag kennt den Gottesdienst am Vormittag, Andacht und Gang auf den Friedhof am Nachmittag, für die Toten einen Rosenkranz und Brot für die Kinder, das Kirchenjahr mit der Abfolge der Fastenzeiten, der Feste und Feiertage – Mensch und Vieh sind Teil einer kosmischen, immerwährenden Ordnung. »Die geheimnisvolle Fuge, in der sich die kirchlichen Feste, die Vigiltage und der Gang der Jahreszeiten und die morgendlichen, mittäglichen und abendlichen Stunden jedes Tages ineinanderfugten, so daß immerfort ein Läuten durch die jungen Herzen, Träume, Gebete und Spiele ging – sie ist es wohl, die mit eines der zauberhaftesten und heilsten und währendsten Geheimnisse des Turmes birgt, um es stets gewandelt und unwiederholbar zu verschenken bis zum letzten Geläut ins Gebirg des Seyns.«[9] So hat es Martin Heidegger, fast siebzigjährig, in Erinnerung an seine Kindheit im (badischen) Meßkirch, in der Nähe Hohenzollerns, aufgeschrieben. Auch Karl Lehmann, der Kardinal, hat seine Kindheit in Hohenzollern in Erinnerung.

## Die Eltern: Karl und Gretel Lehmann

Vater und Mutter Karl Lehmanns sind beide in Langenenslingen, einer hohenzollerischen Exklave am Südrand der Schwäbischen Alb, aufgewachsen. Beide sind in kinderreichen Familien groß geworden, wie sie Anfang des 20. Jahrhunderts die Regel waren. Der Vater, geboren am 25. Juli 1903, hat fünf Schwestern. In eine Bauernfamilie ist der kleine Karl aber nicht hineingeboren worden, eher in eine Unternehmerfamilie. »Colonial- und Landesprodukte« steht auf dem Schild zu lesen, das über dem Geschäft im rechten Teil des großelterlichen Hauses hängt. Die Lehmanns besitzen die einzige Tankstelle in der Region und betreiben einen Kohlenhandel. Und fahren schon in den zwanziger Jahren mit einem Lastwagen die Alb hinauf, um den Fortschritt auch in die entferntesten Winkel einer der verschlossensten Regionen Süddeutschlands zu bringen.

Karl Lehmann senior möchte Lehrer werden. 1923, auf dem Höhepunkt der Inflation und der Wirtschaftskrise, schließt er die Ausbildung ab. Und wird, wie so viele Junglehrer, so viele »rote Hunde«, arbeitslos. Jahre vergehen, in denen der Lehrer im Haus der Eltern wohnt und sich mit Aushilfsarbeiten durchschlägt. An Heirat und die Gründung einer Familie ist nicht zu denken. Eher an eine neue Ausbildung oder an ein neues Studium. Geld wäre wohl vorhanden gewesen, berichtet Karl Lehmann junior. Aber die Großmutter, sparsam, fast geizig wie sie ist, stellt sich auf den Standpunkt, ein zweites Studium komme nicht in Frage.

Neue Stellen für Lehrer gibt es erst, nachdem die Nationalsozialisten an die Macht gekommen sind. 1934 – so erinnert sich der Kar-dinal – begegnet sein Vater einem Freund, ebenfalls ein Lehrer, ebenfalls lange ohne Anstellung. »Du bist jünger als ich, du hast ein schlechteres Examen, warum hast du jetzt eine Stelle?« Der Freund dreht das Revers um. Auf der Rückseite, versteckt, prangt das Parteiabzeichen der NSDAP.

Auch Vater Lehmann tritt in die Partei ein. 1934, elf Jahre nach dem Abschluß der Präparandie, die ihn nach Boppard in das preußische Rheinland geführt hat, erhält Karl Lehmann senior seine erste Stelle. Quekenberg heißt das kleine Dorf bei Düren, wohin es ihn verschlägt. Schnell findet er einen Kolle-

25

gen, der mit ihm tauscht: Rheinland gegen Hohenzollern. Am Anfang des Jahres 1935 ist er wieder in der Heimat und heiratet Margarete Waldner.

Karl und Gretel hatten einander schon vor Jahren versprochen. Doch er hätte keine Familie ernähren können. Und sie nicht Mann und Kinder. Dabei kommt auch sie nicht aus ärmlichen Verhältnissen. Gretel Waldner stammt aus einem durchaus ansehnlichen Bauernhof und einer angesehenen Familie. In der Ahnentafel ist Moriz (sic), ihr Vater, geboren 1872, Bauer und Bürgermeister. Aber der Tochter Margarete, am 22. Februar 1911 geboren, werden die Inflation und die nachfolgende Wirtschaftskrise auf ähnliche Weise zum Verhängnis wie ihrem späteren, acht Jahre älteren Mann.

Während Karl Lehmann in Langenenslingen bleibt, weil er keine Anstellung findet, muß Margarete Waldner wegen der Inflation das Gymnasium in Sigmaringen verlassen. Die Eltern, die noch sechs weitere Kinder zu ernähren haben, können das Schulgeld nicht mehr aufbringen, so begabt Margarete, eine von vier Töchtern, auch ist. Das Mädchen macht eine Lehre als Schneiderin, kann aber der Enge des Dorfes doch noch entfliehen. In Rottweil am Neckar absolviert Margarete Waldner eine Ausbildung als Buchhändlerin. Am 13. April 1935 heiratet sie Karl Lehmann. Übers Jahr wird Sohn Karl geboren.

Nicht einmal zweieinhalb Jahre lebt die Familie in Empfingen, einem gar nicht so kleinen Dorf zwischen Horb am Neckar und Hechingen. Dann wird Lehrer Lehmann zum ersten Mal versetzt. Vom Nordwesten des Landes geht es in den Nordosten, nach Hörschwag. Auch dort wartet eine einklassige Dorfschule auf einen Lehrer.

Nur drei Kilometer beträgt die Wegstrecke zu einer imaginären Grenze. Hinter Trochtelfingen, dem nächstgelegenen größeren Ort, liegt sie. Hörschwag gehört zu Hohenzollern, hinter Trochtelfingen beginnt Württemberg: Burg Lichtenstein, Reutlingen, Metzingen, Pfullingen ... Bis heute behaupten die

Hohenzollern, Württemberger seien sie nie und nimmer. Jenseits der Landesgrenze lebe man anders, spreche man anders, denke man anders. »Kasernenhofschleifer«, entfährt es dem Kardinal aus Sigmaringen, als die Rede auf die wenig zartfühlende Mentalität und nicht unbedingt wohllautende Sprachmelodie jenes Menschenschlags kommt, dessen Herkunft sich mit dem Namen »Reutlingen« verbindet. Warum nur schreiben Historiker immerzu von einem »wie angeboren wirkenden hohenzollerischen Ressentiment gegen Württemberg«?[10]

Die Neuwürttemberger in Oberschwaben stehen den Hohenzollern in Sprache und Mentalität viel näher: Die Verbreitung des Barock läßt erahnen, daß dieser Volksstamm wie die Hohenzollern ein katholischer ist. Einem inneren Kompaß gleich geben naturräumliche Gegebenheiten, politische Prägungen und konfessionelle Wurzeln dem Leben des späteren Kardinals eine Richtung: Wenn Karl Lehmann, der Schüler, während der Ferien mit dem Fahrrad die Region erkundet, geht es nicht die Alb hinauf, nicht nach Norden. Es zieht ihn hinab an den Bodensee, auch die Donau hinunter, nach Oberschwaben, bis nach Bayern hinein.

Auf Konfession und Mentalität ist der Gegensatz zwischen dem katholisch-monochromen Hohenzollern und dem vielgestaltig-reformierten Altwürttemberg nicht beschränkt. Auch im Politischen gehen Hohenzollern und Württemberger seit jeher getrennte Wege. In der Kaiserzeit war Württemberg eine Bastion »liberaler« Kräfte. In der Weimarer Republik erweiterte sich das Parteienspektrum um deutsch-nationale Bewegungen. Hohenzollern war seit dem Kulturkampf und der Entstehung des katholischen »Zentrums« eine Hochburg der Schwarzen und sollte es bis zum Ende der Weimarer Republik bleiben. In den zwanziger Jahren des 20. Jahrhunderts war der Anteil der Katholiken an der Bevölkerung in keinem Regierungsbezirk Preußens so hoch wie in Sigmaringen: 94,3 Prozent oder 67 800 von 71 800 weist die Bevölkerungsstatistik aus. Und nirgends in

Preußen, ja nirgendwo im Deutschen Reich ging es ländlicher zu als hier, nirgends lebte ein größerer Teil der Bevölkerung außerhalb von Städten, in Dörfern und Weilern.

Den Nationalsozialisten gehört die Loyalität der Mehrheit der »Muß-Preußen«, wie der langjährige Bundesaußenminister Klaus Kinkel, geboren in Hechingen, noch heute formuliert,[11] nicht. Noch 1930 erreicht die NSDAP bei der Reichstagswahl im Regierungsbezirk Hohenzollern weniger als zehn Prozent der Stimmen. Und selbst bei der Reichstagswahl am 5. März 1933, nach dem Verbot von SPD und KPD, liegt das Zentrum mit 47 Prozent immer noch vor den Nationalsozialisten mit 39,5 Prozent.

Da mag einer die Nationalsozialisten nie gewählt haben. Wie Karl Lehmann, arbeitslos. Und trotzdem später Mitglied der NSDAP werden. Wie Karl Lehmann, Junglehrer. Aber man muß deswegen längst nicht alles tun, was ein Lehrer für Führer, Volk und Vaterland an sich zu tun hat.

In Empfingen, wo durchaus nationalsozialistisch gewählt wird, und in Hörschwag werden am Geburtstag des Führers und zu anderen nationalsozialistisch-patriotischen Ereignissen keine Fahnen gehißt, niemand wird denunziert. Statt dessen schickt der Lehrer dem Pfarrer Ministranten, wenn während der Unterrichtszeit eine Beerdigung stattfindet. Selbst als Paris erobert wird, blieben die Kirchenglocken in Hörschwag stumm. Zur Strafe wird Lehrer Lehmann versetzt.

Mit Frau Margarete, Sohn Karl und Sohn Reinhold, der am 24. März 1939 in Sigmaringen geboren wurde, geht es im April 1941 nach Grosselfingen. Neun Monate später steht der nächste Umzug ins Haus. Hinunter von der Alb, nach Liggersdorf.

Hier, schon weit jenseits des Südrands der kargen Alb, zwischen Donau und Bodensee, ist das Land weiter, das Klima nicht ganz so rauh wie im Norden Hohenzollerns. Hier wäre der rechte Fleck für eine unbeschwerte Kindheit. Doch für Sentimentalitäten ist in den Kriegsjahren kein Platz.

# Lernen für das Leben (I): Schule im Krieg

Karl Lehmann junior darf von Mai 1942 an in Liggersdorf die Schulbank drücken. Doch kaum hat die Familie das gerade renovierte Schulhaus bezogen, wird Lehrer Lehmann zur Wehrmacht eingezogen.

Also geht der sechs Jahre alte Karl nicht bei Lehrer Lehmann in die Schule, sondern bei Lehrer Flad. Der Pädagoge beschränkt sich nicht darauf, den Kindern das Einmaleins beizubringen. Wenn er auf dem Weg in die Schule mit seinem Moped absichtsvoll einen Hasen erlegt hat, wird das Tier vor den Augen der Schüler an der Tafel aufgehängt und abgezogen. Rotes Blut und weiße Kreide sind nicht gerade nach dem Geschmack des Schülers Karl Lehmann. Aber der Lehrersohn sitzt in der ersten Reihe und muß das Geschehen sogar aus nächster Nähe beobachten. »Buben, ihr müßt auch etwas für das Leben lernen!«, sagt Lehrer Flad.

Der Vater ist im Krieg. Die Mutter mit den beiden Söhnen Karl und Reinhold, sechs Jahre alt der eine, drei der andere, kehrt Liggersdorf bald den Rücken. Hier kennt sie nur wenige, kennen nur wenige sie.

Auf dem elterlichen Bauernhof in Langenenslingen wird jede Hand gebraucht. Berta Waldner, die Mutter, war früh verwitwet und hatte schon in Friedenszeiten sieben Kinder ernähren müssen. Jetzt sind die drei Söhne im Feld. Zwei werden den Krieg nicht überleben. Anton, Karl Lehmanns Patenonkel, der Bauer, der ausersehen ist, den Hof zu erben, fällt in Rußland. Vier Wochen zuvor hat er geheiratet. Der zweite, ein Bäcker, wird schwer verwundet, kommt heim und kehrt nach seiner Genesung an die Front zurück. Der Krieg geht zu Ende, ohne daß die Familie erfährt, wo er gefallen ist. Der dritte, ein Kunstschlosser, gerät in französische Gefangenschaft. 1951 kehrt er nach Langenenslingen zurück. Er übernimmt den Hof, der Mutter zuliebe.

Einstweilen nehmen Tochter Gretel und Enkel Karl die Stelle der Söhne ein. Karl schreibt am 17. Dezember 1943 mit Buntstiften einen Weihnachtsbrief an seinen Vater: »Lieber Papa. Bald kommt das Christkindlein. Dann kommst Du auch wieder zu uns. Wir freuen uns schon alle. Ich danke für Dein Brieflein. Tante Fanni brachte mir ein Spiel mit 24 Fliegern, rote und blaue. 12 blaue, 12 rote und 24 Bomben und Reinhold einen schönen Baukasten. Viele Grüße für Weihnachten. Dein Karl.« Der Junge ist siebeneinhalb Jahre alt.

Kindheit im Krieg: Die Schule geht recht und schlecht, die Kinder sind öfter im Haushalt, im Stall und auf dem Feld. Auch das heißt Lernen fürs Leben: Heu machen, Garben binden, den Heu- und Erntewagen beladen, in den Graben fahren, beim Dreschen helfen. Eine glückliche Kindheit – wäre da nicht die furchterregende Stimme des »Führers« im Radio, gäbe es nicht die Nachrichten des Oberkommandos der Wehrmacht aus Stalingrad, das verstörende »Gott mit uns« auf dem Koppelschloß der Soldaten, das nächtliche Dröhnen der Flugzeuge am Himmel, die schlaflosen Nächte im Luftschutzkeller, den englischen Piloten, der tot auf einer Brücke liegt, die Bomben auf Friedrichshafen. Die Nacht ist hell wie der Tag.

Die Franzosen kommen. In Sigmaringen regiert von September 1944 an, was von Marschall Pétains Vichy-Frankreich übriggeblieben ist.[12] Sieben Monate lang weht über der Donau die Trikolore. Am 21. April wird die Fahne der »grande nation« nicht mehr aufgezogen. Andere Franzosen stehen vor der Stadt.

In den letzten Kriegstagen, am 8. April 1945, feiert Karl Lehmann das Fest der Heiligen Erstkommunion. Die Front ist nahe, und Jagdflugzeuge schießen wahllos auf alles, was sich hinter den deutschen Linien bewegt. Der Gottesdienst findet im Morgengrauen statt: Sieben Uhr, zur Sicherheit. Geschenke gibt es nicht – »nur« einen Anzug. Den hat die Mutter geschneidert. Wo der Vater an diesem Tag ist, wissen sie nicht.

Seit Februar haben sie nichts mehr von ihm gehört. »Und so war es in fast allen Familien«, hält Gretel Lehmann fest. Gut zwei Wochen später rücken die Franzosen in Langenenslingen ein; Marokkaner bilden die Vorhut. Zu Gewalttätigkeiten kommt es nicht. Doch die Angst weicht erst allmählich. Versprengte Gruppen der Waffen-SS halten sich noch in der Nähe auf.

Kindheit im Krieg. Der Junge wird beides behalten: die Erinnerung an den Schrecken wie an die Schönheit der Kindertage. Er hat die Tiere lieben gelernt und erlebt, wie das Fohlen, das seines werden soll, von deutschen Soldaten beschlagnahmt wird und mit der Mutterstute für immer verschwindet. Er hat die körperliche Arbeit schätzen gelernt, das Leben in freier Luft, wird aber die längste Zeit seines Lebens hinter und mit Büchern verbringen. Der Ausgleich – Schwimmen, Wandern, Schreinern – wird um so spärlicher, je älter er wird.

Manchmal holt Karl Lehmann die Kindheit in Hohenzollern noch nach Jahrzehnten ein. Vater Lehmann hat die Kontakte zu ehemaligen Nachbarn und manchen Schülern bis zu seinem Tod gepflegt. Die Verwandten werden älter, sterben. Den Kontakt mit den Dörflern läßt auch der Sohn Lehmann nicht abreißen – noch heute kennt er sich in allen Orten der Kindheit aus. Und noch heute erschrickt der Kardinal auf seinen Reisen immer wieder darüber, wie wenig viele Menschen das Land, die Region, die Gegend kennen, in der sie leben.

Im Frühjahr 1999 hebt in Deutschland eine Debatte darüber an, ob auch die Kirchen sich an der Entschädigung ehemaliger Zwangsarbeiter beteiligen sollten, ja, ob sie gar von Zwangsarbeit profitiert hätten. Nicht wenige Bischöfe haben aus eigenem Erleben eine Vorstellung davon, wie es Zwangsarbeitern und Kriegsgefangenen, westeuropäischen zumal, ergangen ist: in der Regel gut, wenn sie in der Landwirtschaft eingesetzt waren. Bischof Karl Lehmann erinnert sich an einen freundlichen Mann, der ihm fast den Vater ersetzte. Er hieß Robert Benoît, lebte von 1943 bis 1945 in Langenenslingen und gehörte im Hause Waldner-Lehmann gewissermaßen zur Familie. Hunger und Not mußte der »Zwangsarbeiter«, wie man heute sagen würde, ebensowenig leiden wie die übrigen Familienmitglieder. Als der Krieg zu Ende war, schrieben sich die Lehmanns und ihr französischer Gast noch einige Male. Dann verloren sie den »Bauernbub« aus den Augen. Er tauchte in der Stadt unter.

Der Krieg ist zu Ende, die Franzosen haben sich einquartiert. Vor dem Schulhaus in Liggersdorf haben sie nicht haltgemacht, haben dort die Kommandantur eingerichtet. Als die Lehmanns am 29. Juni 1945 mit dem Fahrrad von Langenenslingen aus nach Liggersdorf fahren, trauen sie ihren Augen kaum. Das Schulhaus ist verwüstet, Hausrat, Bekleidung und Möbel, alles, was sie zurückgelassen haben, ist gestohlen oder von den Franzosen als Dank für Gefälligkeiten unter den Dorfbewohnern verteilt worden.

Doch viel wichtiger ist: Der Vater hat den Krieg überlebt. Fünf Monate hatte niemand mehr etwas von dem Lehrer gehört. Eines Abends, es ist Juni, geht es wie ein Lauffeuer durch das Dorf: »Euer Vater kommt!« Die Jungen rasen ihm entgegen. Er ist da, abgerissen und von endlosen Fußmärschen von Jugoslawien her völlig entkräftet. »Es war höchste Zeit, daß er heimkam«, schreibt seine Frau. Was zählt dagegen der eigene Schrank im Haus des Nachbarn?

Die Schikanen wollen noch nicht enden: Jeden Tag hat der Lehrer Lehmann sich auf der französischen Kommandantur in Langenenslingen einzustellen, Meldung zu machen. »Wir Buben gingen mit ihm, weil wir Angst hatten, er käme nicht zurück«, sagt der Kardinal. Die Angst ist nicht unberechtigt.

## Leben im Dorf: Tafertsweiler

Der Krieg ist vorbei, der Lehrer zurück, die Versetzungen gehen weiter. Schon wieder wartet eine neue Stelle auf Lehmann, immerhin wieder eine im Süden von Hohenzollern, im Grenzland. Von Langenenslingen aus geht es im Herbst 1945 nach Tafertsweiler, einer kleinen, bäuerlich geprägten Ortschaft an der Straße zwischen dem hohenzollerisch-preußischen Ostrach und dem württembergisch-oberschwäbischen Saulgau.[13] Wieder bezieht die Familie im Schulhaus gegenüber der Kirche Quartier. Wieder übernimmt der Vater eine einklassige Schule, diesmal mit 83 Schülern. Nun wird auch Bruder Reinhold eingeschult. Lehrer Flad ist schnell vergessen.

Lehrer Lehmann ist ein gewissenhafter Pädagoge. Für jede Klasse wird der Unterricht des Tages in Einheiten von zehn Minuten vorbereitet. Nichts bleibt dem Zufall überlassen. Auch das lernt Karl Lehmann, der künftige Hochschullehrer, in der Schule seines Vaters.

Im Süden Hohenzollerns werden die Lehmanns zum ersten Mal heimisch. Das Land zwischen der Donau und dem Bodensee hat den Erschütterungen des Krieges getrotzt. Hinter dem Haus wachsen Obstbäume, dann kommt freies Feld. Bei schönem Wetter kann man im Norden, jenseits der Donau, die Silhouette der Schwäbischen Alb erkennen, im Süden, jenseits der Grenze, den Säntis, die Schweizer Alpen. Immerhin kommen auf wenige hundert Einwohner drei Gasthöfe. Einer heißt »Zum Engel«, ein anderer »Zum deutschen Haus«. Die Wirtsleute vom »Deutschen Haus« heißen Herbert und Therese Heudorfer, sagt der Kardinal. Karl Lehmann kennt sie bis heute. Seit Kindertagen.

Pfarrer, Lehrer und Bürgermeister sind (wieder) die Respektspersonen am Ort. Auch die alten Sitten, die von den braunen Machthabern widerwillig geduldet worden waren, erwachen zu neuem Leben. In Riten und Bräuchen ersteht eine

Ordnung, die in ihren Grundzügen wohl älter ist als das Reich, das errichtet worden war, um als tausendjähriges in die Geschichte einzugehen.

»Karlebubi« wird Ministrant. »Er ging täglich in aller Frühe zur hlg. Messe«, hält die Mutter fest. Einmal wird er auch »Palmesel«. Als letzter war er nach dem Gottesdienst am Palmsonntag, zu Beginn der Karwoche, mit seinem hohen, kunstvoll gebundenen Palmstock aus der Kirche hinausgestürzt. »Palmesel – der Spott der Dorfkinder ist ihm ein Jahr lang sicher. Die angenehme Seite: Es gibt vom Pfarrer ein Buch zum Trost.

»Osterkalb« wird Lehmann in den drei Jahren, die er in Tafertsweiler verbringt, nicht. Kein einziges Mal ist er unter den letzten, die am frühen Morgen des Ostertages zum Osterfeuer kommen. Aber wie alle hat er ein kunstvoll geschnitztes Holzscheit dabei, das am Ostersonntag am Hausdach befestigt wird. Und, wie alle, eine hölzerne Ratsche. Damit ziehen die Kinder im Schutz der Dunkelheit durch das Dorf, lärmen so früh und so laut es geht, entzünden eigenmächtig ein Feuer. Schon vor Beginn der Feier der Osternacht sind Hände und Gesicht rußgeschwärzt. Am späten Vormittag sind sie kaum noch zu erkennen. Neun Jahre ist Karl Lehmann alt, als er nach dem Krieg wieder regelmäßig die Schule besuchen kann, zwölf, als er das Dorf und sein Elternhaus verläßt.

Karl und Margarete wollen ihren Söhnen eine Ausbildung ermöglichen, wie sie ihnen nicht vergönnt war: den Besuch des Gymnasiums. Der Vater hatte nur das Lehrerseminar besucht, die Mutter die höhere Schule abbrechen müssen. Doch wie? Von Tafertsweiler aus ist Sigmaringen mit seinem Staatlichen Gymnasium nicht zu erreichen. Einen direkten Busverkehr gibt es auf dieser dreißig Kilometer langen Strecke nicht. Vielleicht von Ostrach aus? Die Entfernung dorthin beträgt nur gut drei Kilometer. Doch wie nach Ostrach kommen? Der Krieg liegt erst wenige Jahre zurück, die Franzosen holzen die Wälder ab, die Straßen sind in einem so schlechten Zustand, daß an regelmäßige Fahrten mit dem Fahrrad nach Ostrach nicht zu denken ist. Bleibt der Fußweg, über den Berg. Die Winter sind auch südlich der Donau lang. Und wenn Schnee liegt, ist nach Ostrach kein Durchkommen. Außerdem sind die Wälder nicht sicher. Ehemalige Kriegsgefangene und Soldaten halten sich hier versteckt. Des Nachts unternehmen sie Raubzüge, um sich Nahrungsmittel zu verschaffen. Gelegentlich gibt es Tote.

Aber auch wenn es schwierig ist, auch wenn viele Kinder anderer Lehrer nicht das Gymnasium besuchen und anschließend studieren können – Karl und Margarete nehmen sich vor, alles zu tun, was in ihrer Macht steht. »Wenn ihr studieren wollt, dann schaffen wir das«, versprechen sie ihren beiden Söhnen. Sie hoffen, daß sie ihr Wort halten können. Wie den Waldners vor 20 Jahren, so könnte es auch den Lehmanns eines Tages am Geld für die Ausbildung der Kinder mangeln. Der Kardinal ist seinen Eltern »auf ewig dankbar«.

Auf dem Dorf bereitet Karl Lehmann junior sich auf den Besuch des Gymnasiums vor. Der Vater lehrt seinen Ältesten Deutsch und Mathematik, Pfarrer Ludwig Schäfer weiht ihn in die Geheimnisse der lateinischen Sprache ein, in Ostrach lebt eine ältere Dame, die nachmittags Französisch unterrichtet. Im Jahr 1948 wird Karl Lehmann in die zweite Klasse des Staatlichen Gymnasiums Sigmaringen aufgenommen. Das Einwohnermeldeamt von Sigmaringen verzeichnet den Wechsel des Wohnsitzes eines Karl Lehmann unter dem Monat September 1948: Der Zwölfjährige zieht in das Erzbischöfliche Knabenkonvikt »St. Fidelishaus«.

### Abwechslung ist rar: Im Konvikt

Karl Lehmann ist ein Junge unter vielen. Was aus ihm werden soll, weiß er noch nicht. Für den Priesterberuf jedenfalls hat er sich noch lange nicht entschieden. Zwar sind aus dem Konvikt zahlreiche Priester hervorgegangen. Aber anders als in den Gymnasial-Konvikten in Freiburg, Konstanz, Rastatt und Tauberbischofsheim[14] mußte in Sigmaringen kein Junge im Alter von zehn, elf oder zwölf Jahren angeben, er wolle Priester werden, nur um in das Haus aufgenommen zu werden. So hatte es der Hohenzoller Priester Thomas Geiselhart, der Gründer des »Seminarium Fidelianum«, 1857 in den Statuten des Hauses festgelegt.[15] Und so war es noch hundert Jahre später, erzählt der Kardinal, und seine Stimme klingt, als wäre sein Leben womöglich ganz anders verlaufen, hätte es diese Freiheit nicht gegeben.

Der Lebensrhythmus ist dennoch so, daß die Kinder eine religiöse Prägung erfahren. Geleitet wird das St. Fidelishaus von einem Geistlichen Rektor und einem weiteren Priester als Präfekten, die Wirtschaft führen Vinzentinerinnen. Eine Schwester ist es auch, die morgens um 6.15 Uhr die Schüler mit der Glocke weckt. Etwa 80 sind es, die meisten stammen aus Hohenzollern. In vier Schlafsälen schlafen sie, nach Alter getrennt. Karl Lehmann und sein Freund Karl Missel, der aus Ostrach stammt, gehören zu den Jüngsten. 1950 kommt ein Schüler mit Vornamen Fidelis hinzu: Der Neue ist ein Jahr älter als Karl Lehmann, und wie jener war er nicht schon mit zwölf Jahren auf das Gymnasium geschickt worden. Fidel Rädle ist 15 und hat schon in einer Textilfabrik gearbeitet.

Karl Missel, Karl Lehmann und Fidelis Rädle werden Freunde. Karl Missel wird nach dem Abitur zusammen mit Karl Lehmann und einem weiteren Mitschüler, Heinrich Mayer, in das Collegium Borromaeum in Freiburg eintreten. Die drei werden Priester. Missel kehrt bald nach Sigmaringen zurück. Als sein Mitschüler Karl Kardinal der römisch-katholischen Kirche wird, leitet er noch immer das St. Fidelishaus. Fidel Rädle, der Textilarbeiter, wendet sich den alten Sprachen zu, wird zu einem weit über Deutschland hinaus angesehenen Hochschullehrer für Latein des Mittelalters und der Neuzeit.

Von diesen und anderen Lebenswegen ahnen die Konviktler noch nichts, als sie sich in den sommers wie winters ungeheizten Räumen mit kaltem Wasser waschen und anziehen müssen. Um 6.30 Uhr versammeln sich Schüler, Präfekten und Rektor zum gemeinsamen Morgengebet und zur heiligen Messe. Es folgen ein kurzes Studium und das Frühstück, dann geht es zur Schule. Den Vormittag verbringen die Zöglinge des St. Fidelishauses gemeinsam mit den Jungen und Mädchen aus Stadt und Land im nahegelegenen Staatlichen Gymnasium, das nach einem aufgelassenen Franziskanerkloster vor den Toren der Stadt »Hedinger Gymnasium« genannt wird.

Das Mittagessen wird um 13 Uhr eingenommen, anschließend ist Freizeit. Wer in der Stadt Besorgungen zu machen hat, muß die Gunst dieser Stunde nutzen. Der Besuch einer Gaststätte ist selbstverständlich verboten.

Spätestens um 15 Uhr ist es mit Sport, Stadtbummel, Spiel oder Faulenzen vorbei. Die Schüler versammeln sich in zwei großen Studiersälen und beginnen mit den Hausarbeiten. Nach einer Stunde wird das Silentium unterbrochen. Es gibt Getränke, hin und wieder Gebäck. Um 16.45 Uhr kehrt jeder auf seinen Platz zurück. Das Studium endet um 19 Uhr mit dem Abendessen. Anschließend bleibt noch ein wenig Zeit, etwa um Fußball zu spielen. Um 20 Uhr dann gehen Schüler, Präfekten und Rektor in die Kirche des Konvikts und verrichten das Abendgebet. Für die jüngeren Schüler ist der Tag damit zu Ende. Die Nachtruhe der Älteren beginnt um 21.30 Uhr.

Abwechslung ist rar. Ein heißes Bad ist im Abstand von vierzehn Tagen vorgesehen, abendlicher Ausgang in die Stadt selbst für die älteren Schüler die Ausnahme.

## Die kleine Stadt: Sigmaringen

In Sigmaringen gibt es Lichtspiele. Wird dort ein Film gezeigt, der von der Kontrollbehörde für Kinder oder Jugendliche freigegeben ist, kann ein Konviktler den Rektor bitten, er möge ihm einen Kinobesuch erlauben. Der Geistliche kann den Ausgang gestatten, muß es aber nicht. Der Besuch eines Films mit Ruth Leuwerik, Dieter Borsche oder Maria Schell ist das höchste der Gefühle. Man kann, man muß Wochen von diesem Erlebnis zehren. Dann gibt es noch eine Gesellschaft für Wissenschaft und Kultur in dem Beamten- und Pensionärsstädtchen, erinnert sich Fidel Rädle, inzwischen Professor emeritus. Hin und wieder lädt diese Gesellschaft zu öffentlichen Vorträgen ein. Oft sprechen Lehrer – etwa über Alpenpflanzen.

Unter diesen Umständen ist eine Broschüre über den Boxer Max Schmeling nicht zu verachten. Sie befindet sich im Besitz des Konviktlers Karl Lehmann, der als geschickter Fußballer und schneller Läufer bekannt ist. Selbstverständlich macht das Heftchen im Kreis der Freunde die Runde. Tanzstunden oder andere Freizeitaktivitäten dieser Art finden, vom St. Fidelishaus in Sigmaringen aus betrachtet, ebenso auf einem anderen Planeten statt wie die hohe Politik. Der einzige Skandal jener Zeit verbindet sich mit einem evangelischen Pfarrer. Der wagt es, nach dem Beschluß des Deutschen Bundestags über die Wiederbewaffnung Deutschlands, eine schwarze Fahne über der Kirche zu hissen.

Die Konviktler soll das alles nichts angehen.


## Lernen für das Leben (II): Das Gymnasium

Am Unterricht im Staatlichen Gymnasium nehmen die Zöglinge des St. Fidelishauses wie alle anderen Schüler teil. Die erste Fremdsprache ist Latein, dann folgt Französisch. Als dritte

Fremdsprache stehen Englisch und Griechisch zur Wahl. Alle Konviktler müssen Griechisch lernen, um gegebenenfalls auf ein Studium der Theologie vorbereitet zu sein. Auch Hebräisch können sie lernen, von der siebten bis zur neunten Klasse, in den Randstunden. Karl Lehmann ist dabei. Nicht, weil er irgendwann vielleicht Theologie studieren könnte. Sprachen interessieren ihn immer. Also genießt Lehmann über acht Jahre hinweg jeden Tag eine Stunde Unterricht in Latein und sechs Jahre jeden Tag eine Stunde Unterricht in Griechisch. Englisch wird ihm niemals so vertraut sein wie die alten Sprachen oder auch Französisch. Auf den Bischofssynoden und im Kreis der Kardinäle der Weltkirche wird Lehmann diese Prägung immer wieder bewußt.

Der Lehrer, der Karl Lehmann in Griechisch unterrichtet, macht die Schüler mit klassischer Literatur und Philosophie vertraut. Xenophon und Herodot bilden den Anfang, dann liest man Platon, Sophokles und Homer. Das beste Zentral-abitur in Baden-Württemberg des Jahres 1956 im Fach Grie-chisch schreibt die Abschlußklasse des Staatlichen Gymnasi-ums Sigmaringen.

Im Lateinunterricht lernen die Schüler Caesar und Cicero, Ovid, Tacitus und Seneca kennen, pauken Vokabeln und Gram-matik, Syntax und Stil. Fidel Rädle hat in Latein und Griechisch die Nase vorn, Karl Lehmann in Deutsch, Geschichte und Philosophie. Doch auch Karl Lehmann ist ein sehr guter Latei-ner – zum Glück: In Rom warten in sieben Jahren mehr als 100 lateinische Examina auf ihn, einschließlich der Doktorprü-fungen. Mehr noch: Das Zweite Vatikanische Konzil hat gerade begonnen, da erhält er den Auftrag, einen lateinischen Text zweier berühmter Konzilstheologen in eine lesbare Form zu bringen.

Den Religionsunterricht erteilt am Staatlichen Gymnasium Sigmaringen der Rektor des St. Fidelishauses, August Krist. Ei-nen bleibenden Eindruck hat dieser Priester bei Karl Lehmann nicht hinterlassen. Der Geistliche traktiert die Schüler mit langen Monologen über Fragen des Lebens, die Antwort der Kirche und über Filme. Wenn die kirchliche Schulaufsicht aus Freiburg kommt, werden die Gottesbeweise vorgeführt. Der Prälat ist entzückt, Lehmann nicht.

Hier und da muß Lehmann im Unterricht mit dem Gefühl der Langeweile kämpfen. Nicht so im Geschichtsunterricht, der jedoch an einem Punkt eine Lücke aufweist. Der Lehrer ist zwar hervorragend, sagt der Kardinal, und der Unterricht reicht bis in die jüngste Zeit, bis zum XX. Parteitag der KPdSU im Frühjahr 1956. Über die Zeit zwischen 1933 und 1945 fällt jedoch kein Wort – eine herbe Enttäuschung.

Zu den Erinnerungen des Kardinals aus seiner Sigmaringer Gymnasialzeit gehört eine Ausarbeitung über das Thema »Das Gesetz der Juden vor Christus (das mosaische Gesetz)«.

Ein ernstes Thema. Aber noch ernster wirkt die Schrift, in der Karl junior als Sechzehn-, vielleicht Siebzehnjähriger seine Gedanken niederlegt. Das Schriftbild ist klar, jeder einzelne Buchstabe sorgfältig, nachgerade penibel ausgeführt. Nur selten sind die Buchstaben miteinander verbunden. Eine solche Schrift braucht Zeit. Nichts Vorläufiges, Unfertiges, nur Wohlüberlegtes kommt aufs Papier. Bis heute. Der Junge hat sie sich angeeignet, abgeschaut: von seinem Vater. Verändern wird sich die Handschrift des ernsten, von allen respektierten, immer hilfsbereiten Schülers nicht mehr.

Seit zwei Jahren lebt Karl Lehmann junior im Konvikt, als auch der drei Jahre jüngere Bruder das Elternhaus in Tafertsweiler verläßt. Nicht nur der Älteste soll studieren dürfen. Reinhold, ein unruhigerer Geist als der ältere Bruder, erhält dieselbe Chance: Konvikt und Gymnasium in Sigmaringen. Die Rechnung geht nicht auf. Die Aufwendungen für die Ausbildung des Ältesten konnten der Schulleiter von Tafertsweiler und seine Frau erübrigen: von den 430 Mark Monatslohn zahlen sie je 100 Mark im Monat für Unterkunft und Verpflegung im St. Fidelishaus, je 40 Mark im Quartal für das Gymnasium. Was der Familie bleibt, reicht zum Leben. Geld zurücklegen können die Eltern nicht, zumal der Sohn ungeachtet der passablen Verpflegung im Konvikt regelmäßig ein »Freßpaket« erhalten soll.

Reinhold ist kaum ein Jahr im Konvikt, da heißt es für ihn wie für seinen Bruder Karl, das St. Fidelishaus zu verlassen. Über den Winter 1950/1951 müssen Karl und Margarete Lehmann erkennen, daß sie die Ausbildungskosten für beide Söhne nicht mehr lange würden aufbringen können. »Wir schaffen das nicht, in wenigen Monaten sind wir bankrott«, sagt der Vater im Frühjahr.

Trotzdem soll Karl und Reinhold der Weg zum Studium offenbleiben. Also muß Lehrer Lehmann entweder die Stelle des Schulleiters aufgeben und mit der Familie nach Sigmaringen ziehen oder mit einem Ort vorliebnehmen, von dem aus die Kinder mit Bahn oder Bus das Gymnasium erreichen können. In Tafertsweiler ist für die Lehmanns keine Bleibe mehr.

In der Kreisstadt wird zum Schuljahr 1951/52 kein Lehrer gesucht. Aber in Veringenstadt, einem 800-Seelen-Dorf, etwa 20 Bahnminuten von Sigmaringen entfernt. Dort ist eine der beiden Lehrerstellen frei. Wieder heißt es für die Lehmanns Abschied nehmen.


## Hart und rauh: Veringenstadt

Karl und Reinhold Lehmann verlassen das Sigmaringer Konvikt widerwillig. Lehrer Lehmann gibt nur aus Not die Stellung als Schulleiter auf. Auch Margarete Lehmann verabschiedet sich nur ungern von Tafertsweiler, dem nicht ganz so rauhen Ort, in dem sie die bislang längste und schönste Zeit nach ihrer Hochzeit verbracht hat. Über Sigmaringen und die Donau geht es hinauf auf die Alb, auf eine Höhe von 630 Meter. »Die letzten Fröste hören im Durchschnitt Mitte Mai auf und beginnen wieder Anfang Oktober«, heißt es mitleidlos präzise in dem Heimatbuch Stadt Veringen.[16] Auch aus der Abgeschiedenheit des Orts wird kein Hehl gemacht: »Noch vor wenigen Jahrzehnten wurde in der ganzen Stadt die gleiche Mundart gesprochen, von der höchstens die Sprache des Pfarrers und des Lehrers abwich.«[17]

Thomas Geiselhart, der Gründer des Fidelishauses, war hier in den fünfziger Jahren des 19. Jahrhunderts Pfarrer: »Vöhringenstadt ist eingeklemmt zwischen die rauhen Berge und kahlen Felsen des Laucherthales. Es ist ein Städtlein mit alten Häusern und winkeligen Gassen. Hart und rauh, wie ihre Berge und Felder, ist auch der Charakter der Menschen.«[18] Die Erinnerungen sind nicht die besten.

Fünf Monate lang ist die Alb unter einer dicken Schneedecke versunken. Das Thermometer kann bis auf −30 Grad Celsius fallen. Aber nicht erst dann ist der Wartesaal im kleinen Bahnhof überfüllt, und die Kinder müssen sich mit Schneeballschlachten die Zeit vertreiben, bis der wärmende Zug auch Veringenstadt erreicht.

Das Los der Schüler wird nicht leichter, wenn sie endlich die Waggons hinter der kleinen Dampflok bestiegen haben. Oder später den Triebwagen. In den engen Abteilen wollen die älteren Fahrgäste von lärmenden Schülern nicht belästigt werden. Und wenn die Fahrkarte nicht rechtzeitig gezückt ist, dann gibt es vom Schaffner mit der Zange »eins über die Rübe«.

Doch man kennt sich auf der Strecke. Als Karl Lehmann im Januar 2001 von Papst Johannes Paul II. zum Kardinal erhoben wird und ganz Hohenzollern ob der Ehre für das kleine Land sich geschmeichelt fühlt, berichtet ein ungenannter Mitschüler in der *Schwäbischen Zeitung* von einem seltsamen Zug der Lehmann-Brüder: Die Lehmanns seien am Morgen offenbar mehr als einmal zu spät an den Bahnhof gekommen.

Verpaßt haben die Lehmanns den Zug trotzdem nicht. »Der Schaffner vom Landesbähnle wußte immer, daß man noch auf die Lehmann-Buben warten mußte. Erst wenn sie kamen, durfte der Zug abfahren.«[19] Der Kardinal kann sich daran nicht erinnern.

Mag »'s Bähnle« morgens unpünktlich sein, mittags geht es in der Regel ohne Verzögerungen zurück. Gegen 14 Uhr sind die Brüder in der Regel wieder zu Hause, übermüdet, aber rastlos.

Erst einmal heißt es: hinaus. Für die Fußballer Veringenstadts ist der älteste Sohn des neuen Lehrers ein Gewinn. Man trifft sich auf einer Wiese am Dorfrand. Dort erweist sich Karl als guter Techniker und ausdauernder Läufer. Verteidigung ist nicht sein Metier. Eher schon die Mittelstürmer-Position oder der Angriff über den rechten Flügel.

Bald ist Karl Lehmann Mitglied der C-Jugend des Turnvereins Veringenstadt. Auch in der Leichtathletik-Abteilung und bei den örtlichen Sportfesten fehlt er nicht. Von den Disziplinen des Fünfkampfs liegen ihm die Laufdisziplinen, dazu Weit- und Hochsprung. Kugelstoßen liegt ihm weniger. Für Lorbeerkränze reicht es trotzdem. Schnelle Abkühlung hält die Lauchert bereit, ein hervorragendes Forellenwasser, das die Altstadt unterhalb des Schloßberges umschließt. Selbst im Hochsommer ist man nach wenigen Minuten blau gefroren.

Im Winter ist Karl Lehmann mit dem Rodel oder auf Skiern unterwegs. Auf einer selbstgebauten Schneeschanze übt der Gymnasiast das Fliegen: Eine Weite von 17 Metern und zahlreiche blaue Flecken sind der Lohn. In den Sommerferien geht es weniger halsbrecherisch zu: Ausgedehnte Touren mit dem Fahrrad an der Donau garantieren dem nicht gerade von der Hitze verwöhnten Veringenstädter einen echten Sonnenbrand.

Während der Schulzeit bleibt dafür aber keine Zeit. sind der Bewegungsdrang nach der Heimkehr aus Sigmaringen gestillt und die Müdigkeit verflogen, werden die Hausaufgaben gemacht. Am Abend ist es Zeit, in die Gruppenstunde zu ge-hen. Oder in die »Katholische öffentliche Bücherei« im Unter-geschoß des Pfarrhauses, einen Steinwurf vom Schulhaus ent-fernt. Hier ist Karl (Borromäus) Lehmann in seinem Reich.

Das Nachtleben hoch auf der Alb ist freilich weniger ausge-prägt, als es die Freizeitmöglichkeiten tagsüber für die Jugend sind: Der letzte Zug passiert den Ort in der Erinnerung des Kardinals zwischen sieben und acht Uhr abends, die beiden Wirtshäuser in der Hauptstraße von Veringenstadt sind für die Kinder tabu.

Wenn Karl Lehmann als Bischof von Mainz die Gemeinden besucht und dabei Jugendlichen das Sakrament der Firmung spendet, nimmt er sich immer, jeweils eine Stunde vor dem Be-ginn des Gottesdienstes, Zeit für ein Gespräch mit den Firm-kandidaten. Oft kommt das Gespräch auf die Jugend Leh-manns. »Haben Sie auch einen Tanzkurs besucht?« – »In Ver-ingenstadt?«


## Der Pfarrer: Fridolin Abberger

Am 25. April 1952 ging das Land Hohenzollern in dem neuen Südweststaat Baden-Württemberg auf und unter.[20] Die Men-schen, die zwischen dem mittleren Neckar und dem Donautal groß geworden sind, bleiben noch lange in ihrer Herkunft ver-wurzelt: Mit der Endlichkeit des Horizonts wohlvertraut, bar jeder Leichtigkeit, gläubig, nicht ohne einen Zweifel bis hin zur Schwermut, aber mitunter von einem heiligen Ernst, daß der Himmel über den Bergen weit wird.

Karl Lehmann, geprägt von dieser Mentalität, wälzt schon als Schüler schwere Gedanken: »Ist es richtig, wenn man die religiöse, kulturelle und politische Geschichte des alten Orients als eine Entwicklung vom Mythos zum Logos bezeichnet?« Nach dreieinhalb, in säuberlicher Handschrift ausgefertigten

Seiten hat Karl Lehmann die Antwort gefunden: »Diese Vorherrschaft des Logos, des Geistigen, der Wahrheit, des Christentums als übernationale Religion, (der Wahrheit) der Ratio – nicht im Sinn des Rationalismus – vor dem Gefühlsbedingten und dem einseitigen Subjektivismus (»des Irrationalen«) ist das Unterpfand der geistigen Überlegenheit und Freiheit des Abendlandes und so ist das Abendland gleichsam der Erbe des Alten Orients.« Nicht nur die Handschrift des Kardinals, auch der abwägende, diskursive Argumentationsstil ist bis in den Satzbau hinein in den Texten der frühen Jahre angelegt.

Der Christ »in der Wirklichkeit unserer Zeit« sei keine unangefochtene Gestalt, schreibt Gymnasiast Lehmann bei anderer Gelegenheit. Diese Welt »ruft in eindringlichster Weise nach dem Christen, nach Ihnen, nach mir. Die Welt braucht Gott, wenn sie nicht in Unordnung und Chaos versinken soll. Die christusgläubigen Menschen sind verpflichtet und aufgerufen, die Welt zu retten«. Der skeptische, fast melancholische Ton, der aus diesen Vorträgen klingt, ist authentisch. Ende der sechziger Jahre möchte Dr. phil. Dr. theol. Karl Lehmann eine theologische Habilitationsschrift über den »verborgenen Gott« verfassen. Wie kommt ein Sigmaringer Gymnasiast auf Gedanken wie diese? Intelligenz und Fleiß alleine reichen als Erklärung für solche Höhenflüge nicht aus. Auch die Eltern, von denen der Kardinal mit Hochachtung spricht, können ihrem Ältesten bald kaum noch intellektuelle Anregungen geben. Sie waren herzensgute, aber einfache Leute. Bleibt der Pfarrer: Fridolin Abberger.

In Veringenstadt werden die Söhne des Lehrers selbstverständlich Ministranten. Selbstverständlich auch übernehmen sie in der Jugendarbeit Verantwortung für Jüngere. Abberger vertraut ihm bald sogar die Führung der offiziellen Kirchenbücher an. Karl zieht es überdies in die Bücherei der Kirchengemeinde St. Nikolaus. Im Untergeschoß des Pfarrhauses bekommt der Gymnasiast genügend Nahrung für seinen Wissensdurst.

Alle noch so guten Bücher erklären nicht die Energie, mit der Karl Lehmann junior von einem kleinen Dorf hoch auf der Schwäbischen Alb herab die geistige Welt um sich herum zu erforschen sucht. Nahezu alle Manuskripte, die aus der Schulzeit erhalten sind, belegen ein waches Interesse an Vorkommnissen in Politik und Kirche, ja selbst in Wirtschaft und Gesellschaft. Mit der Schreibmaschine legt Lehmann die Gliederung eines Vortrags nieder, der die »Gleichberechtigung der Frau und Familienrechtsreform in Deutschland« zum Thema hat.

Unter den Scheffel stellt Lehmann sein Licht nicht. Die *Hedinger Stimme*, 1. Jahrgang, Sigmaringen, März 1955, Nummer 1, bereichert Karl Lehmann, Unterprimaner, mit Überlegungen über die »vita contemplativa«: »So liegt die Frage der echten Muße schließlich im Bereich des Religiösen. Denn der Mensch muß dazu um die Mitte zwischen Himmel und Erde wissen: Er darf die Welt nicht zynisch verachten, sich ihr aber auch nicht ganz hingeben.« Derselbe Unterprimaner bietet aus Anlaß des 1500. Todestags des heiligen Augustinus am 13. November 1954 der *Deutschen Tagespost* in Regensburg einen Beitrag von acht eng beschriebenen Seiten über den »Bildner des Abendlandes« an. Redakteur Ferdinand Römer sendet »Herrn Karl Lehmann, Veringenstadt/Hohenzollern« mit Datum vom 11. November 1954 das Manuskript mit freundlichen Grüßen zurück. »Sehr geehrter Herr Lehmann!«, ist da zu lesen. »Dank Ihnen für Ihre Arbeit, die wir Ihnen wieder zurückgeben, da eine ähnliche Arbeit bereits der Redaktion der *Deutschen Tagespost* vorliegt.« Eine ähnliche Arbeit? Herr Karl Lehmann hatte den Artikel mit einem Hinweis auf die »diesjährigen Salzburger Hochschulwochen« eingeleitet, im ersten Absatz seine Kenntnis der Augustinus-Biographie von Louis Bertrand angedeutet und im Verlauf seiner Ausführungen unter anderem Friedrich Heer zitiert, auf Gabriel Marcel verwiesen, die *Confessiones* des Kirchenvaters Augustinus herangezogen, Theodor Steinbüchel erwähnt, dazu Joseph Bernhart und Hugo Rahner. »Die

Zeiten des heiligen Augustinus und die Zeit, in der wir leben, haben etwas Gemeinsames«, heißt es gegen Ende der Betrachtung: »Es sind Zeiten des Umbruchs, des Wechsels, Zeiten weltgeschichtlicher-weltpolitischer Bedeutung; also hat er uns auch sicher schon von dieser Seite her etwas zu sagen. Wenn auch vieles von Augustinus in etwas schiefem Licht gesehen worden ist, wenn Augustinus manches falsch kommentiert hat, so bleibt er doch der schöpferische Bildner des Abendlandes und – nicht zuletzt – der große Seelsorger, der Liebende, der Heilige, der ringende und kämpfende Mensch.«

Nicht nur Bücher stehen dem Gymnasiasten in der »Katholischen öffentlichen Bibliothek« von Veringenstadt und in den Privaträumen des Stadtpfarrers zur Verfügung. Abberger, ein bildungsbeflissener und aufgeschlossener Geistlicher, hat auch theologische Zeitschriften abonniert.

In Freiburg, der Stadt des Erzbischofs, gibt es seit fast 150 Jahren den Herder-Verlag. Hier erscheint seit nicht viel weniger Jahren im Auftrag des Jesuitenordens die Monatszeitschrift *Stimmen der Zeit*. Nach dem Zweiten Weltkrieg ist eine neue Zeitschrift hinzugekommen. Sie heißt *Herder-Korrespondenz* und formuliert in ihrem Untertitel einen nicht gerade bescheidenen Anspruch: *Orbis catholicus*. Karl Lehmann läßt sich die Chance nicht entgehen, sich durch die Lektüre der beiden Zeitschriften auf der Höhe der Zeit in Kirche und Welt zu halten. Da mochten im Winter die Tage in Veringenstadt kurz und die Kälte bitter sein. Bei einer solchen Auswahl wurde Karl Lehmann, dem Büchermenschen, keine Stunde zu lang.

Fridolin Abberger, dem Pfarrer, ist die Wißbegier des Lehrersohns nicht ganz geheuer. Die *Herder-Korrespondenz* und die *Stimmen der Zeit* überläßt er Karl mit roten Anstrichen: Nur das solltest du lesen, soll dies wohl heißen. Doch die freundlichen Hinweise verfehlen offenbar ihre Wirkung. Fidel Rädle, der Schulfreund, erinnert sich an eine Begegnung, bei der Karl ihm davon berichtete, daß Abberger ihn beiseite ge-

nommen und ihn zusammengestaucht habe. Er befasse sich mit
Dingen, die für sein Alter viel zu seriös seien.


### Der Lehrer: Rudolf Nikolaus Maier

Nicht der Vater oder die Mutter, nicht der Religionslehrer, der
Pfarrer nur indirekt – eine andere Person hat in dem Sohn des
Dorfschullehrers all die für sein Alter ungewöhnlichen Fähig-
keiten und Interessen freigesetzt: Dr. Rudolf Nikolaus Maier,
Oberstudienrat am Staatlichen Gymnasium Sigmaringen, Fä-
cher Deutsch, Französisch und Philosophie, später Professor
Dr. Rudolf Nikolaus Maier.

In einer Welt, in der Kultur nahezu ausschließlich in Gestalt
der Religion an die Schüler herantritt, erschließt er denen, die
sich führen lassen, einen neuen »orbis«: Es ist die Welt der großen Fragen der Philosophie und der abendländischen Geistes-
geschichte, die Welt der schönen Künste und der Literatur.
Lehmann und Rädle sprechen von Maier als einem Genie.

Der Lehrer, ebenfalls ein echter Hohenzoller, war auf dem
Dorf aufgewachsen. In den dreißiger Jahren studierte er in
Frankfurt am Main Germanistik und Philosophie und wurde
1935 bei Max Kommerell mit einer Arbeit über die zum Katholizismus konvertierte Schriftstellerin und Graphikerin Ruth
Schaumann promoviert.[21] Wäre der Krieg nicht gekommen, er
wäre wohl an der Universität geblieben und hätte sich habilitiert, mutmaßt der Kardinal. Statt dessen übersetzt Maier französische Schriftsteller wie Paul Claudel ins Deutsche[22] und entwickelt eine Meisterschaft in der Interpretation von Lyrik. Wer
von Maier unterrichtet wird, der kennt in der ersten Hälfte der
fünfziger Jahre auch Paul Celan und Gottfried Benn, Hans Arp
und Karl Krolow, weiß, was japanische Haikus sind. Auch
wenn er auf der Alb wohnt.

Der Unterricht in Philosophie ist Unterricht in Deutsch mit

anderen Mitteln, so, wie der Unterricht in Deutsch bei Maier Unterricht in Philosophie ist. Auch Thomas von Aquin, zusammen mit dem Kirchenvater Augustinus die theologische Autorität in der katholischen Kirche schlechthin, kommt hier zur Sprache: Aber für Maier ist die Philosophie nicht die Magd der Theologie. Für Lehmann sehr nachvollziehbar.

Dann ist da noch von einem anderen Philosophen die Rede: Er heißt Martin Heidegger und stammt aus Meßkirch. Politisch gesehen ist der Landstrich eine kleine badische Herrschaft, kulturell seit jeher eine Genie-Ecke: Abraham a Sancta Clara, der Barockprediger, Konradin Kreutzer, der Komponist, Martin Heidegger, der Philosoph, Erzbischof Conrad Gröber, der frühe Gönner des Philosophen, nicht zu vergessen Lehmanns künftige Freiburger Professoren Bernhard Welte und Anton Vögtle, sie sind hier zu Hause.

Maier zählt zu den Verehrern des alemannischen Philosophen, ist von Heidegger beeinflußt in seiner Interpretation von Dichtung bis in seine eigene Lyrik hinein.[23] Auch Maiers Schüler Karl Lehmann kann sich dem Bann des großen Landsmannes nicht entziehen. Immer wieder versucht der Gymnasiast, Heideggers kleinere Werke zu entziffern – zunächst ziemlich vergebens. Aber er gibt nicht auf. Im Jahr 1962 wird er mit einer Arbeit über den jungen Heidegger promovieren.

Auch der Sigmaringer Deutschlehrer verfehlt seine Wirkung auf Lehmann nicht. »Wir armen Würstchen haben wirklich verstanden, was die Dichter wollten«, sagt der Kardinal in Erinnerung an Rudolf Nikolaus Maier. Neben seinen Eltern hat Lehmann niemand stärker geprägt als dieser Lehrer, bei dem jede Stunde spannend war. Noch heute beschließt Lehmann das Tagewerk nicht nur mit der Komplet, dem Nachtgebet der Kirche. Oft begleitet ihn ein Gedicht in den Schlaf. *Beglückende Dichtung* lautet die Überschrift über eine Buchkritik, die Unterprimaner Lehmann einst für die Schülerzeitung verfaßte.

Karl Lehmann hält Kontakt zu Rudolf Nikolaus Maier, solange der Lehrer lebt. Sie schreiben einander, hin und wieder kann Lehmann ihn zu Hause besuchen. Maier, Jahrgang 1909, stirbt 1993, hochbetagt im Alter von 84 Jahren.

## Reifeprüfung

An einem Frühlingstag des Jahres 1956 wird in Sigmaringen im Fach »Deutsch« der Abituraufsatz geschrieben. Maier hat seine Schüler, 18 Jungen und vier Mädchen, auf die Reifeprüfung vorbereitet. Die »Deutschen Arbeiten«, die der Oberstudienrat in der Oberprima schreiben läßt, bestehen unter anderem in einer »Meditation über einen Spruch von Laotse: ›Beim Nichtstun bleibt nichts ungetan‹« (7. Juli 1955, Note 1). Es folgt ein »Hausaufsatz« über das Thema »Schön ist die Jugend …« (ohne Datum, Note 2+). Den letzten Text bildet der Klassenaufsatz »Wie verstehen Sie das Wort Hermann Grimms: ›Sich im Vorhof zu fühlen ist überhaupt und überall das höchst Erreichbare‹?«. Eine Note und das Zeichen des Lehrers finden sich unter den Ausführungen des Schülers Lehmann über dieses Thema nicht. Sie enden mit einer Betrachtung über die »Rettung der Philosophie«: »Vielleicht gibt es keinen besseren Weg zur Rettung der Philosophie, als daß die Philosophen wieder das Staunen lernen. Wie ein Kind müssen sie und alle Menschen mit ihnen vor die Wirklichkeit hintreten und staunend mit Martin Heidegger ausrufen: ›Warum ist überhaupt Seiendes und nicht vielmehr Nichts?‹« Der erste Satz der Heideggerschen Schrift »Einführung in die Metaphysik«[24] beschließt das Heft »Deutsche Arbeiten« des Oberprimaners Karl Lehmann.

Für die Abiturklausur stehen mehrere Themen zur Wahl. Fidel Rädle entscheidet sich für das Thema: »Köstlichkeiten des Lebens, auf die ich nicht verzichten möchte«. Karl Lehmann wählt ein anderes, handfestes, weniger der Welt des Dichterischen, des Schönen und des Guten als der Welt des

Wissens, des Wahren und des Praktischen verhaftetes Thema: »Über die doppelte Beanspruchung der Frau in Familie und Beruf«. Auf dem Weg zum Bahnhof begegnet Lehmann seinem Lehrer: »Lehmann, warum haben's denn nur das Weiberthema g'nomma?«

Einige Zeit später werden Fidel Rädle und Karl Lehmann, die beiden Freunde, zum Schulleiter bestellt. Der hat die angenehme Pflicht, den besten Abituraufsatz im Fach Deutsch an seiner Schule (wie an jedem Gymnasium in Baden-Württemberg) mit dem Scheffel-Preis auszuzeichnen. Rädle und Lehmann haben beide »sehr gute« Arbeiten geschrieben. Also wird 's Hälmle zoge. Rädle gewinnt.


## Die Entscheidung

Schon oft ist Karl Lehmann in seinem Leben umgezogen. So viele Jahre wie in Veringenstadt hat er seit seiner Geburt noch an keinem Ort zugebracht. Aber auch dieser Lebensabschnitt ist zu Ende. Kaum 20 Jahre alt, das Abitur mit besten Noten bestanden, verläßt Karl junior das elterliche Haus. Wieder heißt es Abschied nehmen. Aber nicht allein von den ehemaligen Spielkameraden, den Lehrern, dem Pfarrer. Diesmal bleiben auch die Eltern und vorerst auch der Bruder zurück. Karl Lehmann möchte Priester werden.

Niemand hat den Jungen zu dieser Entscheidung gedrängt. Vor allem nicht diejenigen, die ihn nun, Ende April 1956, auf der Fahrt nach Freiburg in das Collegium Borromaeum begleiten. Am Steuer des Wagens, der von Veringenstadt aus über Tuttlingen und den Schwarzwald den Weg in die badische Bischofsstadt nimmt, sitzt Heimatpfarrer Abberger. Im Fond begleitet die Mutter ihren Sohn. Von seinem Vater Karl und seinem Bruder Reinhold hat Karl sich bereits in Veringenstadt verabschiedet.

Manches Mal hatte Abberger sich gefragt, ob sein Ministrant und Jugendleiter wohl Priester werden würde. Entschieden hat er sich wohl erst in den letzten Monaten, kurz vor dem Abitur, obwohl das Interesse des Jungen an Theologie früh erwacht war. Das Zeugnis, das Abberger dem Karl für die Aufnahme in die Reihen der Priesteramtskandidaten des Erzbistums Freiburg ausstellte, bezeichnet ihn als einen Jungen von »natürlicher Anständigkeit«, verbunden mit einer »seltenen Aufgeschlossenheit für Literatur, Philosophie und Theologie«.

Gefragt hatte Abberger den Sohn des Lehrers nie, ob er den Weg zum Priestertum einschlagen wolle. Karl Lehmann konnte damals nur ahnen, warum der Priester ihm gegenüber so zurückhaltend war und selbst dann wortkarg blieb, wenn er selbst das Gespräch über das Priestertum suchte.

Abberger, Jahrgang 1914, war auf einem Bauernhof in der Nähe von Hechingen als neuntes von zwölf Kindern groß geworden. Wie so viele andere Bauernsöhne seiner Zeit hatte er Priester werden müssen, um der Enge des heimatlichen Hofes entfliehen und studieren zu können.

Ein außergewöhnlicher Geistlicher wurde er nicht. Eher war er ein Eiferer, streng, mitunter unerbittlich gegen andere. Aber ein gewissenhafter Seelsorger. Theologische Lektüre hilft ihm, auf der Höhe der Zeit zu bleiben und lebensnah zu predigen.

Der Familie des Lehrers Lehmann ist der Pfarrer herzlich verbunden. Aber Karl bemerkt auch, daß Abberger Anfechtungen nicht fremd sind. Der Kardinal sagt über ihn, er sei deswegen Vorbild, weil er sich das Amt abgerungen und selbstlos seinen Dienst erfüllt habe.

Niemand in Veringenstadt hat Karl Lehmann gedrängt, sofort nach dem Abitur das Studium der Theologie aufzunehmen. Der Pfarrer nicht, die Eltern nicht. Überhaupt gab es im Hause Lehmann weder Druck noch Zwang in religiösen Dingen. Der regelmäßige Kirchgang war einfach selbstverständlich, wie so vieles im Leben der Familie. So war es auch selbstverständlich, daß Karl seine Entscheidung in Ruhe und in Freiheit treffen konnte.

Der Entschluß reift, so erinnert sich der Kardinal, über den späten Herbst und frühen Winter 1955/56. Auch die Reaktion der Eltern auf den Entschluß hat der Kardinal nicht vergessen. »Wenn du meinst, probier es mal«, sagte der Vater. Die Mutter: »Wenn du es nicht kannst, komm zurück und sag' uns das.« Als Karl Lehmann im späten Frühling durch das Höllental nach Freiburg fährt, verläßt er die Familie in der Gewißheit, jederzeit nach Hause zurückkehren zu können.

»Herzhaft, aber auch nüchtern fromm, und daher ohne jede Bigotterie«, so beschreibt der Kardinal seine Eltern, einfache Leute, trotz der Ausbildung des Vaters. Karl, der Erstgeborene, ist ihnen ähnlich. Er hat die hagere, hochgewachsene Gestalt seines Vaters, die Gesichtszüge sind die der Mutter. Und alle Lehmanns haben offenbar ein ähnliches Verhältnis zu Glaube und Kirche: herzhaft, nüchtern-fromm, ohne jede Bigotterie.

Was ging in Lehmann vor, während er sich entschied, Priester zu werden? Mit den Eltern sprach er darüber nicht, der Pfarrer sprach mit ihm nicht darüber. Nikolaus Rudolf Maier, der verehrte Lehrer am Sigmaringer Gymnasium, war in Glaubensfragen eher zurückhaltend, verschlossen. Auch er wies Karl Lehmann nicht den Weg nach Freiburg. Jedenfalls nicht direkt. Aber er hielt ihn an, einen Weg zu suchen.

Am 5. Mai 1955, zu Beginn der Oberprima, müssen die Schüler Maiers in einem Aufsatz Rechenschaft über die Kriterien ihrer Berufswahl ablegen. Lehmann hat sich noch nicht entschieden, Priester zu werden. Aber die Richtung ist zu erkennen.[25]

»Ich wähle für mich einen Beruf, der mir durch die Art der Ausbildung und durch die spätere Ausübung die Möglichkeit gibt, innerhalb der Grenzen menschlicher Erkenntnis zu erkennen, ›was die Welt im Innersten zusammenhält‹; einen Beruf, der sich um die letztgültigen Seinsgesetze in staunend-demütiger Haltung bemüht.« Soweit hat Lehmann sich entschieden. »Freilich könnte das auch nebenberuflich geschehen, ja es gehört notwendig zum menschlichen Dasein, aber ich möchte mich ganz dieser Aufgabe widmen von philosophisch-theologischer und von kunstbetrachtender Warte aus.«

Dazu aber sei nötig: »Muße, Zeit zur Einsamkeit, zum Schauen, zum Betrachten, zum Hören – und zum Schweigen. Die Muße ist im eigentlichen Sinne der tragende Urgrund, das haltgebende Fundament eines jeden echten Berufes. Wo sie fehlt, da fehlt das eigentlich Menschliche, oder gehört sie schon zum Übermenschlichen?« In der Erinnerung des Kardinals freute sich Rudolf Nikolaus Maier, als ihm sein Schüler Lehmann einige Monate nach jener denkwürdigen Reflexion eröffnete, er wolle Theologie studieren und Priester werden.

Das klingt nicht nach jugendlichem Überschwang. Aus Karl Lehmann spricht heiliger Ernst.

Und ein wenig Altklugheit: »Vielleicht hat der holländische Kulturphilosoph Huizinga recht, wenn er sagt, unser ganzes Unglück komme nur daher, daß wir nicht mehr dienen wollten; dienen als Arzt, als Lehrer, als Seelsorger, jeder auf seine Weise. Freilich verlangt das Opfer: aber hier gilt das Wort: ›Geben heißt Nehmen.‹ Hier verwirklicht sich das Grundgesetz des Christlichen, wie es bei Matthäus (25,4) steht: ›Jeder, der sein Leben retten will, wird es verlieren; wer aber sein Leben verliert, um meinetwillen, der wird es gewinnen.‹ Das ist das christliche Paradox – ›den Heiden eine Torheit‹ –, die Erfüllung des Lebens, dem dann Friede und heimliche Freude bereitet wird.« Das Thema des Aufsatzes war: »Durch welche Überlegungen sollen wir uns bei der Wahl eines Berufes bestimmen lassen?« Die Note: 1.

Ein halbes Jahr später ist der Prozeß stiller Selbstbesinnung fürs erste abgeschlossen. Karl Lehmann wird nicht Arzt. Er wird nicht Lehrer, obwohl keine Person in seiner Umgebung ihn stärker beeindruckt als Rudolf Nikolaus Maier und er es sich vorstellen kann, Germanistik und Philosophie zu studieren und in den Schuldienst zu treten. Karl entscheidet sich, Priester zu werden.

Illusionen macht er sich über diesen Lebensweg nicht: »Freilich ist mit meinem Berufsbild und mit meiner Auffassung auch viel Enttäuschung verbunden, die ich selbst schon in meinen Jugendgruppenstunden seit vier Jahren erlebe: eben die Tragik des Menschen, der den Willen hat, die Welt umzugestalten; dessen einzelne Kraft aber nicht ausreicht, die lähmenden Gegenkräfte zu überwinden.« Doch warum sollte es dem jungen Karl Lehmann besser gehen als Stadtpfarrer Abberger, als Stadtpfarrer Geiselhart? Der hatte in seinem Tagebuch festgehalten, alle seine Versuche, auf die Leute in Veringenstadt religiös einzuwirken, seien ohne Erfolg – selbst bei Kindern. Zwar habe er keinen Widerstand gefunden, aber auch kein Vertrauen.[26]

Während einer Vorlesung in Freiburg schweifen die Gedanken Lehmanns zurück nach Veringenstadt. Vom Hörsaal aus kann er verfolgen, wie auf dem Nachbargrundstück ein neues Kolleggebäude errichtet wird. Lehmann, Erstsemester, sieht, wie sich Gleichaltrige in der Sommerhitze schinden. Da empfindet er ein tiefes Gefühl der Dankbarkeit für die Eltern, die sich abgerackert haben, um ihm das Gymnasium und das Studium zu ermöglichen. »Da mußt du auch was tun«, sagt Lehmann zu sich.

»Fest entschlossen« wendet er sich dem Studium der katholischen Theologie zu – »als Vorbereitung für den kirchlichen Dienst in der Erzdiözese Freiburg i. Br.«. So heißt es im Frühjahr 1956 in seinem Bewerbungsschreiben an Erzbischof Eugen Seiterich.

# 2 Der Weg zur Wissenschaft – der Student (1956–1964)

## Der Priesteramtskandidat

In den letzten Apriltagen des Jahres 1956 ist im Collegium Borromaeum ein großes Kommen. Dutzende von Studenten haben das Theologenkonvikt des Erzbistums Freiburg Ende Februar mit dem Diplom in der Tasche verlassen und sind in das oberhalb von Freiburg gelegene Priesterseminar St. Peter gezogen. Nun soll der neue Kurs beginnen: 71 junge Männer haben sich zum 1. Mai 1956 angemeldet, um sich mit dem Studium der katholischen Theologie an der Universität Freiburg auf den kirchlichen Dienst vorzubereiten.

Sie sind am Bodensee aufgewachsen oder am Main, waren auf der Schwäbischen Alb zur Schule gegangen oder am Rhein: 71 junge Männer, die Priester des Erzbistums Freiburg werden wollen. Nicht nach und nach, sondern auf einen Schlag. So begehrt wie in den Jahren nach dem Zweiten Weltkrieg war ein Platz in einem Kolleg oder Priesterseminar in Deutschland selten zuvor. Aus allen Teilen der Erzdiözese haben die neuen Studenten den Weg nach Freiburg angetreten – und sind offenbar schon von weitem zu erkennen. Einige Neuankömmlinge, die sich vor dem Auspacken ihrer Koffer arglos in einer Gastwirtschaft versammeln, werden von der Kellnerin mit den Worten begrüßt: »Ich weiß schon, ihr seid alles Theologen …« Noch als Kardinal wundert sich Karl Lehmann, wie man einem normalen jungen Mann wie ihm den künftigen Beruf ansehen konnte.

Als Hohenzoller unverdächtig, die einander widerstrebenden Interessen von Südbadenern oder Nordbadenern zu vertreten, wird Lehmann von der Hausleitung sofort zum Sprecher des Kurses ernannt. Bald darauf wird er von seinen Kurskollegen in diesem Amt bestätigt.

## Wehleidigkeit untersagt: Robert Schlund

71 Kandidaten in nur einem Kurs – das sind fast so viele Alumnen, wie das St. Fidelishaus in Sigmaringen Schüler hatte, als Lehmann im Jahr 1948 dort einzog. Von der neuen Umgebung unbeeindruckt, lebt sich stud. theol. Karl Lehmann in Freiburg schnell ein. Vor allem macht Dr. Robert Schlund, der Direktor des Borromaeums, einen besseren Eindruck auf den Studenten Lehmann als der Rektor des St. Fidelishauses auf den Schüler Karl. Mehr noch: Schlund ist der erste Priester, der den hochbegabten jungen Mann mit einer starken geistig-geistlichen Ausstrahlung und durch selbstlose Lebensführung beeindruckt. Von seinem Freiburger Konviktsdirektor und späteren langjährigen Generalvikar des Erzbistums Freiburg spricht der Kardinal als einer »leuchtenden priesterlichen Gestalt«.[1]

In einer Erzählung drückt der Kardinal aus, was ihn als Studenten für seinen Direktor eingenommen hat. Aus Solidarität mit den Studenten hatte Schlund darauf verzichtet, sich vom Kriegsdienst freistellen zu lassen. 1941 wird er eingezogen. Mit einer Unterschenkelprothese kehrt Schlund im Jahr 1945 zurück. Einen Aufzug gibt es im Kolleg auch in den fünziger Jahren nicht. Schlund, der Direktor, muß zu Fuß von seinem Zimmer in den eine Etage tiefer gelegenen Speisesaal gehen. Dem Stumpf tut diese Belastung nicht gut. Je länger das Semester dauert, um so stärker werden die Schmerzen. Schlund läßt sich nichts anmerken, nicht einmal im langen Wintersemester. Er zieht sich erst zurück, nachdem das Semester vorbei ist und die Studenten Ende Februar für einige Wochen das Weite gesucht haben.

Lehmann widmet Robert Schlund zu dessen 70. Geburtstag am 1. September 1982 ein Buch. Es trägt den Titel *Geistlich handeln*. Und es ist kein Zufall, daß sich in diesem Buch ein Text findet, der *Wider die Wehleidigkeit* überschrieben ist.[2] Kaum etwas ist dem Priester, Bischof und Kardinal Karl Lehmann mehr zuwider als Wehleidigkeit, im kleinen, wie im großen, bei sich selbst wie bei anderen. Das verbindet ihn besonders mit Robert Schlund.

*Wider die Wehleidigkeit* ist ursprünglich eine Meditation über einige Verse aus dem zweiten Brief des Apostels Paulus an Timotheus: »Das ist mein Evangelium, für das ich zu leiden habe und sogar wie ein Verbrecher gefesselt bin; aber das Wort Gottes ist nicht gefesselt. Deshalb erdulde ich alles um der Auserwählten willen« (2 Tim 2,9–10). Das »Leiden für das Evangelium«, von dem Paulus spricht, kann eigentümliche Formen annehmen: »Es gibt manchmal bei Amtsträgern eine höchst fragwürdige Verliebtheit in das Leid, den Mißerfolg und die Anfeindung. Sie werden beinahe als Auszeichnung und als besondere Bevorzugung empfunden«, weiß Professor Lehmann. »In Wahrheit verläuft hier jedoch eine hauchdünne Scheidungslinie zwischen einer masochistischen Leidenssehnsucht, die alles im Horizont des eigenen Selbst spiegelt, und einer stillen Bereitschaft, für das Evangelium Schläge einzustecken.« Lehmanns Bereitschaft, für das Evangelium Schläge einzustecken, sollte manches Mal auf eine harte Probe gestellt werden.

»Eine weitere und nicht weniger gefährliche Versuchung ist die Wehleidigkeit (…) Wenn die eigene Stimmungs- und Seelenlage in das Zentrum des Interesses rückt, dann scheint die Leiderfahrung ein eigenes Schwergewicht zu erhalten. Dann entsteht eine fragwürdige Gestalt von Wehleidigkeit, die auch den kleinsten Schmerz übergebührlich empfindet und zum Ausdruck bringen möchte. Selbstbemitleidung und dankbar angenommenes Sichbemitleidenlassen zählen dazu.«

Lehmann ist sich sicher: »Das Leiden für das Evangelium hat in keiner Weise einen Selbstzweck, auch keinen aszetischen, es ist verborgene Stellvertretung für das Heil der anderen. So werden wir Jesus Christus immer ähnlicher. Paulus bezeugt uns mit seinem Leben und mit seinem Wort die Wahrheit des ›Leidens für das Evangelium‹. Tapferkeit wäre vielleicht ein zweideutiges und durch Mißbrauch verunstaltetes Wort – Wehleidigkeit ist uns jedoch untersagt.« So meditiert Bischof Karl Lehmann im Jahr 1979 eingedenk seiner Eltern und seiner Vorbilder, allen voran seines Mentors Robert Schlund.

Wie tief diese Prägung ist und wie sehr diese Worte von Herzen kommen, läßt sich heute besser ermessen denn je. Am Abend des 8. Juli 1988, nach der Beerdigung seines Vorgängers Hermann Kardinal Volk, richtet Bischof Lehmann das Wort an die Männer, die er am folgenden Tag zu Priestern weihen wird: »Weil der Geistliche aber besonders, nämlich für seinen ganzen Lebensentwurf, in das Heilsgeheimnis des Todes und der Auferstehung des Herrn hineingenommen wird, kann er auch in seiner Spiritualität vieles von daher verstehen (…) Gerade deshalb dürfen wir nicht wehleidiger und empfindlicher sein als jene, die nicht glauben. Vom Blick auf das Kreuz her könnten wir eine ruhige, schweigende, gelassene Tapferkeit gegenüber dem Leben haben. In Wirklichkeit lamentieren wir aber oft mehr als die anderen und sind nicht selten feige.«[3]

Und noch heute kann der Kardinal aufbrausen, wenn sich bei ihm der Eindruck einstellt, sein Gegenüber ergehe sich in seinem Dienst in übermäßigem Selbstmitleid: »Seien Sie doch nicht so wehleidig«, bekommt so einer dann zu hören.

Ohne Spannungen zwischen Lehmann und Konviktsdirektor Schlund bleiben die drei Semester in Freiburg jedoch nicht. Schon der junge Student schätzt strenge Formen nur, wenn sie mit freiem Geist einhergehen. Jede Ordnung, auch und gerade die Ordnung in der Kirche, ist um des Menschen willen da, nicht der Mensch um der Ordnung willen.

Martin Heidegger, Emeritus schon seit 1952, hatte im Wintersemester 1955/56 Vorlesungen in Freiburg gehalten. Das Thema lautete: »Der Satz vom Grund«.[4] Lehmann war zu diesem Zeitpunkt noch in Veringenstadt. Im folgenden Wintersemester ist Heidegger wieder in Freiburg zu hören. Im Rahmen des Studium generale hält er Vorträge. Karl Lehmann, der viel von ihm gehört und schon einiges von ihm gelesen hat, will den Philosophen unbedingt sehen. Die Hausordnung des Kollegs sieht Ausgang am Abend nicht vor. Die Studenten müssen um 21 Uhr im Haus sein. Dann werden die Türen abgeschlossen. Wer eine Ausnahme erwirken will, muß gute Gründe vorweisen und einen Kameraden finden, mit dem zusammen er das Haus verläßt und wieder heimkehrt.

Lehmanns Gründe für den Besuch der Heidegger-Vorlesung sind offenbar nicht gut genug. Mit ihm gehen möchte wohl auch niemand. Direktor Schlund weigert sich, Lehmann die Heimkehr zu fortgeschrittener Stunde zu erlauben. Diese Zumutung ist dem jungen Studenten unerträglich. »Ich weiß nicht, ob ich bleiben werde, wenn ich ihn nicht sehen kann«, fordert der Erstsemester den Direktor heraus. Lehmann erhält den Hausschlüssel.

## Exerzitien

Nicht weniger wegweisend als die Begegnung mit Robert Schlund soll für Lehmann eine andere Begebenheit in Freiburg werden: Ende Oktober 1956 beginnen die »Exerzitien«, die »Geistlichen Übungen«, nach den Anweisungen des heiligen Ignatius von Loyola, des Gründers des Jesuitenordens.[5] Es sind die ersten ignatianischen Exerzitien des Kardinals.

Die Tage stehen im Zeichen äußerer und innerer Spannung. In Ungarn haben sich Tausende gegen die Herrschaft der Sowjets erhoben, und in Freiburg ist sich ein junger Mann nicht sicher, ob er den Lebensweg, den er eingeschlagen hat, fortsetzen soll. Während die politischen Ereignisse ihren Lauf nehmen und das Schweigen während der Exerzitien nur durch Gebet und Gottesdienst, Vortrag und Einzelgespräch mit dem Exerzitienmeister unterbrochen wird, reift eine Entscheidung.

Das bestimmende Thema jener Tage ist, so erinnert sich der Kardinal, die »einmalige Lebenswahl«. Karl Lehmann trifft sie in jenen Tagen unter Anleitung von Pater Alois Grillmeier, einem Jesuiten und späteren Kardinal. Die Exerzitien enden am Sonntag, dem 4. November 1956. Es ist das Fest des heiligen Karl Borromäus, seines Namenspatrons. Am selben Tag rollen in Ungarn die Panzer. »Die Entscheidung ist nicht ohne Zusammenhang damit; das Spirituelle behält erst recht den Vorrang«, sagt der Kardinal.

### Erste Begegnung mit Karl Rahner

Im Borromaeum begegnet der junge Student einem weiteren Jesuiten: Karl Rahner. Schon in Veringenstadt hat Lehmann Bücher jenes offenbar bedeutenden Theologen in der Hand gehabt. Weniger zunächst die systematisch-theologischen Schriften, sondern geistliche Lektüre. *Worte ins Schweigen*[6] lautet der Titel eines dieser Bücher. Bald kauft er sich *Hörer des Worts* und *Geist in Welt*.

Karl Rahner, kein Hohenzoller, aber ein Alemanne, wie er im Buche steht,[7] hält in Freiburg große Vorträge. Aber nicht nur in der Katholischen Hochschulgemeinde und in der neugegründeten Katholischen Akademie. Rahner spricht auch im Collegium Borromaeum, wo er oft wohnt, zu den Theologiestudenten: »Er ging an das Fenster, nahm einen Klöppel vom Vorhang, drehte ihn, spielte wie ein Kind herum und hat uns nebenher die unwahrscheinlichsten Dinge des Glaubens erzählt.«[8]

Auch Karl Lehmann kann sich dem Bann des großen Dogmatikers, der spekulativen Kraft seines Denkens und der ungebrochenen Kirchlichkeit, nicht entziehen. Zu einer persönlichen Begegnung zwischen dem jungen Studenten und dem Jesuiten kommt es nicht. Noch nicht.

Im Jahr 1985 spricht der Mainzer Bischof Karl Lehmann in einer seiner seltenen biographischen Mitteilungen über seine ersten Begegnungen mit Rahner in Freiburg. Er nennt ihn einen »theologischen Lehrer und Forscher«, der ihm mit seinen »großen Vorträgen« seit dem Beginn seiner Studienzeit an der Universität Freiburg im Jahr 1956 »unauslöschlich vor Augen stand«.[9]

Ein Schlüsselerlebnis ist Rahners Vortrag »Zur Theologie der Menschwerdung«.[10] Heute noch ist der Kardinal von diesem Gedankengang fasziniert. Damals hat er seine Grundentscheidung für die Theologie und das Priesterwerden wesentlich bekräftigt.

## Die katholische Heidegger-Schule

Das Studentendasein sagte Lehmann zu: Vorlesungen, Proseminare und Übungen an der Fakultät, Kurse im Kolleg, Gespräche mit alten und neuen Kommilitonen, Bücher allüberall, all das eingefaßt in den steten Rhythmus von Gebetszeiten und Gottesdienst.

Schon das Lehrangebot an der Theologischen Fakultät der Albert-Ludwigs-Universität ist ganz nach Lehmanns Geschmack. Vor allem die Philosophie begeistert ihn. Mehrere Theologen und Philosophen, die in Freiburg studierten, waren von der dort ohnehin nicht sonderlich prägenden Neuscholastik[11] wenig beeindruckt und öffneten sich vorsichtig dem zeitgenössischen Denken. In den dreißiger Jahren entstanden, nennt man sie bald die »katholische Heidegger-Schule«.[12] Männer der ersten Stunde sind Max Müller, Gustav Siewerth und die beiden Jesuiten Karl Rahner und Johannes B. Lotz. Später kommt Bernhard Welte hinzu, ein Freiburger Diözesanpriester.[13]

Als Karl Lehmann im Sommersemester 1956 sein Theologiestudium beginnt, ist Welte Rektor der Albert-Ludwigs-Universität. Dieses Amt hält ihn nicht davon ab, seine Verpflichtungen als Inhaber des Lehrstuhls für Christliche Religionsphilosophie zu erfüllen: »Der Begriff der Freiheit und der Glaube«, »Kants Kritik der Gottesbeweise«, »Über den Begriff Gottes«, »Blaise Pascal: Das Christentum in der Krisis des neuzeitlichen Geistes«.

Auch Max Müller, ein Alemanne wie Welte und Heidegger, Inhaber des Lehrstuhls für Philosophie an der Philosophischen Fakultät, Privatdozent Heinrich Rombach, sein Schüler, und Eugen Fink, der treue Schüler des jüdischen Philosophen Edmund Husserl (1859–1938), beeindrucken den jungen Theologiestudenten Lehmann. Der läßt sich so wenige Veranstaltungen wie möglich entgehen.

Die Begegnung mit Robert Schlund und die ignatianischen Exerzitien festigen in ihm den Entschluß, den Weg zum Priestertum weiterzugehen. Die Anregungen, die Lehmann von den Freiburger Dozenten erhält, weisen ihm endgültig den Weg zum philosophischen Denken: »Ihnen gebührt mein besonderer Dank, ist es doch so oft die Macht eines guten Anfangs, die den Ausschlag gibt. Bei ihnen habe ich nicht nur ein ursprünglich lebendiges und mutiges Denken kennengelernt, sondern auch die Freude an der rechten Philosophie bekommen.«[14] Lehmann schreibt diese Sätze nieder am 7. Juni 1962 – in das Vorwort seiner philosophischen Dissertation, die er nach langer Arbeit unter dem Titel *Vom Ursprung und Sinn der Seinsfrage im Denken Martin Heideggers* an der Päpstlichen Universität Gregoriana einreicht.[15]

## Theologie in Freiburg

Die Theologische Fakultät der Albert-Ludwigs-Universität sticht unter ihresgleichen nicht nur durch ihre Wertschätzung der philosophischen Ausbildung und Studienmöglichkeiten heraus. Auch »Alttestamentliche Literatur« und »Neutestamentliche Literatur« sind durch Alfons Deissler und Anton Vögtle hervorragend repräsentiert. Auf seine Weise ist jeder von beiden von großer Bedeutung: Deissler ein überragender Lehrer, Vögtle ein bohrender, unermüdlicher Forscher im Detail.

Für Lehmann sind beide Fächer weitgehend Neuland. Doch wie bei allem, was ihn interessiert, stürzt er sich mit ungeheurer Energie auch in das Studium des Alten und des Neuen Testaments. Griechisch und Latein beherrscht er perfekt. Das Hebräisch, das er in Sigmaringen gelernt hat, reicht aus, um den Vorlesungen und Proseminaren zu folgen und die neue Welt der biblischen Texte selbständig erkunden zu können.

In seiner theologischen Lizentiatsarbeit, die sich bis 1964 an die philosophische Dissertation anschließt, wird Lehmann auf dieser Grundlage aufbauen. Vier Jahre später wird sich endgültig erweisen, wie die kurze, aber intensive Zeit in Freiburg den jungen Studenten Karl Lehmann geprägt hat: Seine theologische Dissertation über das Thema »Auferweckt am dritten Tag«[16] ist eine Synthese aus Exegese, Hermeneutik und Dogmatik.

## Freiburg oder Rom?

Lehmann fehlt es in Freiburg an nichts: Er ist von der Fakultät angetan, vom Leben im Kolleg und in der Stadt. »Es ging mir sehr gut«, sagt der Kardinal.

In der Fakultät scheint man von dem Hohenzollern angetan gewesen zu sein, und im Kolleg erst recht. Doch was soll man mit dem begabten jungen Mann machen? Rektor Schlund möchte Karl Lehmann in Freiburg behalten. Die Repetitoren, allen voran Lehmanns späterer Freiburger Dogmatik-Kollege Helmut Riedlinger, wollen ihn nach Rom entsenden.

Unvermittelt wird Karl Lehmann, Student im dritten Semester, im Frühsommer 1958 zu Erzbischof Seiterich bestellt. Wenn er wolle, würde er ihn nach Rom in das Germanikum entsenden. Lehmann erbittet sich Bedenkzeit.

An einem Freitagnachmittag, es ist mitten im Sommersemester, die Vorlesungen sind noch in vollem Gange, macht sich der Student von Freiburg aus mit dem Zug auf den Weg nach Veringenstadt. Seine Eltern und seinen Bruder hat er seit Monaten nicht gesehen. Ein Telefon gibt es noch nicht. Nur Briefe waren hin- und hergegangen. Aus ihnen war in Veringenstadt nicht zu entnehmen, daß eine Veränderung der Lebensumstände Karls oder gar ein Abbruch seiner Laufbahn als Priesteramtskandidat bevorstünde.

Am Abend steht Lehmann vor der Bergschule in Veringenstadt. Als die Mutter ihrem Ältesten auf das Klingeln hin die Tür öffnet, entfährt es ihr: »Haben sie dich rausgeschmissen?« Ihr Ältester antwortet: »Ja, nach Rom.« Die Botschaft ist schon auf der Schwelle der Wohnung überbracht.

Soll er, der schon so oft aufgebrochen ist, die neue Heimat nach nur anderthalb Jahren abermals aufgeben? Und die Eltern für Jahre alleine zurücklassen, nun, wo auch Bruder Reinhold aus dem Haus ist? An Heimfahrten von Rom aus ist in den ersten Jahren kaum zu denken.

Es ist nicht zuletzt das Geld, das für den Eintritt in das Germanikum spricht. Die Eltern haben sich die Ausbildung der beiden Söhne vom Mund absparen müssen. Ginge Karl nach Rom, müßten sie zumindest ihn nicht länger mit Pensionszahlungen unterstützen. Das Angebot, im Germanikum zu leben, kommt einem Stipendium gleich. Außer einem Taschengeld benötigen die Alumnen nichts. Für den Lebensunterhalt und die Kosten der Ausbildung kommen das Erzbistum und die Stiftung auf, die das Kolleg seit dem 16. Jahrhundert unterhält.

Praktische Überlegungen sollen den Ausschlag für Rom nicht geben. Lehmann möchte studieren und hat sich in Freiburg auf die Philosophie und die Exegese gestürzt. Soll er die gerade errungene Freiheit des Denkens und Arbeitens schon wieder aufgeben? Und sich mit römischer »Schultheologie« plagen?

Lehmann macht sich vorsichtig kundig, was ihn am Germanikum und an der Gregoriana erwartete. Das Studium in Rom ist anders aufgebaut als das an einer staatlichen theologischen Fakultät in Deutschland, soviel weiß jeder. Anstelle von vier Semestern Grundstudium mit einem Vordiplom als Zwischenabschluß und sechs Semestern Hauptstudium mit abschließender Diplomprüfung gilt in Rom die klassische, jesuitische Studienordnung: Zunächst drei Jahre Philosophie mit Lizentiat, dann vier Jahre Theologie, davon zwei bis zum Bakkalaureat, zwei weitere bis zum Lizentiat.

Drei Jahre Philosophie? Viele hätte diese Aussicht abgeschreckt. Lehmann zieht sie magisch an.

Aber der Hohenzoller trifft seine Entscheidungen seit jeher mit großer Umsicht, wenn nicht nach langem Zögern. Sprechen zehn Gründe dafür, findet Lehmann den elften, der dagegen spricht. In dieser Lage kommt ihm die Begegnung mit einem Germaniker zu Hilfe, der gerade aus Rom zurückgekehrt ist: Bernhard Casper hat das Philosophie- und Theologiestudium an der Gregoriana abgeschlossen und ist Assistent Bernhard Weltes am Lehrstuhl für Christliche Religionsphilosophie. Während des Ausflugs zum Abschluß des Semesters auf den Schauinsland pirscht Lehmann sich an den Germaniker heran.

Der Mann galt als romkritisch, erinnert sich der Kardinal. Eine gute Voraussetzung, um ein abgewogenes Urteil zu hören, meint der Student. Wie es denn so sei in Rom, möchte der junge Priesteramtskandidat wissen. Bernhard Casper berichtet von

Stärken und Schwächen des Germanikums und der Gregoriana. Den Ausschlag gibt eine eher nebensächliche Bemerkung: Man habe dort »königlich viel Zeit für sich«.

»Karl Lehmann, Freiburg«, vermeldet das *Korrespondenzblatt für die Alumnen des Collegium Germanicum-Hungaricum* in seiner Ausgabe vom Dezember 1957 in der Aufzählung der achtzehn »Neorubri«.

### Der Eid: Das Germanikum

»Ego Carolus Lehmann, filius Caroli, natione Germaniae, diocesis Friburgensis ...« Mit Füllfederhalter in unverwechselbarer Handschrift auf einem weißen Bogen Papier niedergelegt: Der Germaniker-Eid »Ich, Karl Lehmann, Sohn des Karl, deutscher Nation, aus der Diözese Freiburg ...«

Ein Jahr schon lebt der Priesteramtskandidat der Erzdiözese Freiburg im »Pontificium Collegium Germanicum-Hungaricum«, dem »Deutsch-Ungarischen Kolleg« in Rom. Wieder unterzieht er sich den »Geistlichen Übungen« in der Tradition des Jesuitenordens, diesmal in der Sommervilla des Germanikums in San Pastore, und wie immer finden die Exerzitien kurz vor dem 10. Oktober statt, dem alljährlichen Termin der Priesterweihe. Und wie zwei Jahre zuvor die Exerzitien in Freiburg mit dem Ungarn-Aufstand zusammenfielen, so werden auch diese Tage der »Lebenswahl« von bangen Ahnungen bestimmt. Hugo Rahner, der Exerzitienmeister, berichtet den Alumnen am Nachmittag des 6. Oktober in die Stille der Exerzitien hinein, daß Papst Pius XII. schwer erkrankt sei.

Am Tag darauf schreibt Karl Lehmann jenen Eid nieder, den Generationen von Germanikern vor ihm schwören mußten: Daß sie sich den Regeln des Päpstlichen Kollegs und ihrer Auslegung durch die Oberen unterwerfen würden; daß sie sofort, nachdem sie ihre Studien in Rom beendet hätten, in ihr

and zurückkehren würden, genauer in den Dienst jener
…ese, aus der sie nach Rom geschickt worden seien; daß sie,
vo.. dem Tag ihrer Rückkehr in die Heimat an gerechnet, drei
Jahre lang nicht nach Italien und erst recht nicht nach Rom zurückkehren würden, es sei denn, es gäbe dafür einen dringen-
den Grund und eine schriftliche Erlaubnis des Bischofs, die
der Generalobere des Jesuitenordens bestätigt habe; und daß
niemand während des Aufenthalts im Kolleg oder während der
ersten drei Jahre nach dem Studium in Rom, sei es abgeschlossen oder nicht, einer Ordensgemeinschaft beiträte; es sei denn,
der Apostolische Stuhl habe dazu die Erlaubnis gegeben.

## Streng, aber frei: Die Tradition

Im St. Fidelishaus zu Sigmaringen ging es streng zu. In Freiburg im Collegium Borromaeum strenger. Im Germanikum
scheint die Ordnung auf die Spitze getrieben zu sein. Doch die
Worte, die Lehmann Anfang Oktober 1958 in dem modernen,
erst wenige Jahre alten Kollegsgebäude an der Via S. Nicolo da
Tolentino niederschreibt, verlangen nicht Kadavergehorsam.
Wie in einem Brennglas bündeln sich in ihnen die Geschichte
dieser Einrichtung und die Bestimmung ihrer Alumnen:
»Streng, aber frei«, so sagt der Kardinal.

Gegründet wurde das Collegium Germanicum im Jahr 1552
von Papst Julius III. (1552–1573) und einigen Kardinälen –
nicht aus eigenem Antrieb, sondern auf Drängen des Gründers
der »Gesellschaft Jesu«, Ignatius von Loyola.[17]

In »Germania« hatte die Reformation um sich gegriffen, ohne daß die katholische Kirche mit einer eigenen Reform dem
Siegeszug der Protestanten im Heiligen Römischen Reich
Deutscher Nation Einhalt geboten hätte. Durch seine Mitbrüder, Petrus Canisius vor allem, war Ignatius über den Verfall
des katholischen Lebens im Reich informiert. Mit seinem jun-

gen Orden alleine konnte Ignatius diese Entwicklung nicht aufhalten, geschweige denn umkehren. Abhilfe konnte nur ein neuer Klerus schaffen, junge Männer, theologisch gebildet und menschlich gerüstet, um »Sorge für die Seelen« zu tragen: »… ad iuvandas animas«. Diese Formulierung findet sich nicht erst in dem »Juramentum«, das Karl Lehmann im Jahr 1958 niederschreibt. Dieselben Worte hatte gut 400 Jahre zuvor, am 23. Januar 1554, Ignatius von Rom aus an Girolamo Muzarello geschrieben.[18]

Doch was hat es mit dem Eid auf sich, wenn er von den Alumnen verlangt, sie müßten nach ihrem Studium unverzüglich in ihre Heimat zurückkehren? In den ersten Jahrzehnten nach der Gründung des Kollegs dürfte wohl nicht jeder »Germaniker« Rom freudig den Rücken gekehrt haben. Die Heimkehr im Zeichen der Gegenreformation war mitunter ein lebensgefährliches Wagnis.

Bis zur Mitte des 20. Jahrhunderts standen römische Studienabsolventen in Deutschland im Verdacht, »römisches« Denken – oft genug schlicht mit Neuscholastik identifiziert – gegenüber einer »wissenschaftlichen« Theologie in Deutschland in Stellung bringen zu wollen. Der Schweizer Germaniker Hans Küng, Jahrgang 1928, war Ende der fünfziger Jahre wohl der erste, der diesen Bann brach. Seine Dissertation über die »Rechtfertigungslehre bei Karl Barth« (1957) und seine spektakuläre Berufung nach Tübingen, in das geistige Zentrum »deutscher« Theologie, im Jahr 1960 machten ihn zu einem »Pionier«.[19]

Von nun an ist der Aufenthalt in Rom in der Regel eine Gewähr dafür, in der Kirche Karriere machen zu können. Viele, die sechs, sieben oder acht Jahre im Germanikum verbringen, legen durch Studium und Freundschaften den Grundstein für ein Leben als Professor, Akademiedirektor, Domkapitular oder gar als Bischof, Erzbischof oder Kardinal.

In dem »Germanikerschematismus«, der die Alumnen unter anderem nach Eintrittsjahrgängen zusammenfaßt, sind freilich nur die Namen der Bischöfe gesperrt gedruckt. Sie fehlen in kaum einem Jahrgang, der bis zu 25 Alumnen umfaßt: Anton Schlembach, Germaniker des Jahrgangs 1951, wird 1983 Bischof von Speyer; Karl Heinz Braun, Germaniker 1952, wird 1984 Bischof von Eichstätt und elf Jahre später Erzbischof von Bamberg; Kurt Krenn, in Rom seit 1955, wird 1991 Bischof von St. Pölten; ein Germaniker des Jahrgangs 1957, Karl Lehmann wird 1983 Bischof von Mainz und im Jahr 2001 Kardinal; Josef Voß, in Rom ab 1958, wird Weihbischof in Münster; Erwin Ender, Jahrgang 1959, wird Kirchendiplomat, Apostolischer Nuntius und Erzbischof. Und das sind nur die fünfziger Jahre.

### Der Philosophenzirkel

Im luftleeren Raum spielen sich das Leben und das Studium nicht ab: Weder in dem bis heute von Jesuiten geleiteten Germanikum, dem ersten und ältesten Ausländerseminar in Rom, noch an der ebenfalls von Jesuiten geleiteten »Pontificia Università Gregoriana«, dem alten, im Jahr 1551 von Ignatius gegründeten »Collegium Romanum«. Schon früh in den fünfziger Jahren sind philosophische und theologische Kontroversen an der Tagesordnung: Naturalismus und Supranaturalismus erhitzten die Gemüter, besonders das eines jungen Schweizer Theologen namens Hans Küng.[20] Nach dem Tod von Papst Pius XII. kündigt sein Nachfolger Johannes XXIII. bald ein allgemeines Konzil an, und die Spannungen zwischen »Erneuerern« und »Traditionalisten« werden stärker.

Im Frühjahr 1959 findet Lehmann sich im Zentrum einer solchen Auseinandersetzung wieder. Der Freiburger Germaniker ist als Nachfolger des österreichischen Studenten Kurt Krenn »Chefpräsident« des »Philosophenzirkels« im Germanikum geworden: Eines Kreises, in dem sich interessierte Alumnen und einige Professoren der Gregoriana am Sonntag vormittag in der Zeit zwischen halb elf bis zum Mittagessen treffen. Es wird referiert, debattiert, philosophiert.

Lehmann, der »Chefpräsident«, stellt die neue Serie von Referaten und Textstudien unter den Titel »Die Kritik der scholastischen Gottesbeweise bei Karl Jaspers und Gabriel Marcel und der Versuch einer scholastischen Antwort« – eine Reminiszenz an das Habilitationsthema und die Vorlesungen seines »heideggernden« Freiburger Philosophieprofessors Bernhard Welte mitten im römischsten Rom. Mit oder ohne Absicht, Lehmann legt Feuer an die Lunte eines Pulverfasses.

Zwar hat Lehmann das Vorhaben mit seinen beiden Philosophieprofessoren Johannes B. Lotz SJ[21] und Alois Naber SJ[22] besprochen und deren Zustimmung erhalten. Aber die drei stoßen auf den geballten Widerwillen von Germanikern und Professoren, die im Gewand von Existenzialphilosophie und Phänomenologie modernistischen, antithomistischen und nachmetaphysisch-nihilistischen Geist in die Kirche eindringen sehen. Kurt Krenn, heute Bischof von St. Pölten und schon damals einer der unerbittlichsten Widersacher Lehmanns, macht hinter den Kulissen Stimmung gegen den Eindringling. Pater Carlo Huber, der Philosophenrepetitor, wird deutlicher: »Wenn Sie das machen, Lehmann, fliegen Sie hier raus.«

Lehmann läßt sich nicht einschüchtern. Er trägt die Drohung dem Rektor des Germanikums, dem Jesuiten Franz von Tattenbach, vor: »Wenn Pater Naber und Pater Lotz hinter Ihnen stehen, dann fliegen Sie nicht raus«, lautet die Antwort. Der »Philosophenzirkel« zieht seine Kreise.

In unaufgeregtem Ton berichtet ein Alumne 1959 im ersten Heft des *Korrespondenzblatts* von den denkerischen Bemühungen der Germaniker: »Der diesjährige Philosophenzirkel 1958/59 versuchte, unter dem Thema: ›Die Problematik um den Gottesbeweis in der Philosophie der Gegenwart und der Versuch einer Antwort‹ sich diesen Fragen zu stellen und darauf eine Antwort zu geben.« Der Artikel ist nicht gezeichnet. Der anonyme Verfasser ist Karl Lehmann – zu erkennen an dem unverwechselbaren Ton seiner Darlegung. »Es galt, zunächst einmal ruhig und gelassen die heute vorgetragenen Ansichten anzuhören und die einzelnen Philosophen aus dem Ganzen ihres Denkens und unserer Zeit zu verstehen. Verstehen heißt dabei noch nicht anerkennen, aber es ist unerläßlich in einem echten Gespräch.«[23]

### Der Rektor: Franz von Tattenbach

Der »Philosophenzirkel« ist gemeistert, die erste Klippe überwunden – dank des Rektors Pater von Tattenbach. Der Kardinal spricht von ihm als einem adelig-ritterlichen, großzügigen, menschlichen Priester. Kein großer Theologe sei er gewesen, aber voller Lebenserfahrung, verbindlich und geradlinig: Franz von Tattenbach[24] ist nach Robert Schlund der zweite Priester im Leben Karl Lehmanns, der ihm uneingeschränkt Respekt und Zuneigung abnötigt.

»Mancher mag verzweifelt auf seine Uhr geschaut haben, wenn er vor der Tür des Rektorzimmers auf- und abwandernd auf eine Audienz wartete. Und doch wäre Ungeduld wohl nicht recht am Platz gewesen, denn die geradezu unerschütterliche Ruhe und Behutsamkeit, die P. von Tattenbach in allen Gesprächen, wichtigen wie unwichtigen, auszeichnete, ist kaum hoch genug zu schätzen«, schreibt ein ungenannter Autor in der Ausgabe des *Korrespondenzblattes* vom Mai 1959. »Dieses langsame und sorgfältige Abwägen selbst der alltäglichsten Dinge war es auch, was vielleicht am stärksten den Stil seiner Exhorten prägte.«

Karl Lehmann war es nicht, der Pater von Tattenbach diese anonyme Würdigung zuteil werden ließ. Aber er hätte es gewesen sein können. Denn der Kardinal spricht im Frühling des

Jahres 2002 über Pater von Tattenbach mit fast denselben Worten: »Wohl versäumte er es nicht, uns die klare Norm verpflichtend vor Augen zu stellen … Aber sein Anliegen war es, uns nicht den Wortlaut, sondern den Sinn der Ordnung nahezubringen. Ein weites Feld der freien Entscheidung wollte er uns öffnen, in der sich jeder möglichst ohne äußeren Druck mit dem unverminderten Anspruch der Norm auseinandersetzen sollte.«[25]

Unter den Jesuiten, die im Leben Lehmanns tiefe Spuren hinterlassen haben, ist Pater von Tattenbach der erste. Er hat Lehmann in bester ignatianischer Tradition den Sinn der Ordnung der Kirche gelehrt.

Die Jahre, die von Tattenbach in Rom vergönnt sein sollten, sind schon fast gezählt, als Lehmann im Herbst 1957 in das Germanikum eintritt. Franz von Tattenbach war 1953 Rektor geworden. Vier der sechs Jahre, die einem Rektor als Amtszeit zustehen, sind schon vergangen. Eine Verlängerung wäre möglich. Doch dazu soll es nicht kommen. »Pater von Tattenbach konnte für seine Überzeugungen kämpfen und dabei auch erhobenen Hauptes Niederlagen einstecken«, erinnert sich der Kardinal.

Anstatt für eine weitere Amtszeit als Rektor berufen zu werden, wird von Tattenbach Sekretär des Eucharistischen Weltkongresses, der 1960 in München stattfindet. Den Ordensmann schert die disziplinarische Maßnahme wenig. Er hatte schon zu anderen Zeiten seinen Mann gestanden – als Seelsorger in deutschen Kriegsgefangenenlagern in Frankreich und als Freund seines von den Nationalsozialisten im Jahr 1945 hingerichteten Ordensbruders Alfred Delp. In den *Stimmen der Zeit* hatte der Jesuit im Winter 1955 einen Aufsatz veröffentlicht. Er trug den Titel: *Das entscheidende Gespräch*.[26] Als Mitglied des Kreisauer Kreises und mutmaßlicher Mitwisser des Attentates am 20. Juli 1944 auf Adolf Hitler war Delp am 28. Juli festgenommen und am 2. Februar 1945 in Berlin-Plötzensee hingerichtet worden.[27] Von Tattenbach war in der Nacht nach dem gescheiterten Attentat auf Hitler zu Delp geschickt worden, um ihn vor einer baldigen Verhaftung zu warnen – vergebens. Delp war nicht sofort untergetaucht.[28]

Es war von Tattenbach, der Delps großen Wunsch erfüllte und es ihm ermöglichte, im Gefängnis noch die letzten Ordensgelübde als Jesuit abzulegen: »Durch günstige und auch mit Mut herbeigeführte Umstände konnte P. Delp im Zimmer des Justizwachtmeisters in die Hände von Franz von Tattenbach SJ seine Profeß ablegen. Delp war beim Sprechen der Gelübdeformel bis zu Tränen gerührt«, schreibt sein Biograph Roman Bleistein.[29] Von Tattenbach war dabei ein hohes Risiko eingegangen.

Für Lehmann wiegt die Begegnung mit einer Gestalt wie Pater von Tattenbach vieles an Kleingeisterei und Intrigantentum im Germanikum auf.


## Der Spiritual: Wilhelm Klein


So verblaßt in der Erinnerung auch die Gestalt von von Tattenbachs Nachfolger als Rektor des Kollegs. Der Kardinal hat nicht vergessen, daß Pater Franz Josef Schroll, ein Kirchenrechtler, die etwa 90 Studenten des Hauses bei der ersten Begegnung übelgelaunt mit den Worten begrüßt: »Damit Sie es gleich wissen, ich komme höchst ungern.« Fortan ist es vorbei mit der jesuitisch-eigentümlichen Verbindung von strengen Regeln und freier, selbstverantwortlicher Auslegung. »Es wird nach 21 Uhr nicht geredet, auch wenn das Haus brennt«, dekretiert der neue Rektor.[30]

Nicht nur Lehmann spürt, daß dieses Regiment nichts mit jener Erziehung zum freiwilligen Gehorsam gemein hat, die das Germanikum auszeichnet. Viele Alumnen wehren sich. Das Haus untersteht direkt dem Generaloberen der Jesuiten. Einmal im Jahr findet eine »Visitation« statt, in der ein Beauftragter des Generals den Zustand des Hauses in Einzelgesprächen ermittelt. Als der Visitator in der Osterwoche des Jahres 1962 im Haus ist, berichten viele Germaniker von den Veränderungen, die im Germanikum Einzug gehalten haben. Die Amtszeit des Rektors endet – was immer die Gründe dafür sind – nicht erst 1965 nach Ablauf der regulären sechs Jahre, sondern schon im Sommer 1962.

Wilhelm Klein, Jesuit wie Franz von Tattenbach, doch im Unterschied zu dem geradlinigen Adeligen ein knorriger, ja eher geheimnisvoller Mann, ist der dritte Priester nach Schlund und von Tattenbach, der das Leben Karl Lehmanns prägen sollte. Lehmann erlebt ihn in einer zweifachen Funktion. In der »Steinwüste« der Gregoriana ist der Schüler von Edmund Husserl der Herausforderer, Anreger, Provokateur. Im Germanikum wirkt Klein bis zum Sommer 1961 als Spiritual.[31] Mit »Meditationspunkten« aus der Heiligen Schrift, vor allem aus dem Johannes-Evangelium und dem Römerbrief, leitet er die Studenten an zum Hören auf den Willen Gottes, zum Staunen und Schweigen, zu Gebet und Kontemplation. Der Besuch seiner Meditationsvorbereitung für den kommenden Tag ist nur für die Studienanfänger Pflicht. Dennoch ist die Aula, in der Klein spricht, Jahr um Jahr gut gefüllt.

Wie viele Germaniker, so ist auch der nüchterne Karl Lehmann von diesem Jesuiten fasziniert. Manches, was Klein den Studenten in großer Runde oder in persönlichem Gespräch nahelegt, klingt dem Kardinal noch heute rätselhaft. Seltsame Anklänge an die Hegel'sche Philosophie mischen sich mit nicht minder seltsamen Anklängen an die Gnosis, Gedankenreigen wie »Im Anfang war das Wort – Was ist der Anfang? – Maria ist der Anfang« lassen Karl Lehmann noch heute grübeln. »Ich kann mich nicht denken ohne seinen Einfluß«, sagt der Kardinal im Rückblick auf die mehr als 40 Jahre, die seit der ersten Begegnung mit dem »dunklen Magier« vergangen sind.

Dem Kreis von Studenten, der sich um Klein herum bildet, schließt Lehmann sich jedoch nicht an. Der Hohenzoller ist kein Herdenmensch, er sucht nicht die Gruppe, um sich nicht alleine zu fühlen. »Er wollte, daß wir selbständig werden«, sagt der Kardinal über Pater Klein, der 1996 in Münster im Alter von fast 107 Jahren starb. Hätte er sich einem »Anbetungs-kreis« angeschlossen, wäre dies Verrat an den Idealen gewesen, die er mit Pater Klein teilte.

So begegnet Lehmann dem Spiritual regelmäßig nur im »fo-rum internum«: Die wöchentliche Andachtsbeichte entpuppt sich nicht als moralinsaure Kasuistik, sondern dient der Über-prüfung des geistigen und geistlichen Wachstums. Wer gegen die Regeln der Kommunität und des Studiums verstoßen hat, ist gehalten, sich vor Gott Rechenschaft zu geben über das Warum und Woher. Der Ort dafür ist das Gespräch mit dem Spiritual: Es geht um Sorgfalt und Disziplin, um Regelmäßigkeit und Wiederholung, auch um die Einübung des Stundengebets und des Rosenkranzes, um das rechte Verhältnis zum Nächsten.

»Zu Rom gehört auch das Wachstum im Glauben«, schreibt der Kardinal.[32] Leicht tut er sich damit nicht. »Ich habe dies immer als eine schwere Aufgabe erfahren.« Das Schweigen, die Stille, die Betrachtung, die révision de vie, in den Schoß fallen ihm diese Elemente geistlichen Lebens nicht. »Ich empfinde es heute als einen großen Gewinn, daß ich jeden Abend, auch wenn es gar nicht viel Zeit beansprucht, noch einmal auf den Tag zurückblicke und mich frage: Was hast du falsch gemacht, mit wem mußt du vielleicht noch einmal reden oder was mußt du jetzt energischer in die Hand nehmen, im Rückblick auf das, was du heute gesehen hast«, sagt Kardinal Lehmann.[33]

So hat er in Rom seinen Meister gefunden: »P. Dr. Wilhelm Klein ist aus dieser Zeit nicht wegzudenken. Er ist für uns alle ein Lebe- und Lesemeister geworden«, heißt es über den Jesui-ten in Anspielung auf den größten deutschen Mystiker, den Dominikaner Meister Eckhart.

## Frati rossi

Der inneren Ordnung des Hauses entspricht die äußere: Wie das Leben im Geist des Ignatius von Loyola es verlangt, herrschen im Umgang miteinander und mit sich selbst strenge Regeln. Aber es fehlen die kleinlichen Kontrollen. Die angehenden Priester sind angehalten, sich selbst zu regulieren. Der Kardinal sagt: »Das hat mich geprägt.« Der Umgang der Alumnen untereinander und mit den Ausbildungsverantwortlichen und Professoren ist nicht steif und distanziert, aber auch nicht kumpelhaft oder indiskret. Wenn ein Student einen Mitstudenten in dessen Zimmer aufsucht, bleibt die Tür zum Gang grundsätzlich offen. Nicht die Angst vor homosexuellen Kontakten hat diese Regel entstehen lassen, sondern die Achtung vor der Arbeit des anderen. »Jeder soll wissen, daß er nur zu Gast ist«, erklärt der Kardinal.

Nachlässigkeit im Studium ist den Germanikern schon von ihrem Äußeren her untersagt – und auch schwer möglich. Zu jeder Jahreszeit sind die Deutschen, Schweizer, Österreicher, Ungarn und Kroaten des Kollegs im Stadtbild Roms an ihren kardinalsroten Talaren zu erkennen. Um den Bauch das schwarze Zingulum eine breite schwarze Binde, auf dem Kopf ein schwarzer, breiter Filzhut: Mit ihrer Gewandung, die durch die Farbe an die Stifter-Kardinäle aus dem 16. Jahrhundert erinnern soll, stellen die *frati rossi* etwas dar in Rom.

Freilich fallen sie wegen ihrer pittoresken Kleidung auch in Situationen auf, in denen es ihnen lieber wäre, in einer grauen Masse verschwinden zu können. In den Hörsälen der Gregoriana haben die Germaniker feste Plätze, meist in der Mitte der Bankreihen. Wer die Vorlesungen trotz Anwesenheitspflicht häufiger versäumt, der kann sicher sein, daß sein Fehlen nicht unbemerkt bleibt.

Geradezu lästig ist die schmucke, aber nicht unbedingt luftige Tracht an heißen Tagen, wie es sie in Rom schon von Mai ab bis weit in den Herbst hinein geben kann. Und das vor allem, wenn am Wochenende ein Ausflug oder eine Wanderung auf dem Programm steht. »Dann wurden die roten Gewänder während des Tages schon einmal in den Tiefen einer U-Bahn-Nische oder auf hohen Bäumen versteckt, um erst am Abend wieder angezogen zu werden«, sagt der Kardinal und lacht.

Keinem Germaniker fällt der Verzicht auf manche Annehmlichkeit des Lebens leicht: Die Kontakte mit der Familie und mit Freunden in Deutschland sind auf ein Mindestmaß beschränkt. Heimfahrten sind den Germanikern in den ersten Studienjahren verboten, es sei denn, es gibt einen Trauerfall im engsten Familienkreis. Als Schikane ist das Verbot aber nicht gemeint, es steht eher im Dienste der Gerechtigkeit. Sonst könnten diejenigen reisen, die das Geld dazu haben, die anderen aber nicht.

Anstatt in Deutschland verbringen die Germaniker des ersten Jahres den langen und heißen Sommer Roms größtenteils in San Pastore, der Landvilla des Kollegs vor den Toren der Ewigen Stadt. Hier wird gelesen und gefaulenzt, gebetet und meditiert, in der »piscina« geschwommen und Theater gespielt. Hier ist Lehmann wieder Mittelstürmer oder spielt Angriff auf dem rechten Flügel.

Selbst von Italien, den Städten, den Landschaften und den Menschen, sieht ein Germaniker in den fünfziger Jahren nicht viel. Die Tradition der Jahresausflüge kommt erst allmählich auf. Das Geld für größere Unternehmungen liegt nicht auf der Straße.

Die erste Studienfahrt, an der Karl Lehmann teilnimmt, führt die Germaniker-Philosophen im Sommer 1958 nach Apulien. Rektor von Tattenbach hatte die Tradition gemeinsamer Busexkursionen begründet. Und wie es der Zufall will, hatte Bundespräsident Heuss dem Kolleg aus Anlaß seines ersten, 14 Tage dauernden Besuchs in Italien und im Vatikanstaat im November 1957 einen Geldbetrag zur Verfügung gestellt, mit dem im folgenden Sommer eine zehntägige Fahrt nach Süditalien bestritten werden kann.

Übrigens hatte der Bundespräsident bei seinem Besuch im Kolleg am 28. November 1957[34] als Gastgeschenk auch eine Musiktruhe versprochen. Kurze Zeit später trifft die neue »Zierde des Kollegs« in der Via S. Nicola da Tolentino ein. »So findet nun fast jeden Sonntag ein Schallplattenkonzert statt, das stets gut besucht ist und einen sehr schätzenswerten Beitrag zum nicht ganz einfachen Thema der Sonntagsgestaltung darstellt«, vermerkt ein ungenannter Chronist.[35] Die ersten Schallplatten für die »Diskothek« spenden einige Germaniker und die Botschaft der Bundesrepublik Deutschland beim Heiligen Stuhl.

Doch zurück zur Exkursion: Im Juli 1958 geht es für die »Erstjährigen« mit dem Bus von Rom aus nach Apulien. Der Chronist des *Korrespondenzblattes* gibt einen Einblick in die Sommeraktivitäten und die Vorbereitungen auf die Reise: Für den 4. Juli 1958 vermerkt er: »Morgens Weiheexamen der Diakone, nachmittags Umzug nach San Pastore. Bekam ein Zimmer ganz oben. Wundervolle Aussicht, Berge ganz nah. Erster Sprung in die Piscina. Kommunität wohltuend zusammengeschrumpft, etwa 40 Mann. Familiärer Lebensstil. Abends im Park, bei Kerzenschein, Exhorte von P. Rektor: Für Bergausflüge künftig Zivil erlaubt (wird als große Neuerung angesehen). Ziel für San Pastore: Das Antlitz des Herrn suchen.« Am 7. Juli heißt es: »Die geplante Apulienfahrt nimmt deutlichere Gestalt an, heute Programm bekanntgegeben, Themen für Referate verteilt.« Am 15. Juli wird es langsam ernst: »Modenschau zur Vorbereitung auf die Apulienfahrt. Sie soll nämlich in Zivil starten. Einige Kostüme abgelehnt. Muß mir eine neue Hose kaufen; hatte gedacht, sie sei für Seminaristen noch gut.« Der 19. Juli: »Letzte Vorbereitung auf die Apulienfahrt. Vorträge über Geschichte des Landes. Große Spannung: Morgen geht's los.« Unter dem Datum des 26. Juli vermerkt der anonyme

Chronist: »Abends Rückkehr von der Apulienfahrt. Müde, aber begeistert. Sehr dankbar, so viel Schönes gesehen zu haben.«[36]

Der Leser des *Korrespondenzblattes* wird im weiteren Verlauf des Dezember-Heftes 1958 mit ausführlichen »Reisenotizen« und »Reise-Impressionen« versorgt.[37] In ihnen nimmt die Begegnung mit den »braccianti«, den Tagelöhnern Apuliens, keinen geringen Raum ein.

Der Kardinal erinnert sich mehr als 40 Jahre später daran, kurz vor jener Reise ein Buch von Karl Marx gelesen zu haben. Er habe sich nicht vorstellen können, daß Menschen so als »Ware« behandelt werden könnten, wie es darin beschrieben worden sei. Nun sieht er am Morgen in Monte San Angelo 300 bis 400 Männer auf Arbeit warten, drei Stunden, vier Stunden, fünf Stunden. Mit Brot unter dem Arm warten sie darauf, gedungen zu werden. Padroni kommen mit Lastwagen, mustern die Männer, gehen durch die Reihen, prüfen die Muskeln. Im Mezzogiorno geht es 1958 so zu wie im *Kapital* – und wie im Gleichnis von den Arbeitern im Weinberg (Mt 20, 1–16).


## Staubtrocken: Lizentiat in Philosophie

Das »ziemlich ungestörte Selbststudium«[38], das dem Freiburger Germaniker für seinen Aufenthalt in Rom verheißen ist, kann den Studenten nicht für den manchmal bedrückenden Leerlauf entschädigen, den das Studium an der Philosophischen Fakultät der Gregoriana mit sich bringt. Allerdings ist er weder der erste noch der einzige, der unter der staubtrockenen Atmosphäre der Neuscholastik leidet, die sich in sehr abstrakter, ungeschichtlicher und einseitig auf Abwehr der Moderne gerichteter Begrifflichkeit erschöpft. Von Freiburg und von einigen römischen Professoren her hat Lehmann auch positive Erfahrungen. Daher weiß er, was er will.

Noch heute erinnert sich der Kardinal an die erste Audienz, die Papst Johannes XXIII. im Winter 1958/59 Hermann Schäufele, dem Nachfolger des verstorbenen Freiburger Erzbischofs Seiterich, gewährt. Der neue Erzbischof nimmt seine »Germaniker« in den Vatikan mit, um sie bei dieser Gelegenheit dem Papst vorzustellen. Auf einem Photo, das die Audienz im Bild festhält, ist rechts neben Schäufele ein hochgewachsener, hagerer Mann im roten Talar mit römischem Kragen zu sehen: Karl Lehmann.

Nicht nur das Bild ist überliefert. Auch ein Fragment des Gesprächs zwischen Johannes XXIII., Erzbischof Schäufele und den deutschen Studenten. Der Papst richtet auch an sie das Wort: »Ist das Studium der formalen Logik immer noch so langweilig und so trocken?« Ja, ja, das sei noch immer so, lautet unisono die Antwort. Lehmann nimmt sich die Antwort des Papstes zu Herzen: »Das müßt ihr durchstehen.«

Die Studien machten Fortschritte: An der Gregoriana werden seine Freiburger Examina in Philosophie großzügig anerkannt. Schon 1959, zwei Jahre nach dem Eintritt in das Germanikum, kann Lehmann nach der Bakkalaureats- auch die Lizentiatsprüfung in Philosophie ablegen. Der Weg scheint frei, um die in der Heimat unterbrochenen theologischen Studien wiederaufzunehmen. Die Rückkehr nach Freiburg zeichnet sich für das Jahr 1963 ab.

Wieder haben andere andere Pläne. Schon in Freiburg war Lehmann als überdurchschnittlich begabter Student aufgefallen, in Rom ist es nicht anders: Im philosophischen Denken der Zeit ist er bestens bewandert und verschlingt so viele Bücher, wie sein offenbar begnadetes Gedächtnis aufnehmen kann. Und wie in Freiburg die Repetitoren Lehmanns Lebensweg mitbestimmt hatten, so stellen nun zwei Professoren, die Jesuiten Johannes B. Lotz und Alois Naber, die nächste Weiche. Sie empfehlen Erzbischof Schäufele, den Germaniker Lehmann für eine Promotion in Philosophie freizustellen. Schäufele teilte dem Dreiundzwanzigjährigen daraufhin mit, er wünsche, daß er zunächst in Philosophie promoviere.

Am 7. Juni 1962 hält Lehmann im Vorwort seiner ersten Dissertation fest: »Herzlichen Dank schulde ich meinem Heimatbischof, Seiner Exzellenz, dem Hochwürdigsten Herrn Dr. Hermann Schäufele, Erzbischof von Freiburg im Breisgau, der mir den Auftrag und die äußere Möglichkeit zu dieser Arbeit gab.« Auftrag? Arbeit? Lehmann hat eine Dissertation über Martin Heidegger verfaßt, die zweieinhalb Jahre in Anspruch genommen und einen Umfang von annähernd 1500 Seiten hat.

### Der Doktorvater (I): Alois Naber

Auch nur annähernd auf Augenhöhe mit Husserl oder Heidegger bewegen sich in Rom nur wenige: Im Vorwort zu seiner Dissertation nennt Lehmann von seinen Jesuiten-Professoren Alois Naber, Peter Henrici sowie Johannes B. Lotz, drei Philosophen, und besonders auch Joseph de Finance, den Ethiker: »In ihren Vorlesungen und Übungen durfte ich mit den stärksten und fruchtbarsten gegenwärtigen Tendenzen innerhalb des erneuerten Thomismus zusammentreffen.«

Die entscheidende Unterstützung für den Plan, als Freiburger Germaniker in der aufgewühlten Zeit vor dem Zweiten Vatikanischen Konzil an der Gregoriana in Rom über den alemannischen Landsmann Martin Heidegger zu promovieren, war von Alois Naber gekommen. Ausführlicher als alle anderen Wegbegleiter würdigt Lehmann diesen kurz zuvor verstorbenen Jesuiten im Vorwort seiner Dissertation: »Ich erinnere mich nicht nur dankbar der freien Großzügigkeit und unermüdlichen Hilfsbereitschaft in der Leitung dieser Untersuchung, sondern vor allem seiner frohen Natur und seiner unerschütterlichen Liebe zu allen bedrängten und suchenden Menschen. Ich möchte besonders darin einen hohen Auftrag sehen.«[39]

Aus diesen Worten spricht mehr als ein förmlicher Dank des Schülers an seinen Lehrer. Wie alle seine persönlichen Bemerkungen im Vorwort, so hat Lehmann auch sie mit Bedacht formuliert: Hinter dem Engagement Nabers für Verfolgte und Bedrängte verbirgt sich nichts weniger als die Hilfe für Juden, die während der Besetzung Roms Schutz vor den Deutschen gesucht hatten.

Nabers Lebenslauf ist reichlich bewegt. Nicht nur sein eigener Orden spielte ihm übel mit, auch in Rom machte er keine allzu guten Erfahrungen – nicht zuletzt aufgrund seines freien Geistes: Naber, der über Immanuel Kant promoviert worden war, sollte ab 1928 an der Gregoriana Philosophie der Erkenntniskritik lesen, ein Thema ganz nach seinem Herzen. Die Vorlesungen und das selbstverfaßte Textbuch, mit dem der Neue arbeitete, waren jedoch nicht nach dem Geschmack der Schulphilosophen. Naber, ein »untadeliger Mann«, wie der Kardinal sich erinnert, verlor die Professur. Er las nun nicht mehr Erkenntniskritik, sondern – damals noch ein Randfach – Philosophiegeschichte.

Robert Leiber, langjähriger Privatsekretär von Papst Pius XII., formulierte die Demütigung in einem Nachruf auf den Mitbruder und Freund so: »Der Abschied von jener Professur ist Pater Naber nicht leichtgefallen, und wir wissen eigentlich heute noch nicht, warum überhaupt gewechselt wurde.«[40] Er wußte, er schrieb es nur nicht nieder.

Publiziert hat Naber nach der Entfernung von seinem ersten Lehrstuhl und der Abschiebung auf das Nebenfach Philosophiegeschichte nur wenig. Pater Leiber bedauert dies, bemerkt freilich zu dem einzigen Aufsatz seines Mitbruders, der noch in der Zeitschrift *Gregorianum* erschien: »Ich habe lange Jahre vergebens versucht, dahinterzukommen, was Existialismus ist. Dann hat mich eine ausführliche, sehr anregende Abhandlung von Pater Naber im *Gregorianum* veranlaßt, mit ihm darüber ins Gespräch zu kommen. Er bedeutete mir, der

Existentialismus wechsle so alle sieben Jahre sein Gesicht. Wann hat er es zum letzten Mal getan, fragte ich. Pater Naber: Ziemlich vor kurzem. Meine Abhandlung war durch einen solchen Wechsel veranlaßt. Ich: Dann warte ich bis zum nächsten Wechsel. Sieben Jahre halte ich es noch gut aus. Ich habe aber noch länger aushalten müssen. Ich bin mir heute noch nicht klar über den Existentialismus, und zwar darüber, wie sich Wirklichkeit, Existentialismus und Geschichte zueinander verhalten. Vielleicht kommt, was ich schreibe, den Fachphilosophen zu einfältig vor. Aber ich kann nichts dafür. Die Frage hat sich mir nie geklärt.«[41]

Äußerungen wie diese sind charakteristisch für das geistige Klima zu Beginn der sechziger Jahre im jesuitischen Rom. Kamen solche Verdikte bei Pater Leiber im Rückblick auf die Lebensgeschichte eines Freundes noch humorvoll daher, konnte der Häresieverdacht einem jungen Studenten mitunter gefährlich werden. Naber vermag Lehmann mehr als einmal vor Intrigen im Germanikum zu schützen. Mehr noch: Lehmann darf sich unbefangen dem Denken Martin Heideggers widmen, ohne zu einer »billigen Kritik« gezwungen zu werden, wie sie damals noch oft gang und gäbe war. Lehmann kann sich auf die Aufgabe konzentrieren, das Denken Heideggers werkimmanent zu befragen. Große Freiheit: »Auch das hat mich für die Kirche gefestigt«, sagt Karl Kardinal Lehmann und hat dabei nicht nur Naber, sondern auch seinen künftigen Doktorvater im Blick.

### Der Doktorvater (II): Peter Henrici

Nach dem jähen Ende der Lehrtätigkeit Nabers nach 32 Jahren infolge einer Krankheit – er stirbt im Jesuitenkolleg St. Blasien am 18. Februar 1962 – liegt es nahe, daß Lehmann seine Promotion bei Pater Lotz fortsetzt. Lotz war in den dreißiger Jahren zusammen mit Karl Rahner Heidegger-Schüler in Freiburg gewesen. Nun hat er einen Lehrstuhl an der Philosophischen Hochschule der Jesuiten in Pullach bei München inne. Regelmäßig kommt er nach Rom an die Gregoriana, um dort Doktorandenkurse zu geben. Lehmann hat viel bei Pater Lotz studiert, sogar an Büchern wie dem in Latein verfaßten Werk *Metaphysica operationis humanae methodo transcendentali explicata* mitgearbeitet.[42] Aber mit den Grundzügen von Lotz' Heidegger-Interpretation ist er nicht immer einverstanden. Damit ließe sich vielleicht noch leben. Nicht arrangieren mag der selbstbewußte Student sich mit dem Umstand, daß im Institut von Pater Lotz andere Ansichten als die des Jesuiten nicht erwünscht sind. Der Nachfolger Nabers auf dem Lehrstuhl für neuzeitliche Philosophiegeschichte, der Zürcher Jesuit Peter Henrici, übernimmt im Frühjahr 1961 dessen Doktoranden Karl Lehmann.

Henrici, ein Vetter von Hans Urs von Balthasar und nur wenig älter als Lehmann, ist kein Thomist, aber auch kein »Modernist« aus der deutsch-katholischen Heidegger-Schule. Der Jesuit ist von der französischen »nouvelle théologie« und der französisch-katholischen Philosophie geprägt, vor allem von Maurice Blondel (1861–1949).[43] Seine wissenschaftliche Arbeit *Hegel und Blondel*[44], mit der er kurz zuvor an der Gregoriana promoviert wurde, spannt zudem den Bogen von der französischen zur deutschen Philosophie.

Eine gewisse Skepsis gegenüber dem Denken Heideggers hindert den jungen Professor nicht, sich des Freiburger Germanikers anzunehmen – auf dessen Bitte hin. Im Lauf eines Jahres wird er die »umfangreiche, fast vollendete, thematisch heikle Arbeit« – wie Lehmann eingesteht – zum Abschluß führen.

Pater Henrici erinnert sich an Lehmann als an einen Doktoranden, der leicht zu steuern war: »Man mußte ihm nur sagen, er solle weitermachen – aber nicht zu viel hineinnehmen.« Verteidigt wird die Arbeit im Herbst 1962, als Lehmann schon mit der Theologie begonnen hat. »Ich habe 1959 angefangen und im Sommer 1962 abgegeben – für 1500 Seiten also nicht allzu lange«, sagt der Kardinal.

Die Verbindung zwischen dem Zürcher Jesuiten und dem Germaniker aus Hohenzollern beschränkt sich bald nicht mehr nur auf das Gespräch über Philosophie und über die Dissertation. Henrici hat von 1953 bis 1955 zusammen mit Hans Küng und Friedrich Wetter im Germanikum gelebt und an der Gregoriana studiert. Nun ist er in seinem alten Kolleg Repetitor für die Philosophen geworden. Bald überträgt Rektor Schroll ihm als »Präfekt« die Leitung der Bibliothek des Hauses. Dort trifft er auf einen Oberbibliothekar, Karl Lehmann.

Henrici hält auch die Predigt, als Lehmann nach seiner Priesterweihe am 11. Oktober 1963 in der römischen Kirche San Saba seinen ersten Gottesdienst feiert: »Sie haben mehr als andere von Gott die Gabe erhalten, dankend die Geheimnisse seiner Schöpfung und, soweit das menschenmöglich ist, auch die Geheimnisse seiner Erlösung zu durchforschen. Sie haben sich mehr als andere der redlichen Arbeit dieses fragenden Suchens gestellt«, charakterisiert Henrici dabei den Primizianten. Als Bischof Karl Lehmann im Jahr 1988 in Mainz sein fünfundzwanzigjähriges Priesterjubiläum begeht, predigt einer, der dazu berufen ist wie kein zweiter: Peter Henrici.


### Die Dissertation (I): Heidegger

»Der Verfasser setzte sich anfänglich zum Ziel, dem Sinn dessen nachzugehen, was der spätere Heidegger ›Welt‹ und ›Geschick‹ nennt«, gibt Lehmann im Vorwort seiner Dissertation über den ersten Ansatz seiner Arbeit preis. Über den »späten« Heidegger sammelte er das Material.

Der Plan scheiterte jedoch. Lehmann hatte vergebens gehofft, das Frühwerk des Freiburger Philosophen sei so hinreichend er-forscht, daß er sich nach einem kritischen Durchgang durch die Literatur über den »frühen« unmittelbar dem »späten« Heidegger widmen könne.

Das Vorhaben wird auf den Kopf gestellt. Anstelle des Spätwerks nimmt der Germaniker die frühesten Veröffentlichungen Heideggers in den Blick: Den Aufsätzen und Rezensionen, die bis zu jenem Schicksalsjahr 1933 erschienen sind, in dem Heidegger als Rektor der Freiburger Universität den Nationalsozialisten soufflierte.

Glaubt man dem Vorwort, dann war sich Lehmann schon 1959 über die gewaltige Dimension seines Promotionsvorhabens im klaren: »Mit dieser Wahl war mir aber auch klar geworden, daß die Durchführung der Untersuchung selbst den Rahmen einer Dissertation auch dem Umfang nach sprengen wird. Trotzdem entschloß ich mich aus vielen Gründen zu diesem Unternehmen …«

Für die einfachen Studenten der Philosophie sind nur ausgewählte Standardwerke der klassischen Philosophie frei im Lesesaal zugänglich. Bücher, von denen für rechtgläubige Menschen eine Gefahr ausgehen kann, befinden sich, wenn überhaupt, im Zimmer des Repetitors. Sie sind mit einem roten Strich markiert. Pater Naber verschafft Lehmann Zugang zu aller Literatur, die er für das »Thema Heidegger« benötigt: Das aber ist, Index der verbotenen Bücher hin oder her, nahezu alles, was es an Philosophie der Antike, des Hochmittelalters und des 19. und 20. Jahrhunderts gibt.

Allzu viele Werke dieser Kategorie sind im Germanikum freilich nicht vorhanden. Manches philosophische Buch wird auf Betreiben Lehmanns für die Bibliothek des Kollegs angeschafft. Und manches fügt er seiner Privatbibliothek hinzu. Anton Waldner, ein Vetter der Mutter, hatte es zu einigem Vermögen gebracht. Wie sein Vater war er außerordentlich findig, erinnert sich der Kardinal. So verwirklichte er die Idee, Gerätschaften für die Molkereien und Käsereien im Allgäu aus Blech anstatt aus Holz anzufertigen. Das Unternehmen hatte Erfolg und beschäftigte in den sechziger Jahren etwa 2000 Mitarbeiter. Anton Waldner war nicht damit einverstanden, daß sein Neffe sich auf die Theologie verlegt. Nach dessen Abitur bot er ihm an: »Komm doch zu mir in den Betrieb. Da kannst du etwas werden und gutes Geld verdienen!« Der Junge hatte andere Pläne. Trotzdem unterstützt Onkel Anton den Germaniker im Monat mit 100 Mark. Das meiste davon investiert Lehmann in der Herder-Buchhandlung auf der Piazza Montecitorio in Bücher. Heute noch sind sie in der Bibliothek Lehmanns an den ausgezeichneten Lire-Preisen zu erkennen.

Anton Waldner ist es auch, der die Kosten für die Bezahlung eines Schreibbüros in Stuttgart übernimmt, um die Reinschrift der umfangreichen Dissertation seines Neffen zu ermöglichen.

Über seine Zeit als Philosophen-Doktorand im Germanikum sagt Lehmann: »Es gab nie mehr eine so wunderbare Zeit für einen Studenten.« Er liest Platon und Hegel, Fichte und Schelling oder auch die Soziologen Max Weber, Georg Simmel und Ernst Troeltsch.

Und er begegnet Martin Heidegger, dem Philosophen, der in jenen Jahren nicht nur die Theologen spaltet, sondern der in der philosophischen Welt umstritten ist wie kein zweiter zeitgenössischer Denker.[45]

Im Sommer 1959 darf Lehmann nach fast zwei Jahren zum ersten Mal nach Hause fahren. Das Lizentiat in Philosophie ist bestanden, die erste Ausbildungsphase abgeschlossen. Bernhard Welte hat seinem Landsmann Heidegger das Interesse eines jungen Studenten, eines Landsmanns zumal, avisiert.

Allerdings kann Lehmann, Germaniker, den Meister nicht in Freiburg treffen. Frau Heidegger ist Kirchenleuten nicht sonderlich gewogen. In der Heimat dagegen ist Martin Heidegger frei. Im August 1959 empfängt der Philosoph in Meßkirch

Karl Lehmann, damals 23 Jahre alt, zum ersten Mal. Gastgeber ist sein Bruder Fritz Heidegger, Leiter der Bank am Ort und Vater eines Priesters.

Die Gestik, die Mimik, die Rede, alles an der Person Martin Heideggers interessiert ihn. »Nachdem ich den Menschen kennengelernt hatte, verstand ich sein Denken besser«, sagt der Kardinal. Lehmann fragt, beobachtet, begleitet den Denker auf den Feldweg. *Den* Feldweg:

»Er läuft aus dem Hofgartentor zum Ehnried. Die alten Linden des Schloßgartens schauen ihm über die Mauer nach, mag er um die Osterzeit hell zwischen den aufgehenden Saaten und erwachenden Wiesen leuchten oder um Weihnachten unter Schneewehen hinter dem nächsten Hügel verschwinden …

Immer noch sagt es die Eiche dem Feldweg, der seines Pfades sicher bei ihr vorbeikommt. Was um den Weg sein Wesen hat, sammelt er ein …

Das Einfache verwahrt das Rätsel des Bleibenden und des Großen. Unvermittelt kehrt es bei den Menschen ein und braucht doch ein langes Gedeihen. Im Unscheinbaren des immer Selben verbirgt es seinen Segen. Die Weite aller gewachsenen Dinge, die um den Feldweg verweilen, spendet Welt. Im Ungesprochenen ihrer Sprache ist, wie der alte Lese- und Lebemeister Eckehardt sagt, Gott erst Gott …

Aber der Zuspruch des Feldweges spricht nur so lange, als Menschen sind, die, in seiner Luft geboren, ihn hören können. Sie sind Hörige ihrer Herkunft, aber nicht Knechte von Machenschaften. Der Mensch versucht vergeblich, durch sein Planen den Erdball in eine Ordnung zu bringen, wenn er nicht dem Zuspruch des Feldweges eingeordnet ist. Die Gefahr droht, daß die Heutigen schwerhörig für seine Sprache bleiben. Ihnen fällt nur noch der Lärm der Apparate, die sie fast für die Stimme Gottes halten, ins Ohr. So wird der Mensch zerstreut und weglos. Den Zerstreuten erscheint das Einfache einförmig. Das Einförmige macht überdrüssig. Die Verdrießlichen finden nur noch das Einerlei. Das Einfache ist entflohen. Seine stille Kraft ist versiegt …«[46]

Drei Jahre später schreibt Lehmann im Vorwort seiner Dissertation: »Wenn ich den Reigen des Dankes abschließe, so darf ich auf keinen Fall Herrn Professor Dr. Martin Heidegger selbst vergessen. Ich danke meinem großen Landsmann nicht nur für die lange und geduldige Zeit der Gespräche (besonders im August 1959 und im August 1961), die er mir für meine ungeschickten und noch unbeholfenen Fragen gewährte, sondern auch für die überaus freundliche und entgegenkommende Hilfe und Unterstützung bei der Beschaffung der nicht immer leicht besorgbaren Schriften und Erstdrucke. Am meisten gebührt der Dank aber dem Denker, der uns mit der süßen Last seines Werkes beschenkte.«[47]

Wenn Kardinal Lehmann heute vor dem Regal steht, in dem auf mehreren Metern Länge seine Heidegger-Literatur versammelt ist, greift er einzelne Bücher heraus. Sie tragen eine Widmung des Philosophen: »Für cand. theol. Karl Lehmann als Erinnerung an seinen Besuch in Meßkirch im August 1959«. Auf mehrere handschriftliche Widmungen – auch aus späterer Zeit – ist der Kardinal stolz.

## Auf dem Weg zum Konzil: Johannes XXIII.

Papst Pius XII. ist in den Morgenstunden des 9. Oktober 1958 in Castel Gandolfo gestorben. 82 Jahre ist Eugenio Pacelli geworden, fast 20 Jahre hindurch hat er die Geschicke der römisch-katholischen Kirche gelenkt.

Für die Alumnen des Germanikums, eines der ältesten und vornehmsten Kollegs in Rom, folgen bewegte Tage.[48] Noch am Morgen wird in der Kapelle des Hauses das Requiem gefeiert, am Abend die Totenvesper gesungen. Am Freitag begleiten die *frati rossi* den Papst, der zunächst in Castel Gandolfo aufge-

90

bahrt war, auf seinem letzten Weg durch die Ewige Stadt, von der Porta San Giovanni nach St. Peter.

Am Tag der Beerdigung, dem 13. Oktober, hält das Kolleg von 6 Uhr morgens an die Ehrenwache an der Bahre. Bis 10 Uhr knien sechs Alumnen gemeinsam je eine halbe Stunde vor dem Katafalk mit dem Toten. In der Via S. Nicola da Tolentino wird ein feierliches Requiem zelebriert. Am Fernsehen verfolgen nahezu alle Alumnen die Beisetzung des Papstes unter St. Peter.

Überall in der Stadt wehen die Fahnen auf Halbmast. In den kommenden Tagen werden weiterhin Totenmessen für den Verstorbenen gehalten. Der Rosenkranz, der an jedem Abend im Kolleg gebetet wird, gilt schon dem guten Ausgang der neuen Papstwahl.

Alle Blicke richten sich nun auf die 51 Kardinäle der Weltkirche, die am 25. Oktober 1958 zum Konklave zusammentreten. Unter ihnen ist auch der Erzbischof von München und Freising, Kardinal Joseph Wendel, ein Altgermaniker, und wohnt im Germanikum.

Auch ein eher unromantischer junger Mann, wie Karl Lehmann, 22 Jahre alt, kann sich der Faszination einer Papstwahl nicht entziehen. Wie viele andere Germaniker hält es auch ihn nicht im Vorlesungssaal oder in seinem Zimmer. Lehmann ist einer von Zehntausenden, die auf dem Petersplatz die »fumate« beobachten wollen: Quillt schwarzer Rauch aus dem Schornstein neben der Sixtinischen Kapelle, hat kein Kandidat die Mehrheit der Stimmen auf sich vereinigen können. Weißer Rauch zeigt an: »Habemus Papam.«

Der erste Tag des Konklaves, ein Sonntag, endet ohne Ergebnis: schwarzer Rauch am Vormittag, schwarzer Rauch am Nachmittag. Auch der folgende Tag vergeht, ohne daß weißer Rauch aufsteigt. Am Mittag des 28. Oktober, einem Dienstag, ist es wieder nicht anders. Am Nachmittag macht Lehmann sich abermals auf den Weg: über den Tiber, die Engelsburg im

Blick, dann die Via della Conciliazione hinauf, auf den Petersdom zu. Es ist zehn Minuten nach fünf, als Rauch zu sehen ist: Nero o bianco? Die Menge ist sich nicht sicher.

Um zwei Minuten nach sechs verkündet der 84 Jahre alte Kardinalprotodiakon Nicola Canali von der Benediktionsloggia aus: »Annnuntio vobis gaudium magnum: Habemus Papam … Eminentissimum ac Reverendissimum Dominum … Angelum Josephum SRE Cardinalem Roncalli … Qui sibi nomen imposuit Joannis XXIII.« Die Menge jubelt und klatscht; Karl Lehmann macht sich bitter enttäuscht auf den Heimweg. Die Kardinäle haben einen 77 Jahre alten Mann zum Papst gewählt. Ein älterer Bekannter, Prof. Dr. Burkhard Schneider SJ, Kirchengeschichtler an der Päpstlichen Universität Gregoriana, hat recht behalten: Er hatte die Wahl Roncallis vorhergesagt.

Die Enttäuschung schlägt schon nach wenigen Wochen um in freudige Erwartung: Am 25. Januar 1959 kündigt Papst Johannes XXIII. im Kapitelsaal der Kirche St. Paul vor den Mauern dem verdutzten Kardinalskollegium an, er wolle »einige althergebrachte Formen der Lehrverkündigung« wiederaufnehmen: eine Diözesansynode der Stadt Rom[49] und – »wie ein Blitz aus heiterem Himmel«[50] – ein ökumenisches Konzil für die Gesamtkirche. Fast vier Jahre später, am 11. Oktober 1962, wird der Papst zusammen mit 2540 Konzilsvätern die Kirche St. Peter betreten und das Zweite Vatikanische Konzil, die größte Bischofsversammlung in der Geschichte der Kirche, feierlich eröffnen.[51] Eine lange Zeit, lang genug, um Karl Lehmann das Bild einer Kirche im Aufbruch einzuprägen: »Die Jahre vor dem Konzil waren für mich wichtiger als das Konzil selbst«, sagt der Kardinal.

# Ein Sack voll Wahrheiten: Die Konservativen

Im Mai 1959 wird eine Kommission eingesetzt, die unter Leitung von Kardinalstaatssekretär Tardini das Konzil vorbereiten soll. Einen Monat später werden in etwa 3000 Schreiben Bischöfe und Gelehrte, Bischofskonferenzen, Ordensobere (aber nicht die weiblichen), theologische und juristische Fakultäten[52] aufgefordert, sie möchten jene Problemkreise studieren, die auf dem Konzil zur Sprache kommen sollten.[53]

»Hauptziel wird die Stärkung des katholischen Glaubens sein, die Erneuerung des christlichen Volkes und die Anpassung des kirchlichen Lebens an die Erfordernisse unserer Zeit«, heißt es bald darauf in der ersten Enzyklika Johannes XXIII. »Ad cathedram Petri«. Im Germanikum wird für das gute Gelingen des Konzils gebetet. »Im Gebet geschieht das Entscheidende«, sagt Pater Klein, der 70 Jahre alte Spiritual, den Alumnen immer wieder.[54]

Im folgenden Jahr treten die Vorbereitungen in eine neue Phase. Die Vorbereitungskommission hat das Material, das die Befragung erbracht hatte, gesichtet und in 16 Bänden zusammengetragen. Damit ist ihre Arbeit beendet. Am 5. Mai 1960 wird die »Zentralkommission« errichtet, hinzu kommen zehn Sonderkommissionen und drei Sekretariate, darunter das neugeschaffene »Sekretariat zur Förderung der Einheit der Christen«. Auch die »Theologische Kommission« nimmt bald ihre Arbeit auf. Ihr Präsident ist Kardinal Alfredo Ottaviani, einer der Anführer der »Konservativen«[55] während des zurückliegenden Konklaves. Sein Kandidat war Angelo Roncalli ebensowenig wie das Konzil seine Herzenssache wird.

Zu den Konservativen zählt neben dem Präsidenten auch der Sekretär der Theologischen Kommission, der niederländische Jesuit Sebastian Tromp. Schon während des letzten Pontifikates hatte der Professor an der Gregoriana großen Einfluß auf die Kurie. »Wir haben alles vorbereitet«, sagt er wenige

Wochen vor der Eröffnung des Konzils. Es ist der Frühherbst des Jahres 1962, Lehmann sitzt Tromp unvermittelt in einem Nachtzug auf dem Weg von Freiburg nach Rom gegenüber. »Es fehlt ja auch fast nichts mehr an der vollendeten Synthese des katholischen Glaubens. Nur der Monogenismus muß noch definiert werden.«[56] Tromp ist sich sicher, wie das Konzil vonstatten gehen wird: »Die Herren werden in Rom nicht so lange zu tun haben. Sie werden bald sehen, daß man die Vorlagen nicht besser machen kann, werden rasch unterschreiben und wieder nach Hause fahren. Die Kirche hat ja auch nichts anderes als einen Sack voll Wahrheiten. Den wird sie von Zeit zu Zeit schütteln. Dann wird manches wieder mehr nach oben kommen. Aber es ändert sich nichts. Dies wird sich auch beim Konzil erweisen.«[57]

### Der Umstrittene: Karl Rahner

Nicht alle Jesuiten denken so wie Sebastian Tromp. Erst recht nicht Karl Rahner.

Der Berliner Bischof Julius Kardinal Döpfner[58] hatte dem in Rom mißtrauisch beäugten Innsbrucker Dogmatiker zunächst zu einem Amt als Berater der vorbereitenden Konzilskommission für die Disziplin der Sakramente verholfen. »Sicherlich geht er gelegentlich neue, ungewohnte Wege, ist aber von einem wahrhaft katholischen und kirchlichen Geist erfüllt und dem Hl. Stuhl treu ergeben«, so empfahl Döpfner, ein Altgermaniker, den Jesuiten Papst Johannes XXIII.[59]

Als bekannt wird, daß jeder Konzilsvater einen persönlichen Berater mit nach Rom nehmen könne, bittet ein anderer Altgermaniker, der Wiener Kardinal-Erzbischof Franz König, den fast Sechzigjährigen um theologischen Beistand. »Rahner war zunächst über meine Zumutung erschrocken und erbat Bedenkzeit«,[60] erinnert sich König. »Er sei noch nie in Rom gewesen, sein Name sei keine Empfehlung für mich, er fürchte Schwierigkeiten, die sich an Ort und Stelle für ihn ergeben würden. Seine ersten theologischen Arbeiten, die durch die Existenzphilosophie und neue Aspekte der Anthropologie geprägt waren, fänden in manchen Kreisen Erstaunen und Widerspruch.«[61]

Rahner sollte recht behalten. Schon 1961 hatte Döpfner festgehalten, daß beim Heiligen Offizium, der Vorläuferin der Kongregation für die Glaubenslehre, »Fragen« anhängig seien. Nun, wenige Monate vor dem Beginn des Konzils, wird Rahner auf Betreiben seiner unsichtbaren Gegner der römischen Vorzensur unterworfen.[62] Eine Welle des Protestes erhebt sich. Etwa 250 deutsche, österreichische und schweizerische Wissenschaftler und Politiker setzen sich in einem Memorandum an Papst Johannes XXIII. für Rahner ein. Unterzeichnet ist die Eingabe von Professor Paul Martini, einem Arzt und engen Freund von Bundeskanzler Konrad Adenauer. Auch in der Kurie sind wohl nicht wenige einflußreiche Bischöfe und Kardinäle über die Attacke auf Rahner erbost.

Johannes XXIII. besteht auf der Vorzensur, ein Schreibverbot erteilt er jedoch nicht. Als das Konzil beginnt, werden Döpfner und König in die Zentralkommission gewählt. Rahner wird zum offiziellen Konzilstheologen (*peritus*) ernannt und Mitglied der Theologischen Kommission. Dort kreuzt er mit Kardinal Ottaviani und dem Kommissions-Sekretär Sebastian Tromp, der »fast so etwas wie eine Diktatur ... ausübte«[63], die Klinge.

Später erinnert sich Rahner an die Spannungen mit Rom so: »Als ich einmal Schwierigkeiten mit Rom hatte, ging Prof. Martini zu Adenauer, der sich gleich ans Telefon hängte und bei Frings anrief. ›Herr Kardinal, ich hab da einen juten alten Freund.‹ Er wußte nicht mehr weiter und fragte leise Martini: ›Wie heißt er?‹ Martini: ›Rahner‹. Adenauer zu Frings: ›Bahner.‹ Der Kardinal am anderen Ende lachte.«[64]

## Bombenstimmung

Seit der Ankündigung des Konzils ist es im Germanikum mit der Ruhe vorbei. Der Kardinal spricht noch heute von der »Bombenstimmung«, die damals in Rom herrschte. Ein doppeldeutiger Begriff: Ein Aufbruch ist in vollem Gang, es brodelt überall, theologische Strömungen wogen hin und her, Änderungen in der Kirche sind offenbar vom Papst selbst in die Wege geleitet worden.

1871 war das Erste Vatikanische Konzil unter dem Eindruck des deutsch-französischen Krieges abgebrochen worden. Nun muß neu angesetzt und vollendet werden, was unerledigt geblieben ist. Also kann niemand, der in der Theologie einen Namen hat, um Rom einen Bogen machen. Alle kommen in die Ewige Stadt und halten Vorträge. Eine Station im Germanikum ist beinahe Pflicht. Henri de Lubac SJ und der Dominikaner Yves Congar aus Frankreich, Hans Küng und Joseph Ratzinger aus Deutschland, Edward Schillebeeckx aus Belgien.[65] 40, 50 Gäste im Monat sind die Regel, nicht die Ausnahme. Für den Alumnen Lehmann beginnt eine unruhige Zeit. Der Bibliothekar hat von Pater Schroll, dem Rektor, den Auftrag, den Mitgliedern und Beratern der Vorbereitungskommissionen und später den Konzilsteilnehmern zur Verfügung zu stehen, wenn sie als Gäste im Haus theologische Literatur benötigen sollten.

Karl Rahner hat sich Karl Lehmann schon während der Freiburger Jahre als theologischer Lehrer und Forscher »unauslöschlich«[66] eingeprägt, zumal der Jesuit von 1934 bis 1936 vier Semester in Freiburg bei Martin Heidegger studiert hatte.[67] Als Bibliothekar möchte Lehmann Karl Rahner Bücher bringen – eine gute Gelegenheit, um Kontakt zu knüpfen. Aber dafür braucht der Jesuit seine Dienste nicht. »Die Bücher, die er brauchte, hatte er im Kopf«, sagt der Kardinal.

Rahner braucht anderes. Er verlangt nach Papier und Stiften, eine Schreibmaschine muß her und ein neues Farbband, ein Brief soll bald auf die Post. Lehmann kommt gerade recht. Er sorgt für alles. Der Jesuit bemerkt schnell, daß der Landsmann über viele nützliche Fertigkeiten verfügt: Der Lehmann kann, wenn auch nur mit zwei Fingern, die Schreibmaschine bedienen. Der Lehmann hat auch eine immense Auffassungsgabe. Gibt man ihm einen Text zu lesen, hat er im Nu verstanden, worum es geht. Bald schreibt »der Lehmann« die handschriftlichen Texte Rahners nicht nur ab, sondern redigiert sie. Das Deutsch des Badeners ist spröde und mitunter holperig, das Deutsch Lehmanns eleganter, flüssiger. Um das Latein steht es nicht besser. Unter der Hand verwandelt sich der Bibliothekar Lehmann in eine wissenschaftliche Hilfskraft.

Am Ende des Sommersemesters 1962, wenige Monate vor der Eröffnung des Konzils, hat Lehmann seine Heidegger-Arbeit eingereicht. Nun wird er Oberbibliothekar. Und er wird noch stärker als bisher von Karl Rahner in Dienst genommen.

Die Theologische Kommission unter Kardinal Ottaviani hat gründliche Arbeit geleistet. Unter anderem waren vier lehrhafte Schemata entworfen worden, die jeder theologischen und liturgischen Erneuerung und jeder Öffnung der Kirche zur Welt Einhalt gebieten sollten.[68] »Meine schlimmsten Erwartungen sind weit übertroffen«, schreibt Karl Rahner im Sommer 1962 und gibt damit wohl die Stimmung vieler deutscher Theologen und auch Bischöfe wieder.[69] In Rom macht sich Rahner später zusammen mit Joseph Ratzinger an einen Gegenentwurf zu *De fontibus relevations*.

Lehmann ist in fast jeder Minute dieser »Sternstunde zu Beginn des Konzils«[70] gegenwärtig. Zunächst schreibt er mit der Schreibmaschine, was Rahner handschriftlich aufsetzt. Die erste Fassung, die zweite, die dritte, unermüdlich. Als es an die Endfassung geht, merkt Hilfskraft Lehmann an, die Wirkung des Textes könne darunter leiden, daß das Latein, in dem das Dokument verfaßt sei, vom Deutschen her konstruiert und schwer verständlich sei. Lehmann greift nach einigem Zögern auf »heftiges Betreiben« von Pater Otto Semmelroth ein. Als Karl Rahner die Reinschrift liest, wendet er sich »schelmisch schmunzelnd, aber wohlwollend« an Karl Lehmann: »Man kennt sein eigenes Zeug nicht mehr.« Rahner läßt den Text so, wie ihn Lehmann redigiert hat.

Aber noch muß der Text verbreitet werden: Lehmann und einige befreundete Alumnen bilden eine Arbeitsgruppe, übertragen die Reinschrift auf Wachsmatrizen, korrigieren, schreiben neu, da von jeder Matrize nur etwa 120 Kopien gemacht werden können. Auf großen Tischen in der Bibliothek werden die einzelnen Seiten gestapelt, zusammengelegt und geheftet. Mit dem Taxi bringt Lehmann die Koffer mit den Texten zu den über die ganze Stadt verstreuten Dependancen der einzelnen Bischofskonferenzen. Das beträchtliche Taschengeld, das der Germaniker für die Taxifahrten im Dienst für das »Unternehmen Konzilsschema« auslegt, erhält er nicht zurück.

Als die Theologische Kommission am 14. November 1962, am Vorabend der Diskussion über das vorbereitete Schema, zu ihrer ersten Sitzung in neuer Besetzung zusammentritt, ist der Rahner-Ratzinger-Text *De revelatione Dei et hominis in Jesu Christo facta* auf Initiative des Kölner Kardinals Frings in 2000, vielleicht nur 1500, vielleicht aber auch 3000 Exemplaren (so die Erinnerung Lehmanns) in Rom verbreitet worden.

Kurz darauf hält Pater Semmelroth, der Konzilsberater des Mainzer Bischofs Volk, in seinem Tagebuch fest, Kardinal Ottaviani habe vom Papst verlangt, daß Pater Rahner aus Rom entfernt werde. »Was natürlich verständlich wäre, wenn Ottaviani den neuen Schemenvorschlag gesehen und gehört hat, daß er zum Teil von Rahner stammt.«[71] Der Präsident der Theologischen Kommission hätte den Germaniker Karl Lehmann fragen und Rahners Hilfskraft gleichfalls aus der Stadt schaffen lassen können.

»Ich war nicht nur stolz, dabeigewesen zu sein, sondern die gelungene Mitarbeit erwies sich auch in persönlicher Hinsicht auf meinem Weg als Theologiestudent und Priesterkandidat als ›Durchbruch‹«, schreibt Bischof Lehmann im Jahr 1985.[72] Freilich sei dies nur der Anfang mancher Arbeiten für das Konzil gewesen, und seine Funktion nur die des »Handlangers«.

### Die Promotion (I): Doktor der Philosophie

Neben all seinen sonstigen Tätigkeiten während dieser bewegten Tage muß der Handlanger sich auf die Verteidigung seiner Dissertation *Vom Ursprung und Sinn der Seinsfrage im Denken Martin Heideggers* vorbereiten. Mitte November 1962 soll Lehmann Rechenschaft über sein gewaltiges Werk abgeben.

In der Situation höchster Spannung und Aufgeladenheit der Gegensätze, die diese ersten Wochen des Konzils kennzeichnen, laden die Jesuiten zu einem Festakt in die Höhle des Löwen: Das »Päpstliche Bibelinstitut« vis-à-vis der Gregoriana, wo Lehmann prägende Vorlesungen vor allem von P. Stanislas Lyonnet hörte und Literatur für seine Zulassungsarbeit zum Lizentiat (1964) und für seine theologische Dissertation (1967) einsehen sollte, ist in den Augen mancher Kurialer und der Kurie höriger Bischöfe und Kardinäle ein Hort des Antichrists. Zum Beweis des Gegenteils soll Norbert Lohfink, ein deutscher Jesuit, seine Doktorarbeit über das »Magnum Mandatum« (Deuteronomium 5,11) verteidigen.[73] 20, vielleicht 30 Kardinäle und Bischöfe folgen der Einladung in das Atrium der Gregoriana, allen voran Julius Kardinal Döpfner. Lohfinks Verteidigung bestärkt sie in ihrer Überzeugung: Mit ihrem Segen würde niemand das Rad der Kirchengeschichte in Rom zurückdrehen.

Eine andere Dissertation, die wenige Tage nach der Arbeit Lohfinks in der Gregoriana verteidigt wird, erregt kein Aufsehen, paßt aber gut in diese Aufbruchstimmung. Ein Germaniker namens Karl Lehmann hat das Frühwerk des Philosophen Martin Heidegger studiert.

Der Aufwand hat sich offenbar gelohnt. Auch wenn sich in das Selbstbewußtsein des Verfassers am Ende leise Zweifel an dem Ungenügen seiner Anstrengung mischen. Von einer »Erstlingsarbeit« ist im Vorwort die Rede, freilich von einer, »in der fast alle wesentlichen Probleme der gegenwärtigen und zukünftigen Ontologie ins Gespräch kommen«. Sicher gebe es »nicht bloß offenbare Lücken, Fehler und Versehen, sondern auch viele offene Fragen. Ich habe alle diese Fragen aufgeworfen in dem Vertrauen, daß ihr eigenes Gewicht schon einiges für sich sagen wird, auch wenn keine Antwort gegeben werden kann. Obwohl die Arbeit zahlreiche relativ selbständige Teile enthält, möchte sie als Ganzes verstanden werden. Kritik nehme ich gerne entgegen, wenn diese sich nicht vor konkreten Einzelheiten scheut.«

Das Professorenkollegium der Gregoriana schließt sich dem Urteil von Erst- und Zweitgutacher an: *summa cum laude.*

Max Müller, Heidegger-Schüler und Inhaber eines Philosophie-Lehrstuhls in München, hatte Lehmann bereits im Sommer vorgeschlagen, er solle die Arbeit in Rom zurückziehen, sie in zwei Teilen bei ihm einreichen und so Dissertation und Habilitation zugleich bewältigen. Eine philosophische Laufbahn stehe ihm offen. Lehmann hat sich längst für den Weg der Theologie entschieden.

### Am dritten Tag: Die Theologie

Das Konzil nimmt seinen Lauf. Karl Lehmann, Doktor der Philosophie, ist seit dem Sommersemester 1962 an der Gregoriana und im Germanikum unter den Theologen zu finden. Zwei Jahre liegen noch vor ihm, dann, nach sieben Jahren Rom, soll es endlich zurückgehen, nach Freiburg, in die Seelsorge.

In Rom bleiben oder sich ganz der Wissenschaft verschreiben, das möchte Lehmann nicht. An der Stirnwand der Kirche im Germanikum, in der Lehmann wie viele andere Alumnen am Morgen eine halbe Stunde meditiert, prangt ein überlebensgroßes, ein wenig kitschiges Christus-Mosaik im Stil der frühen fünfziger Jahre. Immer wieder betrachtet der künftige Kardinal die Gestalt des Erlösers, dessen rechter Arm in triumphierender Pose erhoben ist. Christus weist aus der Kirche hinaus, denkt Lehmann, durch die Pforte, nach draußen. »Ich verstehe Leute nicht, die ewig auf das Kolleg fixiert bleiben. Zu dem Nutzen des Studiums kann es nur kommen, wenn man auch bereit ist, zu Hause eine eigene Sendung anzunehmen und zu erfüllen. Man wird im Kolleg und in Rom ausgebildet, um wieder zu gehen.«[74]

Die Theologie an der Gregoriana liegt Lehmann mehr als die Philosophie. Unter den Professoren sind mehr profilierte Persönlichkeiten, die Bandbreite des Stoffes ist größer. Da sind der Spanier Juan Alfaro, der Kanadier Bernard Lonergan, das »italienisch-ungarische Theologengespann« Zoltán Alszeghi und Maurizio Flick, der Flame Edouard Dhanis, der deutsche Moraltheologe Josef Fuchs. »An kaum einem Ort der Welt ist das Weltumspannende, die wahre Katholizität der Kirche erfahrbarer als in Rom«, schreibt der Germaniker, nachdem er Kardinal geworden ist.[75]

Freilich ist Lehmann nach seinem intensiven Studium der Philosophie für eine bestimmte Art von Theologie und gerade für eine bestimmte Art von Dogmatik nicht mehr empfänglich. Durch seine jahrelange Beschäftigung nicht nur mit dem deutschen Idealismus und Heidegger, sondern ebenso mit allen Strömungen der Religionskritik bis hin zu Nietzsche hat er auch existentiell beides erfahren: die Nähe und die Ferne Gottes. »Daß Gott so tief verborgen sein kann, daß Menschen über lange Zeit überhaupt nicht das Gefühl haben, daß sie in dieser ›Gottesfinsternis‹ irgend etwas vermissen, daß wir so starke

Verdrängungskünstler sein können im Blick auf Gott – das hat mich damals eigentlich schon geschockt, als ich nach Jahren des Studiums der Philosophie, der modernen Philosophie, wieder in die Theologie im engeren Sinne kam und mir sagen mußte: ›So selbstverständlich von Gott reden, wie die das können, das kann ich nicht.‹«[76]

Im Wintersemester 1962/63 legt Lehmann den Grundstein für sein Lizentiat in Theologie. Schon während der ersten drei Semester in Freiburg hatten den jungen Studenten Lehmann neben der Philosophie die exegetischen Fächer fasziniert. In Rom hat die Auseinandersetzung mit der neuzeitlichen Philosophiegeschichte das Interesse an der »Wahrheit« der Schrift und der Tradition noch verstärkt. »Hermeneutik« ist das Schlüsselwort. »Damals war es noch kein Schlagwort. Hans-Georg Gadamers ›Wahrheit und Methode‹ war ein großer Ansporn«, sagt der Kardinal. Lehmann stellt sich einer dreifachen Schwierigkeit: der historisch-exegetischen Fragestellung, der theologisch-systematischen und der Verbindung beider.

Bei dem flämischen Fundamentaltheologen Edouard Dhanis SJ belegt der Germaniker ein Seminar über »Die Auferstehung Jesu Christi«. Dhanis gilt als bescheidener, selbstkritischer Mann, neuen Überlegungen durchaus aufgeschlossen, theologisch gebildet und fair im Umgang. So geht er auf den Vorschlag Lehmanns ein, der mit einer Seminararbeit Licht in das Dunkel eines Satzes bringen möchte, dessen tieferer Sinn sich ihm bei allem Beten und Studieren nicht erschlossen hat. Im »Großen Glaubensbekenntnis« der Kirche heißt es, Jesus sei auferweckt worden »am dritten Tag – gemäß den Schriften« (resurrexit tertia die secundum scripturas). Welche »Schriften« sind gemeint? Was meinen diese Schriften? Erschließt sich von ihnen her das »auferstanden«? Oder »am dritten Tag«? Oder beides zusammen? »In meinem jugendlichen Alltag konnte ich es nicht verstehen, daß ausgerechnet beim Credo der ganzen Christenheit eine solche Unklarheit existieren sollte«, sagt der

Kardinal rückblickend.[77] »Es war ein Abenteuer, denn ich hatte keine Ahnung, ob ich etwas Genaueres herausfinden würde.« Dhanis kann ihm nicht viel helfen. Lehmann aber findet Genaueres heraus.

Erste Überlegungen faßt er im Wintersemester 1962/63 in einer Seminararbeit zusammen. Später baut er sie zu einer Zulassungsarbeit zum Lizentiat in Theologie aus. Dann erscheint eine äußerste Kurzfassung unter dem Stichwort »Triduum mortis« im *Lexikon für Theologie und Kirche*. Den Höhepunkt bildet die Dissertation. *Auferweckt am dritten Tag nach der Schrift. Früheste Christologie, Bekenntnisbildung und Schriftauslegung im Lichte von 1 Kor. 15,3–5* lautet der Titel der Arbeit, mit der Karl Lehmann 1967, drei Jahre nach seiner theologischen Lizenz, unter ungewöhnlichen Umständen in Rom zum Doktor der Theologie promoviert werden wird. 1968 erscheint die Arbeit, nochmals überarbeitet, in der bedeutenden, von Karl Rahner und Heinrich Schlier herausgegebenen Reihe *Quaestiones disputatae* als Band 38. Theologische Literatur, die Lehmanns Deutung der »drei Tage« in den Schatten stellen könnte, ist seither nicht erschienen. Die Arbeit wird auch nach mehr als 30 Jahren zitiert, die These oft mit Zustimmung angeführt.

### Ich bin bereit: Die Priesterweihe

Das Konzil ist in vollem Gange. Die deutschen Konzilstheologen arbeiten nun in verschiedenen Kommissionen und Arbeitsgruppen mit. Vorwärtsdrängende und retardierende Kräfte halten sich eine Weile noch die Waage, dann nehmen Spannungen überhand. Manche Theologen, die anfangs noch zusammengehalten haben, finden sich nach und nach auf verschiedenen Seiten wieder. Der Kardinal aber genießt das »unglaubliche Glück«, das Konzil und alles, was die Kirche in jenen Jahren bewegt, aus der Nähe zu erfahren. Er steht immer noch an der Seite Karl Rahners.

Anfang Oktober 1963 unterzieht sich Lehmann wieder den jährlichen »Geistlichen Übungen«. Wieder in San Pastore. Am 10. Oktober wird er zusammen mit fünf weiteren Germanikern zum Priester geweiht. Die Weihe zum Subdiakon hatte Lehmann am 9. März 1963 empfangen, zum Diakon war er am 30. März geweiht worden. Nach der langen Vorbereitung kommt das »Ich bin bereit« des Weihekandidaten aus vollem Herzen und echter Überzeugung.

Aus allen Teilen Hohenzollerns machen sich Pilger auf den Weg nach Rom: Die Eltern Karl und Margarete Lehmann aus Veringenstadt, Bruder Reinhold, verantwortlicher Redakteur bei der Katholischen Nachrichtenagentur in Bonn für das Ausland, mit Frau Elisabeth, Stadtpfarrer Abberger im Verein mit dem Pfarrer von Sigmaringen, der Bürgermeister von Veringenstadt, Stefan Fink, auch Fidelis Rädle, der Klassenprimus und Schulfreund, Fritz Heidegger, der Bruder des Philosophen, mit Familie, aus Meßkirch, Verwandte aus Langenenslingen und Freunde aus Tafertsweiler, 160 an der Zahl, mit zwei Kurswagen und einem Reisebus des Kreisautobusbetriebs Sigmaringen. Volle acht Tage dauert die Pilgerfahrt, vom 7. bis zum 16. Oktober 1963.

Am Mittwoch, dem 9. Oktober, nehmen die Pilger an einer Generalaudienz des neuen Papstes Paul VI. teil. Am Donnerstag, dem 10. Oktober, sind die Hohenzollern Zeuge der feierlichen Priesterweihe in San Ignazio. Das Sakrament spendet Julius Kardinal Döpfner, der Lehmann auch schon zum Diakon geweiht hatte. Am Samstag, dem 12. Oktober, sind die Neupriester des Germanikums mit ihren engeren Primizgästen in die Sala del Consistorio zu einer Privataudienz geladen und werden mit einer besonderen Ansprache geehrt.[78]

## Die Primiz: San Saba

Zuvor aber, am Freitag vormittag, feiert die Delegation aus Hohenzollern gemeinsam mit Karl Lehmann seine erste Messe. Der Ort ist mit Bedacht gewählt. Es ist die Kirche San Saba auf dem Aventin, eine der schönsten Kirchen Roms, im 4. Jahrhundert erbaut, seit dem 16. Jahrhundert im Besitz des Germanikums und seit 1960 Titelkirche eines Kardinals – des deutschen Jesuitenkardinals Augustinus Bea, eines badischen Landsmannes, dem die Germaniker aus dem Erzbistum Freiburg öfter begegnet sind.[79]

Pater Henrici, der Doktorvater Lehmanns, hat die Einladung angenommen, die Primizpredigt zu halten. »Der Hochw. Herr Neupriester hat sich bis anhin bemüht, ein guter und getreuer Knecht zu sein«, sagt Henrici in Anspielung auf den damaligen Schlußgesang der Weiheliturgie. »Ich nenne euch nicht mehr Knechte, sondern Freunde.« An die Eltern gerichtet sagt der Jesuit: »Vor vielen Jahren, als Ihr Karl von Ihnen ging, um ins Seminar einzutreten, da waren das für Sie, menschlich gesehen, schmerzliche Stunden. Sie wußten, daß er Ihnen nun nie mehr gehören konnte wie bisher; Sie wußten, daß Sie von ihm nicht die Freude einer neuen Familie erwarten durften und daß Sie ein Leben lang immer wieder auf ihn würden verzichten müssen. Heute aber hat sich Ihr Schmerz in eine große Freude gewandelt; Ihr Sohn ist Ihnen, auf neue Weise, zurückgeschenkt vom Herrn, und wenn er Ihnen jetzt dann bald mit eigener Hand die Kommunion reichen wird, dann wissen Sie auch, daß dies das größte Geschenk ist, das ein Sohn seinen Eltern machen kann. Wir danken Ihnen, die ganze Kirche dankt Ihnen, verehrte Eltern, daß Sie das Opfer des Verzichts auf sich genommen haben und daß Sie Ihren Karl freigegeben haben für den Dienst des Herrn und für den Dienst am Heil der Menschen.«

Auch viele »Römer« und Gäste des Konzils sind auf Einla-

dung des Primizianten nach San Saba gekommen. Einer von ihnen, Pater Semmelroth SJ, Lehmann aus der »Konzilsarbeit«
bestens vertraut, bewahrt die Einladung des Germanikers zu
Priesterweihe und Primiz in seinem Konzilstagebuch auf.

> »Am Donnerstag, den 10. Oktober 1963 werde ich in der
> Kirche San Ignazio zum Priester geweiht.
> Das erste Heilige Messopfer feiere ich am Freitag, den
> 11. Oktober 1963 in der Basilika San Saba auf dem Aventin.
> Dankbar denke ich an alle, die mir auf dem Weg zum
> Priestertum in vielfältiger Weise nahe waren.
>
> *Karl Lehmann*
> Rom – Pontificium Collegium Germanicum-Hungaricum
> Via San Nicola da Tolentino 13«[80]

Die Einladung des Germanikers nimmt die untere Hälfte des
Blattes mit den Eintragungen für den »10. Okt. 63« ein. Zu-
oberst hat Semmelroth »zwei erfreuliche Ergebnisse« aus der
Theologischen Kommission festgehalten: Abstimmungsergeb-
nisse über den Fortgang des »Kirchenschemas«. Weiterhin berichtet er davon, daß er mit Pater Rahner einen Text aufgesetzt
habe, der sich gegen Einschränkungen der bischöflichen Kollegialität wende.

Festessen auf dem Colle Oppio. Der Freiburger Weihbischof Karl Gnädiger überbringt die Grüße von Erzbischof
Schäufele und freut sich, daß aus dem hohenzollerischen Teil
der Erzdiözese wieder ein Neupriester hervorgegangen sei.
Stadtpfarrer Abberger hat den Auftrag, Grüße von Fürst Friedrich von Hohenzollern zu übermitteln und die der Pfarrei Veringenstadt. Auch der Bürgermeister spricht, und Fidelis Rädle
hält eine Rede im Namen der Klassenkameraden des Gymnasiums Sigmaringen – in lateinischer Sprache. Kardinal Bea
schreibt und sendet auf diesem Weg »Glück- und Segenswün-
sche«. Der Freiburger Philosoph Gustav Siewerth, den Lehmann

sehr schätzte und gut kannte, verfaßt wenige Stunden vor seinem plötzlichen Tod aus Trient an den Neupriester den letzten Brief aus seiner Hand.

Fast 40 Jahre später, am 23. Februar 2001, wird Karl Lehmann wieder einen feierlichen Gottesdienst in San Saba zelebrieren. Wieder ist es ein Gottesdienst *en famille*. Wieder ist es ein »erster Gottesdienst«, diesmal der erste als Kardinal. Von den Primizgästen des Jahres 1963 ist allerdings kaum noch einer dabei. Einer der wenigen ist Max-Eugen Kemper, Prälat im Rang eines I. Botschaftsrats an der Deutschen Botschaft beim Heiligen Stuhl.

## Die Bibliothek

Karl Lehmann und Max-Eugen Kemper, zwei Germaniker, damals: der eine aus dem Erzbistum Freiburg, der andere aus dem Erzbistum Paderborn, der eine ein Neupriester, der andere der Führer der Primizgäste in der Ewigen Stadt Rom, der eine Oberbibliothekar, der andere Bibliothekar. Der dritte Mann ist Peter Henrici SJ, der »praefectus bibliothecae«.

Über die Lesesäle wachen, Zeitschriften auslegen und ablegen, das kann im Germanikum jeder. Konzilsgästen Bücher auf ihr Zimmer zu tragen und dort wieder abzuholen, auch das ist keine Kunst. Aber jenseits der Routine des Kollegs und auch jenseits der Dynamik der Konzilszeit fallen in der Bibliothek zahlreiche Aufgaben an, für deren Erledigung es besonderer Fähigkeiten bedarf. Karl Lehmann kommt außer seinem exzellenten Gedächtnis ein beträchtliches organisatorisches Talent zugute. Und er besitzt das Wichtigste: ein Faible für jedes Reich der Bücher.

Als Pater Henrici im Jahr 1962 das Amt des »praefectus bibliothecae« übernimmt, hat nicht nur protestantische Theologie in das Germanikum Einzug gehalten, auch die Voraussetzungen haben sich geändert, unter denen die Alumnen die vorhandene Literatur nutzen dürfen. Lange Zeit waren nur mäßig viele theologische und eher wenige philosophische Werke für die Studenten frei zugänglich. Pater Henrici macht den Beschränkungen ein Ende. Philosophie zu Philosophie, Theologie zu Theologie, die Grundlagenwerke in chronologisch-systematischer Ordnung in die Lesesäle der Theologen und der Philosophen, alles andere in derselben Zusammenstellung in das Magazin.[81] Dazu muß ein neues Katalogsystem her. Also schleppen Pater Henrici, Karl Lehmann und Max-Eugen Kemper und viele Helfer vom Frühjahr 1962 an ein Jahr lang Bücherkisten durch das Haus. Zunächst wird das Magazin leergeräumt. Bruder Alexander Ritz SJ bestückt den engen Raum über den Sommer mit neuen, selbstkonstruierten Büchergestellen. Lehmann, den ausgefeilte Technik bis heute fasziniert und der sich für das kleinste Detail interessieren kann, ist von dieser Tüftelei so begeistert, daß er die Arbeit von Bruder Ritz in einem Artikel im *Korrespondenzblatt* ausführlich würdigt.[82]

Als Oberbibliothekar ist Lehmann nicht nur zuständig für Ordnung in der Bibliothek, sondern hat auch die Neuanschaffungen im Blick. Da er Bücher und theologische Zeitschriften liest wie andere Zeitgenossen Zeitungen – diagonal, immer auf der Suche nach dem Wesentlichen, mitunter hinten anfangend –, erscheint er Mitstreitern wie Pater Henrici als »wandelnde Bibliographie«. Ist die Rede von einem neuen Buch, Lehmann weiß, wann und wo es erschienen ist, wann und wo es besprochen wurde und – vor allem – ob es sich um ein wichtiges Werk handelt. Was Lehmann vorschlägt, wird angeschafft.

Auch die Neigungen, Vorlieben und Spezialgebiete der Bibliothekare schlagen sich in dem Aufbau und der Erweiterung eines Bücherbestandes nieder. So kann es nicht verwundern, wenn im Jahrgang 1962 des *Korrespondenzblatts* unter den Neuanschaffungen vermerkt ist, daß das Germanikum nun auch über das Gesamtwerk Schellings verfüge. Das Gesamtwerk Schellings wurde im übrigen von Karl Lehmann ausgeliehen. Alle Bände. »Der frißt sich da durch«, sagt Pater Henrici. Von 21 Uhr an hat im Kolleg Stillschweigen zu herrschen. Ideale Stunden, um zu lesen. Zur Nacht wird die Lektüre rechts des Bettes aufgetürmt. Am kommenden Morgen findet sich der Stapel links des Bettes wieder.

Im Rückblick schreibt Lehmann, man müsse doch sagen, »daß das Kolleg bis weit in unser Jahrhundert hinein in keiner Weise Zugang bot zu den philos.-theol. Quellenschriften der gleichzeitigen deutschen und erst recht der französischen Probleme des ganzen 19. und des beginnenden 20. Jahrhunderts«. Doch Empörung ist fehl am Platz: »Dieses Faktum soll noch kein Werturteil insinuieren, denn unsere Mitbrüder von dazumal studierten eben gründlich ihre Dogmatik und Moral – und vielleicht griffen sie öfter zu einem Migne-Band und zu den Konzilsakten als wir.«[83] Das ist Lehmann.

## Das Erbe Pius' XII.

Im Frühjahr 1963 werden mit zwei Lastwagen insgesamt 29 Kisten aus dem Vatikanstaat in die Via S. Nicola da Tolentino gebracht. Sie enthalten etwa 2000 Bände in deutscher Sprache, wohl alle aus der Privatbibliothek des 1958 verstorbenen Papstes Pius XII.. Eugenio Pacelli war mit Deutschland und der jüngeren deutschen Geschichte offenbar bestens vertraut gewesen.

Mitten im Ersten Weltkrieg, am 20. April 1917, war der Diplomat von Papst Benedikt XV. zum Apostolischen Nuntius in Bayern bestimmt worden. Drei Jahre später wurde Pacelli Nuntius im Deutschen Reich, behielt die Nuntiatur in Bayern aber bei. In München wie in Berlin beobachtete er die Nationalsozialisten auf ihrem Weg an die Macht. Die Bücher und Zeitschriftenartikel, die Bildbände und Aufsätze, die 1963 ihren Weg in die Bibliothek des Germanikums finden, sind dafür stumme, von der zeitgeschichtlichen Forschung bislang nicht ausgewertete Zeugen: »Die bunte Mannigfaltigkeit spiegelt nochmals das reiche Leben dieses großen Papstes wider im Lichte seiner Sorge und Liebe für Deutschland«,[84] schreibt Karl Lehmann, der Oberbibliothekar.

Es braucht nicht viel Phantasie, um sich das Erstaunen Lehmanns und Pater Henricis vorzustellen, als sie in der Menge der Bücher auch Adolf Hitlers *Mein Kampf* finden. Eugenio Pacelli hatte die Programmschrift der nationalsozialistischen Bewegung nicht nur besessen. Das Exemplar – es ist einbändig, muß also aus der Zeit nach 1933 stammen – weist Spuren intensiver Lektüre auf: Unterstreichungen und Randglossen lassen erkennen, daß sich ein Leser gründlich mit der Ideologie des Nationalsozialismus auseinandergesetzt hat – den Antisemitismus bis hin zur Androhung der Judenvernichtung eingeschlossen. Hatte Pius XII. also alles kommen sehen können, ja kommen sehen müssen, was sich in den späten dreißiger Jahren in Deutschland und nach dem Ausbruch des Zweiten Weltkrieges in den besetzten Gebieten ereignete?

Es gibt kaum ein Thema der Zeitgeschichte, das bis heute in Wissenschaft und Politik bis hinein in die Publizistik so kontrovers erörtert wird wie das Verhalten Pius' XII. gegenüber den Nationalsozialisten.[85] Ein Mosaikstein in diesem Bild, wenn auch nur ein kleiner, könnte das Exemplar von Hitlers *Mein Kampf* sein – wenn es nicht inzwischen verschwunden wäre.[86]

Und selbst wenn das Buch vorhanden wäre, es bliebe zu klären, auf wen die Unterstreichungen und Randglossen zurückgehen, an die sich der Kardinal erinnert. Lehmann suchte die Sache damals aufzuklären – ohne Ergebnis.

Seit dem Tod Pius' XII. wohnt Pater Leiber, der langjährige Vertraute des Papstes und Mittelsmann zwischen dem deutschen Widerstand und den Alliierten, im Germanikum.[87] Leibers Zimmernachbar ist ein Fast-Landsmann, Karl Lehmann. Der nimmt *Mein Kampf* und zeigt das Buch dem badischen Jesuiten. Pater Leiber ist sich nicht sicher, ob Pacelli oder er die Anstreichungen vorgenommen hat.

Leiber aber war zweifellos über alles im Bilde gewesen, was sich in Deutschland abspielen konnte und sollte. Gleiches gilt wohl auch für Eugenio Pacelli, nachdem er von der Berliner Nuntiatur an die Spitze des Staatssekretariates in Rom aufgestiegen war – jedenfalls äußerte Oberbibliothekar Lehmann diese Einschätzung, nachdem er zusammen mit dem Bibliothekspräfekten Pater Henrici aus den Büchern Pius' XII. eine neue Abteilung »Nationalsozialismus« zusammengestellt hat. »Die Aufmerksamkeit gegenüber der nationalsozialistischen Bewegung verließ Pacelli auch nicht, als er wieder in Rom als Kardinalstaatssekretär wirkte: Die vielen Aufsätze und Artikel beweisen es.«[88] Und sie beweisen noch mehr.

Das Interesse an den Vorgängen in Deutschland ließ auch dann nicht nach, als Pacelli im Jahr 1939 zum Papst gewählt worden war: »Mancher Schrei aus den Jahren des Exils und der Verbannung drang zum Papst durch. Reinhold Schneiders Schriften finden sich unter unseren Büchern – wie vielen Menschen gaben sie Trost in den Jahren des Grauens. Die mutigen Hirtenworte der deutschen Kardinäle und Bischöfe fehlen nicht. *Deutsche Thesen gegen den Papst und seine Dunkelmänner* (1940) illustrieren die heftigen Angriffe auf die Kirche.« Was der Verfasser dieser Zeilen damals nicht wissen konnte, weil die deutschen Kardinäle und Bischöfe es nicht wissen wollten: So mutig, wie Lehmann sie sah, waren wohl nicht alle. Kein Wunder also, daß erst seit wenigen Jahren wissenschaftliche, auf ein breites Fundament an Quellen gestützte Untersuchungen über die Rolle und das Verhalten des deutschen Episkopates zwischen 1933 und 1945 vorliegen.[89]

Der Krieg ist zu Ende. Es »folgen aus der Zeit der größten Not und der tiefen Einsamkeit des deutschen Volkes viele Berichte über Vertreibungen aus der Heimat, über Verschleppung, über das Schicksal der Kirche hinter dem Eisernen Vorhang, über die Schrecken der Konzentrationslager und über Elend, Hunger und Tod der Kriegs- und Nachkriegsjahre«.[90] Die Bücherkisten, die nach und nach begutachtet werden, enthalten freilich auch manche Kuriosität. »Wertvolle Widmungsexemplare von ehemaligen Staatspräsidenten mächtiger Länder, von bekannten Ministern, von türkischen Generälen und von höheren Adligen weiten den Blick für die weltweite Bewunderung und Achtung, die diesem Papst zuteil wurden. Sie stellen – äußerlich gesehen – den Hauptwert der Sammlung dar.«[91]

Die Eingliederung der deutschen Bestände aus der Privatbibliothek von Papst Pius XII. ist nicht die letzte Bewährungsprobe für Oberbibliothekar Lehmann. Keine geringere Herausforderung ist das Erbe der Privatbibliothek des ehemaligen Germanikers Arthur Michael Landgraf.[92] Der 1958 verstorbene Bamberger Weihbischof war ein Schöngeist. Fast 3000 Bände umfaßt dessen Sammlung deutscher und ausländischer belletristischer Literatur, von ihm selbst verfaßte Romane und das Gesamtwerk Karl Mays eingerechnet. Landgraf war aber auch einer der führenden Mediävisten seiner Zeit, ein profunder Kenner vor allem der Frühscholastik.

Zusammen mit Max-Eugen Kemper sichtet Lehmann im Herbst 1963 in Bamberg etwa 1200 eigenständige wissenschaftliche Publikationen, ungefähr 1500 Sonderdrucke, circa 700 bis 800 einzelne Zeitschriftenhefte, Skripten. Bedächtig nimmt er Faszikel um Faszikel in die Hand, und wenn er das Heftchen beiseite legt, weiß er nicht nur, wovon die Rede ist, sondern behält auch, was an welcher Stelle zu lesen ist.

Die Korrespondenz Landgrafs umfaßt etwa 2000 Briefe. Sie werden, obwohl zum Teil wissenschafts- und kirchenpolitisch interessant, für einige Jahrzehnte verschlossen. Dann wird alles für den Transport nach Rom, den endgültigen Aufenthaltsort

der wertvollen Sammlung, vorbereitet: Die »Biblioteca Landgrafiana« füllt einen ganzen Eisenbahnwaggon, im Germanikum mehrere Räume. Am Abend der Rückfahrt nach Rom
wird der amerikanische Präsident John F. Kennedy ermordet.

## Abschied von Rom

Über Studium und Priesterweihe, Rahner-Texte, Papstgeschen-
ke und Landgrafiana vergeht die Zeit wie im Flug. Am Ende
des Sommersemesters 1964 heißt es nach sieben Jahren in Rom
Abschied nehmen.

Es geht in die Heimat. Wer im Oktober 1963 nicht nach
Rom zur Priesterweihe fahren konnte, der kann nun den Neupriester bei der ersten Messe in seiner Heimatpfarrei in Veringenstadt begrüßen.

Für den kleinen Ort auf der Schwäbischen Alb ist das zweite Wochenende im Juli 1964 ein Fest, wie es lange keines gab.
Die Stadtkapelle, die Freiwillige Feuerwehr, der Turnverein, alles, was in Veringenstadt laufen kann, ist auf den Beinen, als
der Priester am Samstag abend um 20 Uhr vor dem Rathaus
empfangen wird. Über die Straßen sind zwei Transparente gespannt mit den Aufschriften: »Du bist Priester in Ewigkeit«
und »Geh hin, wohin ich dich sende«. Die Glocken läuten, die
Stadtkapelle spielt.

Rosemarie Ruf trägt ein Gedicht vor, »frisch und beherzt«.
Der Kirchenchor singt »Lobet den Herren …«. Nun geht es in
die Kirche. Wieder spielt die Stadtkapelle.

In der Kirche empfängt Orgelspiel die Festgemeinde, der
H. H. Pfarrer begrüßt, der Kirchenchor singt »Der Herr ist
groß«. Nun hält der Primiziant Lehmann eine Ansprache. Der
Gottesdienst endet mit dem Primiz-Segen und dem Schlußlied:
»Nun danket all«.

Da gute Witterung herrscht, scheidet am Sonntag Variante

B (schlechtes Wetter) aus. Variante A bedeutet: Um 5 Uhr spielt die Stadtkapelle die »Tagwache«. Böllerschüsse dürfen nicht fehlen. Um 7 Uhr ist Frühmesse. Gegen 9.15 Uhr wird der Primiziant am Elternhaus abgeholt. Wieder spielt die Stadtkapelle. Der Festgottesdienst findet auf dem Sportplatz statt. Der Kirchenchor singt, die Festpredigt hält H.H. Repetitor Dr. Mosis, Freiburg, später Gründungspräsident der Katholischen Universität Eichstätt und Alttestamentler in Lehmanns Bischofsstadt Mainz. Für 1500 Teilnehmer des Gottesdienstes, eineinhalbmal so viele, wie Veringenstadt Einwohner hat, gibt es den Päpstlichen Segen.

Um 14 Uhr versammelt sich groß und klein in der neu erbauten Turn- und Festhalle an der Bundesstraße 36. Sie wird an diesem Tag zum ersten Mal genutzt. Wieder spielt die Stadtkapelle, der Kirchenchor singt, nun aber auch der Gesangverein. Das Gedicht trägt Luzia Müller vor. Bürgermeister Fink spricht von dem Primizianten als einer »reifen Garbe, die in die Scheune gebracht wurde«. Dann redet Herr Hospach, Stadtrat Gottfried Göggel improvisiert ein schwäbisches Gedicht: »Wias Büable vom Heuberg es Kloster ganga ischt«. Fidelis Rädle, Assistent in Erlangen, grüßt auf deutsch. Dann bietet die Pfarrjugend »Des Herrn getreuer Knecht« von Alexander Carelius dar. H.H. Primiziant Dr. Karl Lehmann dankt für die Gebete und die Mühe und spricht von der Verwurzelung in der Heimat.

Den Festtag beschließen ein Lichtbildervortrag von Fräulein Hauptlehrerin Sieglinde Wieland im Klassenzimmer von Herrn Oberlehrer Lehmann und um 20 Uhr die Kirchweih-Vesper in der Pfarrkirche.

Pater Henrici hat im Laufe des Tages bekanntgegeben, daß Dr. Karl Lehmann in den nächsten Jahren für das Amt des Assistenten bei dem bekannten Professor für Christliche Weltanschauung und Religionsphilosophie, Professor Dr. Karl Rahner SJ, von dem Freiburger Erzbischof Dr. Hermann Schäufele freigestellt worden sei. Außerdem, so Henrici, möchte er wünschen, daß die wissenschaftliche Laufbahn des jungen Priesters zu einem Lehrauftrag in Theologie führen möchte.

So steht es in der *Hohenzollerischen Rundschau* vom Dienstag, dem 14. Juli 1964.

# 3 Der gemeinsame Weg
## mit Karl Rahner – der Assistent
## (1964–1968)

### Der Wunsch: Die Seelsorge

Die »Vorbereitung für den kirchlichen Dienst in der Erzdiözese Freiburg i. Br.«, wie Lehmann sie 1956 mit dem Eintritt in das Priesterseminar begonnen hatte, ist nach acht Jahren abgeschlossen. Lehmann darf sich Doktor der Philosophie nennen und hat die Theologie mit dem Lizentiat abgeschlossen.

Das Konzil aber ist noch in vollem Gange. Kardinäle, Bischöfe, Theologen – alle gehen im Germanikum weiterhin ein und aus. Für Lehmann gäbe es Gründe genug, im Zentrum des kirchlichen Weltgeschehens zu verweilen. Aber der Freiburger Diözesanpriester möchte endlich als Seelsorger wirken, erst einmal nichts anderes sein als ein Kaplan, irgendwo in einer Pfarrei zwischen dem Bodensee und dem Main. Hatte er nicht als Achtzehnjähriger in seinen »Deutschen Arbeiten« niedergelegt: »Es wäre aber egoistisch, dies alles um seiner selbst zu wollen und zu wünschen; es muß gewissermaßen wieder ausgeatmet werden in der liebevollen Begegnung mit dem Menschen unserer Tage; in der Begegnung mit dem Menschen, dem lebendigen, mit Leib und Seele, nicht in der ›Begegnung‹ mit der Telefonnummer 3511. Denn was nützt es dem Menschen, wenn er nur für sich allein die Einsicht hat? Ist der, dem die Einsicht doch auch bloß geschenkt ist, nicht auch verpflichtet, sie dem anderen Menschen weiterzugeben?« Der 26 Jahre alte Germaniker hat das in kirchlichen Kreisen gerne in Anspruch genommene Recht, ein anderer zu werden, für sich niemals reklamiert.

In Freiburg ist es üblich, daß den Germanikern wie allen anderen Neupriestern eine gewöhnliche Kaplanstelle zugewiesen wird. Schon ist festgelegt, daß Lehmann seine erste Stelle im Norden antreten soll, irgendwo zwischen Karlsruhe und Heidelberg.

## Von der Wissenschaft eingeholt

Im Frühjahr 1964, wenige Monate nach seinem 60. Geburtstag, übernimmt Karl Rahner den Lehrstuhl für Christliche Weltanschauung und Religionsphilosophie an der Philosophischen Fakultät der Ludwig-Maximilians-Universität München – jenen Lehrstuhl, der 1948 für den Theologen und Philosophen Romano Guardini (1885–1968) eingerichtet worden war.[1] Zunächst hatte Rahner gezögert, Innsbruck zu verlassen und den Ruf nach Bayern anzunehmen. Er wußte, daß es nicht einfach sein würde, aus dem Schatten jenes Mannes herauszutreten, der seit den zwanziger Jahren wie kein zweiter in Deutschland den »Blick aufs Ganze« der christlich-abendländischen Kultur gerichtet hatte.

Guardini selbst bemühte sich um den Jesuiten.[2] In Rahner ist der Wunsch gereift, die natürlichen Grenzen eines Lehrstuhls für Dogmatik, ja einer Theologischen Fakultät zu überwinden. Die »Öffnung«, die das Konzil für die Kirche bedeutet, soll sich in der Hinwendung der Theologie an »Hörer aller Fakultäten« widerspiegeln. Nicht einmal die Ordensoberen haben gegen einen Ruf nach München etwas einzuwenden.

Rahner braucht jedoch einen erfahrenen Mitarbeiter, einen, der ihm in München zur Hand geht: Ein ordentlicher Lehrstuhl muß aufgebaut, ein Institut soll errichtet, zahllose Editionen wollen betreut werden, hochfliegende wissenschaftliche Pläne warten auf ihre Verwirklichung.

Rahner kennt nur einen, der ihn bei all diesen Projekten

unterstützen könnte: Karl Lehmann, den jungen »Kopiloten« aus römischen Tagen.

Im Collegium Borromaeum in Freiburg hatten zwei Repetitoren ohne Wissen und ohne Einverständnis Lehmanns dafür gesorgt, daß ihm der Vorschlag gemacht wurde, Freiburg zu verlassen und das Studium in Rom fortzusetzen. In Rom hatten zwei Professoren ohne Wissen und ohne Einverständnis Lehmanns dafür gesorgt, daß er vor dem Beginn des Theologiestudiums in Philosophie promovieren sollte. Diesmal hat nur einer die Finger im Spiel: Karl Rahner.

Der Jesuit wendet sich an Lehmanns Heimatbischof, den Freiburger Ordinarius Hermann Schäufele – ohne Wissen und Einverständnis des Alumnen. In einem Brief bittet er den Erzbischof, er möge ihm Karl Lehmann als Assistenten überlassen. Der Aufbau des Münchner Lehrstuhls sei mit »enorm viel Arbeit« verbunden.[3] Es sei für ihn, Rahner, daher »von größtem Interesse«, Assistenten zu finden, »und zwar sehr gute und selbständige«.[4] Karl Lehmann stehe deshalb für ihn an erster Stelle.

Allein mit Lob für den künftigen Assistenten ist es möglicherweise nicht getan. Daher schlägt Rahner am Ende seines Schreibens noch einen anderen Ton an: »Zwei Freiburger würden dann hier an einem Strick ziehen bei einer Arbeit (…) die nicht unwichtig erscheint«, schreibt der in Freiburg aufgewachsene Karl Rahner seinem Landsmann Hermann Schäufele über den Freiburger Diözesanpriester Lehmann. Zudem könne ein »mit der Assistentenstelle gegebenes persönliches Verhältnis zwischen Professor und jungem Priester nicht schaden«.[5]

Rahner bittet Lehmann zu sich, offenbart ihm seine Absicht und entläßt ihn mit dem Auftrag, den Brief umgehend in den nächstgelegenen Postkasten zu werfen. Die Angelegenheit eile.

Lehmann ist schockiert. Natürlich freut er sich über die Wertschätzung Rahners, auch der Gedanke, eine wissenschaftliche Laufbahn einzuschlagen, ist ihm nicht fremd. Aber doch nicht schon jetzt. Er geht zum nächsten Briefkasten.

Der Germaniker setzt sich an seine Schreibmaschine. Auch er schreibt einen Brief, auch an den Erzbischof. Lehmann bittet ihn, dem Ansinnen Rahners nicht zu folgen und ihn, wenn auch für einige Jahre nur, aus der Wissenschaft in die Seelsorge zu entlassen. Um sicherzugehen, daß sein Schreiben vor dem Rahners in Freiburg eintrifft, bringt Lehmann seinen Brief auf die römische Hauptpost. Und um noch sicherer zu gehen, gibt er ihn als Eilbrief auf.

Als der Eilbrief nach einer Woche in Freiburg eintrifft, hat Schäufele Rahner längst geantwortet. Mit Hilfe der italienischen Post wird Lehmann am 1. Juli 1964 wissenschaftlicher Assistent.

### Knochenarbeit in München

Schon in Rom hatte Karl Lehmann nicht dem »dolce far niente« gefrönt. Doch Promotion, Lizentiat, Bibliothek und die Arbeit an der Seite Rahners waren nichts gegen die drei Jahre, die er nun am Guardini-Lehrstuhl in München verbringen wird.

Lehmann war gewarnt. Der Verleger des Benziger-Verlags, Dr. Oscar Bettschart, nahm ihn in den ersten Juli-Tagen des Jahres 1964 auf die Seite: »Nehmen Sie sich in den drei Jahren nichts vor. Der braucht Sie ganz. Aber Sie müssen heute schon wissen, wann Sie gehen. Der hat schon mehrere verheizt.« Bettschart weiß, wovon er spricht. Er kennt Rahner seit langem. Der Kardinal spricht von einer »menschlich nicht einfachen Zeit«.

Die Übersiedlung nach München ist nicht ohne Probleme. In einem Seminar, einem Kolleg oder einem Wohnheim möchte Lehmann erst einmal nicht mehr unterkommen. Drei Jahre Sigmaringen, eineinhalb Jahre Freiburg und fast sieben Jahre Rom – Lehmanns nicht übermäßig stark ausgebildetes Bedürfnis nach »gemeinsamem Leben« ist einstweilen befriedigt. Er sucht sich ein Zimmer. In seinen eigenen vier Wänden ist er allerdings nicht häufig anzutreffen.

Nur einmal hat Lehmann während seiner römischen Jahre die Konzilsaula betreten. Gleichwohl war er durch viele Erzählungen und Gespräche im Germanikum mit den Entwicklungen auf der Bischofsversammlung bestens vertraut. In München läßt er sich von Rahner auf dem laufenden halten. Der Jesuit ist vollauf damit beschäftigt, für den Wiener Kardinal König und Kardinal Döpfner, den Erzbischof von München und Freising, Gutachten zu entwerfen, Kommentare zu verfassen, dazu Einwände und Anmerkungen, die sogenannten Modi, zu den immer neuen Fassungen der Konzilstexte.

Im letzten Konzilsjahr arbeitet der Dogmatiker an Texten, die Herzstücke seiner Theologie aufnehmen sollen. Die Mitte Rahner'schen Denkens ist die Erfahrung der Gnade. Von dort aus hat der Jesuit lange vor dem Konzil seine Überlegungen zu Themen wie dem allgemeinen wirksamen Heilswillen Gottes entfaltet. Über viele Theologen gelangen seine Gedanken nun in die Entwürfe der Dogmatischen Konstitution über die Kirche (*Lumen gentium*), angenommen in der feierlichen Schlußabstimmung am 21. November 1964,[6] in die Pastoralkonstitution über die Kirche in der Welt von heute (*Gaudium et Spes*) vom 7. Dezember 1965, in das Dekret über die Missionstätigkeit der Kirche (*Ad gentes*) gleichfalls vom 7. Dezember 1965.[7]

In München verfolgen der Professor und sein Assistent mit Hoffen und Bangen die Veränderungen in den Textentwürfen. »Mensch, das ist stehen geblieben, die merken gar nicht, was sich da vollzieht«, sagt der Jesuit mehr als einmal – so hat es der Kardinal in Erinnerung behalten.

Zum Ende des Konzils hin ist die Arbeitskraft Rahners erschöpft. Längst nimmt er nicht mehr an sämtlichen Sitzungen teil. *Gaudium et Spes*, der Text, auf den sich am Ende alles konzentriert, interessiert Rahner nicht mehr so stark.[8] Joseph Ratzinger ist gegenüber wesentlichen Passagen des Textes sogar skeptisch.[9] Lehmann leistet weiterhin Kärrnerarbeit. Wie in Rom muß er Texte übersetzen, redigieren, korrigieren, präzisieren. Am Lehrstuhl ist er nicht alleine. Es gibt einen weiteren Assistenten, Jörg Splett. Aber der ist ein Philosoph. Lehmann hingegen ein richtiger »Schaffer« – und eine auffällig umtriebige Erscheinung dazu.

Albert Raffelt, Priesteramtskandidat des Bistums Münster, wird während des Freisemesters in München 1966/67 von einem Freund, einem Senior in einer Studentenverbindung, zu einem Vortrag eingeladen. Es spricht Karl Lehmann, der wissenschaftliche Assistent des großen Rahner. Zur allgemeinen Überraschung trägt der Assistent Rahners keinen schwarzen Anzug mit römischem Kragen. Nicht einmal mit Krawatte ist Lehmann gekommen. Er sitzt da mit offenem Hemdkragen. Im Seminar findet man ihn mit hochgekrempelten Ärmeln.

### Erste Publikationen

Das Zweite Vatikanum ist kaum beendet, da müssen die feierlich promulgierten Konstitutionen, Dekrete und Erklärungen der Kirchenversammlung in einer lateinisch-deutschen Textfassung veröffentlicht und mit wissenschaftlichen Kommentaren versehen werden. Als Rahmen für die Veröffentlichung bietet sich das von Karl Rahner herausgegebene Lexikon für Theologie und Kirche an. Die neue, zweite Auflage ist noch nicht abgeschlossen: Band 9 erscheint 1964, Band 10 im Jahr 1965 und der Registerband im Jahr 1967. Unter dem Titel *Das Zweite Vatikanische Konzil I–III* werden zwischen 1966 und 1968 drei Ergänzungsbände vorbereitet. Herausgeber: Karl Rahner, mit großer Unterstützung von Herbert Vorgrimler. Assistent: Karl Lehmann »mit einer riesigen Hilfsbereitschaft«[10].

»Druckfahnen hat Rahner selten gelesen«, sagt der Kardinal. Ein Vorwurf ist das nicht. Für solche Arbeiten, das LThK und die Kommentarbände ausgenommen, gibt es geduldigere Menschen als den Professor. Karl Lehmann etwa. Am Vormittag liegen Manuskripte in der Post. Später kommen nochmals Druckfahnen. Die folgenden Stunden stehen im Zeichen äußerster Akribie und Konzentration. Mit der bloßen Redaktion von Manuskripten oder der Fahnenkorrektur ist es freilich nicht getan. Lehmann verbringt ganze Tage in der Bayerischen Staatsbibliothek, um Literaturangaben zu überprüfen oder zu ergänzen.

Nebenbei verfaßt der Assistent den einen oder anderen Beitrag für die Bände IX und X des Lexikons. Bearbeiter sind ausgefallen, Stichwörter werden nachträglich aufgenommen. Die Artikel *Schein, Selbst, Transzendentalphilosophie, Transzendenz, Unmittelbarkeit, Vermittlung* und *Verstehen* erinnern an die philosophische Ausbildung. Hinter dem Artikel *Triduum mortis* steht Lehmanns theologische Lizentiatsarbeit in Rom.

Rahner ist nicht nur bei dem Lexikon, sondern bei allen theologisch-wissenschaftlichen Großprojekten jener Jahre federführend: *Quaestiones Disputatae*,[11] *Kleines theologisches Wörterbuch* (mit Herbert Vorgrimler),[12] *Handbuch der Pastoraltheologie*,[13] *Mysterium Salutis*,[14] *Sacramentum Mundi* (mit Adolf Darlap).[15] Aber die hochfliegenden Pläne sind das eine, die Arbeit, die damit verbunden ist, das andere.

Lehmann entwirft und redigiert nicht nur die meisten der zahlreichen Beiträge Rahners im fünfbändigen *Handbuch der Pastoraltheologie*. Er steuert auch selbst einen Artikel bei: *Die Kirche und die Herrschaft der Ideologien*.[16] Spiegelbildlich zu diesem Text verhält sich Lehmanns Beitrag zum dritten Band des Handbuchs, das im Jahr 1968 erscheint: *Die kirchliche Verkündigung angesichts des modernen Unglaubens*.[17] Andere Artikel, etwa über kirchliche Sozialeinrichtungen und zum modernen Berufs- und Arbeitsverständnis, zeigen das Wachsen des Horizonts an.

Karl Rahner hatte Lehmann 1965 zu einer Tagung über »Christentum und Marxismus« nach Salzburg mitgenommen, veranstaltet von der Paulus-Gesellschaft, die sich unter dem Eindruck des Konzils noch stärker als zuvor dem Dialog mit Nicht-Christen widmen möchte. Voller Enthusiasmus sucht man unter Führung Rahners, des theologischen Kopfes der Gesellschaft, das Gespräch mit Repräsentanten einer atheistischen Gesellschaftsutopie. Lehmann, der zusammen mit Rahner die Tagungen besucht, aber ganz und gar nicht schwärmerisch veranlagt ist, sind diese Formen von Grenzüberschreitung suspekt. »Uns bleibt zunächst in diesem schwierigen Dialog nur die Möglichkeit, das eigene Haus ein bißchen ansehnlicher und einladender herzurichten«, heißt es im Jahr 1967.[18] Lehmann leistet seinen Beitrag dazu. »Wie ich von meinem Münsteraner Kollegen W. Oelmüller und weiteren Fachleuten weiß, sind diese Arbeiten über das Ideologieproblem eigentlich das einzige, was es ernsthaft auf katholischer Seite gibt«, schreibt Rahner im Jahr 1968 über Lehmanns Veröffentlichungen über Ideologie, Ideologiekritik und die theologischen Stellungnahmen dazu.[19]

In das Fahrwasser des Zeitgeistes hat er sich schon damals nicht begeben. »Adjektiv«-Theologien wie die »Politische Theologie«, »Genitiv«-Theologien wie die »Theologie der Befreiung« und »Problem«-Theologien (»Zum Problem der ...«) sind Lehmanns Sache nie. Von den Rändern des Denkens her läßt sich eine »radikale Mitte« nicht erschließen.

Im ersten Band von *Mysterium Salutis*, bis heute viel sagend MySal abgekürzt, ist Karl Rahner als Verfasser zweier umfangreicher Beiträge vertreten: *Kerygma und Dogma*[20] und *Geschichtlichkeit der Vermittlung*[21]. Über die Entstehung dieser Texte – *Kerygma und Dogma* sollte Lehmanns erste größere systematisch-theologische Zuarbeit für Rahner werden – gibt der Jesuit wenige Jahre später aus eigenem Antrieb Auskunft. In einem Brief, den er 1968 nahezu wortgleich zuerst an den Dekan der Theologischen Fakultät in Freiburg und dann an den Dekan der Katholisch-Theologischen Fakultät in Mainz schickt, hält er fest, daß Karl Lehmann und nicht er als »einziger Verfasser« zu gelten habe.[22]

»Mit dem Konzil hatte ich dabei nicht viel zu tun, eher habe ich Karl Rahner in den Grenzen meiner Möglichkeiten von anderen Arbeiten entlastet, damit er ganz für den Auftrag des Konzils frei sein konnte«, stellt Lehmann mehr als 20 Jahre später fest.[23]

Eine große persönliche Nähe wie zwischen Rahner und Johann Baptist Metz oder Herbert Vorgrimler entsteht in den Münchner Jahren nicht. Zwar sind sich beide ihrer landsmannschaftlichen Verbundenheit bewußt. Aber der Altersabstand zwischen ihnen ist sehr groß: Lehmann ist im Sommer 1964 gerade 28 Jahre alt, Karl Rahner hingegen 60. Und beide sind von sehr verschiedenem Temperament. Lehmann ist stets auf Ausgleich und Vermittlung bedacht, wie es eher hohenzollerischer Mentalität entspricht, Rahner hingegen, knorrig, kämpferisch, mitunter provozierend, ein Südbadener.

Dennoch werden sich die Wege Karl Lehmanns und Karl Rahners bis zum Tod des großen Jesuiten im Jahr 1984 nicht mehr trennen. In den Mainzer und erst recht in den Freiburger Jahren wird Rahner dem Professor Lehmann zum älteren Freund. Die Ernennung Lehmanns zum Bischof wird der Jesuit im Jahr 1983 mit freundlichen Worten und dezenten Hinweisen begleiten. Im Jahr darauf wird Karl Lehmann für Karl Rahner in Innsbruck das Requiem feiern.

Für den Kardinal zählen die Jahre an der Seite des großen Theologen zu den fruchtbarsten Zeiten seines Lebens. Er konnte, gerade auch in der Konzilszeit und unmittelbar danach, sehr viel lernen. Die immense Arbeit bedauert Lehmann nicht. »Ich bin nie dazu gezwungen worden; ich wollte in vollem Umfang mitarbeiten. Das gelang immer mehr und besser. Ich freue mich auch heute über diese Zeit.«

## Rahners Schwierigkeiten

Drei Jahre arbeitet Lehmann am Seminar für Christliche Weltanschauung und Religionsphilosophie an der Ludwig-Maximilians-Universität München. Nicht nur für den wissenschaftlichen Assistenten ist es eine schwierige Zeit. Auch Professor
Rahner findet in München nicht die Verhältnisse vor, die ihm
bei seinem Wechsel von der Theologischen Fakultät der Universität Innsbruck an die Philosophische Fakultät der bayerischen Landeshauptstadt vorgeschwebt haben mochten.

Romano Guardini, der dem Lehrstuhl den Namen und das
Profil gegeben hatte, war kein Professor klassischen Stils gewesen, einer, der in akademischen Übungen, von Vorlesungen
über Seminare und Übungen bis hin zu Kolloquien, aufging.
Guardini war eine charismatische Persönlichkeit, deren Ausstrahlung in Vorträgen und Büchern zur Geltung kam.[24] So waren auch seine Münchener Vorlesungen ausladend, ein wenig
volkshochschulhaft, aber immer bildungsgesättigt und fern jeder Kleingeisterei. Solche Vorlesungen waren gesellschaftliche
Ereignisse, nicht Wissenschaft an sich.

In der Mitte der sechziger Jahre ist die Zeit über diese Form
eines »studium generale« hinweggegangen. So empfindet es jedenfalls Karl Lehmann. Die Münchner Universität ist größer
und vielschichtiger, das Bildungsangebot in der Stadt abwechs-
lungsreicher, das Bürgertum wählerischer. Philosophische Fakultät – christlicher Glaube – neuzeitliches Denken: Eine Drei-
ecksbeziehung wie in den Jahren unmittelbar nach dem Krieg
will nicht mehr so recht entstehen.

Doch nicht nur die Umstände haben sich geändert. Rahner
selbst trägt nicht unwesentlich dazu bei, daß man ihm in München mit noch größerer Zurückhaltung begegnet, als er befürchtet hat. Der Jesuit ist weder ein Rhetoriker noch ein Per-
fektionist, noch vermag er seine Gedanken in das Korsett abge-
schlossener Vortragseinheiten von jeweils 45 Minuten Dauer

einzuzwängen. Der Besuch von Rahners Vorlesungen im Auditorium Maximum der Universität gleicht einem Aufenthalt im »Steinbruch des Denkens«.

»Wiederholt haben wir ihm vorgeschlagen, einfacher zu reden und sich nicht an Assistenten und Kollegen in der Zuhörerschaft zu orientieren; doch ohne Erfolg«, schreibt Jörg Splett, der zweite Assistent.[25] Ein Freund und Kollege Rahners, der angesehene Münchner Fundamentaltheologe Heinrich Fries, hat gleichfalls den Eindruck, daß Rahner über die Köpfe der meisten Zuhörer hinwegredet. »Ich selbst war unter seinen Hörern im Auditorium Maximum, stellte aber bald fest – im Blick auf meine studentischen Nachbarn –, daß die Vorlesungen für Nichttheologen zu anspruchsvoll waren; ihnen fehlten doch mehr Voraussetzungen, als Rahner vielleicht dachte.«[26]

Der Jesuit ist nicht nur über seine öffentliche Wirkung in München enttäuscht. Rahner hatte sich vorgenommen, in München endlich seine Fundamental-Theologie zu schreiben, den »Grundkurs des Glaubens«. Zu Papier bringt er zunächst nur 60, vielleicht 70 Seiten.[27] Die Assistenten erleben ihren Professor mitunter sogar bedrückt und niedergeschlagen.

Denn inzwischen hat auch der Kampf um die richtige Interpretation der Texte und des Geistes des Konzils begonnen. Die Phalanx der »Reformer« war schon auseinandergebrochen, als Rahner den Lehrstuhl in München übernahm. Nun verbinden sich mit Namen wie Joseph Ratzinger, Hans Urs von Balthasar, Yves Congar, Edward Schillebeeckx, Henri de Lubac, Hans Küng und Karl Rahner verschiedene nachkonziliare »correnti«. Rahner glaubt, daß er an der Universität der bayerischen Landeshauptstadt am richtigen Ort ist – aber weniger an der Philosophischen Fakultät. Ihn zieht es zurück in die Theologie, mit allen Pflichten und allen Rechten, vor allem dem Promotions- und Habilitationsrecht. Er braucht Mitarbeiter, die auch in der Theologie kompetent sind.

Rahner wendet sich in dieser Angelegenheit an das Kultus-ministerium. Als die Theologen auf Umwegen davon erfahren, zeigen eine einflußreiche Gruppe um den Dogmatiker Michael Schmaus, den Kirchenrechtler Klaus Mörsdorf und den Litur-giewissenschaftler Josef Pascher dem Jesuiten die kalte Schulter. Auf dem Konzil und nun in Deutschland ein führender Kopf der theologischen Reformer und nun kein Platz an der Münch-ner Theologischen Fakultät? Ein Kuriosum: Schließlich hat Rahner in Innsbruck alles in allem 20 Jahre hindurch Dogmatik doziert. In München ist für Karl Rahner keine Bleibe mehr.

### Zurück nach Rom

Auch für Rahners Assistenten Lehmann ist es nun kaum noch möglich, in München zu arbeiten. Alles hatte er vorbereitet. Se-minare besucht, Professoren kennengelernt. Vor allem in den Lehrveranstaltungen des Kirchenrechtlers Klaus Mörsdorf war Lehmann zu finden. Einen Doktoranden am Lehrstuhl kannte Lehmann aus der Ferne: Oskar Saier, ein Freiburger Diözesan-priester, vier Jahre älter als der Hohenzoller und im Begriff, über das Thema »Communio in der Lehre des Zweiten Vatika-nischen Konzils« zu promovieren.[28] Saier – bald Mörsdorfs As-sistent – und Lehmann treffen sich bald nicht mehr nur in der Universität, sondern auch bei Spaziergängen im Englischen Garten. Wenige Jahre später werden sich die Wege der beiden Männer für lange Zeit verschränken.

Heinrich Fries, der Fundamentaltheologe und ein Freund Rahners,[29] nimmt Lehmann eines Tages zur Seite. Er rät ihm, seine weiteren wissenschaftlichen Ambitionen nicht durch eine Promotion in München zu gefährden: »Sie kriegen all die Prü-gel, die für den Chef bestimmt sind«, sagt Fries. Auf einen Konflikt in der Fakultät solle er es nicht ankommen lassen. Auch Erzbischof Hermann Schäufele warnt Lehmann: »Ein

Risiko dürfen Sie nicht eingehen.« Um ein Anrecht auf ein Habilitationsstipendium der Deutschen Forschungsgemeinschaft (DFG) zu haben, muß die Promotion mit »summa cum laude« bewertet werden – eine Note, die Lehmann in München sicher nicht erreicht hätte. Eine bittere, schmerzliche Erkenntnis.

Im Lauf des Wintersemesters 1966/67, Lehmann hatte im Mai 1966 seinen 30. Geburtstag gefeiert, faßt Rahner einen Wechsel an die Westfälische-Wilhelms-Universität Münster ins Auge. Dort hatte er 1964 eine seiner zahlreichen Ehrendoktorwürden verliehen bekommen. Dort, an einer der größten theologischen Fakultäten in Deutschland, blüht die systematische Theologie. Dort war der »Teenager des Konzils«, der 1927 geborene Joseph Ratzinger, 1963 auf einen Dogmatik-Lehrstuhl berufen worden, hatte ihn aber schon drei Jahre später wieder verlassen. Rahner soll Ratzingers Nachfolger werden – und damit der Kollege von Walter Kasper, dem zweiten Dogmatiker. Dazu hatte der nordrhein-westfälische Kultusminister Paul Mikat (CDU) am letzten Tag der Regierung Meyers durch einen Kabinettsbeschluß dem 62 Jahre alten Rahner einen Ruf zukommen lassen.

Für Karl Lehmann freilich bietet der Wechsel seines Chefs nach Münster auf den ersten Blick keine Perspektive. Womöglich würde ihm für die Zulassung zur Promotion keines seiner Münchner Seminare anerkannt. Womöglich müßte er von neuem eine ganze Fakultät kennenlernen, um im Rigorosum bestehen zu können. Wieder würden Jahre ins Land gehen, wieder würde er als Assistent Rahners kaum wissen, woher er Zeit für seine eigene wissenschaftliche Arbeit nehmen sollte.

Auch Rahner macht Lehmann keine Hoffnungen: Er solle in Münster nicht von neuem beginnen. Zumal nicht auszuschließen sei, daß er als sein Schüler in ähnliche Schwierigkeiten geraten könnte, wie er sie in München erlebt habe.

Lehmanns Weg in die Zukunft, zu Promotion und Habilitation in Theologie, führt zurück: nach Rom.

Auf Ersuchen Rahners erteilt die römische Bildungskongregation im Winter 1966/67 dem Altgermaniker Lehmann Dispens: Mit den Seminaren, die Lehmann in München belegt hat, und dem Lizentiat in Theologie der Päpstlichen Universität Gregoriana wird er umgehend zur Promotion in katholischer Theologie in Rom zugelassen.

Nun läuft die Zeit. Rahner wird schon im Sommersemester in Münster lesen. Lehmann möchte seine Assistentenzeit beenden. Also muß die Promotion so schnell wie möglich eingereicht werden.

## Die Dissertation (II): Auferstanden am dritten Tag

Ein Thema für eine größere wissenschaftliche Arbeit ist zunächst nicht in Sicht, von Entwürfen, Skizzen, Rohfassungen ganz zu schweigen. Lehmann besinnt sich auf seine Lizentiatsarbeit über »triduum mortis« und beschließt, die vielen Aspekte des Themas »Auferstanden am dritten Tag«, die damals, vor drei Jahren unberücksichtigt geblieben sind, aufzugreifen und die Lizentiatsarbeit zu einer Dissertation auszubauen. Literatur über dieses Thema hatte er aus Interesse immer gesammelt.

»Endlose Studien« hatte Lehmann in den letzten römischen Semestern in der Bibliothek des Päpstlichen Bibelinstituts angestellt. Dort war nicht nur die exegetische Literatur evangelischer Forscher frei zugänglich, auch jüdische Interpretationen der Bibel waren in Hülle und Fülle vorhanden. In den sogenannten Midraschim und Targumim war Lehmann auf eine eigentümliche, nahezu narrative Theologie der »drei Tage« gestoßen.[30] Darin erschien die Rede von den »drei Tagen« weniger als chronologisch präzise Angabe einer Zeitspanne, sondern als ein als kurz oder auch lang erfahrener Zeitraum der Not und schließlich der Errettung aus drohender Gefahr, verbunden mit der Gewißheit der Hoffnung auf göttliche Hilfe.

»Gott läßt seinen Gerechten nicht länger im Stich als drei Tage.«

»So weit, so gut«, fährt der Kardinal fort. »Aber, wie alt ist denn eine solche Überzeugung? Da hatte ich Glück, daß es vor allem durch die bahnbrechenden Forschungen des am Biblicum lehrenden Roger Le Déaut geradezu eine Erleuchtung gab. Er hatte sich nämlich mit einer prominenten Stelle beschäftigt, der Angabe der drei Tage im Zusammenhang des drei Tage dauernden gemeinsamen Weges von Abraham und Isaak bis zum Berg Moriah, wo das Opfer Isaak sein sollte (Gen 22,4). Dieses hatte für die jüdische Theologie eine kaum überschätzbare Bedeutung. Le Déaut hat aber nun auch durch sorgfältige Handschriftenstudien nachweisen können, daß die erwähnten Theologumena vom dritten Tag nicht ein späterer, vielleicht sogar apologetischer Reflex der Auseinandersetzung zwischen Judentum und Christentum sind, sondern daß solche Anschauungen sogar in die Jesuszeit zurückgehen können.« Lehmann, der Systematiker, erweist sich als findiger Exeget. »Da die Aussage ›auferweckt am dritten Tag gemäß den Schriften‹ im Neuen Testament zu den ältesten Glaubensformeln gehört, die ganz tief in den palästinischen Mutterboden des Christentums reichten, konnte für dieses christliche Bekenntnis ein neuer, sehr früher, jüdischer Hintergrund festgestellt werden, den man bald gar nicht mehr recht verstand, so daß es beim ›auferweckt am dritten Tage‹ blieb, das ja auch geschichtlich im Blick auf die Zeit zwischen Karfreitag und Ostern einen guten Sinn hat. Das ist der Kern meiner neuen Argumentation.«[31]

Lehmann nutzt den ersten und zugleich längeren Aufenthalt Rahners in den Vereinigten Staaten im Frühjahr 1967, um die Promotionsarbeit endgültig abzufassen. Die beiden Sekretärinnen am Münchner Lehrstuhl, Evamaria von Aagh und Irmingard Muß, unterstützen ihn dabei. »Es war eine großartige Zusammenarbeit und Hilfe«, erinnert sich der Kardinal. Selbst zum Essen wird die Arbeit nur kurz unterbrochen, Tageslicht

mann muß sich bei der Ausarbeitung seiner Vorlesung auf die verschiedenen Textfassungen verlassen, die Karl Rahner ihm überlassen hat.

Aber es geht nicht nur um eine exakte Interpretation der Entstehungsgeschichte der Konzilsaussage. Lehmann macht eine erstaunliche Entdeckung: Der in den Augen vieler konservativer Theologen anstößige Satz findet sich fast wortgleich in einem großen römischen Traktat des Jesuiten-Kardinals Johannes Baptist Franzelin aus dem Jahr 1860. Also hat das Zweite Vatikanum keine neue Lehre von der Heiligen Schrift entwickelt, sondern überraschend weite römische Theologie schöpferisch fortgeführt.

Die Vorlesung wird dennoch nicht zu einem Kinderspiel. Man hat Lehmann eine Falle gebaut: Über einen Satz aus Kapitel 9 der Offenbarungskonstitution *Dei verbum* solle er reden, davon ist in der Ankündigung der Vorlesung an ihn die Rede. Lehmann möchte nicht als Besserwisser dastehen und vermeidet es vornehm, die falsche Angabe zu berichtigen. Statt dessen hebt er die Stimme, wenn er vom 10. Kapitel der Offenbarungskonstitution spricht, in dem sein Thema zu finden sei. Nach der Vorlesung meldet sich Pater Tromp zu Wort: »Du hast gar nicht gemerkt, daß die Kapitelangabe falsch ist!« Lehmann nimmt sein Manuskript, steigt vom Katheder hinunter und zeigt es vor: Er hat über *Dei verbum*, Kapitel 10, gesprochen.

Pater Tromp setzt nach: »Was du von dem Konzil gesagt hast, ist falsch.« Lehmann wehrt sich: »Was ich über die Geltung der Konzilsaussagen gesagt habe, habe ich bei Ihnen gelernt.« Der Satz aus dem Konzilsdokument könne ergänzungsbedürftig sein, aber falsch sei er deswegen nicht. Und es sei römische Theologie.

Die Diskussion ist bald zu Ende, Lehmann am Boden zerstört. »Das hätte mein Ende sein können«, erinnert sich der Kardinal. Er bespricht die Situation mit seinem Lehrer Juan Alfaro. Der spanische Jesuit ist nicht nur Rahner sehr zugeneigt, sondern als Studienpräfekt auch der Moderator der Probevorlesung. Einige Tage später erfährt Lehmann, daß das Urteil über die *lectio coram* dank des Einsatzes von Pater Alfaro zu seinen Gunsten ausgefallen ist. Die beiden Gutachter, Pater Dhanis und Pater Zerwick, haben seine Dissertation mit »summa cum laude« bewertet. Das Votum der Fakultät über Probevorlesung und Verteidigung lautet ebenso.

Ein Jahr später erscheint Lehmanns römisch-theologische Dissertation in überarbeiteter Form in der renommierten Reihe *Quaestiones disputatae*. Sein erstes Buch widmet Karl Lehmann seinen Eltern. Eine zweite Auflage läßt nicht lange auf sich warten.

### Noch immer Rahner: Münster

Karl Lehmann, 31 Jahre alt, ist nun also auch Doktor der katholischen Theologie, der Weg zu einer Habilitation in Theologie steht offen. Doch lohnt die Mühe überhaupt? An einer Theologischen Fakultät in Deutschland kann man auch ohne eine förmliche Habilitation auf einen Lehrstuhl berufen werden. In der Schweiz ist es nicht anders.

Die theologische Promotion ist noch nicht veröffentlicht, da liegt schon eine vage Anfrage aus Luzern vor. Die Theologische Fakultät sucht einen Dogmatiker. Lehmann trifft einen Emissär der Fakultät im Bahnhofsrestaurant in Freiburg i. Br. Eine Bewerbung auf den Lehrstuhl in der Schweiz erweist sich bald als wenig aussichtsvoll. Ginge Lehmann nach Luzern, wären für manche Schweizer zu viele Deutsche an der Fakultät.

Außerdem ist da noch Karl Rahner.

Trotz seines fortgeschrittenen Alters von 62 Jahren nimmt der Jesuit zum 1. April 1967 in Münster die Lehrtätigkeit auf. In München läßt er einen enttäuschten und gekränkten Romano Guardini zurück, dazu seinen wissenschaftlichen Assistenten Jörg Splett. Lehmann hat sich der Bitte Rahners nicht verweigert, ihm noch einige Zeit dabei zu helfen, den Lehrstuhl soweit einzurichten, daß er wieder mit neuen Mitarbeitern zurechtkäme.

Für Lehmann geht die Arbeit in Münster zunächst weiter, wie er sie aus München gewohnt ist. »Freies Wochenende« ist und bleibt für Lehmann ein Fremdwort, »Ferien« kann er kaum buchstabieren. Er ist weiterhin in der Funktion eines wissenschaftlichen Assistenten, ist Mentor der Studenten, Büroleiter, persönlicher Sekretär und Chauffeur in einem. 40 000 bis 50 000 Kilometer im Jahr hat er zuletzt mit Rahner zurückgelegt, schätzt der Kardinal. Den Führerschein hatte er dem Jesuiten zuliebe in München gemacht, inzwischen ist er ein leidenschaftlicher Autofahrer. Wie Rahner – der aber nur im Fond des VW 1600.

Bald entlastet ihn Pater Roman Bleistein, der persönliche Assistent, den der Orden Rahner endlich beigesellt. Bleistein regelt fortan einen Großteil der privaten Angelegenheiten seines Ordensbruders, macht die Abrechnungen, wird der Chauffeur.

Bald ist auch ein Theologe gefunden, der Lehmann ersetzen könnte. Am 1. November tritt Leo Karrer, ein Schweizer, die Nachfolge des »besten Assistenten« an. Lehmann ist frei: Von diesem Tag an hat Lehmann für zwei Jahre ein Habilitationsstipendium der Deutschen Forschungsgemeinschaft zugesagt bekommen. Doch weit kommt Lehmann nicht in der Verfolgung seiner persönlichen Perspektive. Nach wie vor korrigiert und redigiert er Manuskripte Rahners, nach wie vor betreut er dessen Doktoranden in München. Regelmäßig fährt er zu diesem Zweck von Münster nach Bayern. Dort hat er sein Zimmer behalten, dorthin wollte er sich eigentlich zurückziehen, um an seiner Habilitationsschrift zu arbeiten.

Am Nikolaustag des Jahres 1967, auf einer Rückfahrt von

München, wird Lehmanns Wagen kurz vor Münster von einem andern Auto gerammt. Die rechte Hand ist so schwer verletzt, daß er einige Wochen lang nicht schreiben kann. Als Folge des Unfalls trägt Lehmann bis heute – gut verheilt und wenig sichtbar – Narben am Hals, am Schienbein und unter dem linken Auge. Damals brachte ihm der Unfall die Sorge ein, das Habilitationsprojekt nicht voranbringen zu können.

Die Situation in Münster ist nicht viel einfacher als in München. Professor Walter Kasper, als geschäftsführender Direktor der Vereinigten Seminare für Personal und Räume zuständig, weist dem neuen Kollegen und dessen Mitarbeitern zunächst nur einen Raum zu. Karl Lehmann gelingt es, den Direktor, der nur wenig älter ist als er, von dem Mehrbedarf zu überzeugen.

Und wie in München, so ebbt auch in Münster der Zustrom der Studenten zu den Vorlesungen des Jesuiten ab. Rahner nimmt es mit brummigem Humor. Gegenüber dem Mainzer Bischof Hermann Volk äußert er einmal: »Ich lese mit fortlaufendem Erfolg.«

### Der Plan: Die Habilitation

Der Sommer des Jahres 1968 naht. Die neuen Assistenten Rahners sind eingearbeitet, und auch der Jesuit ist nun bereit, seinen Weggefährten der vergangenen Jahre eigene Wege gehen zu lassen. Lehmann lebt in dem Gefühl, seine Pflicht gegenüber Karl Rahner, dem Mann, der ihn in die Welt der Theologie eingeführt hat, erfüllt zu haben. Drei Jahre München, ein gutes Jahr Münster – das ist genug. Nun braucht er alle Zeit, um seine Habilitation in Angriff zu nehmen.

Das Thema der Arbeit steht seit längerem fest. Lehmann, der philosophisch geprägte Systematiker, will sich dem Phänomen des christlichen Gottesglaubens gewissermaßen von dessen Rückseite her nähern. Denn Glaube bedeutet nicht nur, in der Gewißheit der Nähe Gottes zu leben. Glaube kann auch mit der Erfahrung der Abwesenheit, mindestens der Verborgenheit Gottes einhergehen. Lehmann will diesem »verborgenen Gott« nachspüren.

Wieder einmal nimmt sein Leben eine andere Wendung als geplant. Die Theologische Fakultät der Universität Freiburg bemüht sich um ihn. Die Universität Mainz ist schneller. Ohne habilitiert zu sein, erhält Karl Lehmann am 25. Juli 1968 die Ernennungsurkunde zum Professor für Dogmatik und Theologische Propädeutik an der Theologischen Fakultät der rheinland-pfälzischen Landeshauptstadt.

Rahner hatte ihm für das Berufungsverfahren ein Zeugnis ausgestellt. Höchste Anerkennung zollt er darin den wissenschaftlichen Leistungen Lehmanns, verschweigt aber auch die menschlichen Qualitäten seines ehemaligen Assistenten nicht: »In den Tagen des Konzils und in den mehr als dreieinhalb Jahren seiner Assistentenzeit (…) war er für mich ein Mitarbeiter von unschätzbarem Wert. Ich habe ihn dabei kennengelernt als einen Mann von außerordentlich weiten *und* genauen Kenntnissen (…) Hervorheben möchte ich besonders seine Mitwirkung bei der Beratung und Führung meiner Doktoranden in München und Münster, die mir ungeheuer viel Arbeit abnahm und die (vor allem auch ausländischen) Doktoranden einen Beistand darstellt, den wohl kaum ein Doktorand von den Assistenten eines Theologieprofessors erfährt. Gleiches wäre zu sagen über die Vorbereitung der verschiedenen Seminare. Seine Mitarbeit bei mir zeichnete sich nicht nur durch ein außerordentliches Wissen, sondern auch durch eine ungewöhnliche Bereitwilligkeit aus, die ›Drecksarbeit‹ zu machen. Mein ›Apparat‹ an Assistenten, wissenschaftlichen Hilfskräften bzw. studentischen Hilfskräften und Sekretärinnen in München und Münster war und ist sehr groß – ganz abgesehen vom Aufbau des Instituts für Christliche Weltanschauung und Religionsphilosophie in München. Lehmann war über die wissenschaftliche

Arbeit hinaus auch in dieser Hinsicht immer so etwas wie ein ›Büro-Chef‹, auf den ich mich immer und in allem verlassen konnte und der es in sehr geschickter Weise fertigbrachte, daß der ›Betrieb‹ (auch menschlich) reibungslos lief.«[35]

Doch bevor es mit diesen Worten aus dem grauen Münster an den Rhein geht, wollen Karl Rahner und Karl Lehmann einen ersten Urlaub miteinander verbringen. Er sollte zugleich der letzte sein.

### Ein besonderes Erlebnis: Urlaub mit Karl Rahner

Kaum hat Karl Lehmann in Mainz aus der Hand von Kultusminister Bernhard Vogel (CDU) die Ernennungsurkunde in Empfang genommen, wird gepackt. Nicht Umzugskisten, die seine mittlerweile schon stattliche Bibliothek auf dem Weg von Münster nach Mainz schützen sollen. Lehmann packt die Urlaubskoffer.

Gemeinsam mit Roman Bleistein, dem neuen persönlichen Assistenten Rahners, wollen Rahner und Lehmann einen ganzen Monat in der Nähe von Rijeka an der jugoslawischen Adriaküste verbringen.

Zum Vergnügen fahren die drei Männer nicht an das Meer. Ruhe- und rastlos wie immer, hat Rahner auch im Sommer 1968 eine enorme Arbeitslast zu bewältigen. In Jugoslawien müssen fast zwei Dutzend Beiträge für *Sacramentum Mundi* entstehen.[36] So sitzen ein 64 Jahre alter Professor, ein gerade auf einen Lehrstuhl berufener, 32 Jahre alter früherer Assistent und der Jesuit Bleistein, 40 Jahre, im Hochsommer in einer kleinen Bungalow-Wohnung in einem Pinienwäldchen unweit des Strandes – und arbeiten.

Die Aufgaben sind präzise verteilt. Pater Bleistein muß kochen und die Schreibmaschine bedienen, Lehmann kauft ein und überarbeitet Manuskripte, Rahner denkt und diktiert. Die

Assistenten haben sich ausbedungen, daß am späten Vormittag und frühen Nachmittag nicht gearbeitet werde. Ein wenig Zeit soll bleiben, um sich am Meer zu erholen und schwimmen gehen zu können. Rahner passen diese »Eskapaden« seiner Mitarbeiter nicht. Er macht ihnen Vorwürfe, die Arbeit komme ihretwegen nicht voran.

Freilich ist es Rahner selbst, der nicht so recht vorankommt. Der Jesuit ist es gewohnt, alles, was er schreibt, ohne Hilfsmittel im Kopf zu formulieren und in die nächstgelegene Schreibmaschine zu diktieren. Nun stellt sich heraus, daß ihm für die schwierigen Artikel Daten und Unterlagen fehlen. Der Dogmatiker vermißt den *Denzinger-Schönmetzer*, das *Enchiridion symbolorum, definitionum et declarationum de rebus fidei et morum* oder das *Kompendium der Glaubensbekenntnisse und kirchlichen Lehrentscheidungen*.[37] Auch das »Lexikon für Theologie und Kirche«, zu dessen zweiter Auflage Rahner viele Hauptartikel beigesteuert hatte, ist zu Hause geblieben.

Die drei Männer haben anderes schweres Gepäck dabei: Am 25. Juli hat Papst Paul VI. die Enzyklika *Humanae vitae* veröffentlicht. Das Thema der Enzyklika, die »rechte Weitergabe des menschlichen Lebens«, hatte schon das Zweite Vatikanische Konzil beschäftigt. Gleichwohl sollten auf Wunsch des Papstes die Bischöfe und Theologen bis zu einer Entscheidung Zurückhaltung üben. In einer Anmerkung zu Abschnitt 51 der *Pastoralkonstitution über die Kirche in der Welt von heute* (*Gaudium et Spes*) war zu lesen: »Bestimmte Fragen, die noch anderer sorgfältiger Untersuchungen bedürfen, sind auf Anordnung des Heiligen Vaters der ›Kommission für das Studium des Bevölkerungswachstums, der Familie und der Geburtenhäufigkeit‹ übergeben worden, damit, nachdem diese Kommission ihre Aufgabe erfüllt hat, der Papst eine Entscheidung treffe. Bei diesem Stand der Doktrin des Lehramts beabsichtigt das Konzil nicht, konkrete Lösungen unmittelbar vorzulegen.«[38]

Wie immer die Entscheidung des Papstes ausfallen sollte, in

einer Hinsicht herrschte schon nach *Gaudium et Spes* Gewißheit: »Von diesen Prinzipien her ist es den Kindern der Kirche
nicht erlaubt, in der Geburtenregelung Wege zu beschreiten,
die das Lehramt in Auslegung des göttlichen Gesetzes verwirft.«[39] Dieser Fall ist nun eingetreten. Papst Paul VI. bezeich-
nete jeden künstlich (»ex industria«) unfruchtbar gemachten
ehelichen Akt als in sich sittlich verwerflich (»intrinsece inho-
nestum«) – auch in dem Fall, daß eine Ehe grundsätzlich auf
Fruchtbarkeit angelegt sei.[40]

Schon die ersten Reaktionen zeigen, daß *Humanae vitae*
nicht nur in der katholischen Kirche zu Spannungen führt. Das
konziliar-fortschrittsoptimistische Verhältnis von Kirche, Gesellschaft und Politik steht auf dem Spiel: Die Veröffentlichung
der Enzyklika fällt in eine Zeit, in der die Rede von den »Grenzen des Wachstums« aufkommt. Außerdem zeichnet sich ab,
daß die »Entkolonialisierung«, die nach Asien auch Afrika erfaßt hat, auf Jahrzehnte mit der Hypothek eines ungebremsten
Bevölkerungswachstums belastet sein würde. »Einer der wenigen Leute, die diese Zusammenhänge schon damals durch-
schaut haben, war der Generalobere der Jesuiten, Pedro
Arrupe«, sagt der Kardinal.

Arrupe, ein Baske wie der Ordensgründer Ignatius, kennt
den drei Jahre älteren Rahner seit den gemeinsamen Studienjahren im niederländischen Valkenburg. Nun möchte der Ordensgeneral mit Pater Rahner über *Humanae vitae* sprechen und
überlegen, was zu tun sei. Arrupe läßt Rahner in Jugoslawien
ausfindig machen. Er solle umgehend nach Rom kommen.


### Höllenfahrt nach Rom


Am 14. August, einen Tag vor dem Hochfest Mariä Himmel-
fahrt, unterbrechen Rahner, Lehmann und Bleistein den Ar-
beitsurlaub an der Adriaküste. Lehmann, in praktischen Din-

gen ungleich bewanderter als Rahner, hat eine dunkle Ahnung: In Italien sei »ferragosto«: glühende Hitze, Ferienverkehr auf den Autobahnen, Unfälle und Stauungen ohne Ende. Es droht eine Höllenfahrt.

Die Assistenten fassen den Plan, Rahner nur bis nach Venedig zu chauffieren. Von dort aus müsse er mit dem Flugzeug nach Rom weiterreisen. Die Rechnung haben sie ohne den Jesuiten gemacht. Etwa 300 Kilometer Küstenstraße bis nach Venedig sind nicht genug. Rahner glaubt, mit dem Auto schneller in Rom zu sein als mit dem Flugzeug, auf das er in Venedig warten müsse. »Er war von einer grenzenlosen Ungeduld und hat immer geschrien: ›Wir fahren mit dem Auto, wir fahren! Ich kann nicht so lange warten!‹« Der Kardinal erinnert sich an diese Stunden, als wären sie gestern gewesen.

»Wir kommen viel später mit dem Auto an, wir kommen heute überhaupt nicht mehr an«, wenden die beiden Männer ein, die sich bei unerträglicher Hitze am Steuer des Wagens abwechseln. Lehmann hat oft genug die Sommermonate in Rom verbracht: »Wir haben noch keine Übernachtung, und in Rom ist es so heiß«, gibt er zu bedenken. Vergeblich.

Es ist Abend, als sich die Männer Rom nähern. Den Ordensgeneral vermuten sie vor den Toren der Stadt in der Villa Cavaletti, damals die Sommerresidenz der Jesuiten. Rahner möchte sofort Pater Arrupe sehen, sofort mit ihm sprechen und sofort nach Jugoslawien zurückfahren. Das Auto ist kaum zum Stehen gekommen, da stürzt Rahner los, die grauen Haare durch den Fahrtwind zerzaust, das Hemd weit geöffnet. Die italienischen Patres haben in der Kapelle gerade das Abendgebet beendet. »Wo ist der Pater General? Pater General her!«, herrscht ein aufgelöster Pater Rahner die völlig verblüfften Männer an. »Il Padre Rahner ...«, hört man von allen Seiten.

In Vorahnung des Kommenden hatte Lehmann Rahner gebeten, sich auf eine Übernachtung außerhalb Roms einzustellen. In der Sommervilla des Germanikums in San Pastore gebe es sicher eine Schlafgelegenheit, zudem seien die Temperaturen in einer Höhe von 300 Metern noch erträglich im Vergleich zu der drückenden Hitze im nächtlichen Rom. Am frühen Morgen könne man dann aufbrechen, um Pater Arrupe in Rom aufzusuchen, sollte dieser sich in der Stadt aufhalten.

Rahner kehrt zurück: »Der Pater General ist vor einer halben Stunde nach Rom! Nach Rom, sofort nach Rom!«

In Rom spielen sich vor dem Sitz der Ordensleitung ähnliche Szenen ab wie in der Villa Cavaletti. Es ist später Abend, als Rahner, Lehmann und Bleistein im Borgo Santo Spirito eintreffen. Die Pforte ist längst geschlossen. Rahner hämmert mit den Fäusten auf die Eingangstüre ein. Erst nach einem Anruf von einer Telefonzelle aus werden die drei wirren Gestalten eingelassen. Wieder ist der Jesuit sofort verschwunden.

Die Assistenten sind auf sich gestellt. Wann kommt Rahner zurück? Wo sollen sie schlafen? Was soll am kommenden Tag geschehen? Wann ist Morgengebet, Frühstück, Abreise? Beide erhalten schließlich ein Zimmer – unter der Dachterrasse. Die Hitze ist unerträglich.

Anders als Karl Lehmann, der als Student sieben Jahre in Rom verbracht hat, ist Bleistein niemals zuvor in der Ewigen Stadt gewesen. »Bleistein, dann kommen Sie auch mal nach Rom!«, hat Rahner auf der Fahrt seinen Ordensbruder motiviert. Lehmann kennt seinen Rahner: »Roman, du wirst nix von Rom sehen! Ich garantiere dir, wenn der fertig ist, fährt er ab!«

Am kommenden Morgen ist Rahner noch nicht zu sehen. »Roman, also, Rahner hin oder her, wir beide gehen um sieben nach St. Peter in die Messe, dann hast du wenigstens mal St. Peter gesehen.« Als Lehmann und Bleistein gegen 8 Uhr zurückkehren, wartet Rahner schon auf sie – und macht ihnen Vorwürfe.

Rahner spricht nochmals mit Pater Arrupe. Als er gegen 10 Uhr zurückkommt, heißt es: »Heim, heim, heim!« Das ist zuviel. »Wir können doch nicht heimfahren, unausgeschlafen.

Das sind noch einmal 1500 Kilometer. Außerdem haben Sie dem Pater Bleistein versprochen, daß der wenigstens kurz Rom sehen darf ...« Rahner hat kein Einsehen.

Das Maß ist voll. Lehmann fühlt sich mit dem Ruf nach Mainz in der Tasche etwas freier. Kurzerhand steuert er den Wagen zum Germanikum, stellt ihn dort ab und sagt: »So, Pater Rahner, wenn Sie nicht mitgehen wollen, dann bleiben Sie im Germanikum. Hier essen wir in anderthalb, zwei Stunden. Bis dahin will ich mit dem Roman wenigstens zum Grab des hl. Ignatius gehen. Ein paar Dinge muß ein Jesuit gesehen haben, wenn er in Rom ist, und dann, von mir aus, können wir fahren.«

Nach dem Essen brechen die drei Männer auf. In glühender Hitze wechseln sich Lehmann und Bleistein am Steuer ab, während Rahner fast ununterbrochen auf der Rückbank schläft. Es ist 4 Uhr morgens, als die drei wieder in ihrem »Ferien-Domizil« in Jugoslawien eintreffen. Die Arbeit geht weiter.

### Die deutsche Reaktion auf Humanae vitae: Königstein

Nicht nur in Rom, auch in Deutschland hat die Enzyklika »wie eine Bombe«[41] eingeschlagen. Julius Kardinal Döpfner, der Vorsitzende der Deutschen Bischofskonferenz, versucht die Wogen der Empörung vier Tage nach der Veröffentlichung in einer ersten Reaktion zu glätten: »Die Vermittlung eines genauen Verständnisses der in ihm (sc. dem Rundschreiben) enthaltenen Lehre und ihrer Verwirklichung stellt unsere Gemeinden und Seelsorger vor viele nicht leichte Aufgaben. Ich stehe mit meinen Mitbrüdern im Bischöflichen Amt in Fühlung, um nach gründlichem Studium des Textes zu überlegen, wie wir dafür möglichst bald geeignete Hilfen anbieten können«, heißt es in einer Erklärung des Erzbischofs von München und Freising vom 29. Juli.[42]

Döpfner ist in einer heiklen Lage. Er war einer der beiden Vizepräsidenten jener »Kommission für das Studium des Bevölkerungswachstums, der Familie und der Geburtenhäufigkeit« gewesen, die nach dem Willen des Konzils dem Papst Vorschläge für eine kirchliche Antwort auf die neuen Entwicklungen im Bereich der Geburtenkontrolle hatte machen sollen. Zu einem einmütigen Votum war die Kommission nicht gelangt. Unter Führung von Kardinal Döpfner übergab die Mehrheit der Kommissionsmitglieder dem Papst im Juni 1968 einen ausführlichen Text über verantwortete Elternschaft, dazu ein moraltheologisches Gutachten, das ebenfalls von der Mehrheit gebilligt worden war. Ein kürzer gehaltenes Votum der Minderheit, die von dem Präsidenten der Kommission, Kardinal Ottaviani angeführt wurde, erhielt der Papst getrennt von dem Votum der Kommissionsmehrheit. Der Papst stellte sich nach langem Bedenken gegen die Mehrheit und schloß sich dem Urteil der Minderheit an – für Karl Lehmann im Rückblick nicht nur eine Brüskierung der Autorität der Kommissionsmehrheit, sondern ein klarer Bruch mit der »kollegialen« Art der Wahrheitsfindung, wie sie auf dem Zweiten Vatikanum eingeübt worden ist.[43] Aber es bestand auch kein Zweifel, daß der Papst so handeln konnte und seinem Gewissen folgen mußte.

Die Last, die Paul VI. sich mit dieser Entscheidung auflädt, ist ihm wohlbewußt: »Noch nie haben Wir die Last Unseres Amtes so empfunden wie in diesem Fall ... Wie oft hatten Wir den Eindruck, von dieser Masse von Dokumenten beinahe erdrückt zu werden, und wie oft haben Wir, menschlich gesprochen, die Unfähigkeit Unserer armen Person vor der gewaltigen apostolischen Pflicht festgestellt, über dieses Problem eine Entscheidung auszusprechen. Wie oft haben Wir vor der zweifachen Möglichkeit gezittert, ein Urteil zu geben, das leichthin der herrschenden Meinung entsprechen, oder eines, das von der heutigen Gesellschaft unwillig angenommen und aus reiner Willkür für das Eheleben zu schwer sein würde.«[44]

Döpfner, sein Konzilsberater Karl Rahner sowie einige Moral- und Pastoraltheologen sind sich einig: Ohne ein schnelles, klärendes Wort der deutschen Bischöfe würde *Humanae vitae* zum Katalysator einer Krise des deutschen Katholizismus. Nicht nur die politischen Verhältnisse jener Tage sind ungewöhnlich bewegt: Studentenrevolte und Notstandsgesetze, Kriege in Biafra und Vietnam, Prager Frühling und Intervention des Warschauer Paktes, Ermordung des Bürgerrechtlers Martin Luther King. Auch in der Kirche drohen zentrifugale Kräfte die Oberhand zu gewinnen. Ein mitunter unkontrollierter Reformwille, aufgestaut in den Jahrzehnten zwischen dem Ersten Vatikanischen Konzil und der Ankündigung des »aggiornamento« durch Papst Johannes XXIII., hat sich drei Jahre nach dem Abschluß des Zweiten Vatikanischen Konzils Bahn gebrochen und macht auch vor der Infragestellung der Autorität des kirchlichen Lehramtes nicht halt.

In dieser Lage kommt den Bischöfen zu Hilfe, daß sie sich schon vor »1968« zu der Frage geäußert hatten, welche Verbindlichkeit »authentischen« Äußerungen des kirchlichen Lehramtes zukomme, wenn diese nicht als »unfehlbare« Entscheidungen unbedingte Anerkennung verlangten. In dem *Schreiben der Deutschen Bischöfe an alle, die von der Kirche mit der Glaubensverkündigung beauftragt sind* vom September 1967 hatte der maßgebliche Verfasser Rahner unter Bezug auf die Aussagen des Konzils über den »religiösen Gehorsam«[45] formuliert, die Kirche könne selbst auf die Gefahr des Irrtums im einzelnen hin auf verbindliche Äußerungen nicht verzichten, um so die eigentliche und letzte Substanz des Glaubens zu wahren. Solche Äußerungen hätten einen bestimmten Verbindlichkeitsgrad und zeugten zugleich von einer Vorläufigkeit, die die Möglichkeit des Irrtums einschließe.[46]

Habe sich das Lehramt der Kirche verbindlich geäußert, komme es darauf an, wie auf seiten der Gläubigen ein abweichendes Urteil zustande komme: »Wer glaubt, der privaten

Meinung sein zu dürfen, die bessere künftige Einsicht der Kirche schon jetzt zu haben, der muß sich vor Gott und seinem Gewissen in nüchtern-selbstkritischer Einschätzung fragen, ob er die nötige Weite und Tiefe theologischer Fachkenntnis habe, um in seiner privaten Theorie und Praxis von der augenblicklichen Lehre des kirchlichen Amtes abweichen zu dürfen.«[47]

Was 1967 »grundsätzlich denkbar«[48] erschien, ist übers Jahr Wirklichkeit geworden. Papst Paul VI. hat über die künstliche Empfängnisregelung eine verbindliche Lehre verkündet, aber viele Gläubige wollen sich diese Lehre nicht zu eigen machen. Nun müssen die deutschen Bischöfe die »ganz unentbehrliche Ergänzung des Zweiten Vatikanischen Konzils« – so Rahner nach der Erinnerung Kardinal Lehmanns – auf *Humanae vitae* anwenden.

Unter dem Vorsitz von Kardinal Döpfner kommt die Bischofskonferenz am 29. und 30. August in Königstein im Taunus zu einer außerordentlichen Vollversammlung zusammen. Anschließend kündigen sie für die kommenden Tage gemeinsam mit einer revidierten deutschen Übersetzung von *Humanae vitae* ein *Wort der deutschen Bischöfe zur seelsorglichen Lage nach dem Erscheinen der Enzyklika Humanae vitae* an.

Die Bischöfe bekräftigen darin nicht bedingungslos jede einzelne Aussage der Enzyklika, sondern versuchen, den Gläubigen Hilfen bei der Bildung eines verantworteten Urteils zu geben. »Da der Papst nach langer Prüfung der entstandenen Fragen gesprochen hat, steht jeder Katholik, selbst wenn er sich bisher eine andere Auffassung gebildet hatte, vor der Forderung, diese Lehre anzunehmen«, heißt es unmißverständlich.[49] »Auch die Tatsache, daß viele Christen in aller Welt, Bischöfe, Priester und vor allem Eheleute, in gläubiger und kirchlicher Gesinnung dieser Forderung entsprechen, ist von nicht zu unterschätzender Bedeutung.«[50]

Dann aber heißt es ganz im Rahner'schen Sinne: »Auf der anderen Seite wissen wir, daß viele der Meinung sind, sie könnten die Aussage der Enzyklika über die Methoden der Geburtenregelung nicht annehmen. Sie sind überzeugt, daß hier jener Ausnahmefall vorliegt, von dem wir in unserem vorjährigen Lehrschreiben gesprochen haben. Soweit wir sehen, werden vor allem folgende Bedenken geltend gemacht: Es wird gefragt, ob die Lehrtradition in dieser Frage für die in der Enzyklika getroffene Entscheidung zwingend ist, ob gewisse neuerdings besonders betonte Aspekte der Ehe und ihres Vollzuges, die von der Enzyklika auch erwähnt werden, nicht ihre Entscheidung zu den Methoden der Geburtenregelung problematisch erscheinen lassen.« Der entscheidende Satz lautet nun: »Wer glaubt, so denken zu müssen, muß sich gewissenhaft prüfen, ob er – frei von subjektiver Überheblichkeit und voreiliger Besserwisserei – vor Gottes Gericht seinen Standpunkt verantworten kann. Im Vertreten dieses Standpunktes wird er Rücksicht nehmen müssen auf die Gesetze des innerkirchlichen Dialogs und jedes Ärgernis zu vermeiden trachten. Nur wer so handelt, der widerspricht nicht der recht verstandenen Autorität und Gehorsamspflicht. Nur so dient auch er ihrem christlichen Verständnis und Vollzug.«[51]

Als Akt des Ungehorsams des deutschen Episkopates belastet die »Königsteiner Erklärung« seit 1968 das Verhältnis der deutschen Kirche zum Vatikan,[52] das Verhältnis des jeweiligen Vorsitzenden der Deutschen Bischofskonferenz zu den Päpsten Paul VI. und Johannes Paul II. nicht ausgenommen. Paul VI. etwa bittet Kardinal Döpfner mehrmals, er möge eine Revision der Erklärung veranlassen. Döpfner weigert sich. Sein Nachfolger, der Kölner Kardinal-Erzbischof Joseph Höffner, steht elf Jahre an der Spitze der Bischofskonferenz. Auch er unternimmt in all diesen Jahren nichts, um Papst Paul VI. und später Papst Johannes Paul II. den Stein des Anstoßes wegzuräumen. Erst angesichts des Rücktritts von seinen Ämtern möchte er wohl die »Königsteiner Erklärung« zur Disposition stellen – offenbar bei seinem letzten Eröffnungsreferat bei der Herbst-Vollversammlung der Deutschen Bischofskonferenz in Fulda im September 1987. Ein Gehirntumor läßt ihn dieses Vorhaben nicht mehr verwirklichen. Seinen Nachfolger im Vorsitz der Bischofskonferenz, den Mainzer Bischof Lehmann, spricht Papst Johannes Paul II. gleich bei der ersten Audienz nach seiner Wahl auf die »Königsteiner Erklärung« an …

Kardinal Döpfner wie auch Karl Rahner waren freilich nicht nur im Herbst 1968 der Ansicht, mit der »Königsteiner Erklärung« der Kirche einen großen Dienst erwiesen zu haben. Der Münchner Kardinal hat dem jungen Professor Lehmann über sein Amt als Vorsitzender der Bischofskonferenz einmal gesagt: »So viel kann man gar nicht machen, es ist vieles Alltag, man muß bei vielem schauen, daß es jeden Tag gelingt, aber die ›Königsteiner Erklärung‹, darauf bin ich stolz.«

So dachte nicht nur Julius Kardinal Döpfner, Vorsitzender der Deutschen Bischofskonferenz von 1968 bis zu seinem frühen Tod im Jahr 1976, der Lehmann bald nach dem Konzil zum väterlichen Freund wurde. Karl Kardinal Lehmann, Vorsitzender der Deutschen Bischofskonferenz seit 1987, denkt ähnlich.

Freilich sollten Döpfner immer häufiger Zweifel daran beschleichen, daß die deutschen Bischöfe über die »Königsteiner Erklärung« hinaus genug getan hätten, um sich für eine wirklich »verantwortete Elternschaft« einzusetzen. Auch darin denkt Kardinal Lehmann ähnlich.

# 4 Die glücklichste Zeit – der Professor (1968–1983)

## Der Ruf (I): Mainz

Dem Germaniker Friedrich Wetter hatte man schon in Rom vorhergesagt, er werde eines Tages Bischof werden. Denn wer im Deutsch-Ungarischen Kolleg, dem »roten« Rom, das Amt eines Philosophenpräfekten innehat, der ist für ein Leitungsamt in der Kirche vorherbestimmt.

Im Mai 1968 ist es soweit. Papst Paul VI. bestimmt Wetter, Professor für Dogmatik an der Johannes-Gutenberg-Universität Mainz, zum Bischof seiner Heimatdiözese Speyer. Bei der Suche nach einem Nachfolger ist der scheidende Professor behilflich. Noch vor seiner Ernennung sucht Wetter Kultusminister Bernhard Vogel auf. Der 36 Jahre alte CDU-Politiker, der das Amt im Mai 1967 übernommen hatte, erfährt zunächst, daß Wetter Bischof werden solle. Fast im selben Atemzug schlägt Wetter ihm einen Nachfolger vor: einen Germaniker wie er, Doktor der Philosophie, Assistent des weltberühmten Dogmatikers Karl Rahner, und jüngst mit einer Arbeit über die »Auferweckung am dritten Tag« in Rom zum Doktor der Theologie promoviert.

Karl Lehmann nimmt die Einladung nach Mainz zu einer Probevorlesung über die Auferstehung Jesu als »Interpretament«[1] an. Schon am Tag danach erhält der 32 Jahre alte Dr. Dr. Karl Lehmann einen Anruf aus Mainz. Bernhard Vogel und die Fakultät sind sich einig: Zum Wintersemester 1968/69 werde er auf den Lehrstuhl Dogmatik II berufen. Pro forma müsse er auf der Vorschlagsliste der Fakultät nicht als »erste«, sondern als »zweite Wahl« präsentiert werden: Lehmann sei nicht habilitiert.

Der Berufung steht dieser Mangel nicht im Weg – zumal sich ein gewisser Karl Rahner an die Fakultät gewandt hat, um sie von den überragenden Fähigkeiten seines ehemaligen Assistenten zu überzeugen. Der hat immerhin zwei Promotionsschriften und zahlreiche wissenschaftliche Veröffentlichungen vorzuweisen.

Nicht zum ersten Mal hat sich Rahner zugunsten seines Assistenten Lehmann verwandt. Mit Datum des 6. April 1968 hatte er einen Brief an »Spektabilität Herrn Univ.-Professor Dekan Dr. Rudolf Henning, 78 Freiburg« geschrieben. Es sei ja kein Geheimnis, daß die Freiburger Theologische Fakultät sich zur Zeit überlege, wer als Nachfolger von Friedrich Stegmüller in Frage komme. »Wenn die Gerüchte stimmen, ist auch mein früherer Assistent Dr. Karl Lehmann unter denen genannt worden, die für diesen Lehrstuhl in Betracht kommen.«[2]

Der frühere Assistent Dr. Lehmann ahnte von alldem nichts.

»Ich hoffe, daß Sie es mir nicht übelnehmen, wenn ich aus eigener Initiative dazu meine Meinung schreibe«, so erläutert Rahner seine Intervention. »Die Situation von Dr. Lehmann ist nun einmal so, daß er mehr als andere auf solche Zeugnisse angewiesen ist, da der weitaus größte Teil seiner wissenschaftlichen Leistungen noch ungedruckt ist, andererseits ein solch zufälliger Umstand (an dem auch ich mich ein wenig schuldig fühle) nicht bewirken sollte, daß ein hochqualifizierter Mann eventuell hinter einem anderen zurückgesetzt wird, dessen wissenschaftliche Arbeiten durch günstigere Umstände zufälliger Art schon gedruckt sind ...« Eine knappe Mehrheit der Freiburger Fakultät ließ sich durch den Brief Rahners nicht beeindrucken und wollte den Germaniker Peter Hünermann berufen.

Drei Monate später setzt Rahner abermals einen Brief auf. Nun, am 4. Juli 1968, ist der Adressat »Spektabilität Herrn Universitätsprofessor Dr. J. Ziegler, Dekan der Kath.-Theol.-Fakultät« in 65 Mainz. Abermals gehe es um die Besetzung eines Dogmatik-Lehrstuhls, wiederum habe man offenbar an seinen früheren Assistenten gedacht. Lehmann hat »ein diesbezügliches Schreiben erhalten« – und diesmal Rahner »gebeten, Ihnen evtl. aus meiner Sicht einige Angaben zu der Sache zu machen«.[3] Der Jesuit spart nicht mit Lob für den »ausgezeichneten Dogmatiker«. Lehmanns Beiträge für »Mysterium Salutis« nennt er die »bisher beste zusammenfassende Darstellung der katholischen Lehre über Wesen und Begriff des Dogmas und der Dogmenentwicklung«. Das sei nicht bloß seine Meinung, sondern »z. B. auch die von Herrn Kollegen Ratzinger«. Über Lehmanns philosophische Promotion heißt es, sie gelte unter Fachleuten »als die beste Untersuchung über Heidegger (und besonders über seine Position in der neuzeitlichen Philosophie, vor allem hinsichtlich des frühen Heidegger)«. Lehmanns philosophische Seite, »Kenntnisse in der klassischen und modernen Philosophie aus erster Hand, scheinen mir darum besonders wichtig zu sein, weil wir heute in der jungen Generation kaum Nachwuchskräfte haben, die – wenn sie Dogmatiker sind – noch etwas von Philosophie wirklich verstehen oder, wenn sie einigermaßen philosophisch ausgebildet sind, sich noch echt für Dogmatik im klassischen Sinne des Wortes zu interessieren vermögen«.

Die theologische Promotion steht der philosophischen offenbar nicht nach: Sie sei »nach dem Urteil z. B. von Professoren des Päpstlichen Bibelinstituts und auch nach dem Urteil des Kollegen H. Schlier (der nur eine frühere Fassung kennt) eine ausgezeichnete exegetische Leistung, durch die Lehmann beweist, daß er als junger Dogmatiker auch das unentbehrliche Handwerkszeug eines Bibeltheologen und eines kritischen Historikers zu handhaben versteht«.

Der Brief verfehlt seine Wirkung nicht. Karl Lehmann nimmt das Berufungsschreiben am 25. Juli 1968 entgegen. Der Kardinal erinnert sich noch gut an diesen Tag. Denn am selben Tag veröffentlicht Papst Paul VI. in Rom die Enzyklika *Huma-*

*nae vitae.* Und Karl Lehmann senior in Sigmaringen wird nach mehr als 30 Jahren im Schuldienst feierlich in den Ruhestand verabschiedet.

## Zurück ins Priesterseminar

In Mainz braucht Lehmann eine Unterkunft. Zwischen Münster und Mainz zu pendeln kommt nicht in Frage. Das zurückliegende Jahr mit den vielen Reisen zwischen Münster und München war selbst für Lehmann zuviel des Guten. Auch fehlt es am Geld, um einen eigenen Haushalt einzurichten. Lehmann muß die Raten für seinen gebrauchten VW 1600 bezahlen.

Der neue Dogmatik-Professor stellt sich im Priesterseminar vor. Ob er, vielleicht nur für eine Übergangszeit, unter den Studenten wohnen könne, fragt er Subregens Oberle. Der stimmt in der ersten Überraschung zu. Was Lehmann nicht weiß: Zwischen Seminar und Fakultät steht es nicht zum besten. So hat die Unbefangenheit des neuen Professors ihr Gutes: In der Fakultät kann er über das Leben im Priesterseminar berichten, im Seminar legt er als ganz und gar unprofessoraler Mitbewohner Ehre für die Universität ein. Bis heute weiß der Kardinal nicht, welches die Ursachen für die Spannungen zwischen Seminar und Fakultät waren. Der »Senkrechtstarter«[4], der konzilserfahrene Germaniker, der Rahner-Schüler wird bald zum Mittelpunkt des Hauses.

In der Erinnerung eines Seminaristen aus Bingen, Peter Walter, damals 18 Jahre alt, finden sich die Studenten, die den Neuen in seinem Zimmer aufsuchen, in einer Bibliothek wieder. Die Bücherregale ragen bis unter die Decke. Einzig eine Totenmaske des heiligen Ignatius dient als Schmuck. Peter Walter wird später der erste Bischöfliche Kaplan Karl Lehmanns.

Von Herbst 1968 an wird es allerdings schwierig, am Abend

im Mainzer Priesterseminar Anrufe zu tätigen oder zu empfangen. Der neue Mitbewohner hat auf das einzige Telefon des Hauses, es steht an der Pforte, gleich ein Auge geworfen. Lehmann und Rahner, Rahner und Lehmann führen schier endlose Telefonate. Der Münsteraner Dogmatiker kann auf den Dienst und den Rat seines jungen Mainzer Kollegen noch immer nicht ganz verzichten.

### Der Bischof von Mainz: Hermann Volk

Bald wird auch Hermann Volk, der Bischof von Mainz, auf den jungen Dogmatiker aufmerksam.[5] Volk ist eine beeindruckende Persönlichkeit. Erst am 25. März 1962, wenige Monate vor der feierlichen Eröffnung des Konzils, ist er zum Bischof ernannt worden. Zuvor hatte er 16 Jahre in Münster Dogmatik und Dogmengeschichte gelehrt. Mit Karl Rahner ist er befreundet.

Kaum geweiht, organisierte Volk im September 1962 in Mainz eine dreitägige Zusammenkunft, auf der die namhaftesten Konzilsberater deutscher Bischöfe ihr Vorgehen in Rom koordinieren. »Wenn gewisse Theologen am Anfang des Konzils nicht ein gutes Einvernehmen mit den Bischöfen gehabt hätten, wären die Weichen nach menschlichem Ermessen ganz anders gestellt worden, als es de facto dann geschehen ist«, so wird Karl Rahner im Abstand von mehr als 20 Jahren, wenige Wochen vor seinem Tod am 30. März 1984, im Rückblick auf die Folgen dieses Ereignisses für das Konzil sagen.[6]

Der Germaniker Lehmann hat den Mainzer Bischof in Rom nur aus der Ferne gesehen. Dieser hatte in dem Gästehaus der Deutschen Bischofskonferenz in der Viale delle Mura Aurelie Quartier genommen. Dem strengen Regiment, das die Mainzer Ordensschwestern dort führten, wollte der Bischof sich nicht unterwerfen. Außer Haus bleiben kann man in der »Villa Mater

Dei« nur bis 22 Uhr. Einen Hausschlüssel für Gäste gibt es nicht. Der Bischof ist ein guter Fassadenkletterer ...

Nach dem Konzil erweist sich Volk als einer der nicht allzu zahlreichen Bischöfe in Deutschland, die der Erneuerung der Kirche und der Theologie einen Weg bahnen. Ein auf Anbiederung angewiesener Mensch ist der Mainzer Bischof freilich nicht. Er kann ausgesprochen gesellig sein, aber sein Arbeitsstil ist der eines »extremen Solisten«.

Um so mehr erstaunt den jungen Professor, daß Volk ihn schon bald ins Vertrauen zieht. Immer häufiger erhält Lehmann Einladungen in das Bischofshaus »Am Rosengarten 2«, immer häufiger auch kommt Volk in das Priesterseminar, um den Dogmatiker aufzusuchen. Der Bischof spürt, daß er mit seiner Theologie alleine nicht mehr überall bestehen kann. Da kommt Lehmann gerade recht: im Habitus ein Dogmatiker, aber fast eine Generation jünger, nicht unkritisch, aber loyal gegenüber der Kirche – jemand wie er.

1969 wird Bischof Volk Vorsitzender der Glaubenskommission der Deutschen Bischofskonferenz. Und Karl Lehmann wird zusammen mit dem Münsteraner Dogmatiker Walter Kasper, dem Münchner Dogmatiker Leo Scheffczyk und dem Exegeten Heinrich Schlier Berater dieses einflußreichen Gremiums. Dort trifft der junge Mainzer Dogmatiker auf viele Bekannte: auf Alfons Deissler, seinen Professor für Altes Testament in Freiburg, und auf Joseph Ratzinger, jetzt Dogmatiker in Regensburg. Dann führt Bischof Volk ihn in den »Ökumenischen Arbeitskreis evangelischer und katholischer Theologen« ein, in dem er selbst seit mehreren Jahren die Funktion eines »wissenschaftlichen Leiters« ausübt. Wieder stellt da einer eine Weiche im Leben des Karl Lehmann. Lehmann, der katholische Dogmatiker, wird zu einem Fachmann für Fragen der Ökumene.

## Der Professor (I): Mainz

An der Theologischen Fakultät in Mainz fällt der neue Dogmatiker aus dem Rahmen: Lehmann ist mit Abstand der jüngste Professor. Und offenbar einer, der mit Leidenschaft bei der Sache ist. Ein begnadeter Rhetoriker ist Lehmann nicht. Aber was er mit ein wenig knarrender Stimme vorträgt, hat mit blutleerer Schultheologie nichts zu tun. Da redet jemand erstaunlich normal – und vernünftig. Oder, wie Karl Rahner dem Dekan der Fakultät schrieb: »Seine didaktische Begabung, die klare, anschauliche und nüchterne Vortragsweise und Diktion – ohne jede versponnene Esoterik – stehen für mich außer Zweifel.«[7]

Lehmann, ein inspirierender, wenn auch nicht immer sofort auf den Punkt kommender Professor, doziert nicht, sondern läßt denken.

»Ich habe in dieser Zeit von der Stadt und der Umgebung nicht viel mitbekommen«, sagt Kardinal Lehmann im Rückblick auf die beiden Jahre, in denen er als Professor in seiner späteren Bischofsstadt gelebt hat. Wie sollte er auch? Denn wenn er nicht auf Reisen ist, nicht in seinem Arbeitszimmer über seinen Vorlesungen und Vorträgen sitzt, aber auch nicht bei Bernhard Vogel oder Bischof Volk zu Gast ist, dann ist der Professor an der Universität zu finden.

Am 1. November beginnen die Vorlesungen des Wintersemesters 1968/69. Also heißt es erst einmal, den Alltag zu bewältigen. Die Kerntraktate der Dogmatik, Gotteslehre und Christologie etwa, liest der erste Dogmatiker an der Fakultät, Rudolf Haubst. Auf die Nachwuchskraft Lehmann entfallen die Traktate zweiter Ordnung, die Sakramentenlehre, die Gnadenlehre oder die Eschatologie.

Zweite Ordnung heißt freilich nicht, daß Lehmann halbe Sachen macht. Im Gegenteil. Zwischen acht und zwölf Stunden verwendet der junge Professor darauf, um eine Vorlesungsstunde auszuarbeiten. Nicht nur die Studenten staunen über die enzyklopädische Fülle des Stoffes, die der Neue zu behandeln sich vorgenommen hat. Auch der Mainzer Bischof ist erstaunt, als er erfährt, daß Lehmann die »heißen Eisen« der Theologie wie das Thema »Interkommunion« geradewegs angehen will.

Wer zu Karl Lehmann in die Vorlesung kommt, um Dogmatik lebensnah und umfassend zugleich zu studieren, der ist hier richtig. Und nahezu zwangsläufig bricht unter der Fülle neuer akademischer Aufgaben Lehmanns Plan zusammen, nun endlich die philosophische Dissertation über das Frühwerk Martin Heideggers für die Drucklegung zu überarbeiten.[8]

Anstrengend ist die Arbeit bei Lehmann, aber nie spröde und trocken. Das Doktorandenkolloquium, zu dem Lehmann im Rhythmus von vierzehn Tagen einlädt, endet in der Regel in einer Weinstube. Da sitzen sie dann entspannt zusammen, erzählen und disputieren: Professor Lehmann, 32 Jahre alt, in Alter, Aussehen und Habitus von seinen Doktoranden kaum zu unterscheiden, und angehende Theologen, von denen sich manch einer anschickt, selbst den Weg zu gehen, den Lehmann gegangen war oder noch gehen sollte.

Pater Werner Löser SJ kommt von der Philosophisch-Theologischen Hochschule Sankt Georgen in Frankfurt-Oberrad regelmäßig nach Mainz in Lehmanns Doktorandenkolloquium. Und dann ist da noch Albert Raffelt. Nach dem Diplom in Münster ist er nun Promotionsstudent in Mainz. Paul-Josef Cordes, der von Münster nach Mainz mitgekommen ist, schließt hier seine Doktorarbeit ab. Später wird er Weihbischof in Paderborn und anschließend Kurien-Erzbischof.


## Die Politik


Wie im kirchlichen, so ist Lehmann auch im politischen Mainz bald kein Unbekannter mehr. Katholisch ist nämlich ein nicht unbeträchtlicher Teil des Kabinetts des Landes Rheinland-

Pfalz: Kultusminister Bernhard Vogel, aber auch der Ministerpräsident Peter Altmeier und – ab Mai 1969 – dessen Nachfolger, der CDU-Landes- und Fraktionsvorsitzende Helmut Kohl.

Uninteressiert an politischen Vorgängen war Lehmann noch
nie. Freilich hatte er seinen Lebensmittelpunkt zu oft verändert, als daß er mit der Politik jemals näher in Berührung gekommen wäre. In Mainz ist er bald gefragt: Lehmann hält bei
der Weihnachtsfeier 1969 von Landesregierung und CDU-
Fraktion die Meditation.

Es ist aber nicht nur das Gespräch mit Politikern, das Lehmann reizt. Ihn interessieren die Personen, die sich der Politik
verschrieben haben – allen voran jene, die diese Entscheidung
in dem Bewußtsein gefällt haben, die Welt in christlichem
Geist gestalten zu wollen. In Mainz und von Mainz aus begegnet Lehmann zum ersten Mal katholischen Laien in der Politik.

Bei den Vorbereitungen der Gemeinsamen Synode lernt
Lehmann auch Friedrich Kronenberg kennen, seit 1966 Generalsekretär des »Zentralkomitees der deutschen Katholiken«
(ZdK). Fast 30 Jahre später wird er seine Hochachtung vor solchen Christen in einem Hirtenwort über »Zeugenschaft« so
formulieren: »Politik ist nicht einfach ein ›schmutziges Geschäft‹, vor dem man sich in die wirkliche oder auch vermeintliche Sauberkeit des privaten Lebens zurückziehen dürfte, vielmehr ist der Einsatz des Christen in allen Fragen der Gestaltung der Gesellschaft in ganz besonderer Weise herausgefor-
dert. Auch dies kann ein Zeugnis sein, wenn es nicht zuerst um
der eigenen Karriere oder gar durchsichtiger Interessen wegen
ausgeübt wird, sondern wirklich ein Dienst am Ganzen ist. Ein
solcher Auftrag wird heute in der Kirche viel zu wenig geschätzt.«[9]

# Der Ruf (II): Freiburg

Karl Lehmann ist nicht einmal eineinhalb Jahre in Mainz, als ihn im Februar 1970 eine Anfrage aus den Vereinigten Staaten erreicht. Die »University of Southern California« sucht einen Professor für Katholische Theologie. Wie man an der amerikanischen Westküste ausgerechnet auf den jungen Mainzer Dogmatiker Lehmann kommt, kann der Kardinal sich bis heute nicht erklären. Lehmann bleibt in Mainz.

Im Februar des folgenden Jahres steht der Professor abermals vor der Frage, ob er die neue Heimat verlassen wolle. Aber diesmal nicht in die Neue Welt, sondern zurück in eine alte Heimat: Freiburg oder Münster. An beiden theologischen Fakultäten ist ein Lehrstuhl für Dogmatik zu besetzen. Beide Optionen klingen interessant und verlockend. In Freiburg, Lehmanns alma mater[10], wird noch immer ein Nachfolger für Friedrich Stegmüller gesucht, in Münster ein Nachfolger für Karl Rahner.

Karl Rahner soll emeritiert werden. 1967 war er im Alter von 63 Jahren in Münster Ordinarius für Dogmatik und Dogmengeschichte geworden. Nun nähert er sich der Altersgrenze von 67 Jahren. In der Fakultät favorisiert eine Mehrheit offenbar Rahners früheren Assistenten Karl Lehmann, nicht Rahners »Schüler und Freund« Herbert Vorgrimler.[11] Als man in Münster erfährt, daß auch die Freiburger Fakultät an Lehmann interessiert ist, bewegt Dekan Bernhard Kötting Wissenschaftsminister Johannes Rau (SPD), umgehend einen Ruf an Lehmann auszufertigen. Die Baden-Württemberger sind im Januar 1971 um einige Tage schneller.

In Mainz, Münster und Freiburg wären die Arbeitsbedingungen nach den Berufungsverhandlungen gleichermaßen komfortabel: Die Entscheidung für oder gegen eine der drei Städte muß nach anderen Gesichtspunkten getroffen werden.

Bliebe er in Mainz, die Arbeit würde nicht durch einen abermaligen Wechsel in Mitleidenschaft gezogen, die neuen Freundschaften könnten wachsen. Auch Bischof Volk sähe es gern, wenn Lehmann in seiner Nähe bliebe, Ministerpräsident Kohl nicht minder, nicht zu reden von Kultusminister Bernhard Vogel.[12] Aber Lehmann, der Freiburger, fühlt sich in Dienst genommen. Von seinem Mentor und Vorbild Robert Schlund, jetzt Generalvikar des Erzbistums. Und von der Fakultät, die ihn in die Theologie einführte. Denn drei Jahre schon ist der Lehrstuhl des Dogmatikers und renommierten Mediävisten Friedrich Stegmüller vakant. Die Mehrheit der Fakultät und Erzbischof Schäufele hatten sich über die Berufung Peter Hünermanns zerstritten. An einem Sonntag morgen im November 1970, so erinnert sich der Kardinal, erhält er einen Anruf. Aus Freiburg. »Wir setzen uns nicht durch. Sie müssen kommen, auf Sie können wir uns einigen«, sagt sein alter Lehrer Bernhard Welte. Lehmann ist nun der einzige Kandidat für die Stegmüller-Nachfolge.

Ehe Lehmann den Ruf annimmt, spricht er mit Erzbischof Schäufele. Auch der ist mit dem Wechsel in die Heimat einverstanden. Als Lehmann das Erzbischöfliche Haus nach dem entscheidenden Gespräch mit Schäufele verläßt, flüstert ihm eine Schwester zu: »Herr Professor, vergessen Sie nicht, daß der Herr Erzbischof in der Hauskapelle während Ihres Aufenthaltes eigens drei Kerzen anzünden ließ.«

So ist es Lehmann peinlich, als er einige Zeit später in einer nächtlichen Sitzung während der Gemeinsamen Synode in Würzburg mit dem Freiburger Erzbischof über das Thema Laienpredigt heftig aneinandergerät. Er weiß freilich, daß sich einige Kollegen aus der Fakultät an den Erzbischof gewandt haben, um ihn gegen Lehmann einzunehmen. Ungeachtet aller Unterschiede in Sachfragen finden die beiden aber zu einem vertrauensvollen Verhältnis.

Zum Wintersemester 1971/72 wird DDr. Karl Lehmann auf den nach seinem Wunsch neu zugeschnittenen Lehrstuhl für

Dogmatik und Ökumenische Theologie an der Albert-Ludwigs-Universität Freiburg i. Br. berufen. 35 Jahre ist Lehmann alt, nach 14 Jahren ist er wieder in seiner Heimat.

## Die Wohngemeinschaft: Esther Betz

Wieder muß Lehmann sich eine neue Unterkunft suchen. Mitten in der Stadt? Oder im Grünen, am Stadtrand? Oder in einem Dorf? Dort, wo das Leben ein wenig an die Kindheit in Hohenzollern erinnert? Wo es Pferde und Katzen gibt, es nach frischem Heu duftet, und wo sogar der Wein wächst. Eine verlockende Perspektive.

Aber wie auf dem Dorf leben? Alleine? Lehmann braucht nicht absolute Stille, um arbeiten zu können. Im Gegenteil. Nach einem kurzen Intermezzo in einem eigenen Zimmer in München schätzt er es um so mehr, mit Menschen unter einem Dach zu leben, mit denen er arbeiten und essen kann, erzählen und feiern.

In Rom hatte er während des Konzils eine deutsche Zeitungskorrespondentin kennen gelernt: Dr. Esther Betz, die Tochter des Verlegers der in Düsseldorf erscheinenden *Rheinischen Post*. Zuvor hatte sie als Sekretärin am Dogmatik-Lehrstuhl von Michael Schmaus in München gearbeitet und über das kulturelle Leben in der bayerischen Hauptstadt berichtet: eine gebildete, resolute, vermögende Dame. Esther Betz ist zwölf Jahre älter als Karl Lehmann, hat zwei Schwestern und vor vielen Jahren beschlossen, nicht zu heiraten. Der Kontakt riß auch später nicht ab. Schon immer war Lehmann fasziniert von der Welt der Nachrichten und Meinungen, den Personen hinter den Kulissen vor allem. Frau Betz ist in dieser Welt nicht weniger bewandert als ihr Vater, Dr. Anton Betz. In ihr lernt Lehmann eine der angesehensten Verleger Nachkriegsdeutschlands kennen.

Als der Umzug nach Freiburg bevorsteht, verliert Esther Betz, die noch in München lebt, innerhalb weniger Monate mehrere Bekannte. Lehmann fragt sie zaghaft, ob sie sich vorstellen könne, mit ihm einen gemeinsamen Haushalt zu gründen. Zunächst beziehen sie ein Fertighaus in Holzhausen bei Freiburg. Küche, Eßzimmer und Wohnzimmer im Parterre benutzen der Professor und Betz gemeinsam. Im Obergeschoß liegen getrennt voneinander die Privaträume.

Als Lehmanns stetig wachsende Bibliothek auch den letzten Winkel des Hauses in Beschlag zu nehmen droht, kauft Frau Betz in Bollschweil, einem Dorf im Süden Freiburgs, ein geräumiges Wohnhaus.[13] Der Professor wohnt zur Untermiete und baut auf eigene Kosten die Scheune hinter dem Haus zu einer Bibliothek um. Die Assistenten, die in Holzhausen und in Bollschweil ein- und ausgehen, spotten: »Hier kommt demnächst das Karl-Lehmann-Archiv hinein.«

Beide sind ganz und gar frei, ihren Verpflichtungen nachzugehen, beide teilen den Alltag, soweit es die Arbeit und die Zeit zulassen. Der Kardinal spricht von diesen Jahren als der »menschlich schönsten Zeit«. Als Lehmann im Frühling 1983 zum Bischof gewählt wird und wenige Monate später nach Mainz zieht, kehrt Frau Betz in ihre Heimat zurück. Sie muß nun ganz das Erbe ihres verstorbenen Vaters übernehmen.


### Die Synode

Was das Zweite Vatikanische Konzil für die katholische Kirche in aller Welt war, das soll die »Gemeinsame Synode« für die Katholiken in Deutschland werden: Ein sichtbares Zeichen des Aufbruchs des Volkes Gottes. Doch wohin?

Seit dem Ende des Zweiten Vatikanischen Konzils im Jahr 1965 erscheint die Kirche in Deutschland von einer tiefen Krise erfaßt. Die Hierarchie der Werte und die Ordnung in der Kirche werden von progressiven Kräften in Frage gestellt, zentrifugale Tendenzen drohen jedes gemeinsame Zeugnis zu zerstören, sagen die einen. Sie sehen »ihre« Kirche überall in der westlichen Welt einem ungebremsten Verfallsprozeß ausgesetzt.

Die anderen: Mit ihrem Beharrungsvermögen haben die Konservativen erst jene Krise verschuldet, deren Symptome sie nun lauthals beklagen. Was die einen als »ikonoklastische Zeit« (Hans Urs von Balthasar) lauthals beklagen,[14] das erscheint ihnen als unumgängliche Phase in einem Prozeß der Erneuerung. Zu verkrustet sind die Strukturen der Kirche. Das Konzil ist nicht Ursache der Krise, sondern ihr Symptom. Denn nicht zu früh war es gekommen, sondern zu spät. Wie viele Menschen hatten schon vor dem im Konzil symbolisierten Aufbruch keine Heimat mehr in der Kirche gefunden? Wie viele hatte die Kirche mit ihrer Weigerung, der Moderne im Dialog zu begegnen, schon verloren? Hatten die Kirchen sich nicht schon lange vor dem Konzil zu leeren begonnen?[15] Priester zweifeln nicht erst seit wenigen Jahren am Sinn ihrer ehelosen Lebensform. Und was das Konzil angeht, so hat es nur ein Ventil geöffnet, durch das nun ein immenser Druck entweicht, der sich über Jahrzehnte hinweg angestaut hat.[16]

Haben sich viele Gläubige nicht innerlich schon längst von einem Lehramt losgesagt, das seine Autorität, wie nun wieder mit *Humanae vitae,* maßlos überzieht und Lebensvollzüge zu regeln beansprucht, die seinem Anspruch nicht unterliegen?[17] Unter den einen wie den anderen gibt es freilich solche, die sich sorgen, daß die nachkonziliare Dynamik die deutsche Kirche in einer ähnlichen Weise überrollen könnte, wie es in den Niederlanden zu beobachten ist, wo manches im Überschwang des Reformeifers über das Ziel hinausschießt.

Im September 1968 ist es auch in Deutschland soweit. Zwei Monate nach der Veröffentlichung der Enzyklika *Humanae vitae* wird auf dem 82. Deutschen Katholikentag in Essen – Motto »Mitten in der Welt« – die Forderung nach einem »Nationalkonzil« mit Begeisterung aufgenommen. Als einige Jugendverbände und ihr überdiözesaner Zusammenschluß, der »Bund der Deutschen Katholischen Jugend«, die Idee einer überdiözesanen Synode aufgreifen, gibt es kein Halten mehr.

Anders als in allen anderen europäischen Ländern hat das selbständige Engagement von Laien innerhalb der verfaßten Kirche in Deutschland eine lange Tradition. Denn schon im Oktober des Revolutionsjahres 1848 wurde die Tradition der »Katholikentage« begründet.[18]

Der erste »Katholikentag« in Mainz führte indes zu einem anderen, nicht minder wegweisenden Zusammenschluß. Kurz nachdem sich die katholischen Vereine und Verbände organisiert hatten, kamen im selben Jahr in Würzburg die deutschen Bischöfe zu einer »Bischofskonferenz« zusammen.[19] Regelmäßige Beratungen von Bischöfen über die Grenzen einer Kirchenprovinz (Metropolie) hinaus waren damals im römischen Kirchenrecht nicht vorgesehen. Erst das Zweite Vatikanische Konzil sieht die Bischofskonferenz als Ausdruck und Organ bischöflicher Kollegialität (CD 36-38).

Als nun der Ruf nach einem Nationalkonzil laut wird und überall in der Kirche Deutschlands auf Widerhall stößt, sind Laien und Bischöfe gleichermaßen in der Pflicht, das Anliegen aufzugreifen. Anfang November kommen Repräsentanten der Deutschen Bischofskonferenz und des Zentralkomitees der deutschen Katholiken zusammen, um zu überlegen, ob und, wenn ja, wie eine überdiözesane Kirchenversammlung einberufen werden soll.

Karl Lehmann, Mitglied der vorbereitenden »Studiengruppe Bischofskonferenz – Zentralkomitee der deutschen Katholiken«, umreißt schon im September 1969 die Chancen und Risiken der kommenden Synode: »Die Synode kann nicht über Sachverhalte gesetzgeberisch entscheiden, die einer gesamtkirchlichen Regelung vorbehalten sind. Sie kann freilich die

Gesamtkirche um bestimmte Rechte bitten, kann ihr kräftige Impulse und dringliche Anregungen vermitteln und für besonders schwierige und drängende Nöte in ihrem Bereich (zum Beispiel Mischehen) um Verständnis werben« – etwa in Gestalt eines »Votums«.[20] Im November wird das Statut verabschiedet und nach nur drei weiteren Monaten durch ein Dekret der vatikanischen Bischofskongregation in Kraft gesetzt.

Nun ist es endgültig, daß alle Mitglieder der Synode gleiches beschließendes Stimmrecht haben. Die damals etwa fünfzig Mitglieder umfassende Bischofskonferenz hat demnach weder die Mehrheit in der mehr als 300 stimmberechtigte Personen zählenden Vollversammlung, noch kann sie eine Sperrminorität bilden. Zum Ausgleich erhalten die Bischöfe ein präzise formuliertes Vetorecht: »Erklärt die ›Deutsche Bischofskonferenz‹, daß sie einer Vorlage aus Gründen der verbindlichen Glaubens- und Sittenlehre der Kirche nicht zustimmen kann, so ist zu dieser Vorlage eine Beschlußfassung der Vollversammlung der Synode nicht möglich.« Auch die Prärogative der Bischofskonferenz auf dem Feld der kirchlichen Gesetzgebung wird nicht in Frage gestellt. Über Themen, die einer »gesamtkirchlichen Regelung« vorbehalten sind, heißt es schließlich, entsprechende Anträge könnten »nur in Form eines Votums an den Heiligen Stuhl eingebracht werden«.

Die treibende Kraft in den Reihen der deutschen Bischöfe ist deren Vorsitzender, Julius Kardinal Döpfner. Auf dem Zweiten Vatikanischen Konzil war der Erzbischof von München und Freising einer der angesehensten und einflußreichsten Bischöfe gewesen. Als es nun daran geht, »die Verwirklichung der Beschlüsse des Zweiten Vatikanischen Konzils zu fördern«,[21] ist er wieder in vorderster Linie zu finden. Döpfner ist von Amts wegen Präsident der Synode. Das Amt des Sekretärs kommt dem Sekretär der Deutschen Bischofskonferenz zu, zunächst Prälat Karl Forster, dann Prälat Josef Homeyer. Ihr Stellvertreter ist Friedrich Kronenberg, der Generalsekretär des

ZdK. Den vielleicht größten Einfluß auf Kardinal Döpfner aber hat ein Mann, den man bald »Mister Synode« nennt: Karl Lehmann.[22]

Als sich die Synode im Januar 1971 konstituiert, wird der Mainzer Dogmatiker untereinander zum Vorsitzenden der Sachkommission I »Glaubenssituation und Verkündigung« gewählt. Unter den Mitgliedern sind so namhafte Persönlichkeiten wie die Bischöfe Rudolf Graber, Wilhelm Kempf, Georg Moser, Eduard Schick und Hermann Volk, die Dogmatiker Karl Rahner und Joseph Ratzinger, unter den Beratern die Theologieprofessoren Dieter Emeis, Adolf Exeler, Franz Kamphaus, Johann Baptist Metz und Theodor Schneider, der Soziologe Franz-Xaver Kaufmann und der Philosoph Robert Spaemann.

Nach der zweiten Vollversammlung Anfang 1973 legt Lehmann den Vorsitz in der Sachkommission I nieder. Auf Wunsch Döpfners konzentriert er sich ganz auf die Tätigkeit als Leiter der »Ständigen Arbeitsgruppe der Zentralkommission für Fragen der thematischen Konzentration und Koordination«. Lehmann muß die ursprünglich mehr als 60 Themen reduzieren, die Beratungen der Kommissionen koordinieren, die Protokolle lesen, der Zentralkommission berichten, Textentwürfe redigieren, zwischen verschiedenen Gruppen vermitteln, Verfahrensvorschläge unterbreiten: Es waren einmal mehr als 60 Themen angemeldet. Auf Bildern, die den jungen Freiburger Professor während der Vollversammlungen der Synode zeigen, steht er oft hinter dem Präsidium, hörend, beobachtend, fragend.

Trotz vielerlei kirchlich-politischer Restriktionen gelingt es der Synode zwischen der konstituierenden Sitzung im Januar 1971 und dem Abschluß im November 1975, eine Vielzahl an Beschlüssen und Voten herbeizuführen. Während acht Vollversammlungen von mehreren Tagen Dauer finden insgesamt 18 Beschlußtexte die Zustimmung von bis zu 300 Synodalen: Der bedeutendste dürfte der Synodenbeschluß »Unsere Hoffnung« sein, ein – wie es im Untertitel des Kommentars heißt – »Bekenntnis zum Glauben in dieser Zeit«. Von bleibender Bedeutung ist auch der Beschluß über den »Religionsunterricht in der Schule« – sagt der Kardinal.

Dennoch steht die Gemeinschaft mitunter am Rand der Spaltung. Denn gleich das erste Dokument, das die Vollversammlung erörtern und verabschieden soll, der Beschluß »Die Beteiligung der Laien an der Verkündigung«, droht die Synode zu sprengen.

## Streit um die Laienpredigt

»Heiße Eisen« gibt es Anfang der siebziger Jahre in der Kirche viele: *Humanae vitae* steht für die Sexualmoral und das Gewissen, »Zölibat« für das Priesterbild, die katholische Wochenzeitschrift *Publik* für Dialog mit der Welt[23] und die Freiheit in der Kirche und das Thema »Laienpredigt« für die Amtsfrage.

Unter dem allgemeinen Eindruck einer »Predigtkrise« liegt es nahe, sich diesem Thema zuzuwenden. Lehmann wie Döpfner und auch Kamphaus geht es nicht um die Laienpredigt als solche. Der Titel des Synodenbeschlusses verlangt die »Beteiligung der Laien an der Verkündigung« in allen ihren Dimensionen – die Laienpredigt weniger ein- als nicht ausgeschlossen.

Den Laien freilich war die Auslegung des Evangeliums im Gottesdienst schon seit dem Jahr 1234 verboten. Das Zweite Vatikanische Konzil hat sich zu diesem Thema nicht geäußert. Eine »unbefangene Überprüfung seiner sachlichen Voraussetzungen« scheint der Synode indes »möglich und in mancher Hinsicht notwendig«.[24] Hatten die deutschen Bischöfe nicht schon im November 1970 eine Regelung für die Erlaubnis der Laienpredigt verabschiedet? Man sieht einen Mangel an Priestern voraus, aber auch Konflikte zwischen Geistlichen und hauptamtlichen Laientheologen und hofft auf Erleichterung für die Feier von Gottesdiensten in Gebieten, in denen wenige Katholiken über weite Distanzen verstreut leben.

Auch die jüngst in Angriff genommene Reform des Kirchenrechts ist verheißungsvoll: Nach dem Entwurf des neuen kirchlichen Gesetzbuchs sollen Laien zwar weiterhin prinzipiell zur Predigt im Gottesdienst nicht zugelassen sein, »es sei denn, daß in bestimmten Umständen eine Notwendigkeit hierzu vorliegt oder in besonderen Fällen dies nützlich erscheint«.

Die Sachkommission I nimmt Anfang Dezember 1971 einen Textentwurf für die erste Lesung der Vollversammlung an. Der Entwurf ist differenzierter und ausgewogener als von vielen befürchtet. Aber die Bischofskonferenz empfiehlt schon bei der ersten Lesung, daß die Synode in der Frage der Laienpredigt nur eine Empfehlung, keine verbindliche Erklärung mit Anordnungscharakter beschließen solle. Die allgemeine Rechtslage der Kirche stehe einem solchen Ansinnen entgegen.[25] Die Kommission hält an ihrem Vorhaben fest: Im Vorgriff auf eine zu erwartende allgemeinkirchliche Regelung wolle man die Möglichkeit fordern, Laien zur Wortverkündigung zu beauftragen. Die Lage ist ernst. Lehmann übernimmt selbst – neben Prof. Zefaß – die theologische Berichterstattung.

In dem überarbeiteten Text, den die Kommission im September 1972 vorlegt, hat sich an der Aussage über die Laienpredigt nichts verändert: »Der beauftragte Laie kann die Predigt nicht nur im Wortgottesdienst und bei Gottesdiensten in priesterlosen Gemeinden, sondern in begründeten Fällen auch innerhalb der Eucharistiefeier übernehmen«. Nun dringt die Bischofskonferenz nur noch darauf, daß aus »in begründeten Fällen« die Formulierung »in begründeten Sonderfällen« wird.

Bis zum Beginn der dritten Vollversammlung der Synode am Abend des 3. Januar 1973 sind es nur noch wenige Tage. Alle Vorbereitungen für die Zweite Lesung und die nachfolgende Verabschiedung des Beschlusses sind getroffen. Da erhält Lehmann in Freiburg einen Anruf von Kardinal Döpfner. Er müsse umgehend nach München kommen. Eine Katastrophe drohe, »die Römer« wollten jeden Beschluß zur Sache verbieten.

Der Apostolische Nuntius in Deutschland, Corrado Bafile, hat sich an Kardinal Döpfner, den Präsidenten der Gemeinsamen Synode, gewandt. Seine vorweihnachtliche Botschaft lautet, die Synode habe keine Kompetenz, »Gesetze über Laienprediger« zu erlassen. Über dieses Thema könne nur auf der Ebene der Gesamtkirche verhandelt werden. Jedoch sei der »Heilige Stuhl nicht abgeneigt – sofern der Episkopat es für opportun hält, die Frage von neuem aufzugreifen –, im Geist verständnisvoller Zusammenarbeit das Problem nochmals zu prüfen«.[26]

Lehmann fährt nach München, wo Döpfner das Präsidium der Synode versammelt. Allen ist klar, daß die Synode gefährdet ist, wenn der erste Beschluß auf Weisung des Vatikans nicht zustande kommen könnte. Die Krisensitzung endet tief in der Nacht mit einem Plan: Der Speyerer Bischof Friedrich Wetter soll als zuständiger Berichterstatter der Bischofskonferenz vor der Vollversammlung nochmals die bekannten Einwände gegen den Beschluß vortragen. Karl Lehmann, der Vorsitzende der Sachkommission I, und theologisch-dogmatischer Berichterstatter, wird für die Synode sprechen und das Recht verteidigen, sich der Frage der Laienpredigt anzunehmen.

Die erste Sitzung der III. Vollversammlung am 4. Januar 1973 um 9.30 Uhr wird eine der hitzigsten Sitzungen der Synode werden. Denn als Bischof Wetter den Wortlaut des Briefes des »Herrn Nuntius« vorträgt, vermerkt das »Tagesprotokoll«: »Unruhe«.[27] Dann erklärt Wetter: »Die ›Deutsche Bischofskonferenz‹ sieht nach Würdigung aller Gesichtspunkte keinen Anlaß, ihre Stellungnahme vom 22. und 23. November 1972 zur Vorlage der Sachkommission zu ändern. (Lebhafter Beifall.)« Und sollte sich bei einem Gespräch mit dem Vatikan herausstellen, daß Teile der Synodenvorlage wirklich einer gesamtkirchlichen Regelung vorbehalten seien, dann »wird sich die

›Deutsche Bischofskonferenz‹ für diese Teile nachdrücklich im Sinne eines Votums verwenden. (Beifall.)« Wetter hat seine Sache gut gemacht.

Dann erteilt Dr. Vogel, der Moderator, Professor Lehmann, dem theologisch-dogmatischen Berichterstatter, das Wort. »Herr Präsident! Meine Damen und Herren! Hinter den letzten Sätzen der Erklärung von Herrn Bischof Wetter, die Sie soeben gehört haben, steht ein dramatisches Ringen, das in vielfacher Weise an das Fundament und den Nerv dieser Synode geht. Die Belastungsprobe war und ist groß. Äußerst schwierige Rechtsfragen sind mit im Spiel. Und wenn die deutschen Bischöfe jetzt diese Position bezogen haben, so sollte niemand – von welcher Seite auch immer – diese Stellungnahme als einen Akt deuten, der ein grundsätzliches Einvernehmen und eine letzte Übereinstimmung mit dem Petrusamt aufheben könnte. So einfach ist es nicht …« Lehmann bleibt kirchlich.

»Aber es gibt eben die Situation, daß ein Paulus auch einem Petrus ins Angesicht widerstehen mußte. Unabhängig von allen Kompetenz- und Sachfragen, die wir respektieren, sind wir nämlich betroffen darüber, in welcher Form, zu welchem Zeitpunkt und mit welcher Methode hier in die synodalen Beratungen eingegriffen wurde.« Das Protokoll vermerkt: »Beifall«.

»Dieser Verhaltensstil und die Art der Amtsführung – auch und gerade gegenüber der nach Rom hin doch gewiß und wahrhaftig loyalen Deutschen Bischofskonferenz – ist für uns deutsche Katholiken unannehmbar. (Lebhafter Beifall.)« Unannehmbar?

»Der Geist verständnisvoller Zusammenarbeit kann ja nicht auf die Endphase beschränkt bleiben. Der Lernprozeß dieser Synode, an dem wir alle in verschiedener Weise beteiligt sind, muß auch zu anderen kirchlichen Autoritäten übergreifen, wenn diese Synode einen Sinn haben soll. Dies wollen wir in dieser Stunde klar und unmißverständlich sagen.« Im Würzburger Dom wird gejohlt, gepfiffen, geklatscht.

Lehmann spricht die Bischofskonferenz an, jenes Gremium, dessen Vorsitzender er 14 Jahre später sein wird: »Die Sachkommission I dankt der Deutschen Bischofskonferenz, daß sie voll zu ihrem Beschluß vom 23. November 1972 steht und grundsätzlich an ihrer Regelung zur Erlaubnis der Laienpredigt vom 18. November 1970 festhält, auch wenn daran im Gespräch mit Rom Modifikationen angebracht werden sollten. Wir danken der Deutschen Bischofskonferenz für diese Solidarisierung mit der Sache der Vorlage und mit der Synode. (Beifall.)«

Von 263 Synodalen stimmen 234 mit Ja, 22 mit Nein, sieben enthalten sich. Der Moderator Dr. Servatius sagt: »Damit ist eindeutig die Zweidrittelmehrheit gegeben. Die erste Vorlage der Synode ist angenommen.« Das Protokoll vermerkt: »Beifall«. Das Votum lautet: »Es ist notwendig, daß in den Bistümern und Gemeinden das Verantwortungsbewußtsein aller Gläubigen für die Bezeugung und Vermittlung des Glaubens geweckt und gefördert wird. Auch eine Beteiligung an der Verkündigung im Gottesdienst in den Formen des Glaubenszeugnisses und der Predigt mit ausdrücklicher Beauftragung, in außerordentlichen Fällen auch in der Eucharistiefeier, wird gutgeheißen.«[28]

Giovanni Lajolo, ein junger Nuntiatursekretär, hat diese Vorgänge beobachtet. Als Apostolischer Nuntius wird er von 1995 an den Heiligen Stuhl gegenüber der Bundesregierung und der Deutschen Bischofskonferenz vertreten. In der Festschrift für Karl Kardinal Lehmann zu dessen 65. Geburtstag hat er den Eindruck festgehalten, den er fast dreißig Jahre zuvor von dem jungen Professor gewonnen hat: »Damals erlebte ich ihn – er war schon ein angesehener Theologieprofessor – als einen Mann, der neuen Anliegen offen gegenüberstand, aber doch immer auch bestrebt war, zu einem Konsens mit denjenigen zu kommen, die zu sicheren, bewährten Positionen neigten. Der ›consensus‹ aller Mitglieder, mag er auch mühsam sein

– nicht das Sichdurchsetzen einer Mehrheit ist das Ziel, das man in der Kirche erstreben muß: Er ist Ausdruck der ›communio‹, als die sich die Kirche versteht. Und Karl Lehmann erschien mir damals als ein Mensch der ›communio‹.«[29]

Lajolos Vorgesetzter, der Apostolische Nuntius Erzbischof Corrado Bafile, war sicher anderer Meinung. »Das also ist der Professor Lehmann; jetzt kennen wir ihn«, sagt der Nuntius am Abend jenes denkwürdigen Tages mit drohendem Unterton. Franz Hengsbach, Bischof von Essen, ist sich sicher: »Das werden wir Ihnen nie vergessen.« Der Kardinal, ruhig: »Ich empfand mich als ehrlichen Makler zwischen den Fronten, erkannte verstärkt den Wert des christlichen Freimuts, aber auch die Notwendigkeit zum Kompromiß.«[30]

Nun ist die Bischofskonferenz am Zug, um in Verhandlungen mit Rom den Wunsch der Synode einer Verwirklichung näher zu bringen. Döpfner, unterstützt von Lehmann, kämpft in Rom für die Annahme des Votums.Und in der Tat, übers Jahr erläßt die Bischofskonferenz neue »Richtlinien für die Beteiligung der Laien an der Verkündigung in den Diözesen der Bundesrepublik Deutschland«. Die Bischöfe haben ein auf vier Jahre begrenztes, dann verlängertes Recht erstritten, Laien unter bestimmten Voraussetzungen mit der Predigt in der Eucharistiefeier zu beauftragen. Als sich 1981 abzeichnet, daß das neue kirchliche Gesetzbuch bald verabschiedet werden wird, die Laienpredigt aber verboten bleiben soll, wird das Privileg der deutschen Kirche nicht mehr verlängert.

Freilich hat sich auch niemand mehr in Rom für die bestehende Regelung eingesetzt. Der Nachfolger Döpfners an der Spitze der Bischofskonferenz, der Kölner Kardinal Josef Höffner, hatte schon in der Debatte am 4. Januar 1973 gegen die Laienpredigt gesprochen.

## Roms Antwort – Fehlanzeige

Ein stilleres Schicksal als das Votum über die Laienpredigt sollten fast alle anderen Bitten nehmen, die die Synode an den Papst richtete. Nicht eine wurde positiv beschieden. Etwa die Anregung, das Mindestalter für verheiratete Ständige Diakone von 35 auf 30 Jahre herabzusetzen und ihnen zu erlauben, nach dem Tod ihrer Ehefrau nochmals zu heiraten. Papst und Kurie haben es bis heute nicht einmal für nötig befunden, auf das Anliegen der Kirche in Deutschland öffentlich einzugehen.

Auch eine eindeutige Stellungnahme zu dem Votum, »angesichts der gegenwärtigen pastoralen Situation womöglich Frauen zur Diakonatsweihe zuzulassen«,[31] liegt fast 30 Jahre nach dem Ende der Synode nicht vor. Der Dogmatik-Professor, der Bischof von Mainz und der Vorsitzende der Deutschen Bischofskonferenz verliert das Thema nicht aus dem Auge.[32] Als neu gewählter Vorsitzender stellt er im September 1988 sein erstes Eröffnungsreferat bei einer Herbst-Vollversammlung unter den Titel »Die Emanzipation der Frau und die Antwort der Kirche«.[33] Zusammenfassend nimmt Lehmann im Jahr 1999 zu der Diskussion über den »Diakonat der Frau« Stellung. »Seit ungefähr 30 Jahren bewegt die Diskussion … Synoden und pastorale Foren, die Theologie vieler Disziplinen und auch das kirchliche Leben auf vielen Ebenen. Je deutlicher Papst Johannes Paul II. eine Priesterweihe von Frauen ausgeschlossen hat, um so mehr richtete sich die Hoffnung vieler auf die Zulassung der Frau zum Diakonat …« Bischof Karl Lehmann hat ein Geleitwort zu einer Promotionsarbeit über den Diakonat der Frau geschrieben.[34] Die Verfasserin, Dorothea Reininger, hat er selbst zu dieser Untersuchung ermuntert.

Karl Lehmann hat als Professor und auch als Bischof für die Bischofskonferenz ein Dossier zusammengestellt, das die unerledigten Anliegen der Synode zusammenfaßt. Der Tenor ist eindeutig: Systematisch werden Lebensäußerungen einer Ortskirche mißachtet. Von dem Konflikt über die Schwangerenkon-fliktberatung ist noch lange nicht die Rede.

Gemeinsam mit einigen anderen Synodalen wird Karl Lehmann beauftragt, die Beschlüsse der Vollversammlung herauszugeben. Im September 1976 erscheint der erste Band der *Offiziellen Gesamtausgabe* mit einem Umfang von mehr als 900 Seiten. Lehmann hat zuletzt fast Tag und Nacht an den Texten gearbeitet. Gewidmet ist der Band Julius Kardinal Döpfner. Der Vorsitzende der Bischofskonferenz, der zum Abschluß der Gemeinsamen Synode am 22. November 1975 im Würzburger Dom begeistert gefeiert worden war, war am 24. Juli 1976 im Alter von 62 Jahren einem Herzinfarkt erlegen.

Kardinal Höffner, der Nachfolger Döpfners im Amt des Vorsitzenden, versucht, die Veröffentlichung eines zweiten Bandes mit Synodendokumenten zu verhindern: Die »Arbeitspapiere« sollen nicht mehr erscheinen. Der kardinal beruft sich darauf, daß sie keine Autorität als Synodenschlüsse hätten. Aber vor allem ist ein Text darunter, den Höffner nicht billigt. Er handelt von *Sinn und Gestaltung menschlicher Sexualität*. Lehmann gibt den zweiten Band unter dem Titel *Ergänzungsband: Arbeitspapiere der Sachkommissionen* dennoch heraus, zusammen mit Josef Homeyer. Ein Geleitwort Höffners sucht man vergebens. Nahezu neun Jahre seines Lebens hat Lehmann in die Gemeinsame Synode investiert. Die Erschöpfung vergeht, der Bluthochdruck infolge dauerhafter Überarbeitung bleibt. Nicht wenige Konflikte, die belasteten wurden nie bekannt.


### Der Professor (II): Freiburg


Vom Wintersemester 1971/72 bis zum Ende des Sommersemesters 1983 lehrt Karl Lehmann Dogmatik und Ökumenische Theologie in Freiburg. Aber wie viele Jahre ist er wirklich daheim, mit dem Kopf und auch dem Herzen nicht immer andernorts, sondern im Hörsaal oder im Seminar? Nicht in Würzburg auf der Synode, in München bei Kardinal Döpfner, auf Vortragsreise irgendwo in Deutschland, auf Sitzungen der »Glaubenskommission der Deutschen Bischofskonferenz« oder bei der Internationalen Theologenkommission in Rom? Doch egal wo: Wo Lehmann ist, ist er ganz. In Freiburg ist er zwölf Jahre.

Sein Kollege ist Helmut Riedlinger, Germaniker und Stegmüller-Schüler.[35] Als Repetitor im Collegium Borromaeum hatte Riedlinger die Entsendung Lehmanns an das Germanikum befördert. Riedlinger wird es ergehen wie vielen, denen Lehmann als Wissenschaftler und später als Bischof begegnen oder mit denen er zusammenarbeiten wird. Der Hohenzoller legt es nicht darauf an, sich auf Kosten anderer zu profilieren. Lehmann und Riedlinger kommen nicht nur gut miteinander aus, sondern ergänzen einander. Riedlinger konzentriert sich in seinen Seminaren auf wenige Quellen, Lehmann geht in den Vorlesungen wie in den Seminaren enzyklopädisch in die Breite. Bei Riedlinger finden sich nur wenige Spezialisten ein, bei Lehmann platzen die Veranstaltungen aus allen Nähten. Den Jesuiten Werner Löser, einen der beiden Assistenten Lehmanns, zieht es immer wieder in die Veranstaltungen Riedlingers. Der Ältere ist erleichtert, der Jüngere zufrieden.

Zweimal wird Lehmann zum Dekan der Theologischen Fakultät gewählt. Das zweite Mal springt er rasch für Klaus Hemmerle ein, als dieser Bischof von Aachen wird. Obwohl die Vorbehalte einer sehr kleinen Gruppe von Professoren gegen ihn nie zum Erliegen kommen, vermeidet er alles, was die mühsam überwundenen Gräben wieder aufreißen könnte. Mit Bernhard Welte, seinem philosophischen Lehrer, versteht er sich sehr gut, mit vielen gut, mit niemandem gar nicht.

Lehmanns Ausstrahlung bleibt nicht auf die Theologische Fakultät beschränkt. Nach dem Eindruck seines langjährigen

Assistenten Ulrich Ruh kennt Lehmann schon nach wenigen Jahren mehr Professoren anderer Fakultäten als alle anderen Theologieprofessoren zusammen. Um Kontakte zu knüpfen, braucht Lehmann keinen äußeren Anlaß. Es genügt, wenn ihm ein Kollege im Treppenhaus oder in der Stadt begegnet. Schnell kommt die Rede auf die neuesten Entwicklungen in der Wissenschaft und an der Universität. Also steht Lehmann nicht abseits, als ein geistes- und rechtswissenschaftliches Professorium ins Leben gerufen wird, und nimmt, sooft er kann, auch an einem medizinisch-ethischen Symposion teil. Im Senat arbeitet er eng mit den Repräsentanten der anderen Fakultäten zusammen. Zu dem einmal in der Woche stattfindenden Mittagessen des Rotary-Clubs Freiburg/Nord geht er, sooft er die Zeit dafür erübrigen kann. Theologen unter sich – das ist bis heute nicht Lehmanns Welt.

### Die Assistenten und Assistentinnen

Wie Rahner einst ihn von Rom nach München und von dort nach Münster mitgenommen hat, so hatte Lehmann zwei Mainzer Doktoranden gefragt, ob sie ihn nicht nach Freiburg begleiten und dort seine Assistenten werden wollten: Albert Raffelt mit Schwerpunkt Dogmatik, Werner Löser SJ mit Schwerpunkt Ökumene. In den Seminaren überträgt Lehmann seinen Assistenten nach und nach Verantwortung. Mitunter bereiten sie die Sitzungen vor und leiten sie gelegentlich, während Lehmann dabeisitzt und zuhört. Sie sollten Selbstständigkeit lernen.

Ansonsten wird geschafft. Die »tüchtige« Sekretärin am Lehrstuhl, Rita Paret, und manchmal auch die Assistenten kommen mit dem Schreiben der Vorträge mitunter kaum nach. Oft werden die Manuskripte in allerletzter Minute fertig, manchmal sogar dem Professor zum Bahnhof gebracht. Trotz aller Beanspruchung läßt Lehmann seinen Mitarbeitern die Freiheit,

175

die sie brauchen. Alle können ihre Promotion während ihrer Assistentenzeit abschließen. Er ist nicht ihr Kumpel, aber auch nicht ihr Vorgesetzter. Er braucht keine servilen Typen und keine Jünger. Er schätzt junge Theologen, die mit ihm etwas bewegen wollen. Unkompliziert und gänzlich unklerikal im Umgang, hat er auch keine Bedenken, an seinem Lehrstuhl Frauen zu fördern. Elisabeth Schieffer ist zuerst wissenschaftliche Hilfskraft und dann Assistentin, Gertrud Pollak und Barbara Nichtweiß, zwei Doktorandinnen, werden in Mainz leitende Positionen in der Bistumsverwaltung einnehmen. Wer bei Lehmann arbeitet, lebt nicht im Elfenbeinturm der Theologie, eher im Auge des Hurrikans.

Die Assistenten arbeiten ihrem Professor nicht nur in den Räumen des Dogmatischen Seminars zu. Geschafft wird auch bei ihm zu Hause. Dort muß Ordnung in die Bibliothek gebracht werden, ein Manuskript ins reine geschrieben oder korrigiert werden. Am Ende eines langen Tages wird gut gegessen und gut getrunken, viel erzählt und viel gelacht. So kurzweilig ist das Assistenten-Dasein bei niemandem sonst an der Theologischen Fakultät. Das »Du« bietet Lehmann seinen Assistenten und Doktoranden aber erst nach der Promotion an.


## Die Lehre

Doch gerade wegen der Lehre zieht es zahlreiche Studenten von allen Theologischen Fakultäten Deutschlands nach Freiburg. Die Vorlesungen Lehmanns werden zum Treffpunkt. An seiner Rhetorik kann es nicht liegen. Der Dogmatiker verbreitet auch nicht die Aura des theologischen Meisterdenkers, der in tiefschürfenden Gedanken mit seinem Auditorium kommuniziert und es an seine Person zu fesseln vermag. Nichts liegt ihm ferner.

Die Sympathien seiner Zuhörer gewinnt Lehmann gerade

durch das Gewöhnlich-Normale. Denn was er macht, das macht er gewissenhaft und gründlich. Es sollen auch alle wissen, was sie lernen und warum sie es so lernen, wie sie es tun: »Ich selbst habe als Hochschullehrer immer großen Wert darauf gelegt, daß die Einführungsvorlesungen gut unterscheiden zwischen bleibenden Erkenntnissen, dem jetzigen Forschungsstand und noch ungelösten Aufgabenstellungen«, schreibt der Kardinal im Jahr 2002.

Professor Karl Lehmann liest: Die »Einführung in die dogmatische Theologie« und die »Theologische Propädeutik«, »Systematische Gotteslehre«, »Theologische Anthropologie«, »Sakramentenlehre«, »Schöpfungslehre«, »Christologie« und »Eschatologie«. Seine Vorlesungen verbinden in bester vermittelnder Weise die besten Traditionen »römischer« und »deutscher« Theologie.

Durch und durch ein Römer ist Lehmann in der Wertschätzung der Lehre der Kirche, durch und durch ein Deutscher in der unvoreingenommenen Analyse der lehramtlichen Texte. Ohne den *Denzinger-Schönmetzer* ist eine Vorlesung auch bei Lehmann nicht durchzustehen.

Durch und durch ein Römer ist Lehmann in der Gewichtung der klassischen Traktate der systematischen Theologie: »Als jemand, der seine Studien … in Rom und in Deutschland absolviert hat, sehe ich den Vorteil römischer Studien akademisch zunächst in einer soliden, alles umfassenden Grundlegung in allen Disziplinen«, heißt es in Lehmanns rückblickender Betrachtung.[36] Und dies nicht ohne einen kritischen Blick auf die Theologie an deutschen Fakultäten. Durch und durch deutsch denkt er bei der Einbettung der »geronnenen Tradition« in einen im wesentlichen von philosophischer Hermeneutik, »nouvelle théologie«, Exegese und ökumenischer Theologie geprägten Horizont. Dabei scheint es Lehmann geradezu Spaß zu machen, aktuelle theologische Kontroversen aufzugreifen und im Licht der Überlieferung und des Glaubens der

Kirche zu betrachten. Wer am Ende besser dasteht, die Überlieferung der Kirche oder die Theologie, ist nicht ausgemacht. Je elementarer die Themen sind, um so engagierter ist Lehmann bei der Sache. »Die Einführung in die Theologie und den Glauben hat mir besonders Spaß gemacht«, sagt der Kardinal im Rückblick auf die zwölf Jahre, die er in Freiburg gelehrt hat.

»Rahners Werk ist aufgrund seines anlaßbezogenen Charakters durch eine Fülle von Einzeltiteln gekennzeichnet«, schreibt Lehmann einmal über das wissenschaftliche Werk des Jesuiten.[37] In diesem wie in vielen anderen Sätzen, die Lehmann über Rahner geäußert hat, genügte es, das Wort »Rahner« gegen »Lehmann« auszutauschen, und die geistige Verwandtschaft der beiden Dogmatiker würde offensichtlich. So gut wie keine aktuelle Themenstellung läßt er in seinen Lehrveranstaltungen aus. Gleich in seinem zweiten Semester in Freiburg liest Lehmann über »Theologie der Sakramente: Eucharistie und Ordination« und »Interkommunion«. An diesem Thema arbeitet er auch in der »Glaubenskommission der Deutschen Bischofskonferenz«, bei der Vorbereitung der Gemeinsamen Synode und im »Ökumenischen Arbeitskreis katholischer und evangelischer Theologen«. Auch die »Theologie der Befreiung«, die in dieser Zeit die Gemüter bewegt, wird in mehreren Vorlesungen und Seminaren erörtert. Und im Sommersemester 1980, ein halbes Jahr nach dem Entzug der kirchlichen Lehrerlaubnis des Tübinger Dogmatikers Hans Küng, stellt Lehmann das Hauptseminar unter den Titel »Hans Küngs *Unfehlbar?* als Modell eines Konflikts zwischen Theologie und Lehramt«. Wer Lehmanns Veranstaltungen besucht, erlebt lebendige, anlaßbezogene Theologie: »work in progress«.

Weil bei Lehmann Theologie lebendig wird, ist die Resonanz unter den Studenten groß. Gewöhnlich wollen 70 bis 80 Studenten die Veranstaltung besuchen. Das ist natürlich unmöglich. Manchmal werden die Seminare geteilt: doppelte Arbeit für den Professor und die Assistenten. Alle müssen ein Referat übernehmen, viele tragen vor, aber zu einer fruchtbaren Diskussion kommt es wegen der vielen Teilnehmer nur selten. Niemand jedoch verläßt ein Seminar mit leeren Händen und ohne methodische Schulung, für die Lehmann viele Sprechstunden abhält. Alle Seminarteilnehmer halten am Ende der Veranstaltung mehrere Blätter mit »abschließenden, zusammenfassenden Thesen« in der Hand.

Von dieser Arbeit profitieren können freilich nur die Freiburger Studenten und die Leser theologischer Zeitschriften. Als Autor größerer theologischer Monographien tut sich Lehmann in diesen Jahren nicht hervor. Denn in den vorlesungsfreien Zeiten haben andere Dinge Vorrang: Arbeitskreise, Kommissionen, Konferenzen, die Gemeinsame Synode, Gutachten für Stiftungen und für die Deutsche Forschungsgemeinschaft, in der Lehmann 1979 den Vorsitz des Fachausschusses Katholische Theologie übernimmt. Doch mehr noch mangelt es Lehmann an der inneren Bereitschaft, ein »Tagewerk« mit dem Anschein eines »Lebenswerkes« zu versehen. Immer lebt und arbeitet er in dem Gefühl, noch vieles »durcharbeiten« zu müssen, ehe seine Thesen sich mit anderen zu einer Struktur verbinden können, die über Jahre hinweg Verbindlichkeit beanspruchen könnte. »Dogmatik ist eine anspruchsvolle Disziplin, wo man Synthesen und Lehrbücher von Format nicht so schnell schreiben kann«, sagt der Kardinal.

## Die Seelsorge

Über all den akademischen Verpflichtungen ist das Priester-Sein für den Freiburger Theologieprofessor keine Ablenkung vom Eigentlichen, sondern vielmehr ein Zu-sich-selbst-Kommen der Theologie. An jedem Mittwoch morgen, ehe er von Bollschweil an die Universität fährt, feiert Lehmann einen Gottesdienst für die Grundschüler des Ortes, sechs Jahre lang. »Es war eine gute Erfahrung, daß ich vor der Vorlesung noch mal ganz heruntersteigen mußte«, sagt der Kardinal über diese Zeit. Fünf Minuten darf eine Predigt dauern. In dieser knappen Zeitspanne muß alles gesagt werden, so einfach wie möglich. Nach und nach kommen auch muslimische Kinder in den Gottesdienst, dazu immer mehr Leute aus dem Dorf. Gute Theologie ist einfach.

Und sie verlangt Beständigkeit – »Treue im kleinen«, wie der Freiburger Erzbischof Oskar Saier aus Anlaß des 65. Geburtstages des Kardinals im Juni 2001 in einer kleinen Anekdote vermerkt: Es ist das Jahr der »Ölkrise«. Die Bundesregierung erläßt für die Sonntage des Monats September ein Fahrverbot. Davon betroffen ist auch Karl Lehmann. Aber nicht etwa, weil er ein begeisterter und mitunter wohl auch tollkühner Autofahrer ist. Lehmann übernimmt an Werktagen die Feier des Gottesdienstes in Ortschaften, in denen es keinen Priester gibt, sonntags hilft er in Emmendingen aus. Lehmann wendet sich an Generalvikar Schlund, der ihm eine Bestätigung folgenden Wortlauts schickt: »Wir bescheinigen hiermit, daß Herr Universitätsprofessor Dr. Dr. Karl Lehmann (…) werktags den Gottesdienst in Buchheim und in Hugstetten betreut und sonn- und feiertags (…) in Emmendingen einen Gottesdienst übernimmt. Emmendingen ist von Holzhausen aus nicht mit öffentlichen Verkehrsmitteln erreichbar. Professor Lehmann benützt nach Emmendingen die Strecke über Reute und Wasser. Seine Gottesdienstzeiten sind wechselweise um 8 Uhr, 10 Uhr oder um 19 Uhr.«[38] Er bekam die Genehmigung.

Auch an der Theologischen Fakultät steht Lehmann bald im Ruf des Seelsorgers – und das auf seine typische Art. Lehmann will niemanden für sich einnehmen, niemanden missionieren. Seine Aura ist nicht die des Charismatikers, der Menschen an sich bindet. Aber wenn man etwas auf dem Herzen hat, hat Lehmann immer ein offenes Ohr, wie für die Verkäuferin aus der Stadt nach einer Abtreibung. Er hat zwar keine Zeit,

aber meist nimmt er sie sich: für drei- und viermal so viele
Sprechstunden, wie es seine Pflicht wäre, für Besuche bei der
Familie eines seiner Assistenten, dessen Schwester bei einem
Autounfall ums Leben gekommen ist. Viele Jahre ist er Rektor
der Universitätskirche.

## Der Mensch und Theologe

15 Jahre lehrt Karl Lehmann in Mainz und Freiburg Dogmatik.
Der Kardinal spricht von der »schönsten Zeit« seines Lebens.
Niemals zuvor hat er Kirche so vielgestaltig erlebt, niemals spä-
ter wird er noch einmal so viel »königliche Freiheit« haben wie
als Professor. Wenn er sich trotzdem bis zur Erschöpfung in die
Arbeit stürzt, dann deswegen, weil er sich für ein Leben für die
Kirche entschieden hat.

Seine von Ignatius von Loyola, dem Gründer des Jesuitenordens, geprägte Spiritualität kommt hier durch: »Gott finden
in allen Dingen« heißt für ihn, im Alltag des Professors, des
Synodalen, des Referenten, des Autors, des Beraters, des Gut-
achters den Grund, das »Ursprungsgeheimnis« der eigenen
Existenz wie der Existenz der Kirche durchscheinen zu lassen.

In den Freiburger Jahren entsteht eine Meditation, die Lehmann unter den Titel stellt: *Warum es sich lohnt, für die Kirche
zu leben*.[39] Wie die Meditation *Wider die Wehleidigkeit* ist auch
sie ein Schlüsseltext, der ebensoviel über den Verfasser aussagt
wie über die »Kirche, wie sie leibt und west und in vielen ihrer
Glieder verwest«. Lehmann schreibt über die Kritik an der Kirche, über verweigerte Identifikation mit ihr, über die Selbstbe-
züglichkeit der Zeugen. »Wir haben nicht zuletzt deswegen soviel Traurigkeit, Resignation, Überdruß und Abschied von der
Kirche, weil es so wenig bleibende und tiefgreifende Kirchenreform gibt.« Kirchenreform – mit Lehmann? »Eine solche ist
freilich nur möglich, wenn sie beständig aus spirituellen Wur-

zeln genährt wird. Vielschichtigkeit, Reform*ernst* und Spiritualität gehören eng zusammen.« Nicht abstrakt, sondern konkret,
nicht in den Strukturen, sondern in Personen: einzelnen Christen, Priestern, »öffentlichen Zeugen dafür, daß Gott lebt«.

»Darum ist es heute noch wahrer geworden, daß Gott Menschen *braucht*. Man kann dieses ›braucht‹ nicht buchstäblich
genug auffassen. Damit das Wort seiner Liebe durch die Wol-
ken des Nichtwissens und der Entstellung verläßlich bei den
Menschen überhaupt ankommen und gehört werden kann, bedarf Gott selbst leibhaftiger Boten, die dadurch in erhöhtem
Maß glaubwürdig sind, daß sie ihr Wort durch ihre Existenz
verbürgen und selbst stets Gottsuchende bleiben.«

Bis heute verwirrt diese Kirchlichkeit Lehmanns viele. Lehmann war nie ein »Linker«, aber auch nie ein »Rechter«. Einfache Parolen sind ihm seit jeher zuwider. Er ist ein Mann der
»radikalen Mitte«, ein Mann des Konsenses, der »Vorsicht«
und der »konservativen Linie«[40] – auch auf die Gefahr von
Mißdeutungen hin. Das macht ihn weitgehend immun gegen
die Versuchungen der »Kirchenpolitik«. Wenn der Professor,
etwa auf der Gemeinsamen Synode, ein Anliegen wie die Laienpredigt verficht oder der Bischof die eng begrenzte Zulassung wiederverheirateter Geschiedener zur Eucharistie, dann
aus Überzeugung, nicht aus Opportunismus oder aus strategi-
schem Kalkül.

Diese Charakterzüge Lehmanns treten nicht erst hervor, als
er als Bischof und als Vorsitzender der Deutschen Bischofskonferenz in der Pflicht ist, auszugleichen, zu vermitteln und zu
moderieren. Es scheint vielmehr schon immer seiner Neigung
entsprochen zu haben, das Verbindende zu suchen, anstatt das
Trennende hervorzuheben.[41]

Schon als junger Student und als junger Wissenschaftler war
er keiner klar definierten Strömung zuzurechnen. Lehmanns
Gottesrede entspringt einer Denkform, die sich in Auseinandersetzung mit den wesentlichen Strömungen der zeitgenössi-

schen Theologie und Philosophie in den römischen Jahren entwickelt hat. Ein wichtiger Bezugspunkt ist die Transzendentaltheologie, wie sie Karl Rahner in produktiver Überwindung der Neuscholastik entwickelte. »Karl Rahner hat die von ihm apostrophierte ›Schultheologie‹ nie verachtet – manche Schüler wunderten sich, daß er in den Examina hartnäckig ihre Kenntnis voraussetzte und überprüfte. Er hat ihre Enge jedoch überwunden durch seine Kenntnisse der Väter und der großen mittelalterlichen Denker, der zeitgenössischen Philosophie inner- und außerhalb der Kirche sowie der großen geistlichen Tradition seines Ordens«, äußert Lehmann voller Anerkennung für die gewaltige denkerische Leistung des Jesuiten.[42] Er ist einer ganzen Generation »Vater und Bruder im Glauben zugleich«.[43]

Aber Lehmann erkennt früh, daß die biblische Theologie und kritisches, geschichtliches Denken im Denken Rahners hinter den systematisch-theologischen Zugriff zurücktreten. Diese Grenzen des Rahnerschen Ansatzes möchte Lehmann in einer stärker exegetisch und hermeneutisch geprägten Theologie überwinden. Schon in seiner theologischen Dissertation umreißt er seine Denkform: »›Systematisches‹ Interesse bedeutet nicht Vorbeigehen an historischen Fragen und apriorische Konstruktion rein spekulativer Art.«[44] Freilich scheint er auf ein Feld geraten zu sein, das noch kaum bestellt ist.

In der Mainzer Antrittsvorlesung »Die dogmatische Denkform als hermeneutisches Problem«,[45] die Lehmann am 12. Juni 1969 vorträgt, entfaltet er dieses theologische Programm genauer. Sie ist bis heute der Schlüssel zu seiner Theologie: »Vielmehr verlangt die Hermeneutik, die im Verstehen selbst wirksame Geschichte aufzuweisen und als Voraussetzung zu bewußter Anerkennung bzw. Kritik zu bringen. In der so verstandenen Geschichtlichkeit des Daseins liegt also keine Beschränkung des Verstehens oder gar eine Bedrohung der ›Objektivität‹ (…) Sie ist vielmehr eine potenzierte Form der transzen-

dentalen Reflexion, indem sie immer wieder bewußtzumachen-
de Traditions-Momente in jedem Verstehen aufspürt und als
leitende Bedingung konkreten Auslegens aufdeckt«, heißt es
unter Hinweis auf den Philosophen Hans-Georg Gadamer.[46]

Lehmanns Überlegungen gipfeln in einer Definition »dogmatischer Vernunft« und ihrer Denkbewegung: »Der ›normati-
ve‹ Anspruch der christlichen Botschaft vermittelt sich dann
sach- und situationsgerecht, wenn der bleibend-maßgebliche
Ursprung der Schrift, die Geschichte der Überlieferung des
Glaubens und die radikal-unerbittliche Konfrontation mit dem
geschichtlichen Welt- und Daseinsverständnis des Menschen
sich zu dem jeweils notwendigen Gefüge (System) und der fälli-
gen konkreten Gestalt des christlichen Glaubens zusammenfinden; dieses nicht übersteigbare, gleichursprüngliche, wenn
auch nicht in jeder Hinsicht gleichrangige Ineinanderspiel von
›normativer‹ Überlieferung und der Bewegung des Verstehenden selbst ist der wahre Ort der dogmatischen Denkform als eines hermeneutischen Problems.«[47]

Es zeigt sich bald, daß er mit diesem Ansatz dem Schweizer
Theologen Hans Urs von Balthasar und der französischen
»nouvelle théologie« näher kommt. Zu einem blinden Partei-
gänger des von vielen Rahner-Schülern verfemten Schweizers
wird Lehmann aber ebensowenig wie zu einem Apologeten der
Kritik Balthasars an der Rahnerschen Theologie.[48] Wenn Lehmann in einer seiner zahlreichen Würdigungen Rahners sein
»Unbehagen« darüber äußert, daß »manche nur auf einen der
genannten großen Theologen schwören«, dann ist seine Arbeit
das Gegenprogramm: »Für mich, mein Leben und mein Amt
gehören [beide] zur einen, großen und weiten Wirklichkeit der
Kirche.«[49] Und auch er selbst gehört dazu: Rahner, achtzigjäh-
rig, sagt über seinen »besten Assistenten«, er sei »der wohl beste Theologe der jüngeren Zeit«.[50] In seinen Seminaren und
durch die Vergabe von Themen für wissenschaftliche Arbeiten
fördert er die Erforschung der Theologie Rahners[51] wie der

184

Balthasars[52] als den beiden wohl bedeutendsten Systematikern des 20. Jahrhunderts.[53]

### Der »zornige alte Mann« Karl Rahner

In einer Haltung jedoch erweist sich Lehmann – über die von der Herkunft aus Hohenzollern geprägte Mentalität hinaus – als echter Schüler Rahners. »Über alle theoretisch-theologischen Leistungen hinaus liegt Karl Rahners Beitrag zur Ekklesiologie in der Förderung einer neuen Kirchlichkeit«, sagt der junge Bischof 1984 auf einer Veranstaltung aus Anlaß des bevorstehenden 80. Geburtstages von Karl Rahner.[54] »Er hat sich immer wieder der Kirche zur Verfügung gestellt (...) Er versteht seine Arbeit für die Kirche als ein Angebot zum besseren Glaubensverständnis, über das dann in Freiheit entschieden werden soll, ohne daß er je Hintertreppen, Schliche oder Winkelzüge gebraucht hätte, um ›seine‹ Ideen zum Sieg zu bringen.«[55] Auch hier »predigt« Lehmann sich selbst. »Die ›Kirchlichkeit‹ Karl Rahners hat etwas zu tun mit seinem Verständnis von Wahrheit«, fährt er fort.

Aber: Zwischen Anspruch und Wirklichkeit, das läßt Lehmann vornehm zurücktreten, klafft mitunter auch bei Rahner eine große Lücke. Unter dem Einfluß von Freunden begibt sich der Jesuit in den siebziger Jahren immer stärker in die Rolle des »zornigen alten Mannes«. Immer häufiger ist er nun mit »Zwischenrufen« zu hören, die Fehlentwicklungen der nachkonziliaren Zeit anprangern sollen.[56] Der Jesuit tritt etwa als Kronzeuge all derer auf, denen die Gemeinsame Synode mit ihrem komplexen Zusammenspiel von Bischofskonferenz und Laien ein fauler Kompromiß zugunsten der bestehenden Strukturen der »Amtskirche« erscheint.

Rahners Bilanz der nachkonziliaren Entwicklungen, schon 1971 gezogen, will provozieren: »Man spricht von der ›kleinen

Herde‹; man konzipiert sie aber unreflex nach dem Muster einer Sekte, die gar nicht offen sein will für das Ganze der Gesellschaft und der Kultur, sondern sich als einen ›heiligen Rest‹ betrachtet, ohne sich ernsthaft der universalen Sendung des Evangeliums und der Kirche zu widmen. Man identifiziert zu einfach christlichen Glauben und Theologie und hält darum jeden, gewiß oft unbequemen Pluralismus in der Theologie für eine Sprengung der Einheit des Glaubens. (...) Extreme, die nicht selten ›links‹ vorkommen, werden zu Legitimationen, möglichst ›rechts‹ zu sein oder einfach im bisherigen Stil weiterzumachen.«[57]

Wie viele andere, die es gut mit Rahner meinen, ist Lehmann irritiert und verärgert zugleich. Er hält die Diagnose Rahners für unscharf, wenn nicht für falsch und ungerecht. Rahner reagiert auf die Einwände Lehmanns, wie dieser es von ihm kennt und vielleicht auch erwartet: »Machen wir doch ein Buch!«, schlägt der Jesuit vor. Lehmann macht das Buch. Es heißt *Marsch ins Ghetto?*[58] und läßt namhafte Autoren, so sie nur ein »letztes grundsätzlich positives Verhältnis zur Kirche«[59] haben, mit Zustimmung und Kritik an Rahners Zeitdiagnose zu Wort kommen.

Lehmann, so wird an der Auseinandersetzung mit Rahner über den *Marsch ins Ghetto* sehr deutlich, ist ein treuer Mensch: Er hält zu Rahner, er bricht nicht den Stab über ihn, auch wenn er vieles nicht mehr billigen mag, was dieser Mann sagt und tut. Selbst im Widerspruch Rahners sucht er noch einen Sinn für die Kirche zu erkennen.

Zu beschönigen gibt es da aber auch für ihn nichts. Je älter Rahner wird, desto stärker schwankt er zwischen Verbitterung und Depression. Er fühlt sich vergessen. Schlimmer als die bittere Kritik Rahners scheint Lehmann jedoch die Selbstgerechtigkeit derer zu sein, die meinen, sie könnten sich unter Hinweis auf die Mißklänge der letzten Lebensjahre über das gesamte Lebenswerk Rahners erheben. Ob Professor, Bischof oder

Kardinal – Lehmann hat seinem Landsmann und theologischen Lehrer als »Bahnbrecher moderner Theologie« immer ein dankbares Andenken bewahrt.

Als Rahner wenige Wochen nach seinem 80. Geburtstag am 30. März 1984 stirbt, bitten die Innsbrucker Jesuiten Bischof Karl Lehmann, in der Jesuitenkirche der Stadt das Requiem für den Verstorbenen zu feiern und ihn dort zu Grabe zu tragen. Als sich Schüler und Freunde des Jesuiten zusammenfinden, um Karl Rahners *Sämtliche Werke* in einer kritischen Ausgabe zu edieren, ist Bischof Lehmann bis heute dabei.[60] In der dritten Auflage des *Lexikons für Theologie und Kirche* – die letzten Bände der zweiten Auflage hatte Lehmann als Assistent Rahners mitredigiert – ist der Mainzer Bischof und Vorsitzende der Bischofskonferenz mit einem einzigen Artikel vertreten: *Rahner, Karl*.[61]

### Concilium und Communio

Das Verhältnis von Rahner und Hans Urs von Balthasar war zuletzt gekennzeichnet von Dialogverweigerung von seiten Rahners und scharfer Polemik von seiten von Balthasars.[62]

Die Position Lehmanns zwischen den theologischen und kirchenpolitischen Fronten, die sich in den siebziger Jahren mit den beiden Namen verbinden, zeigt sich auch daran, daß er schreibend unter der Fahne beider zu finden ist: Von 1964 an ist Karl Lehmann als Assistent Rahners mit dem Projekt einer neuen internationalen theologischen Zeitschrift befaßt, in der die theologischen Impulse des Zweiten Vatikanischen Konzils auf internationaler Ebene weiterwirken sollen. Der Name der Zeitschrift ist Programm: *Concilium*. Wenige Jahre später ist Lehmann dabei, als eine zweite internationale theologische Zeitschrift aus der Taufe gehoben wird. Auch ihr Name ist Programm: *Communio* (Gemeinschaft).

Bei der Zeitschrift *Concilium* übernimmt Karl Rahner die Sektion »Pastoraltheologie«. Es kommt so, wie es schon beim *Handbuch der Pastoraltheologie* der Fall ist: Rahner bürgt mit seinem Namen für die Qualität, die sein Assistent Lehmann produziert.[63]

Zwei Beiträge nur veröffentlicht der junge Dogmatiker in der Zeitschrift unter seinem Namen. Der erste steht unter dem Titel *Pastoraltheologische Maximen christlicher Verkündigung an den Ungläubigen von heute*.[64] Darin hält Lehmann mit seinem Unbehagen an vielen modischen Entwicklungen nicht hinter dem Berg. »Pseudointellektuelle Anbiederung, romantisches ›Totlieben‹ der fremden Brüder und geschäftige Sonderseelsorge von Spezialisten für Ungläubige verfehlen alle gleich gründlich das Ziel. Uns bleibt zunächst in diesem schwierigen Dialog nur die Möglichkeit, das eigene Haus ein bißchen ansehnlicher und einladender herzurichten (...) ›Die heutige Welt verlangt von den Christen, daß sie Christen bleiben.‹ Albert Camus – eine der sympathischsten Gestalten des heutigen ›Unglaubens‹ – hat damit den Nagel auf den Kopf getroffen. Dies ist unsere alte und immer neue Aufgabe, einfach und beinahe unmöglich zumal. So beginnt nämlich unsere Verantwortung für die Verkündigung des Glaubens an die Ungläubigen von heute bereits beim nächsten Gruß, bei der Ernsthaftigkeit unseres Gebets, bei der Predigt morgen und bei all dem, was wir inzwischen unterlassen – aus Kleingläubigkeit, welche *unseren* so hartnäckigen Unglauben darstellt.«[65]

Auch der zweite Artikel ist von bleibender Aktualität: *Zur dogmatischen Legitimation einer Demokratisierung in der Kirche*.[66] »Eine Kirche, die für die Menschen dieser Zeit da sein will, kann sich nicht bloß im Blick auf subjektive Gesinnungsweise (Verhalten, Stil usw.), sondern auch hinsichtlich institutionell-rechtlich verbindlicher Faktoren berechtigten Forderungen nicht verschließen, zumal sie in vielen Momenten eine innere Affinität zu den demokratischen Grundwertungen hat oder gewinnen kann«, lautet Lehmanns abschließende Sentenz.[67]

Ein Jahr nach seinem vorsichtigen Plädoyer für eine »Demokratisierung« der Kirche tritt Lehmann als Herausgeber der neuen »Internationalen katholischen Zeitschrift« *Communio* auf. Das Programm der offensichtlich als Kampfansage an *Concilium* konzipierten Zeitschrift hat Lehmann nicht formuliert. Franz Greiner, der ehemalige Chefredakteur von *Hochland*, und Hans Urs von Balthasar, der Spiritus rector des Unternehmens, stecken den Rahmen ab. Greiner rechnet indirekt, wenn auch unverblümt mit der inzwischen deutlichen Linie von *Concilium* ab: »Wir stellen fest, daß das reiche, oft verwirrende Angebot des nachkonziliaren Katholizismus die Not vieler überzeugter Christen nicht behoben, sondern verschärft hat.« Balthasar, der »Hauptanreger« des Projekts, stellt das neue Unterfangen so vor: »Wir werden es mit *Communio* versuchen. Nicht aus einem Hinterhalt reden, aus einem kapitalistischen Besitz von ›Glaubenswahrheiten‹.«[68]

Als Balthasar Ende 1970, Anfang 1971 auf ihn zugekommen sei, sei ihm nicht klar gewesen, wie sehr *Communio* zumindest in der Wahrnehmung von außen als eine Anti-*Concilium*-Gründung erscheinen mußte.[69] Ihn habe der positive Name *Communio* angesprochen, sagt der Kardinal. Und wohl auch eine lebendigere Gemeinschaft von Wissenschaftlern und Schriftstellern verschiedener Herkunft und Prägung als in den unübersichtlichen Gremien von *Concilium*.[70]

Gleichwohl fühlt Lehmann sich als Herausgeber von Beginn an auf etwas einsamem Posten. Vielen Entwicklungen im nachkonziliaren Katholizismus tritt er weniger skeptisch gegenüber als die meisten Autoren und auch als die meisten Herausgeber. Franz Greiner, der Geschäftsführende Herausgeber, ist erfahren genug, Lehmanns vermittelnde Sicht nicht zu unterdrücken, sondern – im Gegenteil – herauszustellen. Während der Gemeinsamen Synode, die nicht zuletzt unter dem Einfluß

189

Ratzingers mit großer Zurückhaltung betrachtet wird, macht Lehmann sich mehrfach zum Fürsprecher dieses Unterfangens.

Auch die drei anderen Beiträge, die Lehmann zu dem ersten Jahrgang von *Communio* beiträgt, atmen nicht den Geist der Restauration: »Unauflöslichkeit der Ehe und Pastoral für wiederverheiratete Geschiedene«[71], »Generalabsolution – Einzelbeichte – Bußgottesdienst«[72] und »Was ist eine christliche Gemeinde? Theologische Grundstrukturen«.[73]

Bestrebungen, die Zeitschrift noch stärker als ohnehin in einem tendenziell geschlossenen katholischen Milieu zu verankern, versucht er gemeinsam mit seinem Freund, dem Psychoanalytiker Albert Görres, abzuwehren. Auf der anderen Seite muß er das Projekt immer wieder gegen Anwürfe von »links« in Schutz nehmen.

Anfang der achtziger Jahre wird Lehmanns Bindung an die Zeitschrift offenbar schwächer. Als Bischof nutzt er sie immer seltener als ein Forum, um Vorträge und Aufsätze zu veröffentlichen. Für die redaktionellen Belange bleibt ihm keine Zeit mehr. Nachdem Hans Urs von Balthasar am 26. Juni 1988 verstorben ist, widmen Bischof Karl Lehmann und (inzwischen) Bischof Walter Kasper dem »geistlichen Meister« und »Theologen«, dem »Schriftsteller, Herausgeber und Theologen«, dem »Gründer und geistlichen Leiter der Johannesgemeinschaft« ein Buch. Sie nennen ihn einen »Lehrer der Kirche«.[74] Balthasar war zwei Tage vor dem feierlichen Konsistorium in Rom verstorben, bei dem er aus der Hand von Papst Johannes Paul II. die Insignien der Kardinalswürde hätte entgegennehmen sollen. Eine Welt ist vergangen.

### Die »Internationale Theologenkommission«

Am 15. August 1974 steht der Freiburger Dogmatiker Lehmann auf einem weiteren Gipfel seiner noch nicht allzu langen wissenschaftlichen Laufbahn: Papst Paul VI. beruft ihn in die »Internationale Theologenkommission« (CTI).[75] Im Alter von 38 Jahren gehört Lehmann einem Gremium von 30 Theologen an, das in der katholischen Kirche nicht seinesgleichen hat: »Hervorragende Forscher und Vertreter der Disziplinen, treu den genuinen Lehraussagen der Kirche«, so hatte Papst Paul VI. die Mitglieder der CTI bei der Bekanntgabe der Namen der ersten 30 Mitglieder am 1. Mai 1969 ausgezeichnet.[76]

»Es waren einfach die besten Leute drin«, erinnert sich der Kardinal, »und manche originelle dazu.« Es gab keinen kirchenpolitischen Proporz, keinen theologischen Proporz, keinen geographischen Proporz – zunächst. Der Kardinal erinnert sich an den Franzosen Yves Congar OP, dessen franko-kanadischen Ordensbruder Jean-Marie Tillard, an Hans Urs von Balthasar und Joseph Ratzinger, an Otto Semmelroth und Juan Alfaro. Auch seinen theologischen Doktorvater Edouard Dhanis SJ sieht Lehmann in der CTI wieder. Heinz Schürmann und Wilhelm Ernst aus Erfurt trifft er überwiegend in Rom.

Auch Rahner war in der Theologenkommission ein Mann der ersten Stunde. Bei deren erster Zusammenkunft Ende 1969 hielt er sogar den Eröffnungsvortrag.[77] Lange hielt der brummige Alemanne es in diesem Gremium freilich nicht aus. Der um mehr als dreißig Jahre jüngere Lehmann fühlt sich in der Kommission wie auf dem Olymp der Theologie, Rahner übermannt das Gefühl der Langeweile. »Also war in Rom ein Klub von Theologen da, die gescheite Theologen waren, die gescheit miteinander diskutierten, aber ich hatte den Eindruck, dafür brauche ich nicht nach Rom zu gehen, und das kann ich bei meinen Kollegen in Deutschland genauso machen, und dort kommt genauso viel oder genauso wenig heraus wie bei dieser römischen Theologenkommission. (…) Eis kann ich auch in Deutschland essen, obwohl es ja sehr gutes in Rom gibt.«[78] Rahner tritt aus. Ganz im Unrecht ist der Jesuit nicht. Auch de Lubac möchte nicht länger dabeisein. In der »Internationalen

Theologenkommission« geht es Mitte der siebziger Jahre nicht anders zu als in allen anderen Kommissionen und Gremien auch. Alle diskutieren, wenige arbeiten. So jedenfalls bietet sich dem Freiburger Dogmatiker Karl Lehmann die Szenerie dar, als er 1974 als jüngstes Mitglied in die CTI berufen wird – sagt der Kardinal.

Die Theologenkommission beschließt, das neue Phänomen der lateinamerikanischen »Theologie der Befreiung« einer eingehenden Betrachtung zu unterziehen. Eine Unterkommission soll sich dieser Aufgabe annehmen. Ihr Vorsitzender wird Professor DDr. Karl Lehmann, Freiburg.

Auf ihrer mehrtägigen Vollversammlung vom 4. bis zum 9. Oktober 1976 beschäftigt sich das Plenum der CTI ausführlich mit der »Theologie der Befreiung«. Auf dem Programm stehen drei theologisch-systematische Referate, darunter eines von Lehmann, und ein exegetischer Vortrag. Der Freiburger veröffentlicht die Vorträge im folgenden Jahr zusammen mit dem offiziellen Schlußdokument: »Vielleicht können die gemeinsamen Versuche einer wirklich Internationalen Kommission ein wenig mehr zur sachlichen Klärung und zur Differenzierung des Urteils beitragen«, gibt Lehmann im September 1977 dem Dokument mit auf den Weg.[79]

Diese Hoffnung sollte sich zumindest in Deutschland nicht immer erfüllen. Vor allem das »Bischöfliche Lateinamerika-Hilfswerk ›Adveniat‹« tut sich mit einer einheitlichen Ablehnung der verschiedenen Strömungen der »Theologie der Befreiung« hervor. Lehmann lehnt daher gleich zwei Einladungen des »Adveniat«-Bischofs Hengsbach nach Essen ab, obwohl auch er einer marxistisch inspirierten »Theologie der Befreiung« gegenüber skeptisch ist.

Hengsbach, der 1973 nach einer Lateinamerika-Reise einen »Studienkreis Kirche und Befreiung« gegründet hatte (und mit Aussagen wie »Die Theologie der Befreiung führt ins Nichts. In ihrer Konsequenz liegt der Kommunismus« zitiert wird[80]), vergißt Lehmann die Absagen nicht. Als Lehmann 1987 zum Vorsitzenden der Bischofskonferenz gewählt werden soll, ergreift Hengsbach gegen alle Regeln während des Wahlvorgangs das Wort und versucht, die Wahl des Mainzer Bischofs zu verhindern. Später faßt Hengsbach volles Vertrauen zu Lehmann, ja schüttetihm sein Herz aus.

Als das »Bischöfliche Hilfswerk« im Oktober 2001 seiner Gründung vor vierzig Jahren gedenkt, spricht der Kardinal in seinem Festvortrag aus, was ihn seit den siebziger Jahren bewegt: »Da ich mich im Rahmen der Internationalen Theologenkommission beim Heiligen Stuhl intensiver um die ›Theologie der Befreiung‹ mühte, war ich Zeuge manch wenig glücklicher Einwirkungsversuche, um das Ansehen und den Einfluß von ›Adveniat‹ für eine zu wenig differenzierte Bekämpfung der Befreiungstheologie zu nutzen. Die Verantwortlichen haben schließlich im Ganzen ›Adveniat‹ vor einer solchen Indienstnahme bewahren können.«[81]

Zehn Jahre gehört Lehmann insgesamt der CTI an. Über die Arbeit als Vorsitzender der Unterkommission »Theologie der Befreiung« hinaus formuliert er Thesen über das »Verhältnis von kirchlichem Lehramt und Theologen«[82] und schafft in den Unterkommissionen »Die Lehre der Kirche vom Sakrament der Ehe«[83] und »Ausgewählte Fragen der Christologie«.[84]

»Die ›Internationale Theologenkommission‹ hat in den zurückliegenden Jahren gut gearbeitet«, lobt Papst Johannes Paul II. deren Mitglieder am 5. Dezember 1983 während ihrer jährlichen Zusammenkunft in Rom. »Ihr habt gerade die zweite Folge der *Ausgewählten Fragen der Christologie und der Anthropologie* veröffentlicht, unter der Leitung von Professor Karl Lehmann, der inzwischen Mitbruder im Bischofsamt geworden ist.«[85] Die dazugehörende Fußnote nennt als Datum den 24. Juni 1983. Keiner hat in diesen Jahren so viel in der CTI gearbeitet wie Lehmann.

# Der Ökumeniker

Gemeinsame Synode, »Glaubenskommission der Deutschen Bischofskonferenz«, »Internationale Theologenkommission«, der Lehrstuhl – Lehmann dürfte mit dem, was ein »Leben für die Kirche« von ihm verlangt, hinreichend beschäftigt sein. Aber er ist nicht nur Dogmatiker, sondern immer mehr auch Ökumeniker geworden.

Als junger Dogmatik-Professor in Mainz war Lehmann 1969 in den seit 1946 bestehenden »Ökumenischen Arbeitskreis katholischer und ökumenischer Theologen« berufen worden. Während der Freiburger Jahre fällt Lehmann als Nachfolger von Kardinal Hermann Volk für die katholische Seite die wissenschaftliche Leitung des Arbeitskreises zu – und er ist noch Vorsitzender, als er von Papst Johannes Paul II. im Februar 2001 in den Kardinalsstand erhoben wird. In dieser Eigenschaft betreut er federführend das Projekt »Lehrverurteilungen – kirchentrennend«, das aus dem ersten Besuch von Papst Johannes Paul II. in Deutschland im November 1980 hervorgeht.

Ein sehr weiter Weg für einen Hohenzollern. Denn in die Wiege gelegt war Lehmann das intellektuelle Interesse oder auch das persönliche Leiden an der konfessionellen Spaltung der Christenheit nicht. Keine Landschaft in Deutschland wies vor dem Zweiten Weltkrieg eine so starke konfessionelle Geschlossenheit auf wie das katholische Hohenzollern.

Über die Philosophie lernt Lehmann die evangelische Theologie kennen. Auf Martin Heidegger geht nicht nur eine »katholische Schule« zurück. Über Marburger Freunde und Kollegen wie Rudolf Bultmann hatte der Philosoph die protestantische Exegese, über Karl Barth, Gerhard Ebeling und Ernst Fuchs die zeitgenössische evangelische Systematik beeinflußt. »Selbstverständlich habe ich die wichtigsten evangelischen Theologen gelesen«, sagt der Kardinal über die Jahre in Rom, in denen er noch viel Zeit zum Selbststudium hatte.

Rahners Zugang zur Ökumene, so sinniert der Kardinal weiter, war seinem Weg zunächst ganz ähnlich. »Er hatte kein großes Interesse, den Protestantismus aus dessen Geschichte heraus und von innen her kennenzulernen und zu verstehen. Rahners Perspektive war die der Kontroverstheologie: Er fühlte sich als katholischer Theologe durch den Protestantismus befragt«, sagt der Kardinal.[86] Bald kommt Lehmanns »dogmatische Denkform« zum Tragen: der Versuch, »die im Verstehen selbst wirksame Geschichte aufzuweisen und als Voraussetzung zu bewußter Anerkennung bzw. Kritik zu bringen«.[87] So abstrakt und sperrig dieser Gedanke klingt, so unvermittelt entfaltet er dort eine Dynamik, wo er auf konkrete Probleme angewandt wird. Immer ist es Lehmanns Ziel, »vereinfachte Positionen« pro und contra als solche zu entlarven und die »notwendige theologische Problembasis« freizulegen.

## Streit über die Interkommunion

Schon bei seiner ersten Tagung als Mitglied des »Ökumenischen Arbeitskreises« stellt das neue Mitglied Karl Lehmann »dogmatische Vorüberlegungen« zum Problem der Interkommunion an.[88] »Wenn man die Frage der Abendmahlsgemeinschaft nur von einem ›von unten‹ herkommenden Gemeinschaftsbegriff angeht und die Eucharistie primär als Einzelsakrament im engeren Sinne ansetzt, ist die Forderung nach ›Interkommunion‹ schlecht abzuweisen.«[89] Lehmann macht sie sich trotzdem nicht zu eigen. Wegen des »fundamentalen Grundbezugs« von Kirche und Eucharistie seien unterschiedliche Eucharistielehren und unterschiedliche Verständnisse des Amtes in der Kirche im letzten Ausdruck einer »ursprünglichen Verstehensdifferenz«. Abendmahlsgemeinschaft kann daher für Lehmann nur das Ziel, nicht der Ausgangspunkt der Bemühungen um die Einheit der Kirchen sein. »Wo die Substrukturen der Lehre, der Ordnung, des Bekenntnisses, der Sakramente und die anderen konkreten Realisationsformen kirchlichen Lebens nicht ähnlich der wirklichen Einheit zugeführt werden, ist der Ausdruck von Leibhaftigkeit kirchlicher Gemeinschaft, wie er in einer antizipierten Abendmahlsgemeinschaft konstituiert werden soll, zwar ein unübersehbares Zeichen für die entschlossene Sehnsucht nach der einen Kirche, aber für das faktische Leben der Christen und der Kirche unter Umständen effektiv unwahr.«

Aus diesen Worten spricht nicht nur der Dogmatiker, sondern auch der nüchterne Beobachter des Alltages der Kirchen. Denn Lehmann verschweigt nicht, daß das Verlangen nach Interkommunion »eigentümlicherweise« mit einem nicht ganz unerheblichen Schwund eucharistischer Frömmigkeit in beiden Kirchen einhergehe. Außerdem hält er dafür, daß der Trend zur Interkommunion sich vor allem deswegen so verstärkt habe, weil die ökumenische Dynamik zu wenig Formen gefunden habe, in denen sich eine vielfach gestufte Gemeinsamkeit realisieren ließe. »So muß vermutlich die ›Interkommunion‹ Bedürfnisse und Funktionen in sich aufnehmen, die zu ihrer Erfüllung zunächst überhaupt keiner sakramentalen Ermächtigung bedürfen.«

So skeptisch, aber im Ton moderat und an keiner Stelle apodiktisch-verurteilend Lehmann gegenüber den Tendenzen Stellung nimmt, so sehr ist er bemüht, aus der »Hermeneutik« des ökumenischen Gesprächs diejenigen nicht auszublenden, die unter der Spaltung der Christenheit nicht nur abstrakt, sondern konkret, im Alltag, leiden: die Eheleute in einer bekenntnisverschiedenen Ehe. Er hält es für »nicht ganz unmöglich, daß eine solche Repräsentation der einzigen Kirche Jesu Christi, unheilvoll und ohne Schuld der Beteiligten gespalten, die beständige Suche nach ihrer menschlichen und religiösen Gemeinsamkeit durch die Abendmahlsgemeinschaft gleichsam befestigt und darin sich über alle kirchentrennenden Hindernisse hinweg von Christus dem Herrn helfend gesegnet erfährt«. Konkrete Überlegungen, wie die Vorbereitung und Zulassung zu einer solchen Abendmahlsgemeinschaft aussehen könne, stellt Lehmann nicht mehr an – es handle sich um Fragen der praktischen Seelsorge und der kirchlichen Ordnung. Am Ende bleibt eine charakteristische, von der Sache selbst her nicht aufzulösende Unentschiedenheit: Eine äußere Ordnung stößt unweigerlich an eine »innere Grenze«, eine reine Gewissensentscheidung ist auf Dauer nicht zumutbar.

Lehmann wird in den folgenden Jahren bis in die Kardinalszeit hinein alle Aspekte des ökumenischen Gespräches in seinen Vorlesungen und Seminaren, großen Vorträgen und daraus resultierenden Zeitschriftenbeiträgen umkreisen. Wie ein Cantus firmus zieht sich durch alles das Bemühen, dem Drängen auf ökumenischen »Fortschritt« nicht voreilig stattzugeben, sondern nach den jeweils schon jetzt möglichen, aber noch längst nicht verwirklichten Formen der Gemeinschaft zwischen Christen verschiedener Konfessionen zu suchen.[90]

Für Lehmanns »ökumenische Ortsbestimmung« bis heute zutreffend sind die Überlegungen, die er im Jahr 1975 unter dem Titel *Stillstand auf dem Weg zur einen Kirche?* in der Zeitschrift *Communio* veröffentlicht: »Stillstand auf dem Weg zur Einheit? Nein. Es gibt zwar Hindernisse, Verzögerungen und immer noch große Schwierigkeiten, aber der in der Christenheit vom Geist geweckte Impuls läßt sich nicht mehr zurückdrängen. Es ist viel mehr im Gang, als wir denken und wissen. Eines ist freilich in gewisser Weise neu: Wir leben nicht mehr in der Stunde eines stürmischen ökumenischen Aufbruchs. Es ist heute vonnöten, diesen großen Strom der Begeisterung in die vielen kleinen Rinnsale des kirchlichen Lebens zu leiten. Es braucht jetzt den zweiten Mut derer, die sich für diese zumeist selbstlose und wenig spektakuläre Aufgabe einsetzen und auch verbrauchen.«[91]

Nicht zuletzt durch Lehmanns Bemühungen erlebt der

»Ökumenische Arbeitskreis«,[92] dem er seit 1969 angehört, einen zweiten Frühling. Nach harten Kämpfen gegen die Männer der ersten Stunde setzt er durch, daß die Ergebnisse künftig in der Reihe *Dialog der Kirchen* dokumentiert werden: »Die Ökumene ist eine öffentliche Angelegenheit geworden ... Wir verfehlen unsere Aufgabe, wenn wir so weitermachen ... Der Esoterismus muß aufhören ... Wir müssen unsere Ergebnisse veröffentlichen, eine Reihe gründen«, sagt der Freiburger Professor.[93]

### Die »Gemeinsame Ökumenische Kommission«

Der Vorsitzende des Rates der Evangelischen Kirche in Deutschland (EKD), Landesbischof Eduard Lohse, hatte bei der denkwürdigen ersten Begegnung eines Papstes mit Repräsentanten der aus der Reformation hervorgegangenen Kirchen während des ersten Deutschlandbesuches von Johannes Paul II. am 17. November 1980 im Dom-Museum in Mainz für eine Verbesserung des ökumenischen Miteinanders geworben.[94] Der Wunsch des Landesbischofs fiel bei Papst Johannes Paul II. und bei Kardinal Joseph Ratzinger, dem Erzbischof von München und Freising, auf fruchtbaren Boden.

In der Folge des Besuchs wird eine »Gemeinsame Ökumenische Kommission« aus Repräsentanten der »Deutschen Bischofskonferenz«, des »Päpstlichen Rates zur Förderung der Einheit der Christen« und der »Evangelischen Kirche in Deutschland« ins Leben gerufen. Den Vorsitz übernehmen gemeinsam Kardinal Ratzinger und Landesbischof Lohse (Hannover). Karl Lehmann und Wolfhart Pannenberg, die beiden wissenschaftlichen Leiter des »Ökumenischen Arbeitskreises«, werden selbstverständlich in diese Kommission berufen.

Nun beginnt eine neue Phase des ökumenischen Dialogs: Das Geschehen der Kirchenspaltung selbst, die Lehrverurteilungen, mit denen sich die katholische Kirche und die aus der Reformation hervorgegangenen Kirchen wechselseitig überzogen haben, tritt in den Mittelpunkt der Diskussion. Sind diese Verdammungsurteile so formuliert und auch so gemeint, daß sie die jeweils andere Kirche auf immer treffen? Oder haben sich alle Kirchen seit dem 16. Jahrhundert so sehr verändert, daß es einer neuen »Hermeneutik« der Lehrverurteilungen bedarf? Am Abend des 6. Mai 1981 stellt Kardinal Ratzinger für die katholische Kirche fest, daß die Lehrentscheidungen des Konzils von Trient im Licht neuer Realitäten überprüft werden müßten. Der »alte massive Dissens« existiere faktisch nicht mehr. Landesbischof Lohse äußert sich für die evangelische Seite ähnlich.[95]

Doch wer soll die Aufgabe übernehmen, die Anathemata des Konzils von Trient (1545–1552) und die Verdammungsurteile der lutherischen und reformierten Bekenntnisschriften mit den Mitteln einer modernen »Dogmenhermeneutik«[96] zu untersuchen und so einen Beitrag zur »Bereinigung der Vergangenheit« zu leisten? Kardinal Volk hält das Vorhaben zunächst für illusorisch. Am 11. Juni 1981 erhält Karl Lehmann einen Brief, den Lohse und Ratzinger an die Vorsitzenden und die damaligen wissenschaftlichen Leiter des Ökumenischen Arbeitskreises, Bischof Kunst und Kardinal Volk sowie die Professoren Lehmann und Pannenberg, verfaßt haben. Ob sie sich nicht der Angelegenheit annehmen könnten?

Der Arbeitskreis ist von der neuen Aufgabe nicht angetan. Ein Gutteil der Mitglieder ist nicht bereit, die enorme Arbeitslast auf sich zu nehmen, zumal sich schon herausgestellt hat, daß es bei einer historischen Betrachtungsweise der Lehrverurteilungen nicht bleiben kann. Die »Konvergenz«- und »Konsens«-Texte müssen daraufhin überprüft werden, ob nicht schon sie Elemente enthalten, die von den Kirchen offiziell rezipiert werden können. Lehmann kämpft. Am Ende obsiegt die Einsicht in das Unvermeidliche: Der Arbeitskreis wird um einige Fachleute, darunter einige reformierte Theologen, erweitert. Vom Sommer 1981 bis zum Herbst 1985 beraten mehr als 50 Theologen über »Lehrverurteilungen – kirchentrennend«.

Lehmann begnügt sich als einer der beiden wissenschaftlichen Leiter nicht damit, die Arbeit der drei Arbeitsgruppen zu koordinieren. Er übernimmt auch den Vorsitz der Arbeitsgruppe »Rechtfertigung«. Die Tücken des Themas »Rechtfertigung« und die heftige Kontroversen garantierende Zusammensetzung der Arbeitsgruppe schrecken Lehmann nicht: Lehmann schuftet.

Ende Oktober 1985 ist das Projekt »Lehrverurteilungen« abgeschlossen: Bischof Hermann Kunst und Kardinal Volk überreichen Eduard Lohse und Bischof Paul-Werner Scheele (als Nachfolger des in den Vatikan berufenen Kardinals Ratzinger) acht Teildokumente: Einleitung, Rechtfertigung, Allgemeine Sakramentenlehre, Eucharistie/Abendmahl, Firmung/Konfirmation, Krankensalbung, Ehe und Amt. Karl Lehmann hat zwischen April und September 1985 alle Teildokumente einem Votum der Mitglieder der Arbeitsgruppen und des gesamten Ökumenischen Arbeitskreises unterworfen. Alle fanden die Zustimmung einer überwältigenden Mehrheit von mehr als zwei Dritteln der Theologen.[97]

Fast 14 Jahre später kommt es zu einem nächsten, folgenreichen Schritt: Repräsentanten der römisch-katholischen Kirche und des Lutherischen Weltbundes unterzeichnen am Reformationstag des Jahres 1999 eine »Gemeinsame Offizielle Feststellung«, die eine zuvor von beiden Seiten zur Kenntnis genommene »Gemeinsame Erklärung zur Rechtfertigungslehre« einschließt. Zum ersten Mal haben die Kirchenleitungen sich Ergebnisse ökumenischer Dialoge gemeinsam offiziell zu eigen gemacht.

Allerdings fehlt es in der lutherischen wie in der katholischen Kirche vor und nach der Unterzeichnung des Dokuments nicht an Stimmen, die dem »differenzierten Konsens« in der Frage der Rechtfertigungslehre wenig oder sogar kein Gewicht beimessen. Nicht nur Theologieprofessoren treten mit Kritik bis hin zu vehementer Ablehnung hervor. Auch Kardinal Ratzinger, der Präfekt der vatikanischen Kongregation für die Glaubenslehre, hatte im Juni 1998 in der »Antwort der katholischen Kirche auf die Gemeinsame Erklärung zwischen der katholischen Kirche und dem Lutherischen Weltbund über die Rechtfertigungslehre« die bleibenden Differenzen im Kirchenverständnis scharf herausgestellt. In einem Leserbrief an die *Frankfurter Allgemeine Zeitung,* der am 14. Juli 1998 erschien, relativierte der Kurienkardinal seine Darlegungen. Auch Karl Lehmann, neben Bischof Walter Kasper und dem Würzburger Ordinarius Paul-Werner Scheele einer der erfahrensten Ökumeniker unter den katholischen Bischöfen weltweit, hatte im September 1998 in seinem Referat zur Eröffnung der Herbst-Vollversammlung der Deutschen Bischofskonferenz alle Hoffnungen gedämpft, daß das Verhältnis der beiden Kirchen nach der Unterzeichnung der Rechtfertigungserklärung automatisch eine neue Qualität erhalten könnte.

Denn das Einvernehmen unter den ökumenischen Gesprächspartnern ist ausgangs der neunziger Jahre längst nicht mehr so grundsätzlich positiv, wie Lehmann es Ende der sechziger Jahre als junger Theologe erlebt hatte. Auf beiden Seiten ist das Ausmaß der Desillusionierung über die Möglichkeit sichtbarer Fortschritte der Ökumene in den zurückliegenden Jahren eher gewachsen. Außerdem geben auf beiden Seiten eine Zeitlang die Gegner einer maßvollen Ökumene und nicht die Repräsentanten einer »radikalen Mitte« den Ton an.

Und schließlich macht auch der Generationenwechsel in den Theologischen Fakultäten vor dem Ökumenischen Arbeitskreis, Lehmanns geistig-geistlicher Heimat, nicht halt. »Ob es bald noch genügend Wissenschaftler gibt, die bereit sind, die historischen Quisquilien aufzuarbeiten?«, fragt sich der Kardinal, der als Vorsitzender an der Spitze des Ökumenischen Arbeitskreises steht und ihn als seine geistig-geistliche Heimat bezeichnet. Wahrscheinlicher ist, daß eine Entwicklung eintritt, vor der Lehmann schon 1970 gewarnt hatte: »… daß die ökumenische ›Praxis‹, wie immer diese sich selbst versteht und beurteilt wird, der Theorie und dem kirchlichen Amt davonläuft«.[98]

### Rückblick: Erste Begegnungen mit Kardinal Döpfner

Idealisierte, verklärte Vergangenheit oder wahrhaftige, prägende Erinnerung? Das Zweite Vatikanische Konzil als ein in der Geschichte der Kirche bislang unbekanntes Miteinander von Theologen unterschiedlicher Herkunft und Prägung, als Ereignis eines einmaligen Miteinanders von Bischöfen aus allen Teilen der Erde und als erfüllte Chance eines nie dagewesenen Miteinanders von Theologen und Bischöfen? Karl Lehmann hat das Konzil so erlebt.

Um so stärker spürt er die Spannungen, die sich schon zum Ende des Konzils hin auftaten. Der Bischof und Kardinal kann sich bis heute mit einem Klima der Dialogverweigerung nicht abfinden. Auch damals versuchte ein Bischof und Kardinal, dem Geist des Konzils treu zu bleiben. Er sollte das Leben des angehenden Professors und mutmaßlichen Bischofs Lehmann ähnlich stark prägen wie Lehrer Maier die intellektuelle Aufgeschlossenheit des Gymnasiasten, Rektor Schlund und Pater von Tattenbach die Spiritualität des angehenden Priesters und Karl Rahner die Kirchlichkeit und den Arbeitsstil des angehenden Theologen: Julius Kardinal Döpfner, Bischof von Würzburg und Berlin, Erzbischof von München und Freising.

Julius Döpfner, geboren am 26. August 1913 in der Nähe von Bad Kissingen in der fränkischen Rhön, hätte der Vater Karl Lehmanns sein können.[99] Der junge Germaniker erlebt ihn regelmäßig bei der morgendlichen Meditation in der Kirche des Kollegs, ächzend und mitunter leise schimpfend. Im März 1963 weiht Döpfner ihn in Rom zum Diakon, im Herbst desselben Jahres zum Priester. Zum Ende des Konzils hin trennen sich die Wege. Döpfner trägt neben der Last der Verantwortung als einer der vier Moderatoren des Konzils auch die Last der Verantwortung für das Erzbistum München und Freising und – von Dezember 1965 an – die Last des Amtes des Vorsitzenden der Deutschen Bischofskonferenz. Nur hin und wieder nimmt Döpfner in dieser Zeit Notiz von Lehmann – als dem begabten Theologen und guten Geist hinter dem mitunter ruppigen Rahner.

Dennoch muß der Münchner Kardinal sich im Lauf dieser Jahre ein recht genaues Bild von den Fähigkeiten Lehmanns gemacht haben. Als Karl Forster, der Leiter der Katholischen Akademie in Bayern, im Jahr 1966 zum Sekretär der Deutschen Bischofskonferenz gewählt wird, trägt Döpfner dem 30 Jahre alten Assistenten Rahners die Nachfolge an. Lehmann schlägt das Angebot aus. Für eine berufliche Festlegung sei es zu früh, überdies habe ihn Erzbischof Schäufele für dieses Amt nicht freigestellt.

Lehmann erlebt in jenen Jahren aus nächster Nähe, wie das Ideal einer Gemeinschaft von Bischöfen und Theologen nach und nach zerbricht. Vor allem die Theologen hatten sich mit Ende des Konzils auf verschiedene innerkirchliche Strömungen, die »correnti«, verteilt. Eine Zeitlang hegt Lehmann die Hoffnung, daß wenigstens Karl Rahner dem Dialog treu bliebe. Aber je länger er an der Seite des Jesuiten bleibt, desto weniger macht er sich Illusionen über die Fähigkeit Rahners, die Verbundenheit mit Kardinal Döpfner aufrechtzuerhalten. Aus dem Plan, sich von Zeit zu Zeit zu sehen und sich gegenseitig über Entwicklungen in der Theologie und in der Kirchenleitung zu informieren, wird nichts. »Rahner hat sich nicht viel Zeit genommen, Döpfner auch nicht«, erinnert sich der Kardinal nicht ohne einen Anflug von Enttäuschung in der Stimme.

Unter dem Eindruck dieser allmählichen Entfremdung verfaßt Lehmann Anfang der siebziger Jahre einen Beitrag für eine Festschrift zu Ehren des Münchner Fundamentaltheologen Heinrich Fries.[100] Darin beklagt er bitter die Verschlechterung des Verhältnisses zwischen kirchlichem Amt und Theologie und unterbreitet Vorschläge, wie man dieser Entwicklung entgegenwirken könne. Wenn er bei vielen Theologen »»Berufskrankheiten‹ und Animositäten« gegenüber dem bischöflichen Amt diagnostiziert,[101] dann soll sein Weg als Theologe das genaue Gegenbild dazu sein – bis heute.

### Döpfner und Rahner: Der Streit um den Zölibat

Die Katholische Akademie in Bayern hatte zu Ehren des 1968 verstorbenen Religionsphilosophen Romano Guardini einen Preis gestiftet. Karl Rahner, der Nachfolger Guardinis auf dessen Münchner Lehrstuhl und nun Dogmatiker in Münster, ist zum ersten Preisträger bestimmt worden. Der Festakt am 18. März 1970 mündet gleichwohl in einen Eklat.[102]

Die latente Spannung, die zwischen Rahner und dem Münchner Kardinal seit einigen forschen Einlassungen des Jesuiten in der Luft lag, hatte vor kurzem neue Nahrung erhalten: Neun der zwölf Berater der »Kommission für Fragen der Glaubens- und der Sittenlehre der Deutschen Bischofskonferenz« hatten sich am 9. Februar 1970 mit einem »Memorandum zur Zölibatsdiskussion« an die Mitglieder der Deutschen Bischofskonferenz gewandt. Karl Rahner und Karl Lehmann hatten den Text verfaßt, auch Walter Kasper und Joseph Ratzinger hatten unterschrieben. Die Wissenschaftler wollten sich in aller Verschwiegenheit an die Bischöfe wenden. Sie forderten eine »eindringliche Überprüfung« und eine »differenzierte Betrachtung« des Zölibatsgesetzes (die Betonung lag auf »Gesetz«) der lateinischen Kirche für Deutschland und die Weltkirche im ganzen. Sie seien davon überzeugt, daß das ehelose Priestertum »eine wesentliche Form des Priestertums in der lateinischen Kirche« bleiben werde. Die Frage sei nur, »ob die bisherige Weise, in der die priesterliche Existenz realisiert wird, in der lateinischen Kirche die einzige Lebensform sein könne und bleiben müsse«.[103] Wenn aber ohne eine Veränderung der Zölibatsgesetzgebung ein genügend großer Priesternachwuchs nicht zu gewinnen sei, »dann hat die Kirche einfach die Pflicht, eine gewisse Modifizierung vorzunehmen«.

Rahner hatte Kardinal Döpfner persönlich in München über die Absicht der Unterzeichner des Memorandums informiert, ehe es den Bischöfen zuging. Auf eine breite Reaktion der Bischöfe warteten die Konsultoren vergeblich. Gerade einmal zwei Bischöfe der 58 Mitglieder der Deutschen Bischofskonferenz bestätigen den Eingang des Schreibens. So möchte auch die »Deutsche Bischofskonferenz« auf ihrer Frühjahrs-Vollversammlung 1970 in Essen auf das Thema gar nicht erst eingehen. Rahner ist empört.

Als der Jesuit nun vier Wochen später den Romano-Guardini-Preis erhalten soll, beschleicht Lehmann der Verdacht, Rahner könnte die vermeintliche Gunst der Stunde nutzen. »Ich kannte meinen Rahner«, sagt der Kardinal rückblickend.

»Was machst du denn in deinem Vortrag?«, fragt der einstige Assistent vor Beginn der Festakademie seinen ehemaligen Professor. Rahner druckst herum, will den Text nicht zeigen. Lehmann bittet: »Nimm Rücksicht!« Rahner ignoriert die Mahnung und macht seinem Unmut über die Entwicklungen in der Kirche nach dem Konzil mit deutlichen Worten Luft. »Wenn man sich heute und ganz gewiß nicht immer und überall zu Unrecht über Respektlosigkeit gegenüber kirchlichen Gesetzen, über Willkürlichkeit und Selbstherrlichkeit, über Mangel an Respekt gegenüber der kirchlichen Autorität beklagt, dann darf man dabei nicht vergessen, daß solche Mißstände nicht daher kommen, daß es heute zu viel Freiheit und zu wenig Manipulation in der Kirche gibt, sondern daß man noch nicht gelernt hat, die größere Freiheit verantwortungsvoll zu gebrauchen«, sagt Rahner mit der ganzen Autorität seiner Person.[104] Freilich macht er auch die Schuldigen an dieser Entwicklung namhaft. Es sind die Bischöfe, deren »institutionalisierte Mentalität« er als »feudalistisch, unhöflich und paternalistisch« beschreibt.[105] Und was dient Rahner als Beleg für seine These? Das Schweigen der Bischöfe als Personen und der Bischofskonferenz als Institution über das »Memorandum zur Zölibatsdiskussion«.

Ein großer Teil der Gäste ist konsterniert. Bischof Volk sagt – in der Erinnerung des Kardinals –, er sei am Abend eines belasteten Arbeitstages nicht gekommen, um sich beschimpfen zu lassen. Kardinal Döpfner, wie alle die anderen Bischöfe betroffen und wütend zugleich, redet erregt auf Rahner ein. Die Vorhaltungen seines ehemaligen Konzilsberaters empfindet er als eine »persönliche Beleidigung, als tiefgreifendes Mißverständnis und als einen Versuch, ihn von den Menschen zu trennen«.[106]

Lehmann, der den kalkulierten Wutausbruch befürchtet hat,[107] wird an diesem Tag klar, daß sein Weg in der Kirche nicht der seines theologischen Lehrers Rahner sein könne. Provozierende Formulierungen, peinliche Bloßstellung, Skandalisierung, all die medienwirksamen Instrumente öffentlicher Inszenierung von Konflikten und Kontroversen waren Lehmann schon immer ein Greuel. Nach dem 18. März 1970 sind sie es noch mehr. »So ging ich künftig kirchenpolitisch etwas andere Wege als Karl Rahner«,[108] sagt Lehmann im Rückblick, nicht über-, sondern untertreibend.


### Texte für Döpfner

Schon in den ersten Monaten des Jahres 1969 hatte Döpfner Karl Lehmann hin und wieder alleine, ohne Rahner, um Rat gefragt. Während der Vorbereitungen der Gemeinsamen Synode begegnen sich der Kardinal und der junge Dogmatiker häufiger. Ob er ihm bei der Ausarbeitung von Vorträgen zur Hand gehen und Vorlagen erarbeiten könne? Lehmann ist stolz und verlegen zugleich. »Ich bin nicht der Fachtheologe«, sagt der Münchner Kardinal und versichert sich deshalb breiter theologischer Expertise.

Das Zweite Symposion des noch jungen »Rates der Europäischen Bischofskonferenzen« (CCEE) im Juli 1969 in Chur wird zur ersten Bewährungsprobe. Döpfner soll ein Referat über das Priesterbild halten, Lehmann hat viel Zeit und Mühe auf den Text verwandt. Als der mit Spannung erwartete Tag gekommen ist, fehlt Döpfner zunächst. Er hat für den Münchner Weihbischof Defregger einzutreten, den die Zeitschrift *Der Spiegel* wegen angeblicher Kriegsverbrechen in einen Skandal verwickeln möchte.[109]

Als Döpfner mit erheblicher Verspätung in Chur eintrifft, steht ihm der Sinn nicht nach einem Vortrag. Der Kardinal spricht trotzdem. Aber was er vorträgt, ist nicht das, was Lehmann ihm formuliert hat: »Seelenlos und distanziert« habe Döpfner das Manuskript heruntergelesen, mit den Gedanken ganz woanders, so schildert der Kardinal seine Enttäuschung von damals.

Die Erfahrung in Chur hält wie der Eklat in München für Lehmann eine Lehre bereit: Wenn Döpfner nicht sein ganzes Engagement in eine Sache hineinlegt, dann ist die Wirkung schwach. So bestärkt der Kardinal ihn in einer Haltung, die er immer schon einzuüben versucht hatte: Nicht nur dazusein, sondern gegenwärtig, und sei es nur aus Respekt vor den Zuhörern.

Ein zweiter Gedanke wird sich Lehmann in Chur einprägen: Wer ein Manuskript nicht selbst geschrieben hat, der ist auch nicht gezwungen, sich bei dessen Vortrag größte Mühe zu geben. Mag der Text noch so gut und kongenial geschrieben sein – die Seele eines anderen wohnt ihm inne. So schreibt denn Lehmann für andere Artikel und Vorträge, Briefe und Kommentare ohne Unterlaß, eigene Äußerungen aber läßt er bis heute nur selten von einem Mitarbeiter oder einer Mitarbeiterin entwerfen.

## Döpfner und die Bischofssynode

Das Thema Priestertum bleibt Döpfner und seinem neuen Berater Lehmann für eine geraume Zeit erhalten. Es ist auch Gegenstand der Beratungen der Zweiten Ordentlichen Bischofssynode, die Papst Paul VI. für den Herbst 1971 in Rom zusammengerufen hat.

Döpfner hatte schon an der ersten ordentlichen Bischofssynode in Rom im Jahr 1967 teilgenommen. Seine Begeisterung über diese neue Form der Kollegialität ist jedoch nicht überschwenglich. Mehrere Wochen lang sind die Synodalen nicht in ihren Diözesen, sondern verbringen an sechs Tagen der Woche viele nutzlose Stunden in der Synodenaula. Dort wird kaum diskutiert, sondern zumeist monologisiert. Ein Bischof oder Kardinal nach dem anderen tritt ans Mikrophon und trägt ein Manuskript vor. Die Sprachgruppen, die dem Austausch dienen sollen, fallen demgegenüber zu wenig ins Gewicht. Döpfner, ein temperamentvoller, mitunter impulsiver Mann, kann sich nur mit Mühe im Zaum halten. »Ich hasse die Synode«, platzt es während einer späteren Zusammenkunft in Rom aus ihm heraus.

Entziehen kann Döpfner sich seiner Pflicht aber nicht. Immerhin soll die Synode von 1971 nicht nur über den »priesterlichen Dienst«, sondern auch über »Gerechtigkeit in der Welt« beraten. Lehmann kommt da wie gerufen. Dem Vorsitzenden der Deutschen Bischofskonferenz soll er in Rom als theologischer Berater zur Seite stehen und in der Zeit, die nicht

*Bild 1: Wo alles begann: die Heimat des Vaters, Langenenslingen, ca. 1930*

*Bild 2: »Karlebubi«, Empfingen, 1936*

*Bild 3: Karl, Gretel, Reinhold, Karl: Lehrer Lehmann mit Familie in Tafertsweiler, etwa 1946*

*Bild 4: Landleben in Hörschwag: Karl im Korb mit Eltern und Nachbarstochter, etwa 1938*

Bild 5: Karl (links) als Schüler im Erzbischöflichen Konvikt, Sigmaringen, etwa 1950

Bild 6: Schülerausflug, Sommer 1955

Bild 7: Der Abiturjahrgang 1956 des Gymnasiums Sigmaringen (Lehmann zweiter von links, letzte Reihe)

Bild 8: Die Germaniker Karl Lehmann (trägt Hut), Rudolf Mosis, Albert Kuhn, Dieter Zeller, etwa 1960

Bild 9: Der Kardinal? Karl Lehmann in Schillers »Der Neffe und sein Onkel«, Diakonatstheater des Germanikums, 1963

*Bild 10: »Ich bin bereit«: Priesterweihe in San Ignazio, Rom,
10. Oktober 1963*

*Bild 11: Julius Kardinal
Döpfner gratuliert*

*Bild 12: Ein strahlender
Neupriester*

*Bild 13 (oben): Primiz in San Saba, 1963 (ganz rechts Heimatpfarrer Fridolin Abberger)*

*Bild 14 (rechts): Hohenzollern in Rom (links hinter Lehmann Fritz Heidegger)*

*Bild 15: Arbeitsgemeinschaft: Karl Rahner SJ und der Germaniker
Karl Lehmann, Rom, etwa 1962*

*Bild 16: Drei Freiburger unter sich: Erzbischof Hermann Schäufele,
Karl Lehmann, Karl Rahner SJ, Rom, etwa 1962*

*Bild 17/18: Der Freiburger Dogmatiker Karl Lehmann bei der Gemeinsamen Synode der Bistümer der Bundesrepublik Deutschland, Würzburg, 1973 (oben rechts Staatsminister Dr. Bernhard Vogel)*

*Bild 19: Herabrufung des Heiligen Geistes auf den Weihekandidaten. Karl Lehmann wird am 2. Oktober 1983 von Hermann Kardinal Volk zum Bischof von Mainz geweiht*

*Bild 20: Der Vorsitzende beim Eröffnungsgottesdienst der Frühjahrs-Vollversammlung der Deutschen Bischofskonferenz, Augsburg, 5. März 2001*

Bild 21: Audienz in Rom:
Papst Johannes Paul II.
und Bischof Karl Lehmann,
Vorsitzender der Deutschen
Bischofskonferenz, 1998

Bild 22: Der Bischof von
Mainz wird Kardinal,
29. Januar 2001; im Hintergrund der Dom St. Martin

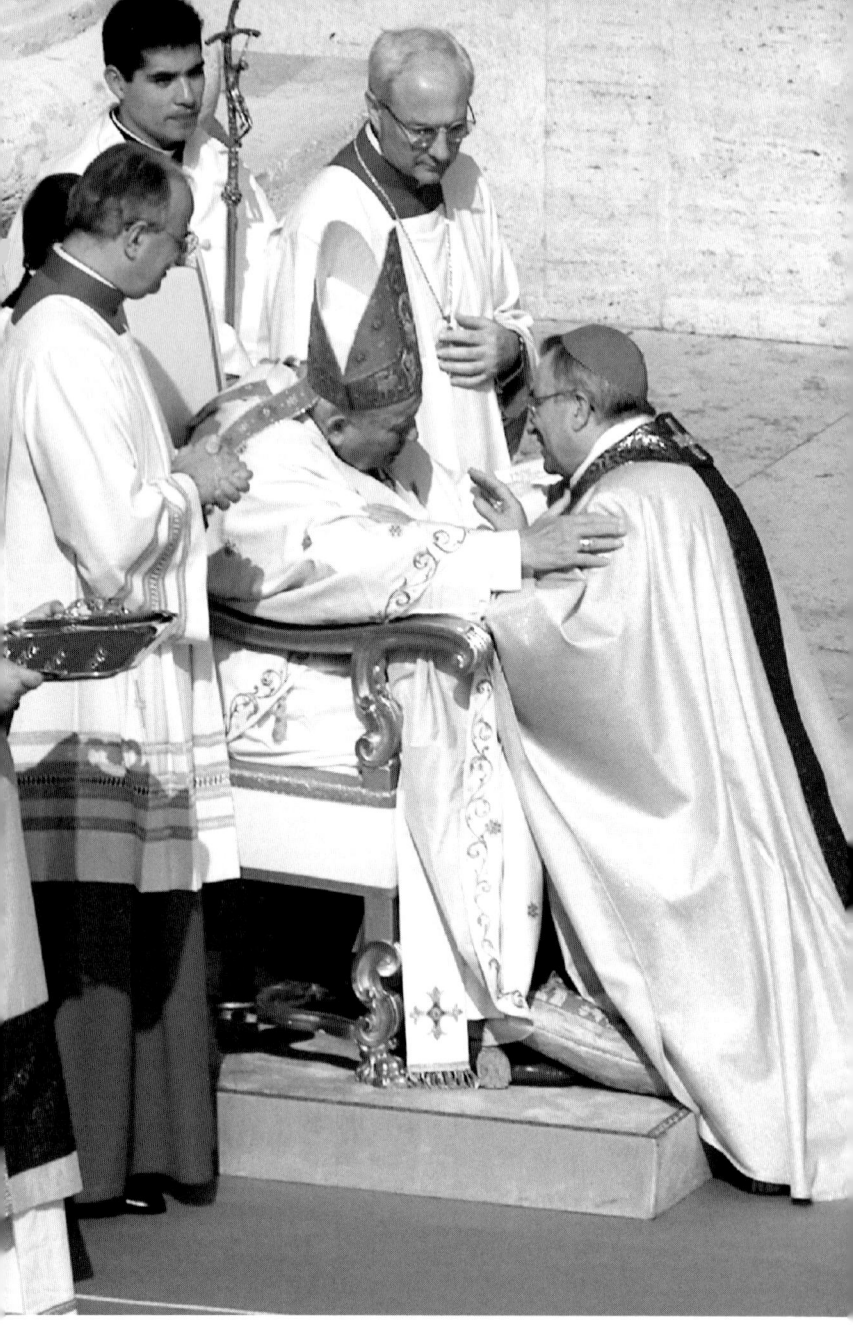

*Bild 24: Auf dem Weg zum Festgottesdienst: Der neue Kardinal
Karl Lehmann wird am 4. März 2001 zum Ehrenbürger der Stadt
Mainz ernannt*

*Bild 23 (links): Papst Johannes Paul II. überreicht Bischof Karl Lehmann
auf dem Petersplatz den Kardinalsring, Rom, 22. Februar 2001*

*Bild 25: Die neuen deutschen Kardinäle beim Empfang in der Deutschen Botschaft beim Heiligen Stuhl, Rom, 22. Februar 2001; von links: Leo Scheffczyk, Walter Kasper, Johannes Joachim Degenhardt, Außenminister Joschka Fischer, Karl Lehmann, Innenminister Otto Schily*

*Bild 26: Karl Kardinal Lehmann beim Schlußgottesdienst der 10. ordentlichen Weltbischofssynode am 27. Oktober 2001*

Bild 27: Thomas Gottschalk gratuliert Karl Kardinal Lehmann
zum 65. Geburtstag, Mainz, 16. Mai 2001

Bild 28: Karl Kardinal Lehmann und der Vorsitzende des Rates
der Evangelischen Kirche in Deutschland, Präses Manfred Kock,
stellen die »Woche für das Leben« vor, Frankfurt a. M., 2002

*Bild 29: Der Kreis schließt sich: Der neue Kardinal in seiner Primizkirche San Saba, Rom, 23. Februar 2001*

von der Synode beansprucht wird, andere Arbeiten für den Münchner Kardinal erledigen.

Der Zeitpunkt der Synode liegt herzlich ungünstig: Lehmann ist zum Wintersemester an die Universität Freiburg berufen worden. Die Umzugskisten sind kaum in Holzhausen eingetroffen, da bricht Lehmann am 1. Oktober 1971 von Basel aus mit dem Flugzeug nach Rom auf. Lehmann ist noch nicht richtig in Rom-Fiumicino angekommen, da wird sein Name ausgerufen. Er solle sich umgehend mit Kardinal Döpfner in Verbindung setzen. Der Kardinal teilt ihm mit, daß er am Abend auf einer Pressekonferenz über das Thema »Priesterweihe verheirateter Männer« sprechen müsse.

Das Thema ist heikel, aber Lehmann seiner Sache sicher. Selbst die »Deutsche Bischofskonferenz« hatte sich schon mit dieser Frage befaßt. Die Mehrheit der Bischöfe wollte mit dieser Idee nichts zu tun haben, eine Minderheit trat offen für die Weihe von »viri probati« ein.

Am Abend jenes 1. Oktober hält Lehmann seine erste Pressekonferenz in Rom. Im Campo Santo wägt er vorsichtig das Pro und Contra ab. Den Stand des Pastoralreferenten gibt es in den meisten Diözesen noch nicht. Welchen Dienst können verheiratete Männer übernehmen, wenn sie sich zu einem Leben für die Kirche berufen fühlen? Soll ein Bischof nicht zunächst die Möglichkeit haben, einzelne, erfahrene Männer auszuwählen und zu Priestern zu weihen? Was würde geschehen, wenn sich ein verheirateter Priester scheiden ließe? Sei das eine größere Schande, als wenn ein Priester sein Amt aufgebe?

Lehmanns erste Pressekonferenz in Rom ist für lange Zeit die letzte dort. Joseph Kardinal Höffner, Erzbischof von Köln, und Franz Hengsbach, Bischof von Essen, sorgen dafür, daß der Berater Döpfners sofort von allen Arbeiten für die Synode ausgeschlossen wird. Lehmann trägt die Disziplinierung mit Fassung. Nun kann er alle Arbeiten erledigen, die über dem Umzug nach Freiburg liegengeblieben sind.

Das Geschehen auf der Synode läßt ihn freilich nicht los. Denn was Döpfner von den ersten Sitzungstagen berichtet, ist nicht dazu angetan, den Eindruck zu erwecken, als drehten sich die Interventionen und Gespräche um die Anfechtungen der Priester und die Veränderungen des Priesterbildes. Mit dem Bamberger Germaniker Ernst Schmitt, der als Sprecher der deutschen Priesterräte an der Synode teilnimmt, beschließt Lehmann, Döpfner müsse der Verlogenheit ein Ende machen und die wirklichen Probleme offen ansprechen: »Jeden Tag gehen Priester weg, und hier soll davon keine Rede sein?«

Der Kardinal zögert. Lehmann und Schmitt lassen nicht locker. Schließlich: »Lehmann, mach mal was«, brummt einige Tage später der Kardinal. Bald findet Döpfner einen Redeentwurf auf dem Boden seines Zimmers. Lehmann hatte ihn unter der Tür hindurchgeschoben. »Mach den Text fertig, ich trag den dann vor.«

In der Synodenaula schlägt der Münchner Kardinal unter anderem vor, den Papst zu bitten, unter den Synodenvätern eine geheime Abstimmung über die Fragen zuzulassen, ob in der lateinischen Kirche der Zölibat beibehalten werden soll und ob verheiratete Männer unter bestimmten Bedingungen zum Priester geweiht werden dürften.[110] Die ganze Aula applaudiert. So kennen sie Döpfner: ehrlich, kämpferisch, loyal. Papst Paul VI. nimmt die Anregung Döpfners und der Synode auf. 168 Mitglieder der Synode sind für die Beibehaltung des Zölibats, zehn für eine Aufhebung. Eine Verbesserung des Textes wünschen 21 Synodenmitglieder, drei enthalten sich der Stimme. Das Ergebnis ist so eindeutig, daß Paul VI. am 31. November 1971 die Ergebnisse der Synode nicht nur allgemein bestätigt, sondern zugleich bekräftigt, daß »in der lateinischen Kirche die geltende Disziplin des priesterlichen Zölibats mit der Hilfe Gottes auch weiterhin unabgeschwächt in Geltung bleiben soll«.[111]

Weniger eindeutig ist die Haltung der Weltbischofssynode

gegenüber der Möglichkeit, verheiratete Männer zu Priestern zu weihen. Zwei »Formeln« stehen zur Abstimmung. Formel A: »Unbeschadet der päpstlichen Rechte wird die Priesterweihe von verheirateten Männern nicht gestattet, auch nicht in Sonderfällen.« Eine knappe Mehrheit – 107 Stimmen – ist dafür. Immerhin 87 Synodale stimmen für Formel B: »Dem Papst allein steht es zu, in Sonderfällen, aus pastoralen Gründen, unter Berücksichtigung des Wohls der Gesamtkirche, die Priesterweihe verheirateter Männer zu gestatten, die jedoch in einem reifen Alter stehen und von unbescholtenem Lebenswandel sein sollen.«[112] Papst Paul VI. und Papst Johannes Paul II. haben diese Ansicht niemals als mit katholischer Tradition unvereinbar zurückgewiesen. Zu eigen gemacht haben sie sie aber auch nicht.

## Der Fall Hans Küng

»Genau vor einer Woche hat Professor Küng in einem Interview, das er der Welt gegeben hatte, zuversichtlich zum Ausdruck gebracht, nach seinem Ermessen laufe zur Zeit kein Lehrbeanstandungsverfahren gegen ihn. Vom selben Tag datiert die Erklärung der Glaubenskongregation, daß Professor Küng ›weder als katholischer Theologe gelten noch als solcher lehren‹ könne. Hans Küng ist offensichtlich völlig überrascht worden. War es deswegen schon eine heimtückische Nacht-und-Nebel-Aktion«?

Es ist Karl Lehmann, der am 21. Dezember 1979 in der Zeitung *Die Welt* diese Frage aufwirft, Küngs langjähriger Kollege als Professor für Theologie, seit fünf Jahren Mitglied der Internationalen Theologenkommission und seit zehn Jahren Berater der Kommission für Fragen der Glaubens- und der Sittenlehre der Deutschen Bischofskonferenz. Ein Mann der Amtskirche also. Auch die Überschrift des Artikels läßt keinen Zweifel an der Position Lehmanns im »Fall Küng«: Der Tübinger Theologe habe »zweifellos die kirchliche Autorität überreizt«. So spricht kein »liberaler« oder gar »progressiver« Theologe. Ist Lehmann deswegen ein Reaktionär?

»Für viele Katholiken und Christen galt Hans Küng als Wahrzeichen einer kämpferischen Reform in der Kirche und als Vorkämpfer für eine pastoral und ökumenisch engagierte Theologie. Durch seine Kunst, theologische Sachverhalte auch für Menschen, die den Kirchen fernstehen, in ansprechender und plausibler Weise zur Sprache zu bringen, fand er Zugang zu vielen, die kaum mehr Kontakt hatten mit den etablierten Kirchen.« Bemerkungen wie diese sind charakteristisch für Lehmann. Nüchtern und fair schildert er die Ausstrahlung und die Bedeutung des Tübinger Dogmatikers.

Aber Hans Küng ist nicht der Theologe, der nüchtern um die Wahrheit ringt, sondern einer, der provoziert und taktiert: »Schließlich versteht er auch etwas vom journalistischen Handwerk, was er freilich zugunsten seiner Meinungen und Veröffentlichungen ziemlich rücksichtslos einsetzte.« Trotzdem oder gerade deswegen: »Gerade für junge Menschen und für kritisch eingestellte Kirchenmitglieder bedeutet der Entzug der Lehrbefugnis einen Schock. Daran wird die Kirche zweifellos noch länger leiden.«

Hans Küng, Jahrgang 1928, Germaniker, Priester des Bistums Basel-Solothurn, war 1959, nach einer aufsehenerregenden Dissertation über die »Rechtfertigungslehre bei Karl Barth«, Assistent des Dogmatikers und Ökumenikers Hermann Volk geworden, des späteren Bischofs von Mainz und Förderers Lehmanns. Schon ein Jahr später erhielt Küng, erst 32 Jahre alt, einen Ruf auf den Lehrstuhl für Fundamentaltheologie an der Katholisch-Theologischen Fakultät der Universität Tübingen – anstelle von Hans Urs von Balthasar.

Von Balthasar, ein ehemaliger Jesuit, war zu Beginn des Jahres 1958 von der Fakultät primo et unico loco als Nachfolger von Johann Rupert Geiselmann für den Dogmatik-Lehrstuhl vorgeschlagen worden und hatte sogar die einstimmige Zustimmung des Senats erhalten. Doch die vatikanische »Sacra Congregatio de Seminariis et Studiorum Universitatibus« lehnt die Erteilung des »nihil obstat« mit Schreiben vom 14. April 1958 ohne Begründung ab.

Bischof Leiprecht und auch der baden-württembergische Ministerpräsident Gebhard Müller (CDU) wollen die römische Entscheidung nicht hinnehmen. Bei Papst Johannes XXIII. wollen sie zugunsten von Balthasars intervenieren. Pater Leiber, der Sekretär des kurz zuvor verstorbenen Papstes Pius XII., hatte nämlich signalisiert, das römische Placet werde erteilt, wenn der Ministerpräsident und der Bischof dies in Schreiben an den Papst erbäten.

Von Balthasar ist freilich nicht länger bereit, nach Tübingen zu kommen. Im folgenden Winter versucht Bischof Leiprecht nochmals, von Balthasar für Tübingen zu gewinnen. Ein anderer Lehrstuhl ist nämlich freigeworden, der von Heinrich Fries: Fundamentaltheologie und scholastische Philosophie. Auf eine neue Anfrage des Bischofs hin teilt von Balthasar jedoch mit, er werde einen Ruf auf einen Lehrstuhl mit einem »eindeutigen und kategorischen Nein« bescheiden.

Wenige Monate später wird Prälat Josef Höfer, der geistliche Botschaftsrat an der Deutschen Botschaft beim Heiligen Stuhl, zusammen mit Karl Rahner, Herausgeber des LThK, bei Bischof Leiprecht vorstellig. Er habe gehört, daß die Theologische Fakultät in Tübingen für den Lehrstuhl für Altes Testament und für den Lehrstuhl für Fundamentaltheologie zwei Schweizer ins Auge gefaßt habe: Herbert Haag und Hans Küng. Er habe bei der Studienkongregation Erkundigungen eingeholt, schreibt Höfer. Beide Kandidaten seien genehm. Und falls Nachhilfe nötig sei: Kardinal Bea wäre bereit, sich für die beiden zu verwenden. Bea war Jesuit. Anfang 1960 wird Küng von Münster nach Tübingen berufen.

Sehr bald aber sollten sich die Vorbehalte bestätigen, die gegen eine Berufung Küngs geäußert worden waren. Unabhängig voneinander hatten Hermann Volk, Küngs Professor in Münster, Michael Keller, der für die Münsteraner Fakultät zuständige Bischof, und der Heimatbischof Küngs, der Basler Franziskus von Streng, dem Rottenburger Bischof Leiprecht gegenüber die Einschätzung geäußert, man möge dem Assistenten Küng noch eine Weile Zeit geben, ehe man ihn auf einen Lehrstuhl berufe: Der junge Mann sei hochbegabt, aber sehr von sich eingenommen. Vielleicht brauche Küng noch Zeit, ehe er das Amt eines Professors übernehmen könne. Bischof Leiprecht hält jedoch an dem Dogmatiker fest.

Leiprecht bekommt als einer der ersten Küngs Selbstbewußtsein zu spüren. Als der Bischof sich in der zweiten Konzilsperiode nicht länger mit dogmatischen Themen, sondern mit Fragen des Ordenslebens befaßt und deswegen mit dem Jesuiten Friedrich Wulf statt mit Küng zusammenarbeiten möchte, reagiert Küng ungehalten. Wenn der Bischof auf seine Dienste verzichten wolle, dann werde das auf Leiprecht zurückfallen, heißt es drohend. Er, Küng, wolle Konzilstheologe bleiben und biete daher an, für Kost und Logis in Rom selbst aufzukommen.

Die »Erklärung über die Religionsfreiheit« des Konzils (DH) ist dazu bestimmt, den Bruch mit bestimmten überlieferten Engführungen herauszustellen und die katholische Kirche mit der Moderne, besonders mit den Kategorien der Menschenwürde und der Menschenrechte zu versöhnen. Während eines längeren Aufenthaltes in den Vereinigten Staaten macht Küng die Absicht des Konzils publik, die Religionsfreiheit erstmals in der Geschichte der katholischen Kirche zu würdigen. Zu Hunderten treffen Briefe in Rom ein. Katholiken aus aller Welt halten das Vorhaben des Konzils mit früheren Äußerungen des Lehramtes für unvereinbar und verdammen die Anerkennung der Religionsfreiheit als Aufgabe des Absolutheitsanspruches der Kirche. Zahlreichen Konzilsvätern, die in der Anerkennung der Religionsfreiheit mehr Gefahren als Chancen erkennen, kommen die von Küngs Darlegungen ausgelösten Reaktionen nicht ungelegen. Am Ende der Beratungen wird der »Erklärung« ein Vorwort vorangestellt, das die Zweifel der Gegner der Erklärung relativieren soll, tatsächlich aber die Bedeutung des nachfolgenden Textes beträchtlich einschränkt.[113]

»Hans Küng hatte schon 1957 und 1963 Schwierigkeiten mit der römischen Glaubenskongregation wegen seiner Bücher *Rechtfertigung* und *Strukturen der Kirche*«,[114] schreibt Lehmann. Die Tonart sei schärfer geworden, als Küng im Jahr 1970 zur Hundertjahrfeier des Ersten Vatikanischen Konzils eine »Anfrage« an das Dogma der Unfehlbarkeit des Papstes gerichtet habe:[115] »In diesem streckenweise als Pamphlet geschriebenen Buch rechnet Küng nicht nur mit dem nach seiner Meinung reaktionären Kurs Pauls VI. ab, sondern er glaubte zeigen zu können, daß das Unfehlbarkeitsdogma im Grund überflüssig sei: Die Kirche braucht kein unfehlbares Lehramt, denn ihr ist ›trotz aller immer möglichen Irrtümer‹ ein grundlegendes Bleiben in der Wahrheit verheißen.« In dem Konflikt mit der Kongregation für die Glaubenslehre über *Unfehlbar?* läßt Küng nichts unversucht, um sich als Opfer antikonziliarer Restaurationsbestrebungen in der katholischen Kirche darzustellen. Küng hat nicht nur den Zeitgeist auf seiner Seite, sondern auch die Unterstützung des großen Teils der veröffentlichten Meinung inner- und außerhalb der Kirche.

Kardinal Döpfner, der Vorsitzende der Bischofskonferenz, sucht einen Ausgleich. 1971 reist er in der »Causa Küng« eigens nach Rom. Es fehlt nicht viel, daß Küng schon jetzt die kirchliche Lehrerlaubnis, die »missio canonica«, entzogen wird. »Durch Angriffe auf die römische Verfahrensweise konnte er lange Zeit in der öffentlichen Meinung die meisten Punkte für sich buchen. Da die Thesen Küngs weltweit verbreitet waren, erging im Sommer 1973 eine umfangreiche Erklärung

›Mysterium ecclesiae‹, in der Küng zwar nicht genannt, aber zweifellos gemeint war«, schreibt Lehmann im Jahr 1979.[116]

Der Freiburger Dogmatiker war auch im Spiel, auch er ungenannt, wenn es weiter heißt: »1975 kam es durch die unermüdlichen Vermittlungsbemühungen von Kardinal Döpfner zu einer Art von ›Burgfrieden‹: Nachdem Küng zugesagt hatte, er schließe eine Angleichung seiner Meinung an das kirchliche Dogma bei weiterem Studium nicht aus, wurde er ermahnt, künftig seine Thesen nicht mehr zu vertreten, sondern zu überdenken. Dies erlaubte eine einstweilige ›Einstellung‹ des Verfahrens.«[117]

Offenbar hatten das ausgleichende Wesen des Hohenzollern Karl Lehmann und die Autorität eines älteren Germanikers wie Julius Döpfner am Ende gesiegt. »Eine solche Lösung war rechtlich nicht vorgesehen. Es war wirklich ein bisher einmaliges Entgegenkommen.« Aber alle wähnen sich am Ziel: »Es schienen sich damit neue Formen der Konfliktbewältigung zwischen Theologie und Lehramt abzuzeichnen.«

Die Ruhe trügt. Schon 1974 veröffentlicht Küng ein neues Buch: *Christ sein*. Döpfner, so erzählt der Kardinal, geriet über diese Veröffentlichung in Rage. Der habe aus den vergangenen Konflikten nichts gelernt, sondern provoziere vor allem mit zweifelhaften Aussagen über Jesus Christus abermals das kirchliche Lehramt. Im Frühjahr 1976 läßt Döpfner Küng nach München kommen. »Er hat ihn geschüttelt und ihm gesagt, er könne jetzt nichts mehr für ihn tun, wenn er nicht vernünftiger werde«, sagt der Kardinal. Ende Juni 1976 bittet Döpfner Lehmann, einen Brief an den Tübinger Dogmatiker zu entwerfen.

Am 23. Juli, einem Freitag, telefonieren Lehmann und der Kardinal miteinander. Döpfner sagt, er sei mit Lehmanns Brief sehr einverstanden und wolle ihn am folgenden Morgen unterschreiben. Dazu kommt es nicht mehr. Am 24. Juli erliegt Julius Kardinal Döpfner kurz nach acht Uhr morgens einem Herzinfarkt.

Döpfners kommissarischer Nachfolger im Amt des Vorsitzenden der Deutschen Bischofskonferenz, der Kölner Kardinal-Erzbischof Joseph Höffner, wird mit dem Fall Küng befaßt. In den Unterlagen des Münchner Kardinals findet Höffner den Brief vor. Der Kölner Erzbischof macht sich den Text zu eigen, ohne zu wissen, daß er von Lehmann stammt. Höffner schlägt Küng ein Gespräch vor, um zentrale theologische Fragen von *Christ sein* zu klären: »Wenn Sie es wünschen, bin ich gerne einverstanden, daß Sie einen Kollegen zu diesem Gespräch hinzubitten. Meinerseits möchte ich Herrn Kardinal Volk, Herrn Bischof Moser wie auch die Professoren Lehmann und Ratzinger als Teilnehmer des Gesprächs mitbringen. Heute möchte ich Sie um die grundsätzliche Zustimmung zu diesem Gespräch bitten.«[118] Küng macht das Schreiben Höffners umgehend öffentlich, erinnert sich der Kardinal. Prompt wird der Kölner Kardinal von Sympathisanten des Tübinger Dogmatikers beschuldigt, er schlage gegenüber Küng einen härteren Kurs ein als Kardinal Döpfner – im Licht der Entstehung der Gesprächsaufforderung ein absurder Vorwurf. Aber Höffner wie Lehmann wahren Diskretion, während Küng auf dem Klavier der Öffentlichkeit meisterhaft zu spielen versteht.

Das lange geplante Gespräch zwischen Repräsentanten der Deutschen Bischofskonferenz und Hans Küng, findet am 22. Januar 1977 in Stuttgart statt. Wesentliche Fragen können nicht geklärt werden. Auch eine schriftliche Erklärung Küngs führt nicht zu einer Entspannung der Lage. Nach weiteren Briefwechseln erscheint am 18. November 1977 eine »Erklärung« der deutschen Bischöfe zu Küngs Buch *Christ sein*.[119]

Vier Monate später läßt Küng die von Lehmann sorgsam revidierte Mitschrift des Stuttgarter Gespräches von Walter Jens entgegen der vereinbarten Vertraulichkeit veröffentlichen.[120] Trotzdem wird es um seine Person ruhiger. »Von 1975 bis zum Frühjahr 1979 verhielt sich Küng gegenüber der römischen Meinung im ganzen loyal«, so Lehmann Ende 1979.

»Dann hat er jedoch zugleich in zwei Veröffentlichungen (*Kirche – gehalten in der Wahrheit*; Geleitwort zu A. B. Hasler, *Wie der Papst unfehlbar wurde*) seine Thesen von 1970 in radikalerer Weise vertreten. Aus beinahe historischer Distanz hat er das Ergebnis der Unfehlbarkeitsdebatte ganz zu seinen Gunsten gedeutet. Der alte Unfehlbarkeitsstreit galt als ›erledigt‹. Von einer ›Anfrage‹ war keine Spur mehr.«[121] Küng, der mit Hilfe Roms auf den Tübinger Fundamentaltheologie-Lehrstuhl gekommen war, nachdem Hans Urs von Balthasar das »nihil obstat« verweigert worden war, wird nun auf Weisung Roms das »nihil obstat« entzogen.

Am Freitag, dem 14. Dezember 1979, kommen der Sekretär der Glaubenskongregation, der belgische Dominikaner-Erzbischof Jerôme Hamer, der Kölner Kardinal Josef Höffner, der Rottenburger Bischof Georg Moser, sein persönlicher Referent Hubert Bour und Prälat Josef Homeyer, der Sekretär der Deutschen Bischofskonferenz, zu einem letzten Gespräch in Brüssel zusammen. Draußen tobt ein heftiges Gewitter. Nuntius Guido del Mestri kommt am Nachmittag hinzu. Die deutschen Teilnehmer erlangen Gewißheit, daß der Entzug der kirchlichen Lehrerlaubnis nicht mehr abzuwenden sei, Weihnachten hin oder her, am 18. Dezember soll die Mitteilung des Entzugs der Lehrerlaubnis Küng überbracht und von Kardinal Höffner in einer Pressekonferenz der Öffentlichkeit dargelegt werden. Lehmann ahnt von alldem nichts. Prälat Homeyer ruft sofort in Freiburg an. Ob er zu ihm kommen könne? Es ist gegen zwei Uhr am Samstag morgen, als Homeyer bei Lehmann von dem Treffen in Brüssel und dem endgültigen Beschluß berichtet. Gegen vier Uhr fährt der Sekretär nach Bonn in das Sekretariat der Bischofskonferenz zurück.

Bis der Vatikan die Entscheidung im Fall Küng veröffentlicht, bleiben noch knapp drei Tage Zeit. Genug, um eine Strategie zu entwickeln, wie man negativen Reaktionen auf die römische Entscheidung entgegenwirken kann. Homeyer nimmt

Kontakt zu Redakteuren auf, die bei den führenden deutschen Medien mit der Berichterstattung über die katholische Kirche betraut sind, und lädt sie in das Sekretariat der Bischofskonferenz nach Bonn ein. Dort wird ihnen am Montag eine bis in das Jahr 1968 zurückreichende Zeittafel des Konflikts sowie eine Dokumentation des Schriftwechsels Küngs mit der Bischofskonferenz und römischen Dikasterien zugänglich gemacht. Lehmann hat sie gemeinsam mit dem Sekretär zusammengestellt. Küng soll mit seinen eigenen Waffen geschlagen werden: Öffentlichkeit.

Die Rechnung geht auf. Selbst in der *Süddeutschen Zeitung* fällt der Kommentar zu dem Entzug der Lehrerlaubnis Küngs äußerst sachlich und objektiv aus. Zum ersten Mal hat der Tübinger Theologe es nicht vermocht, die öffentliche Meinung durch gezielte »Informationen« für sich einzunehmen.

Seinen Standpunkt legt Lehmann in der Zeitung dar: »Die Glaubenskongregation macht in ihrer Erklärung vom 15. Dezember 1979 völlig klar, daß das hartnäckige Verharren Küngs bei seinen Positionen (auch wenn immer wieder Gesprächsbereitschaft erklärt wird!) zum Entzug der Lehrerlaubnis geführt hat«, schreibt Lehmann im Abstand weniger Tage. »Küng hat damit zweifellos die kirchliche Autorität überreizt (…) In gewisser Weise hat Küng die Entscheidung herbeigezwungen. Überblickt man das Potential der Möglichkeiten zur Konfliktlösung, dann muß man wohl feststellen, daß diese nach den zehnjährigen Bemühungen faktisch ausgeschöpft waren.«

Noch heute ist der »Fall Küng« für Lehmann kein Streit um dogmatische Wahrheiten, sondern das Scheitern eines Versuchs, Theologie und Lehramt in einem spannungsvollen Dialog zu halten: »Die nachkonziliare Entspannung zwischen Theologie und Lehramt scheint zusammengebrochen zu sein. Viele wittern den Einzug reaktionärer Methoden. Kleine Geister sind vielleicht auch versucht, ›klare Zustände‹ in der Theologie zu schaffen. Keiner hatte mehr erreicht als Küng. Weil er das Augenmaß für das Erreichbare verloren hat (nicht nur im takti-schen Sinne), ist er für eine mögliche Klimaverschlechterung zwischen Theologie und Lehramt mitverantwortlich.« Leh-manns abschließende Bewertung des Falles »Küng« lautet: »Der ganze Vorgang hat gezeigt, daß eine mehr dialogisch orientierte Konfliktlösung außerordentlich anspruchsvoll ist und von beiden Seiten hohe Qualitäten verlangt. Unnachgie-bigkeit ist der Erzfeind des Dialogs (...) Der neue Stil, der 1975 im Fall Küng experimentiert wurde, darf nicht zur Episode werden. Dies ist die vordringlichste Sorge.« Als Vorsitzender der Deutschen Bischofskonferenz wird Lehmann viele Gele-genheiten haben, diesen Stil zu pflegen. Er hat ihn gemeinsam mit Julius Kardinal Döpfner entwickelt.

Der Kontakt Lehmanns mit Hans Küng reißt auch nach 1979 nicht ab. Die Festschrift zu Lehmanns 65. Geburtstag, die mehr als 20 Jahre nach dem Entzug der kirchlichen Lehrer-laubnis für Hans Küng erscheint, verzeichnet als Mitarbeiter neben Walter Kasper und Joseph Ratzinger auch Hans Küng. Sein Thema: Ermutigung zur Zivilcourage.

»Was soll ich Karl Lehmann, dem theologischen Weggenos-sen seit der Konzilszeit, zu seinem 65. Geburtstag wünschen?«, fragt der emeritierte Tübinger Professor. »Ihm, mit dem mich trotz der Verschiedenheit des Amtes, der Rolle, des Weges doch Entscheidendes – vor allem der Dienst an derselben kirch-lichen Gemeinschaft nach der obersten Norm desselben Evan-geliums – verbindet? Ihm, zu dem die persönlichen Beziehun-gen trotz aller unumgänglichen öffentlichen Kontroversen, in denen er meist den römisch-legalen und ich den mehr ökume-nisch-pastoralen Standpunkt meinte vertreten zu müssen, nie abgebrochen wurden? Ich möchte ihm, der auch zu meiner Freude als Präsident [sic] der deutschen Bischofskonferenz trotz römischer Obstruktion zum dritten Mal gewählt wurde, statt den Kardinalshut [sic] von Herzen viel Christenmut wün-schen.«[122]

Als Küng sein Manuskript für die Festschrift im Herbst 2000 einreicht, sieht es in der Tat danach aus, als ob sein Wunsch sich erfülle und Lehmann abermals bei der Auswahl neuer Kardinäle übergangen würde. Als Lehmann die Festschrift im Mai 2001 in den Händen hält, ist die Zeit über diesen Wunsch hinweggegangen.

## Döpfner, der Freund

Für den jungen Freiburger Dogmatiker sind die Jahre an der Seite des Münchner Kardinals eine »wunderbare Zeit«. Der Kardinal habe ihm »als jungem Spund sein Vertrauen geschenkt«, sagt Lehmann aus der Distanz von 30 Jahren. Großes Vertrauen offenbar: »Ich konnte ihm alles sagen.«

Kaum eine Woche, manchmal kaum ein Tag vergeht, ohne daß sie am Telefon miteinander sprechen. Sie sehen sich bei Sitzungen der Glaubenskommission oder in den Gremien der Gemeinsamen Synode, treffen für einige Tage in Würzburg bei den Vollversammlungen zusammen, lösen Krisen, verabreden neue Pläne. Mehrfach erbittet Döpfner von Lehmann Hinweise auf geistliche Lektüre, die er in der Karwoche und während der Ferien lesen könne. »Schreib mir aber nur etwas Gescheites auf, ich habe nicht viel Zeit. Ich kann nur gute Sachen lesen«, erinnert sich der Kardinal an die Worte Döpfners.[123] Unter den Autoren geistlicher Werke, die Lehmann benennt, ragen Heinrich Schlier[124] und Hans Urs von Balthasar heraus; Rahner brauchte er nicht zu empfehlen.

Als eine glückliche Fügung erscheint es Lehmann, daß er dem Münchner Kardinal hin und wieder auch frei von drängenden Verpflichtungen begegnen kann. Im Frühjahr und Sommer jeden Jahres zieht sich Lehmann oft nach Sachrang im Chiemgau zurück. Hier kann er in Ruhe lesen und schreiben, sich aber auch beim Wandern und beim Arbeiten im Garten von den Anstrengungen des Semesters erholen. Kardinal Döpfner, einem passionierten Bergsteiger, hatten die Ärzte nach einem leichten Herzinfarkt Ende 1969 verboten, weiterhin Bergtouren im Hochgebirge zu unternehmen. Eine Höhe von 1800 Metern ist fortan die Grenze. Lehmann, der der Bergwelt mit nicht ganz so viel Leidenschaft begegnet wie Döpfner, kommt diese Einschränkung nicht ungelegen. Wenn er in Sachrang ist und der Kardinal einige Stunden oder gar einen Tag erübrigen kann, dann sieht man die beiden in den Chiemgauer Bergen – mit Wanderschuhen, Rucksack und Marschverpflegung.

Kein Bischof hat das Bild, das sich Lehmann von diesem Amt macht, stärker geprägt als Julius Döpfner: Der temperamentvolle Franke war mit Leib und Seele Leiter der Diözese, fromm und engagiert zugleich. Als Vorsitzender der Bischofskonferenz war Döpfner gegenüber den anderen Bischöfen selbst- und mitunter auch machtbewußt. Als Kardinal war er dem Papst gegenüber loyal, aber weder servil noch der Kurie gefällig.

Äußerungen persönlicher Wertschätzung kommen dem Münchner Kardinal freilich selten über die Lippen. Um so mehr ist Lehmann überrascht und erfreut, als er in den ersten Tagen des neuen Jahres 1976 einen Brief aus München erhält. Döpfner hatte ihn am 31. Dezember 1975 verfaßt, wenige Wochen nach dem Ende der Gemeinsamen Synode in Würzburg, des deutschen »Konzils«, das er zu einem guten Ende geführt hatte.

»Lieber Karl!«, heißt es in dem Brief. »Am letzten Tag des Jahres 1975 möchte ich in diesen Zeilen noch einmal aussprechen, was mir in den vergangenen Tagen im Rückblick auf das vergangene Jahr (und zumal bei der Vorbereitung der Silvesterpredigt, die an die Synode anknüpft) so oft durch den Sinn ging, nämlich meinen herzlichen Dank für all Deinen oft so mühsamen und nicht immer entsprechend bedankten Dienst für unsere Kirche und auch Deinen Beistand für mich persönlich in brüderlich-freundschaftlicher Verbundenheit. Der Herr lohne Dir all das und lasse es Deinem persönlichen Berufungsweg und Deiner Arbeit zugute kommen. In diesem Sinn wünsche ich Dir ein gottgesegnetes Jahr 1976 (…) Mit herzlichen, weihnachtsfrohen Grüßen – auch für Frau Dr. Betz – und treuem Gebetsgedenken. Dein Julius Cardinal Döpfner.«

Ein halbes Jahr ist seit diesem Brief vergangen. Lehmann fährt mit dem Auto von Freiburg nach München. Es ist ein Samstag. Döpfner wirkt entspannt und scheint guter Dinge. »Ich bin die ganze Woche noch keinen Schritt draußen gewesen. Willst Du nicht ein paar Schritte mit mir in den Englischen Garten gehen?«, fragt Döpfner. »Wir mußten nicht irgendwelche aktuelle Probleme erörtern«, sagt der Kardinal im Abstand von mehr als 25 Jahren und spricht von der Begegnung, als wäre sie gestern gewesen.

Lehmann hatte sich immer gescheut, Döpfner nach Dingen zu fragen, die nichts mit der unmittelbaren Arbeit zu tun hatten. »Das geht dich nichts an …«, hatte Lehmann sich immer gesagt. Und: »Nimm dem Mann keine Zeit weg.« Nun ist die Gelegenheit da: »Sag mal, kannst Du den Papst auch unangenehme Dinge fragen?«, möchte Lehmann wissen. »Oder auch einmal Nein sagen?«

Döpfner, in der Sprache Lehmanns: »Ganz schwierig. Das sind die nicht gewohnt.«

### Döpfner und die päpstliche Ostpolitik

Wenige Wochen zuvor war Döpfner zum letzten Mal in Rom gewesen. Kurz zuvor hatte Papst Paul VI. mit der Herauslösung der Berliner Ordinarienkonferenz aus der Deutschen Bischofskonferenz einen ersten Schritt hin zur kirchenrechtlichen Trennung der Kirche auf dem Territorium der DDR von der

Kirche in der Bundesrepublik vollzogen. Weitere Schritte sind in Vorbereitung: Wie ein Damoklesschwert hängen die Umwandlung der Jurisdiktionsbezirke Schwerin, Magdeburg und Erfurt in Bistümer und die Entsendung eines Apostolischen Nuntius in die DDR über einer deutschen Kirche, die sich nach Kräften bemüht, als »gesamtdeutsche Klammer« zu wirken.

Döpfner wird den Verdacht nicht los, daß der Vatikan hinter dem Rücken der Kirchenleitungen in Bonn und Berlin mit dem DDR-Regime über eine Veränderung des Status quo in Deutschland verhandle.

Döpfner bringt diesen Sachverhalt am Freitag, dem 28. Mai, gegenüber Erzbischof Casaroli, der in direktem Auftrag des Papstes die »vatikanische Ostpolitik« betreibt, zur Sprache und äußert die Befürchtung, der Vatikan könne an den deutschen Bischöfen vorbei mit der DDR verhandeln. »Es wird nicht verhandelt«, beruhigt ihn der Vertraute des Papstes. Sind also die Zweifel vieler Laien, Priester, Bischöfe und Kardinäle nicht nur in Deutschland, sondern auch in Polen und in der Tschechoslowakei an der Integrität der vatikanischen Ostpolitik unbegründet, die Spannungen zwischen dem Vatikan und der Deutschen Bischofskonferenz und dem ZdK übertrieben?

Am Samstag, dem Tag nach dem Gespräch mit Casaroli erfährt der Kardinal, daß der Diplomat womöglich nicht die Wahrheit sagt. Döpfner hatte Informationen, daß doch verhandelt wurde. Es kommt zu einem Wortwechsel mit Papst Paul VI. Was geht wirklich vor?

In der Erinnerung Lehmanns bricht das letzte Gespräch zwischen Papst Paul VI. und Julius Kardinal Döpfner ohne Konsens ab. Die beiden Männer sind offenbar im Unfrieden auseinandergegangen. Für immer. Doch das konnten der Papst und der Kardinal an jenem Wochenende ebensowenig ahnen wie Lehmann an jenem Samstag im Juni wissen konnte, daß er seinen Freund Julius zum letzten Mal sehen würde.

# Döpfners Erbe

Das Semester in Freiburg ist schon zu Ende und Lehmann schon in seinem Refugium in Sachrang, als Döpfner ihn dort um den 20. Juli herum anruft. Auch für den Kardinal stehen die Ferien bevor. Zuvor aber möchte er das Vorwort für den von Lehmann erarbeiteten ersten Band der Offiziellen Gesamtausgabe der Gemeinsamen Synode fertigstellen, der im Herbst erscheinen soll. Der Entwurf, den er habe, sei furchtbar dünn, klagt Döpfner. Lehmann solle sich den Text anschauen und etwas Gescheites daraus machen. Am Mittwoch trifft der Text mit der Post in Sachrang ein. Am Freitag abend ist eine neue Fassung bei Döpfner: »Ich bin sehr einverstanden, Gott sei Dank, ich unterschreibe den Text morgen früh, bevor ich fahre.«

Als Döpfner am folgenden Morgen einem Herzinfarkt erliegt, bleibt das Vorwort ebenso ohne Unterschrift wie der Brief Döpfners an Küng. Was tun mit dem Vorwort? Josef Homeyer, der Sekretär der Bischofskonferenz, und Lehmann sind ratlos. Der Band mit den Beschlüssen der Vollversammlung muß in Druck gehen. Aber ohne ein Geleitwort Döpfners? Die Synode war doch das Werk des Kardinals, dann kann das Vorwort eigentlich nicht gut ein anderer unterschreiben. Immerhin: Döpfner hatte den ersten Entwurf vorläufig unterschrieben, hatte Lehmann mündlich mitgeteilt, er sei mit dem zweiten Entwurf einverstanden. Also wird mit Datum des 21. Juli 1976 das Faksimile Döpfners unter den von Lehmann erarbeiteten und von Döpfner gutgeheißenen Text gesetzt. »Als die ›Deutsche Bischofskonferenz‹ im Februar 1969 den Grundsatzbeschluß faßte, zur Verwirklichung der Beschlüsse des Zweiten Vatikanischen Konzils statt einzelner Diözesansynoden eine Gemeinsame Synode der Bistümer in der Bundesrepublik Deutschland abzuhalten, empfanden viele diesen Entschluß als ein erhebliches Risiko. Die Spannungen in der Kirche erschienen manchen ein zu großes Hindernis, um ein solches Unternehmen in aller Öffentlichkeit zu wagen. Ja, nicht wenige waren der Meinung, eine Synode könnte die Unsicherheit, Konfrontation und Verhärtung der Positionen innerhalb der Kirche nur fördern.

Rückblickend darf man dankbar feststellen: Das Wagnis hat sich gelohnt. Nicht die Pessimisten haben recht behalten, sondern jene, die auf das offene, wenn nötig auch harte Gespräch vertraut haben. Das Aufeinanderzugehen und das Miteinanderreden, gegenseitiges Sichverstehen und Wachen im gemeinschaftlichen Beten und Glauben haben dazu geführt, daß wir vieles gemeinsam sagen und formulieren konnten – mehr als mancher außerhalb und innerhalb des Würzburger Doms uns zutraute.«[125]

Was Döpfner über die Synode äußert, entspricht zutiefst Lehmanns Streben und Sehnen nach einer authentischen Gestalt von Kirche – bis heute. Wer spricht hier also wirklich? Freilich könnte, was der Kardinal über die Synode sagt, auch über das Zweite Vatikanische Konzil gesagt worden sein, und das von niemand anderem als von Kardinal Döpfner. So liegt die Vermutung nahe, daß Lehmann Döpfners Denken und Empfinden nur kongenial in Worte gefaßt hat. Vielleicht sind diese Gedanken aber auch erst durch die Niederschrift endgültig zu den seinen geworden, das Vermächtnis Döpfners, eines überragenden Bischofs und Kardinals, zu seinem Auftrag.

Seitdem Karl Lehmann am 2. Oktober 1983 im Mainzer Dom zum Bischof geweiht wurde, trägt er als Zeichen der Würde dieses Amtes einen Ring: Döpfners Konzilsring – »dankbar und stolz«.[126] Der Münchner Weihbischof Ernst Tewes, der Nachlaßverwalter des Kardinals, hat den Ring, den jener aus der Hand Papst Pauls VI. erhalten hatte, dem jungen Freund des früh Verstorbenen vermacht. »Ich bin sicher, Julius hätte Dir zu diesem Tag einen solchen Ring oder etwas Gleichwertiges geschenkt«, sagt Tewes. Lehmanns »großer Lehrmeister im bischöflichen Dienst«[127] ist somit bleibend mit ihm verbunden. Den Ring trägt Lehmann täglich, läßt die anderen, weit wertvolleren, in der Schublade.

# 5 Ein neuer Beruf – der Bischof
## (1983–2002)

### Der Kandidat (I): Das Erzbistum Freiburg

Im Juni 1983 reist Johannes Paul II. zum zweiten Mal zu einem Pastoralbesuch in seine polnische Heimat. Zwei Bischöfe aus Deutschland begleiten ihn als Delegierte der Deutschen Bischofskonferenz: der Fuldaer Emeritus Eduard Schick und der Altbischof von Mainz, Kardinal Hermann Volk. Der Mainzer Kardinal und der ehemalige Kardinal-Erzbischof von Krakau kennen sich seit dem Zweiten Vatikanischen Konzil und sind seitdem Freunde.

Johannes Paul II., 63 Jahre alt, steht im fünften Jahr seines Pontifikats. Kardinal Volk ist 80 Jahre und seit wenigen Monaten nach mehr als 20 Jahren an der Spitze des Bistums Mainz von seinen Amtspflichten entbunden.

Während der Reise erhält Volk die Nachricht, daß ein Nachfolger für ihn bestimmt sei. Der Papst habe die Wahl des Domkapitels bestätigt. Jetzt solle der neue Bischof von Mainz in seinem Beisein der Öffentlichkeit vorgestellt werden. Volk und sein Bischöflicher Kaplan Peter Walter brechen ihre Reise ab. Der Papst dürfte sich seinen Teil gedacht haben. Gesagt hat er seinem »großen Freund«[1] nichts.

So erfährt Kardinal Volk erst in Mainz, daß die Wahl des Domkapitels auf den Mann gefallen ist, den er sich als seinen Nachfolger an der Spitze des Bistums gewünscht hatte: Professor DDr. Karl Lehmann, 47 Jahre jung, wird der 103. Bischof von Mainz und 87. Nachfolger des Heiligen Bonifatius, des Apostels der Deutschen.

An der Theologischen Fakultät von Mainz und Freiburg war Lehmann für zwei Jahre der jüngste Professor gewesen. Nun ist er der jüngste Bischof in Deutschland.

Und wäre der Vatikan nicht davor gewesen, Lehmann wäre schon fünf Jahre vorher zum Bischof geweiht geworden. Und das ausgerechnet in Freiburg.

Elf Monate nach Julius Kardinal Döpfner, am 26. Juni 1977, stirbt Hermann Schäufele, der Erzbischof von Freiburg. Und nicht wenige sehen in Karl Lehmann, dem Hohenzollern und Dogmatik-Professor der Fakultät, den idealen Nachfolger. Allen voran Robert Schlund, der 65 Jahre alte Domdekan und Generalvikar des Erzbistums. Er kennt Lehmann seit 1956. Auch für Anton Vögtle, den angesehenen Neutestamentler aus Hohenzollern, der die Fakultät im Metropolitankapitel, dem Wahlgremium, repräsentiert, ist Karl Lehmann offenbar ein bestens geeigneter Anwärter auf den Stuhl des Freiburger Erzbischofs. Seit nunmehr sechs Jahren ist sein ehemaliger Student sein Professoren-Kollege.

Doch es gibt offenbar auch andere Stimmen und Meinungen über Karl Lehmann. Sie werden nicht offen geäußert, sondern in aller Stille an entscheidender Stelle plaziert. Das Domkapitel setzt Professor Karl Lehmann auf die Liste mit seinen drei Kandidaten für die Nachfolge des verstorbenen Erzbischofs. Auf der Dreierliste, die das Staatssektretariat dem Domkapitel zur Wahl zurückschickt, steht der Name Lehmann aber nicht.

In Freiburg geht es daraufhin hoch her. Einige Domkapitulare weigern sich, in den Wahlvorgang einzutreten. Es könne nicht hingenommen werden, daß ein Kandidat des Kapitels ohne jede Begründung von Rom kassiert werde. Am Ende fällt die Wahl auf Weihbischof Oskar Saier. Nach einer langen Nacht des Bedenkens nimmt der promovierte Kirchenrechtler die Wahl an. Das Domkapitel beschwert sich umgehend beim Apostolischen Nuntius in Bonn, Guido del Mestri.

Auch Lehmann ist tief getroffen. Nicht von der Wahl Saiers, mit dem er sich seit den gemeinsamen Tagen in München gut versteht, sondern von der unvermittelten Ablehnung seiner Person. Einigen Freunden schickt er einen hektographierten Brief, in dem er ihnen mitteilt, er stehe für ein Bischofsamt nicht länger zur Verfügung. Als Theologe sei er um seinen Ruf besorgt. Der werde durch immer neue Gerüchte um seine Person in Mitleidenschaft gezogen. Nachfolger Döpfners in München? Nachfolger Leiprechts in Rottenburg?

In diesem Sinn schreibt Lehmann auch an Nuntius Guido del Mestri in Bonn. Dieser lädt ihn zum Gespräch ein. Lehmann begründet seinen Brief. Er könne für ein Bischofsamt nicht zur Verfügung stehen und müsse Gerüchten auch öffentlich entgegentreten.

Del Mestri läßt sich über die Hintergründe der Intrige gegen Lehmann nichts entlocken. Er hebt die schwere Brokatdecke an, die das Klavier im Empfangsraum der Nuntiatur bedeckt. »Herr Professor, hier ist die Akte. Ich darf sie Ihnen natürlich nicht zeigen. Aber ich kann Ihnen sagen, hier ist kein einziges negatives Wort über Sie. Ich weiß nicht, woher das kommt.«

Domdekan Schlund verspricht seinem Schützling: »Was die gegen Sie haben, das werden wir schon herauskriegen.« Er beantragt den Titel »Päpstlicher Ehrenprälat« für Professor DDr. Karl Lehmann. Schlund weiß: »Wenn irgend etwas gegen Sie vorliegt, dann gibt es eine Rückmeldung oder Rückfrage.« Nach wenigen Monaten wird Lehmann, gerade einmal 40 Jahre alt, der Titel »Päpstlicher Ehrenprälat« verliehen. »Sehen Sie, gegen Sie liegt nichts konkret vor«, freut sich Schlund.

In Freiburg weiß man bis heute nicht, warum Lehmann nicht auf der römischen Terna stand.

## Der Kandidat (II): Tübingen

Im Dezember 1979 entzieht die vatikanische Kongregation für die Glaubenslehre dem Tübinger Dogmatiker Hans Küng die kirchliche Lehrerlaubnis. Mitglied der Universität bleibt Küng als Beamter des Landes Baden-Württemberg dennoch. Er verläßt mit seinem Lehrstuhl und seinem Ökumenischen Institut lediglich die Katholisch-Theologische Fakultät.

Ersatz muß her: Ein neuer Professor, neue Assistenten, ein neues Sekretariat. Und das nicht zu Lasten der Kirche, sondern des Landes. So verlangt es das geltende Staatskirchenrecht im Fall des Entzugs der kirchlichen Lehrerlaubnis.

Die Tübinger Fakultät lädt den Freiburger Dogmatiker Karl Lehmann zu einem Vortrag ein. Lehmann spricht bewußt über ein klassisches Thema, den »character indelibilis« der Spendug der Taufe, der Firmung und der Priesterweihe, und die Fakultät setzt ihn an die erste Stelle der Berufungsliste. Lehmann ist auch der Wunschkandidat des Rottenburger Bischofs Georg Moser. Beide haben sich auf der Synode kennen- und während des jahrelangen Hin und Her um Küng schätzengelernt.

Erste Gespräche mit dem baden-württembergischen Wissenschaftsminister Engler (CDU) und der Universitätsverwaltung verheißen jedoch nichts Gutes. Die Universitätsverwaltung zeigt Lehmann die kalte Schulter. Der Nachfolger Küngs wird nicht umworben, so erinnert sich der Kardinal, sondern mit einem Minimum an Räumlichkeiten und Personal abgespeist. Soll er vielleicht sogar abgeschreckt werden? Der Groll über den Entzug der Lehrerlaubnis Küngs ist offenbar stark. Lehmanns Freiburger Lehrstuhl ist gut ausgestattet, so daß bei Berufungsverhandlungen im selben Bundesland wesentliche Verbesserungen nicht zu erwarten sind. Am 30. Oktober sagt er mit Hinweis auf die unfreundlichen Berufungsverhandlungen ab.

Am 2. November 1981 weiß das Feuilleton der *Frankfurter*

*Allgemeinen Zeitung*: »Karl Lehmann aus Freiburg soll Nachfolger für den kirchlich gemaßregelten Theologen Hans Küng auf dem Dogmatik-Lehrstuhl der Tübinger Katholisch-Theologischen Fakultät werden.« Am Tag darauf weiß es die *Frankfurter Rundschau* besser: »Karl Lehmann, Inhaber des Lehrstuhls für Dogmatik und Ökumenische Theologie an der Universität Freiburg, geht nicht nach Tübingen (...) Er habe eine mögliche Übernahme der Tübinger Aufgabe ernst ins Auge gefaßt, jedoch nach Lage der Dinge nicht anders entscheiden können.« Lehmann hat für Freiburg ein weiteres Zimmer zugesagt bekommen.

An der Albert-Ludwigs-Universität ist die Freude über den Verbleib Lehmanns groß. Die Fachschaft der Theologischen Fakultät möchte gar einen Fackelzug in Lehmanns Wohnort Bollschweil veranstalten. Der Dogmatiker soll von der Ehrung überrascht werden. Doch als der Bürgermeister erfährt, daß Studenten in seinem Dorf einen Umzug planen, weiß er sich keinen anderen Rat als den, bei Professor Lehmann Rat zu holen.

An einem kalten Novemberabend des Jahres 1981 finden sich Hunderte fackeltragende Studenten in Bollschweil ein. Lehmann wird es zunächst angst und bange – um die Föhren im Garten. Dann wird in der Turnhalle bei Wein, Bier und Würstchen gefeiert.

In dieser Zeit hat Lehmann vor, sich stärker von den öffentlichen, eher kirchenpolitischen Aufgaben zurückzuziehen und sich auf die Theologie zu konzentrieren. Vieles ist in den bald 20 Jahren Arbeit an den Universitäten reif geworden. Nun ist die Zeit für einige Projekte gekommen, allen voran für eine Einführung in die katholische Dogmatik und eine Auslegung des Glaubensbekenntnisses.

Dann aber gibt es noch eine letzte Versuchung. Eine Delegation namhafter Professoren aus den wichtigsten Fakultäten bittet ihn, sich für das Amt eines Rektors der Universität zur

Verfügung zu stellen. Seine Wahl sei so gut wie sicher. Lehmann ist dankbar, daß sein Interesse an der gesamten Universität gewürdigt wird. Aber nach kurzer Bedenkzeit sagt er ab. Die Wissenschaft selbst lockt, nicht ihre Verwaltung. Er beginnt, sich den größeren Arbeiten zuzuwenden. Und wieder kommt alles anders. »Der Mensch denkt – und Gott lenkt«, sagt der Kardinal.

### Der Kandidat (III): Das Bistum Mainz

In der Bischofskonferenz vollzieht sich Anfang der achtziger Jahre ein Generationenwechsel. Nach der Berufung Kardinal Ratzingers nach Rom muß über den Sommer 1982 der Sitz des Erzbischofs von München und Freising neu besetzt werden. Der Name Lehmann fällt und wohl auch der des Rottenburger Bischofs Georg Moser. Doch es bleibt dabei: Erzbischof von München und Freising wird nur ein Bayer. Da das Bistum Speyer auf dem Gebiet von Rheinland-Pfalz und dem Saarland liegt, kirchlich-historisch aber unter das Bayern-Konkordat fällt, kommt Friedrich Wetter zum Zug, der Bischof von Speyer.

Nun ist das Bistum Speyer vakant. Zudem hatten die Bischöfe Kempf (Limburg) und Schick (Fulda) die vom Kirchenrecht gesetzte Altersgrenze von 75 Jahren erreicht und dem Papst den Amtsverzicht angeboten. Johannes Paul II. hatte die Amtszeit der beiden Bischöfe nicht verlängert.

In Mainz liegen die Dinge anders. Bischof Volk hatte das 75. Lebensjahr schon am 27. Dezember 1978 vollendet. 16 Jahre lang hatte er an der Spitze des Bistums gestanden, fünf Jahre zuvor hatte Papst Paul VI. ihn zum Kardinal ernannt. Zweimal hatte er in diesem Jahr bei der Wahl eines neuen Papstes mitgewirkt. Papst Johannes Paul I. war nach wenigen Wochen im Amt verstorben.[2] Aus dem neuerlichen  Konklave ging der Freund Kardinal Volks, der Kardinal-Erzbischof von Krakau,

Karol Wojtyla, als Papst Johannes Paul II. hervor. »Wir wollen nicht im trüben fischen, aber wir können – und dies genügt uns – ahnen, daß er nicht bloß durch seine Stimmabgabe beteiligt war«, wird Bischof Karl Lehmann am 27. Dezember 1983, dem 80. Geburtstag seines Vorgängers Volk, vor der Festgesellschaft sagen.[3] Wohl auch aus diesem Grund hatte der neue Papst 1978 den Amtsverzicht des Mainzer Kardinals abgelehnt.

Volk, ein vornehmer Mann mit ausgeprägtem Pflichtbewußtsein, trägt die Bürde des Amtes weiter. Nach mehrmaligem vergeblichem Bitten um die Annahme seines Amtsverzichts erfährt der Kardinal Mitte Oktober, daß der Vatikan seinem Ansinnen endlich zustimme. Doch man will ihn verpflichten, bis zum 27. Dezember 1982, dem Tag der Entpflichtung, zu schweigen. Nun ist es um die Loyalität Volks geschehen. Der »ungeheuer romtreue Mann«, so Lehmann, schreibt mehrfach an Kardinalstaatssekretär Casaroli. Öffentlich sei er in sein Amt gekommen, öffentlich wolle er wieder gehen und nicht wie ein Hund in der Nacht weglaufen. Rom hat kein Einsehen, lehnt zweimal ab. Anfang Dezember 1982 läßt Volk im Amtsblatt der Diözese Mainz veröffentlichen, daß er seinen Abschied am 27. Dezember feiern werde. Der 79. Geburtstag des Kardinals wird zu einem bewegenden Fest. Nun ist das Domkapitel am Zug. Noch vor dem Dreikönigsfest hat es eine Liste mit drei möglichen Nachfolgern für den nunmehr offiziell entpflichteten Bischof erstellt. Wieder erscheint der Name Karl Lehmann.

Domdekan Dr. Hermann Berg hat sich kundig gemacht. Wie es scheint, paßt der Freiburger Dogmatiker auch zum Bistum Mainz mit seinen bodenständigen Traditionen. Und er ist ein Mann vom Geiste Kardinal Volks: theologisch gebildet, in der Seelsorge engagiert, von tiefer Kirchlichkeit.

Der von seinem Bischofsamt entpflichtete Kardinal nimmt auf die Auswahl seines Nachfolgers nicht direkt Einfluß, verhehlt seine Neigung aber nicht. Ein Professor könne es schon sein. Er selbst war vor seiner Wahl zum Bischof von Mainz Professor gewesen, nicht anders sein Vorgänger Albert Stohr. Beide waren Dogmatiker. Was liegt also näher, als unter den deutschen Dogmatikern nach einem Nachfolger Volks zu suchen? Zu der persönlichen Wertschätzung des Kardinals für Professor Lehmann kommt hinzu, daß die Weise, wie der Freiburger Dogmatiker seine Wissenschaft betreibt, sich wohltuend von vielen Erscheinungsformen der zeitgenössischen Theologie abhebt. Volk hat mit der Zeit eine tiefe Abneigung gegen »Problemtheologen« entwickelt – in Anspielung an Publikationslisten *Über das Problem* ... Lehmanns Art, um »Probleme« keinen Bogen zu machen, sondern sie historisch-solide, nüchtern und frei von allem Schwärmerischen zu analysieren, entspricht der Art, wie Volk selbst Theologie gelehrt hatte.

Auch rechtlich gibt es keine Hindernisse. Das Bistum Mainz gehört zur Oberrheinischen Kirchenprovinz und unterliegt damit dem Baden-Konkordat aus dem Jahr 1932.[4] Anders als das Preußen-Konkordat sieht dieser Vertrag vor, daß auf der Dreierliste (»Terna«), die der Vatikan nach Erledigung des bischöflichen Stuhles unter Würdigung von Vorschlägen des Domkapitels und der Bischöfe der Kirchenprovinz für die Bischofswahl erstellt, mindestens ein Priester des jeweiligen Bistums sein muß.[5] Bei der vereinbarten Auslegung des Konkordats, könnte Lehmann, obwohl Priester des Erzbistums Freiburg, als »Mainzer« gelten: An der Johannes-Gutenberg-Universität der Bischofsstadt hatte er zwischen 1968 und 1971 drei Jahre lang gelehrt, im Priesterseminar gewohnt und das Ordinariat kennengelernt, in Mainz und anschließend in Freiburg zahlreiche Mainzer Priester ausgebildet und promoviert, in Mainz immer wieder große Vorträge gehalten, vor allem im Dom.

Weniger als fünf Monate nach der Aufstellung der eigenen Liste erhält das Domkapitel über Nuntius del Mestri die »Terna«, aus der es den neuen Mainzer Bischof wählen soll. Diesmal ist der Name Lehmann nicht gestrichen worden. Die Wahl des Freiburger Dogmatikers wird zur Formsache. Einstimmig, ohne Enthaltungen wählen die sieben Domkapitulare Lehmann am 3. Juni 1983 zum Bischof von Mainz.

## Der Gewählte: Bischof von Mainz

Bereits am 1. Juni 1983 hatte Domdekan Berg in Freiburg bei Lehmann angerufen. Er beließ es bei Andeutungen. Er wolle ihn besuchen. In den zurückliegenden Wochen hatte Lehmann nichts von einer unmittelbar bevorstehenden Wahl geahnt. Das Domkapitel hatte schon Ende 1982 in äußerster Diskretion Erkundigungen über ihn einziehen lassen, ebenso später Nuntius del Mestri.

Der Diplomat hatte es nach den Erfahrungen mit dem Freiburger Metropolitankapitel auf einen weiteren Konflikt nicht ankommen lassen wollen und die Kandidatur Lehmanns offenbar befürwortet – zumal auch Kardinal Volk mit seiner Meinung über Lehmann nicht hinter dem Berg hielt. Es könne wohl nicht mit rechten Dingen zugehen, wenn immer wieder Informationen über Lehmann in Umlauf gerieten, die dazu dienten, die Person gezielt zu beschädigen. Der Kardinal konnte bei Gelegenheit laut werden, sogar gegenüber dem Nuntius.

Auch beim zweiten Anruf zwei Tage später, unmittelbar nach der Wahl, hält Domdekan Berg sich zurück. Ob er kommenden Sonntag Lehmann in Bollschweil aufsuchen könne? Der kommende Sonntag, das ist der 5. Juni, das Fest des heiligen Bonifatius, des Apostels der Deutschen und des wohl berühmtesten (Erz-)Bischofs von Mainz.

Das Gespräch handelt von diesem und jenem. Dann sagt Berg, er müsse nun zu seiner Aufgabe kommen und Lehmann im Namen des Kapitels und des Papstes fragen, ob er die Wahl zum Bischof von Mainz annehme. Lehmann plagt sich zwei Tage mit der Antwort: »Ich bin bereit«, hatte er Gott und der Kirche einmal ohne Vorbedingungen gesagt.

Am Vormittag des 23. Juni 1983 fällt die Vorlesung von Prof. Lehmann aus. Die Dogmatik-Vorlesungen fielen fast nie aus, schon gar nicht von heute auf morgen. Also stehen die Studenten stirnrunzelnd vor der Tür des Hörsaals. Karl Lehmann ist um diese Zeit schon weit weg.

Am Mittag ist Lehmann unerkannt in die Bischofsstadt gelangt. Um die Überraschung nicht zu gefährden, war er von Freiburg aus mit dem Intercity nicht bis nach Mainz gefahren, sondern schon in Mannheim ausgestiegen. Weihbischof Rolly sollte ihn dort erwarten und mit dem Auto nach Mainz bringen. Doch am Morgen hatte das Fahrzeug des Weihbischofs seinen Dienst versagt. Mit einem Ersatzwagen bringt Rolly den neuen Bischof direkt in den Hof der Sakristei des Doms. Dort erwartet das Domkapitel den neuen Bischof. Gleichzeitig, wie es Brauch ist, wird in Mainz und in Rom um 12 Uhr mittags die Ernennung Lehmanns bekanntgegeben. Ungewöhnlich ist allerdings, daß sich »der Neue« persönlich am Ort seiner Bestimmung zeigen soll. Eine Premiere, so und so: Zu dem feierlichen Geläute des Martinsdoms präsentieren das Domkapitel und Kardinal Volk in Mainz, zunächst in der Kathedrale und anschließend im »Haus am Dom«, Professor DDr. Karl Lehmann als Bischof von Mainz.

»Hochverehrter Herr Kardinal Volk, es ist mir eine große Ehre und tiefe Verpflichtung, Ihr Nachfolger als Bischof des Heiligen Stuhles von Mainz zu sein«, so spricht Lehmann seinen Vorgänger nun an. Eine Verpflichtung ist das neue Amt aber auch in einem anderen, dem neuen Bischof allzu vertrauten Sinn: »Ich habe alle meine Aufgaben und Funktionen nicht selbst ausgesucht, sondern mich – manchmal sogar widerwillig – dem jeweiligen Anruf gefügt«, gesteht Lehmann ein. Nur einmal habe er sich frei entscheiden können, damals, 1971, als er Mainz verließ, um in einer schwierigen Situation einen Lehrstuhl an der Theologischen Fakultät in Freiburg zu übernehmen. »Jetzt fühle ich mich auf ganz unerwartete Weise mit sanfter, aber starker Hand nach Mainz zurückgeholt.« Der neue Bischof dankt für das Vertrauen, das ihm geschenkt wird, grüßt die Katholiken an Rhein und Main, spricht im Blick auf die Mitarbeiter im pastoralen Dienst von dem »Geist gemeinsamen Dienen-dürfens«. Und er fügt hinzu: »Mein Gruß richtet sich auch an die nicht-katholischen Christen im Bistum Mainz und an unsere jüdischen Mitbürger.« Die theologische Arbeit für die Einheit der Kirche sei ihm während der vergangenen 15 Jahre in Zusammenarbeit mit Kardinal Volk ein Herzensanliegen gewesen: »Dieser Aufgabe möchte ich auch künftig treu bleiben.« Dann geleiten Kardinal Volk und das Domkapitel ihn unter feierlichem Glockengeläut auf den Domplatz.

Photos werden gemacht, Lehmann und sein Vorgänger Kardinal Volk stehen im Beisein der Weihbischöfe, des Domkapitels und der Repräsentanten der verschiedenen Räte des Bistums Rede und Antwort. Der 79 Jahre alte Kardinal begrüßt die Wahl des 47 Jahre alten Professors mit »uneingeschränkter Freude«, Domdekan Berg rühmt den »würdigen Nachfolger«. Der hat seinen bischöflichen Wahlspruch schon bestimmt: »State in fide« – »Steht fest im Glauben«. Seine Gedanken seien auf der Suche nach einem Wort immer wieder bei dieser Mahnung des Apostels Paulus im ersten Brief an die Gemeinde in Korinth (Kapitel 16, Vers 13) hängengeblieben. So wolle er den Glauben der Kirche »in Treue zur Geschichte«, aber ebenso in »Treue zu den Menschen hier und heute weitergeben«.

Noch nicht im klaren ist der neue Bischof sich zu dieser Stunde über die Gestalt seines Wappens: Das Mainzer Rad und der Petersschlüssel, die auf das nach der Französischen Revolution endgültig untergegangene Fürstbistum Worms verweisen, liegen fest. Bald hat Karl Lehmann sich entschieden. Als drittes Element im Herzschild soll ein aufgeschlagenes Buch hinzukommen: Symbol für die Bibel, für die Wissenschaft, für seine Liebe zur Literatur und Symbol der Gutenbergstadt Mainz.

## Abschied vom Breisgau

Zwischen Ernennung und Weihe eines Bischofs vergehen in der Regel mehrere Monate. Drei werden es im Falle Lehmanns sein. Der 2. Oktober soll der Festtag sein.

In Freiburg ist das Sommersemester Ende Juni noch in vollem Gange. Lehmann hat erhebliche Lehrverpflichtungen. Alles nimmt ein gutes Ende. Am 6. September, nach Abschluß des Semesters samt Prüfungen und wenige Tage vor Lehmanns Umzug nach Mainz, schlägt die Katholisch-Theologische Fakultät Freiburg ihren langjährigen Dogmatiker Karl Lehmann als Honorarprofessor vor.

Inzwischen werden in Bollschweil Kisten gepackt – unter reger Anteilnahme der Nachbarn. Lehmann ist in dem kleinen Weiler inmitten der Vorberge des Schwarzwaldes nicht nur bekannt, sondern auch beliebt. Und das nicht nur bei seinesgleichen, etwa bei Professor Werner Marx, der an der Philosophischen Fakultät der Freiburger Universität den Heidegger-Lehrstuhl innehat und mit seiner gleichfalls jüdischen Frau oft bei Lehmann und Frau Betz zu Gast war. Auch bei den alteingesessenen Dörflern hat Lehmann einen dicken Stein im Brett. Denn der vielbeschäftigte Professor Lehmann war auch oft zur Stelle, wenn Ortspfarrer Boll seinen Dienst in St. Ulrich oder in Ehrenstetten versehen mußte, in Bollschweil trotzdem ein Gottesdienst gefeiert oder die Fronleichnamsprozession nicht ausfallen sollte. Lehmann holte auch die Milch vom Bauernhof, das Obst ebenso, war zu jedem freundlich und immer zu einem Schwatz aufgelegt. Für Lehmann war das Leben auf dem Dorf eine Erinnerung an Kindheit und Jugend. Schliueß-lich mußte er Abschied nehmen. »Ich habe selbst noch zugeschlossen, grüßte ein letztes Mal die Katzen und so wehmütig wie in diesem Moment war es mir wahrscheinlich in meinem ganzen Leben nicht«.[6] Lehmann kommen die Tränen.

## Der Eid: Kirche und Staat

Drei Tage vor der Bischofsweihe, am 29. September 1983, legt Lehmann im Festsaal der Mainzer Staatskanzlei den Eid auf die Verfassungen der Länder Hessen und Rheinland-Pfalz ab. Der Artikel 16 des Reichskonkordats verpflichtet einen neuen Bischof zu diesem Rechtsakt: »Vor Gott und auf die Evangelien schwöre und verspreche ich, so wie es einem Bischof geziemt, Deutschland, dem Land Rheinland-Pfalz und dem Lande Hessen Treue. Ich schwöre und verspreche, die verfassungsmäßig gebildeten Regierungen zu achten und von meinem Klerus achten zu lassen. In der pflichtgemäßen Sorge um das Wohl und das Interesse des deutschen Staatswesens werde ich in Ausübung des mir übertragenen geistlichen Amtes jeden Schaden zu verhüten trachten, der es bedrohen könnte.«

Ministerpräsident des Landes Rheinland-Pfalz und Nachfolger des neuen Bundeskanzlers Helmut Kohl ist der CDU-Politiker Bernhard Vogel – derselbe, der fünfzehn Jahre zuvor den jungen Dogmatiker Karl Lehmann nach Mainz berufen hatte, ihm im »Zentralkomitee der deutschen Katholiken« und während der Gemeinsamen Synode ungezählte Male offiziell und auch privat begegnet war. Mit dem zweiten Ministerpräsidenten, dem Hessen Holger Börner, hat Lehmann bisher keine Bekanntschaft gemacht.

»Die Kirche versteht ihre Freiheit positiv und aktiv«, hebt Lehmann bei den Ansprachen, die in Erinnerung an den Abschluß des Reichskonkordats vor fünfzig Jahren das Verhältnis von Staat und Kirche betreffen, hervor und zitiert die Pastoralkonstitution über »Die Kirche in der Welt von heute« des Zweiten Vatikanischen Konzils: »Immer und überall aber nimmt sie (die Kirche) in Anspruch, in wahrer Freiheit den Glauben zu verkünden, ihre Soziallehre kundzumachen, ihren Auftrag unter den Menschen unbehindert zu erfüllen und auch politische Angelegenheiten einer sittlichen Beurteilung zu unterstellen, wenn die Grundrechte der menschlichen Person oder das Heil der Seelen es verlangen.«[7] Umgekehrt bleibe es Aufgabe der Kirche, ein »noch tieferes Verständnis« für die Eigenart des modernen Staates sowie für die Probleme und Nöte einer pluralistisch-säkularen Gesellschaft zu entwickeln und unter diesen Bedingungen Mitverantwortung zu übernehmen – im Bildungsbereich, im Sozial- und Gesundheitswesen, in den Medien: »Nicht nur als Erfüllung eines Auftrages für sich selbst, sondern als Beitrag für das öffentliche Wohl.«

## Bischof Lehmann im Porträt

Viel wird seit der Ernennung des neues Bischofs von Mainz am 23. Juni 1983 bis zum Tag der Bischofsweihe am 2. Oktober über den Nachfolger von Kardinal Volk geschrieben. Alle überregionalen und regionalen Tageszeitungen porträtieren Karl Lehmann, die Ankunft des neuen Bischofs wird auch in Rundfunk und Fernsehen ausführlich gewürdigt.

Ein Mann ist in diesen Tagen besonders berufen, Karl Lehmann im Porträt vorzustellen: Karl Rahner. »Ich tue es gern, ich kann gar nicht anders«, so heißt es in einer Würdigung Rahners, die in der Sonderausgabe der Kirchenzeitung *Glauben und Leben* zum Weihetag des neuen Bischofs veröffentlicht wird.[8]

Personenkult freilich wolle er nicht treiben, bekundet der fast achtzigjährige Rahner: »So sage ich einfach und nüchtern: Karl Lehmann hat sich wohl, obwohl noch relativ jung für einen theologischen Gelehrten, schon als ein bedeutender Theologe unserer Tage ausgewiesen.« Und Rahner lobt die philosophische Doktorarbeit, er lobt die Promotion in Theologie, so wie er sie 1968 gelobt hat. Und er lobt nicht nur den Wissenschaftler Professor Lehmann, sondern auch den Geistlichen Karl Lehmann: »Der exakt arbeitende Fachgelehrte ist gleichzeitig und durch seine Fachwissenschaft hindurch ein geistlicher Schriftsteller, dessen dem religiösen Leben unmittelbar dienende Werke (auf die hier nicht näher eingegangen werden kann) beweisen, daß Lehmann über dem Fachgelehrten den Priester in seiner Existenz nie vergißt.«

Immer wieder hat Lehmann beschrieben, wie der Jesuit sich in den Dienst der Kirche hat nehmen lassen. Nun ist es an Rahner, über die Kirchlichkeit Lehmanns zu berichten: »Ich glaube nicht zu übertreiben, wenn ich sage: In der heutigen katholisch-theologischen Gelehrtenwelt bei uns in Deutschland gibt es niemanden, der so viel selbstlose und meist unbekannt bleibende Arbeit für andere und für allgemeine kirchliche Aufgaben geleistet hat wie Lehmann.« Diese Arbeit sei nicht nur mühsam und finde wenig Dank und Anerkennung. Sie bringt einen leicht in den Verdacht, »graue Eminenz« zu sein. »Und doch muß es selbstlose Leute geben, die diese notwendige Arbeit machen. Und Eingeweihte wissen, daß mancher froh sein müßte, daß sie in diesem und jenem Falle von Lehmann und nicht von anderen gemacht wurde. Auch diese Arbeit ist Dienst an der kirchlichen Theologie, auch wenn sie nicht in den himmlischen Höhen reiner Wissenschaft allein geschieht.«

Rahner kann sich offenbar kaum einen Besseren als Bischof vorstellen als seinen einstigen Assistenten: »Nimmt man hinzu, daß Lehmann, obwohl nie hauptamtlich in der normalen Seelsorge verwendet, dennoch (zuletzt in seinem Wohnort, dem Dorf Bollschweil, und früher in München, Münster und Mainz) immer redlich und selbstverständlich in der normalen Seelsorge mitgearbeitet hat, dann ergibt sich ein breites Spektrum von Fähigkeiten, die ihn zum Bischof fast prädestinieren, auch wenn er gern in seiner Professur geblieben wäre.«

Am Ende hat der Jesuit nicht nur die Person Lehmanns vor Augen, sondern auch die »Deutsche Bischofskonferenz«, die Repräsentanten der »Amtskirche«, mit der er so manchen Strauß ausgefochten hat: »Eine gleichmäßige und sehr ausgebreitete theologische Gelehrsamkeit, nüchternes Urteil, Fähigkeit, bei einem Problem viele Seiten zu sehen und zu würdigen, persönliche Bescheidenheit wird man (ich weiß es) bei dem neuen Bischofstheologen sicher erwarten können. Er wird ein Bischof abgewogener Klarheit, ein Theologe der Mitte auch als Bischof sein.«

Doch Rahner wäre nicht Rahner, gäbe er dem Hochgelobten am Ende nicht noch einen gutgemeinten Rat: »Nun haben alle diese guten Eigenschaften, wie alles bei uns Menschen, auch ihre Gefahren und Versuchungen. Ganz unvermeidlich. Zur sachlichen Ausgewogenheit in der Mitte muß manchmal auch der Mut zur Einseitigkeit, zum Eintreten für eine Entscheidung gehören, die nicht allen gefällt und nicht apriori gerechtfertigt werden kann, für die man gegen andere, die man schätzt und vielleicht noch weiter ›oben‹ stehen, eintreten muß. Darf ich, sein alter Freund, sagen, daß ich ihm für sein Amt und seine Zukunft als bischöflichem Theologen auch – nicht nur – diese Tugend besonders wünsche?« Der Mut zur Einseitigkeit – fast ist der Wunsch das Vermächtnis des großen Mannes an den jungen Bischof von Mainz, der bald Vorsitzender der Deutschen Bischofskonferenz wird, und sogar noch an den Kardinal.

»Gekränkt war Lehmann durch diese freundschaftliche Mahnung gar nicht«, hatte Rahner kurz vor seinem Tod am 30. März 1984 über die Würdigung seines früheren Assistenten aus Anlaß der Bischofsweihe gesagt. »Er hat mir sogar in einem freundlichen Brief geantwortet, er würde sich bemühen, diese Mahnung zu beachten.«[9]


## Die Bischofsweihe

Der 2. Oktober 1983 ist kein Sonntag, wie er im Buche steht. Der Wetterbericht hat nichts Gutes verheißen, zumindest nicht den Auftakt eines goldenen Oktober. Trotzdem herrscht rund um den Dom schon früh am Morgen reges Treiben. Übertragungswagen fahren auf ihre vorgesehenen Positionen, überall werden Stände aufgebaut, die Ordner haben alle Hände voll zu tun.[10]

Im »Haus am Dom«, im Ordinariat und im noch im Bau befindlichen »Erbacher Hof« treffen unterdessen die Ehrengäste ein. Um 14 Uhr soll die feierliche Liturgie beginnen, in der Hermann Kardinal Volk zusammen mit dem Freiburger Erzbischof Oskar Saier und Weihbischof Wolfgang Rolly den Freiburger Priester Karl Lehmann zum Bischof von Mainz weihen wird. Mehr als 20 Bischöfe und Erzbischöfe, 3000 Gläubige im überfüllten Martinsdom und Hunderttausende an den Fernsehschirmen und Radios warten.

In feierlicher Prozession bahnen sich die Geistlichen vor dem Beginn der Liturgie einen Weg in den Dom. Es regnet in Strömen. Als sie durch das Bischofsportal ins Trockene gelangen, hat sich auch eine andere Sorge erledigt. Guido del Mestri, der Apostolische Nuntius, war bis jetzt nicht zu sehen gewesen. Ohne ihn, den Überbringer der päpstlichen Ernennungsurkunde, kann die Weihe nicht stattfinden. Nun sitzt er aber auf seinem Platz. Der Fahrer des Nuntius hatte den Weg zum Bischöflichen Ordinariat nicht gefunden.

Als die Liturgie pünktlich beginnt, fehlt ein weiterer, wenn auch für das Geschehen selbst nicht ganz so bedeutender Gast: Bundeskanzler Helmut Kohl. Der Hubschrauber sei schon gelandet, heißt es. Aber die Liturgie muß beginnen, Kanzler hin oder her. Von der Sakristei aus betritt Kohl schließlich die Kirche und geht von hinten durch das Chorgestühl auf seinen Platz in der ersten Bank. Die Aufmerksamkeit ist ihm sicher.

Das Fernsehen, das mit Bühnen, Kabeln, Kameras und Scheinwerfern bei Gottesdienstübertragungen zumeist Schrecken verbreitet, wächst bei der Bischofsweihe Lehmanns über sich hinaus. Zum einen übertragen der Südwestfunk und der

Hessische Rundfunk das Ereignis live in ihren dritten Fernsehprogrammen und über mehrere Radiofrequenzen. Zum anderen ist es am Ende dem Regisseur zu verdanken, daß Lehmann »rite« geweiht wird! Denn aus lauter Ergriffenheit fällt zunächst niemandem an der Seite Kardinal Volks auf, daß man vergessen hat, nach der Handauflegung über dem Kopf des neuen Bischofs das Evangeliar auszubreiten.

Der Regisseur ist verwirrt. Auf seinem Ablaufplan ist »Ausbreitung des Evangeliars« vorgesehen. Er wendet sich an Heinz Heckwolf, den neben ihm sitzenden Rundfunkbeauftragten des Bistums. Heckwolf eilt zum Zeremoniar, und bald wird über dem Haupt des neuen Bischofs, der noch immer auf der obersten Altarstufe kniet, das Evangeliar ausgebreitet …

Die feierliche Liturgie endet, wie sie begonnen hat: im Regen. Der neue Bischof, die Ehrengäste und Tausende von Menschen lassen sich das Fest dennoch nicht verdrießen. Der frühe Sonntag abend ist auf Wunsch Lehmanns eine »Stunde der Begegnung« mit allen, die an diesem Tag nach Mainz gekommen sind. In kleinerer Runde geht der denkwürdige Tag in den frühen Morgenstunden zu Ende. Nach kurzem Schlaf beginnt Lehmann am Montag, dem 3. Oktober 1983, seinen Dienst als Bischof von Mainz. Er besucht den ersten ökumenischen Religionslehrertag der Stadt. Das Programm steht unter dem Titel: »Das Judentum – unsere Väter- und Brüderreligion«.

## Das Bistum

Karl Rahner hat Karl Lehmann, den neuen Bischof, den Katholiken des Bistums Mainz vorgestellt. Aber wer stellt die Katholiken des Bistums Mainz dem neuen Bischof vor? Und was wußte er überhaupt von seiner neuen Diözese?

In seinen Mainzer Jahren hatte er wohl durch verschiedene Kontakte eine Ahnung von der Eigenart des rheinischen Bis tums erhalten. Aber zu mehr als einer Ahnung reichte es in der kurzen Zeit nicht.

Und nun sollte er der Nachfolger des Heiligen Bonifatius werden, des Apostels der Deutschen und aller Mainzer Erzbischöfe, der Erzkanzler des Reiches, zeitweilig Herren über die größte Kirchenprovinz der katholischen Kirche nach Rom, Nachfolger der Mainzer Kurfürsten, der Vorsitzenden im Kurkolleg, Gebieter über einen Kurstaat, der sich wie ein langgestreckter Bogen vom Hunsrück über Aschaffenburg und das Eichsfeld bis nach Erfurt erstreckte. Kein Bistum in Deutschland dürfte geschichtsträchtiger sein als Mainz.[11]

Seit dem 19. Jahrhundert ist es freilich nur noch ein Schatten der einstigen Herrlichkeit: Eine katholische Diözese auf dem Territorium des protestantischen Großherzogtums Hessen-Darmstadt. Und mit einer bizarren Gestalt dazu. Das Bistum erstreckt sich von Rheinhessen, der Bergstraße und Teilen des Odenwaldes einschließlich der ehemaligen Freien Reichsstadt Wimpfen am Neckar den Main entlang bis nach Höchst, an der Stadt Frankfurt vorbei nach Seligenstadt und die Wetterau hinauf bis nach Gießen und Schlitz, wenige Kilometer vor Fulda. Starke Bischöfe, prägende Gestalten sind unter solchen Umständen Glück im Unglück. Wilhelm Emmanuel Freiherr von Ketteler (1811–1877, Bischof von Mainz 1850) ist die erste überragende Bischofsgestalt in der Geschichte der jungen Diözese. Im 20. Jahrhundert setzt mit Albert Stohr (1890–1961), der 1935 zum Bischof gewählt wurde, die Reihe starker Bischöfe ein. Der zweite ist Hermann Volk, seit 1962 Bischof, der dritte Karl Lehmann.

Stohr leitete das Bistum 25 Jahre, Volk 20 Jahre – beide hatten viel Zeit und viele Gelegenheiten, das Bistum zu prägen. Beide waren vor der Übernahme des Bischofsamtes Dogmatiker. Beide legen auch als Bischöfe Wert auf die theologisch-aszetische Bildung des Klerus. Beide erweisen sich aber auch als volkstümliche, engagierte Seelsorger, die mit den Jahren zu

Vaterfiguren werden. Vor allem Bischof Volk ist häufig im Bistum unterwegs. In seiner Jugend hatte er Schauspieler werden wollen. Nun begeisterte er als Prediger: rhetorisch brillant, wenn auch mitunter ein wenig ausladend.

Als Karl Lehmann im Jahr 1983 Bischof von Mainz wird, findet er eine Diözese vor, die sich durch große Kontinuität und ein starkes Zusammengehörigkeitsgefühl von manchen anderen Bistümern unterscheidet. Mainz war ein lähmender Streit nach dem Konzil dank der Autorität von Bischof Volk und einer fähigen Bistumsverwaltung weitgehend erspart geblieben.

»Überzeugend konnte er einsichtig machen, daß hier keine unbedachten Neuerungen vorgenommen wurden und es eine gediegene Stetigkeit im Blick auf die Überlieferung gab (...) So hat Kardinal Volk entscheidend dazu beigetragen, daß – Gott sei Dank – im Bistum Mainz die nachkonziliaren Polarisierungen begrenzt blieben und z. B. auch die Zahl ausgeschiedener Priester in engeren Grenzen blieb.«[12] So predigt Karl Lehmann, Bischof von Mainz, im Pontifikalrequiem für seinen Vorgänger am 8. Juli 1988 im Mainzer Dom. Am 1. Juli war der Mainzer Kardinal im Alter von fast 85 Jahren verstorben.

Doch so wohlgeordnet das Bistum Mainz sich Ende 1983 dem neuen Bischof präsentiert hatte, so sehr ist es hohe Zeit, daß ein neuer Mann an die Spitze der Diözese tritt. Denn während der zurückliegenden Jahre, in denen Volk vergebens auf die Entpflichtung von seinem Amt gehofft hatte, konnten manche Entscheidungen nicht getroffen werden, die unter gewöhnlichen Umständen keinen Aufschub geduldet hätten. Aber der Kardinal war wohl auch zu nobel, um vor seinem baldigen Ausscheiden vieles festzulegen.

# Das neue Amt

Der nüchternen, mitunter zögerlichen Art Lehmanns kommt die Atmosphäre an seiner neuen Wirkungsstätte gelegen. Er kann, aber er muß nicht sofort neue Ideen oder gar neue Personen präsentieren. Also vertraut er sich den Mitarbeitern an, denen auch sein Vorgänger vertraut hatte – Agathe Hitzel, der Sekretärin im Bischofshaus, Peter Walter, dem Bischöflichen Kaplan, bis hin zu Domdekan Hermann Berg und vor allem Generalvikar Martin Luley.

Nur eine der vier Personen, die ihn von nun an umgeben, kennt Lehmann schon länger: Peter Walter. Als junger Professor hatte der neue Bischof mit dem damaligen Priesteramtskandidaten Peter Walter im Priesterseminar in der Augustinerstraße für kurze Zeit unter einem Dach gelebt. Auf Lehmanns Bitte hin führt Walter ihn noch ein halbes Jahr in das Amt des Mainzer Bischofs ein. Als seine unmittelbare Hilfe nicht mehr erforderlich ist, widmet er sich wieder der Wissenschaft, habilitiert sich in Tübingen und übernimmt bald darauf den zweiten Lehrstuhl für Dogmatik an der Universität Freiburg. Lehmann und Walter begegnen sich weiterhin im Ökumenischen Arbeitskreis.

Volk hatte es sich zur Gewohnheit gemacht, am Abend seinen Schreibtisch vollständig aufzuräumen. Mitunter wurde es darüber Nacht, denn Volk beantwortete fast jeden Brief. Auf Lehmanns Schreibtisch hingegen türmen sich Briefe und Akten, Manuskripte und Druckfahnen. Vorgänge, die nicht unbedingt sofort erledigt werden müssen, häufen sich auf der zum Zwischenlager zweckentfremdeten Sitzgarnitur, auf dem seit Jahren unbenutzbaren Home-Trainer oder auf dem Fußboden.

Die Mainzer haben Lehmann durch die Wahl zum Bischof mitten aus einer Fülle von wissenschaftlichen Projekten gerissen. Diese können nun nicht alle sofort abgegeben oder gar abgeschlossen werden. Was in Freiburg zwei Sekretärinnen, zwei

Assistenten und mehrere wissenschaftliche Hilfskräfte geleistet hatten, das muß nun – wenn auch in vermindertem Umfang – im Bischofshaus in Mainz bewältigt werden. So ist es geradezu zwangsläufig, daß bald auch einige erfahrene Mitarbeiter ihren Wohnort von Freiburg nach Mainz verlegen, um für den neuen Bischof zu arbeiten.

Der Kaplan nämlich hat anderes zu tun, als dem Bischof die wissenschaftlichen Hilfskräfte zu ersetzen. Zahllose Terminwünsche wollen bearbeitet und koordiniert werden. Vor allem aber muß der Bischof in seine neuen Aufgaben eingewiesen werden: Welche Pflichten obliegen dem Bischof im Mainzer Dom? Wie geht eine Visitation eines Dekanats vonstatten? Wie spendet man die Firmung? Selbst der Alltag eines Bischofs will gelernt sein: Kaplan Dr. Peter Walter übt mit dem neuen Bischof Karl Lehmann den liturgischen Gesang: Orationen, Präfationen, alles, was ein Bischof singen können muß. Lehmanns Singstimme ist nicht die kultivierteste, aber: »Man kann viel lernen«, sagt der Kardinal.

### Visitationen

Volk hatte als Bischof die Visitationspflicht sehr ernst genommen. Für Lehmann steht es außer Frage, an diese Tradition anzuknüpfen. Nicht, weil das Kirchenrecht es verlangt,[13] sondern weil die Präsenz eines Bischofs im ganzen Bistum ein hohes Gut ist.

»Der Bischof hat die Pastoralvisitation mit gebotener Sorgfalt durchzuführen«, heißt es im Kanon 398 des Codex Iuris Canonici. Sorgfalt – das heißt: Besuch jeder einzelnen Pfarrei, aller kirchlichen Einrichtungen von der Niederlassung einer Ordensgemeinschaft und dem Kindergarten bis zum Krankenhaus und dem Altersheim, eine Vielzahl von feierlichen Gottesdiensten mit der Spendung des Firmsakraments, ausführliche

Gespräche mit allen hauptamtlichen Mitarbeitern, Sitzungen mit den Räten, Begegnungen mit den ehrenamtlichen Mitarbeitern, Besuche von Unternehmen am Ort, Gespräche mit Politikern. Etwa 25 volle Tage nahm und nimmt eine solche Visitation in Anspruch.[14] Oft dauert so ein Tag 14 bis 16 Stunden.

Der Bischöfliche Kaplan hatte einen Visitationsplan für das gesamte Bistum erstellt. Im Rhythmus von fünf Jahren soll ein Bischof jede Gemeinde besuchen. Lehmann übernimmt den Plan, ohne zu zögern. So lernt er das Bistum binnen weniger Jahre »von unten« kennen – und die Mainzer Katholiken ihren Bischof Karl. Der predigt rhetorisch zwar nicht so effektvoll wie sein Vorgänger, dafür aber realitätsnaher und kürzer.

Und wenn Lehmann als Sänger auch nicht so ganz in seinem Element ist, so ist er bei Begegnungen und auf Empfängen voll und ganz bei der Sache – und das nicht nur in den Gemeinden und Dekanaten, sondern auch gegenüber der Politik und mit Wirtschaftsleuten. Lehmann ist noch nicht einmal ein Jahr im Amt, da sprechen die rheinland-pfälzischen Bischöfe am 11. September 1984 zum ersten Mal offiziell mit dem Vorstand der SPD des Landes. Am 12. November desselben Jahres lädt das Katholische Büro in Mainz auf seine Anregung hin zum ersten Mal Repräsentanten der Kirche, der Politik und der Medien zu einem »Martins-Empfang«.

Lehmann hält die hohe Frequenz der Gemeindebesuche bis 1997 aufrecht. Nachdem er 1987 den Vorsitz der Deutschen Bischofskonferenz übernommen hat, erbittet er einige Zeit später zum Ausgleich einen zweiten Weihbischof, Franziskus Eisenbach. Der Mainzer Priester ist wohl Lehmanns Wahl. Mit seiner Neigung zu allem Mystisch-Charismatisch-Spirituellen war der ehemalige Freiburger Doktorand schon immer so ganz anders als der eher unsentimentale Lehmann. Eisenbach übernimmt fortan neben Weihbischof Rolly einen Teil der Visitationspflichten.

Doch selbst als Lehmann Anfang des Jahres 2001 nach fast

18 Jahren an der Spitze des Bistums Mainz Kardinal wird, visitiert er noch immer in jedem Jahr ein Dekanat, wenn auch mit reduziertem Programm. Einige andere Verpflichtungen haben inzwischen Domkapitulare übernommen. Die Gesundheit von Weihbischof Rolly ist seit langem beeinträchtigt, und Weihbischof Eisenbach hatte seit September 2000 unter dem Vorwurf, seine Grenzen als »Geistlicher Begleiter« erheblich überschritten zu haben, sein Amt ruhen lassen. Im März 2002 verzichtet er auf Verlangen der Glaubenskongregation auf sein Amt.

Gemessen an den ersten Mainzer Jahren erscheint der Besuch nur eines Dekanates als nicht der Rede wert. So werden hier und da Stimmen laut, die zu bedenken geben, das Bistum sei Lehmann offenbar zu klein, ja er vernachlässige über seinen Pflichten als Vorsitzender der Bischofskonferenz und seinen Neigungen zu Vorträgen sein Bistum. In der Tat kann sich sein Terminkalender mit dem mancher Vorstandsvorsitzender großer Unternehmen messen. Aber im Vergleich zu den Bischöfen vieler anderer Diözesen ist Lehmann nahezu ständig in seinem Bistum präsent. »Der Bischof hat sich das Bistum erarbeitet, ist in jeden Winkel gegangen«, heißt es klar und deutlich im Mainzer Ordinariat.

Und auch wenn Lehmann vielen Verpflichtungen und Terminen außerhalb seines Bistums nachkommt: Der Kontakt mit den Mitarbeitern im pastoralen Dienst, den Priestern und Diakonen vor allem, soll darunter nicht leiden. Bischof Karl hat es sich schon zu Beginn seiner Amtszeit zur Gewohnheit gemacht, den Geistlichen aus Anlaß eines Weihejubiläums und eines 50., 60. oder 70. Geburtstags und erst recht danach zu schreiben – persönlich. Formbriefe verabscheut er – als Kardinal nicht weniger denn als Bischof.

Das phänomenale Personengedächtnis leistet Lehmann dabei einen unersetzlichen Dienst. Hermann Volk, sein Vorgänger, hatte sich Namen und Gesichter nur schlecht merken können. Nun kommt Bischof Karl. Der kennt bald nicht nur alle

Pfarrer mit Namen, selbst wenn er sie nur einmal gesehen hat, sondern behält auch den Vornamen der Ehefrau des Diakons, weiß, wie viele Kinder die beiden haben.

Unter Kardinal Volk, der am Abend stets nach Mainz zurückkehren wollte, war Walter in der Funktion des Fahrers stark gefordert gewesen, zumal Volk selten auf den offiziellen Fahrer, der in der Dombauhütte als Schreiner beschäftigt war, zurückgriff. Unter Bischof Karl, dem erfahrenen Chauffeur Karl Rahners, wird der Kaplan von diesen Pflichten befreit.

Nach und nach wird der Wagen des Bischofs zu seinem zweiten Arbeitsplatz.


## Der Alltag

Der Terminkalender Lehmanns gleicht über viele Wochen im Jahr dem eines Bundeskanzlers, wenigstens dem eines Ministerpräsidenten. Auf sieben Tage in der Woche verteilen sich die Termine, und die Gesprächspartner und Themen können so schnell wechseln wie die Schauplätze.

Es gibt kaum einen Tag, an dem Lehmann sein Bischofshaus nicht »dienstlich« verlassen muß. Und wenn er im Haus ist, bleibt außer den Gebetszeiten bis in den späten Abend hinein kaum eine Minute für Muße – abgesehen von der Meditation, den Stundengebeten und den Gottesdiensten.

Auf eine einzelne Sache konzentrieren kann sich Lehmann tagsüber kaum. Da eine Terminübersicht mit seinen wichtigsten Verpflichtungen über das Generalvikariat und später das Sekretariat der Bischofskonferenz verbreitet wird, wissen alle, die ihm regelmäßig zuarbeiten, wann er im Bischofshaus in Mainz zu erreichen ist. Das Telefon steht dann nicht still. Erst am späten Abend wird es ruhiger. Das ist die Zeit, in der kleine Texte entstehen, die Briefe, die Vorträge, die Kurz-Kommentare für die *Allgemeine Zeitung* der Bischofsstadt Mainz und für *Glauben und Leben*, die Kirchenzeitung des Bistums,[15] die Interviews.

Oft ist Mitternacht längst vorbei, wenn Lehmann zur Ruhe kommt – mehr als fünf, sechs Stunden Schlaf findet er selten, in Zeiten großer innerer Anspannung sind es noch weniger. Dann kann es schon einmal vorkommen, daß Lehmann am hellichten Tag innerhalb von Sekunden einschläft: nicht nur im Auto, sondern in der ersten Reihe einer Festveranstaltung, vor aller Augen, auf dem Höhepunkt des Streits über die Schwangerenkonfliktberatung selbst auf einer Pressekonferenz am späten Vormittag.

»Etwas mehr Zeit für sich«, das gibt der Mainzer Weihbischof Rolly seinem Bischof und Kardinal aus Anlaß des 65. Geburtstages mit auf den Lebensweg.[16] Rolly, der Lehmann, den Rastlosen, der sich selbst bis zur restlosen Erschöpfung Überfordernden, nicht erst seit der Übernahme des Bischofsamts kennt, weiß, wovon er spricht.

Doch worauf soll Lehmann verzichten? Soll er seine wissenschaftlichen Fähigkeiten noch stärker brachliegen lassen? Immerhin hatte der Stuttgarter Wissenschaftsminister Engler am 2. Oktober, nach der Bischofsweihe, als Lehmann endgültig als Beamter aus dem Dienst des Landes Baden-Württemberg ausgeschieden war, dem langjährigen Freiburger Dogmatiker die Urkunde überreicht, die ihn zum Honorarprofessor macht. Und auch die Mainzer hatten den neuen Bischof, den früheren Kollegen, mit einer Honorarprofessur geehrt! Als Bischof ist Lehmann jedoch, anders als Professor, kaum noch Herr seines Terminkalenders.

Am Anfang versucht Bischof Lehmann noch, an der nunmehr »Fachbereich« genannten Katholisch-Theologischen Fakultät in Mainz eine Vorlesung zu halten. Der Montag, der Priestersonntag, bietet sich an, früh, die zweite Stunde. Bald gibt der neue Honorarprofessor auf. »Das Problem war nicht, mich ausreichend vorzubereiten«, sagt der Kardinal. »Es war schlicht unmöglich, den Vorlesungstermin am Montag kontinuierlich von anderen Verpflichtungen freizuhalten.« Und da Lehmann nicht in den Ruf der Unzuverlässigkeit kommen möchte, ist das Experiment beendet, ehe es richtig begonnen hat. »Du sollst nicht so tun, als ob du das weitermachen könntest«, sagt Bischof Karl zu sich. »Du hast jetzt einen anderen Beruf. Mach dir keine Illusionen.« Er wollte auch seinen guten Ruf, der Lehre den ersten Rang zu geben, nicht aufs Spiel setzen.

Doch wenn die Zeit für Zeitschriftenbeiträge und erst recht für Bücher nicht reicht, einen Vortrag muß Bischof, muß Kardinal Lehmann noch ausarbeiten können. Anlässe für wissenschaftliche Fingerübungen dieser Art gibt es zuhauf. Keine Woche vergeht, in der Lehmann nicht mehrere Vorträge in allen Winkeln der Republik halten könnte. Nur einen Bruchteil der Einladungen nimmt er an. Viele sind es noch immer. Und immer packt ihn der Ehrgeiz, es sich und anderen zu zeigen. So entsteht im Geiste Karl Rahners im Lauf der Jahre eine ansehnliche Reihe »großer Vorträge«. Ob Juristen, Gynäkologen, Bibliothekare oder Wirtschaftswissenschaftler, Lehmann verblüfft seine Zuhörer immer wieder mit der Kenntnis neuester und abseitigster Veröffentlichungen – und wenn er dafür bis tief in die Nacht über neuen Büchern sitzt und mit der Zeit Raubbau an seiner Gesundheit treibt.

Freilich gibt es auch im Leben des Mainzer Professoren-Bischofs und Kardinals Lehmann Routine. Wie in allen Bistumsverwaltungen und im Sekretariat der Deutschen Bischofskonferenz, so kommen auch in Mainz an jedem Dienstag vormittag die Abteilungsleiter der Bistumsverwaltung zusammen, um in der »Dezernentenkonferenz« ihre Arbeit zu besprechen. Mit dabei der Bischof, die Weihbischöfe sowie der Generalvikar als Vertreter des Bischofs und Leiter der Bistumsverwaltung. Als Generalvikar ist zunächst weiterhin Martin Luley, Jahrgang 1925, tätig. 1996 legt der Bischof die Verantwortung für die gute Verwaltung des Bistums in die Hände eines Jüngeren: Werner Guballa, Jahrgang 1944, Germaniker.

Zu Zeiten von Bischof Hermann konnten die Domkapitulare sicher sein, daß die Konferenz am Mittag beendet war. Kaum hat der neue Bischof seinen Dienst angetreten, ist es mit der Beschaulichkeit vorbei. Die Sitzungen werden nun bis in den frühen Nachmittag hinein fortgesetzt.

Denn Lehmann will als Bischof im Bistum nicht anders sein als er es als Professor im Hörsaal war: umfassend und präzise im Bilde über alles, was vor sich geht. Bald erzählen sich die Sekretärinnen der Domkapitulare, daß ihre Chefs nun unter der Arbeit stöhnen würden. Alles wolle Lehmann genau wissen, so daß sie in der Sitzung ausführlich vortragen müßten. Der Bischof hält es ebenso: Ist er von einer Reise nach Rom, von einer Zusammenkunft des Ständigen Rats der Bischofskonferenz oder einem Besuch in einer Gemeinde nach Mainz zurückgekehrt, berichtet auch er ausführlich.

Die Dezernentenkonferenz ist das wichtigste, aber bei weitem nicht das einzige maßgebende Gremium in einer Diözese wie Mainz. Es gibt da noch den Priesterrat, die Konferenz der Dekane, den Diözesanpastoralrat, die Diözesanversammlung und deren Vorstand, den Ordensrat, den Kirchensteuerrat oder den Verwaltungsrat des St. Vincenz- und Elisabethenhospitals in Mainz, das vom Bistum getragen wird. An vielen, wenn auch nicht an allen Zusammenkünften nimmt auch der Kardinal noch teil. Und selbst, wenn er wegen allerlei anderweitiger Verpflichtungen später kommt oder eher geht, heißt es, daß er immer noch mehr Impulse gebe als mancher, der immer da sei.

Dabei ist Lehmanns Führungsstil nicht autoritär, sondern unverändert moderat. Zwar nimmt er vornehm, aber bestimmt die Leitung wahr und fällt auch unpopuläre Entscheidungen – aber erst dann, wenn sich nach allem Erwägen und Überlegen und beim allerbesten Willen keine andere Möglichkeit mehr auftut. Wenn er ein Zeichen setzt, dann spät – aber bestimmt und deutlich.

Auf Reisen und in Gesprächen, durch Konferenzen und bei

geselligen Veranstaltungen lernt der neue Bischof seine Diözese nicht im Laufe von vielen Jahren, sondern in wenigen Monaten so weit kennen, daß er sich schon bald zutraut, als Telefongast bei der *Mainzer Allgemeinen Zeitung* Fragen von Lesern zu beantworten. Das Interesse ist so groß, daß die Telefonleitungen nach kurzer Zeit zusammenbrechen. Gleich mehrere Anrufer, so hält es der Kirchenredakteur fest,[17] sprechen den neuen Bischof auf Probleme in ihren Gemeinden an. In Mainz-Hechtsheim ist die Stelle des Pfarrers noch immer vakant, in Mainz-Zornheim ist es einem Pfarrer in den Sinn gekommen, die Kommunionbank meistbietend zu versteigern. So käme mehr Geld für die Renovierung der Kirche zusammen. »Zum Erstaunen der Anrufer kannte Lehmann die ›Affären‹ nicht nur in allen Einzelheiten, sondern konnte deutlich machen, daß er gerade im Augenblick mit beiden sehr direkt befaßt war.«[18]

Auch bei Begegnungen am Ort verblüfft Lehmann seine Diözesanen immer wieder. Nicht nur die Hauptamtlichen, sondern auch die Vorsitzenden der Pfarrgemeinde- und Verwaltungsräte spricht der Bischof oft noch Jahre nach der letzten Begegnung mit dem vollen Namen an. Aber er hat nicht auf jede Frage eine Antwort parat. Er kommt als einer, der Mut machen will.

In der Dezernentenkonferenz gibt es aber nicht nur vieles zu bereden, sondern auch Dinge von großer Tragweite zu entscheiden. In den ersten Jahren etwa verzeichnet der Kalender des Bischofs noch zahlreiche Besuche im Bistum, bei denen er eine neuerrichtete Kirche feierlich einweihen kann. Fast 20 Jahre später kann nicht mehr die Rede davon sein, daß Kirchen gebaut würden. Wahrscheinlicher ist, daß mehrere Pfarreien zusammengelegt, vielleicht sogar aufgelöst und Gotteshäuser geschlossen werden.

Wie in fast allen Bistümern fehlt es auch in Mainz nicht nur an Priestern, sondern inzwischen auch an Laien im pastoralen Dienst, vor allem aber an Gläubigen. Eine bittere Erfahrung für

Karl Lehmann, hatte er doch als junger Dogmatiker wegweisende Artikel über Gemeindeleitung und kirchliches Amt geschrieben und diese Themen als Bischof von Mainz zu einem seiner Schwerpunkte gemacht.[19] Doch auch er kann eine Entwicklung nicht aufhalten, die die Kirche in Westeuropa als Ganze erfaßt hat: Die Zahl der regelmäßigen sonntäglichen Gottesdienstbesucher geht zurück, ebenso die Zahl der Taufen, der Erstkommunionen, der Firmungen, der Eheschließungen. Nur die Zahl der Beerdigungen steigt.

Wie in den meisten anderen Bistümern in Deutschland, so zieht man zum Ausgleich der sinkenden Zahl gerade jüngerer Priester auch in Mainz Laien heran. Volk und auch Lehmann setzen auf beide Berufsgruppen: die Gemeindereferenten mit einer Fachakademie- und Fachhochschulausbildung[20] und die Pastoralreferenten mit einem Universitätsabschluß. Allerdings bekräftigt Lehmann die unterschiedlichen Einsatzgebiete der beiden Berufsgruppen: Nur die Gemeindereferenten werden, wie der Name es sagt, unmittelbar der Pfarrseelsorge zugeordnet. Pastoralreferenten hingegen arbeiten, wie im benachbarten Bistum Trier, aber anders als etwa in Freiburg, Rottenburg-Stuttgart oder Limburg, in der Gemeinde- und in der »Territorialseelsorge« auf der Ebene des Dekanats oder in der »Kategorialseelsorge«, etwa im Krankenhaus oder im Gefängnis. Die Rollen der pastoralen Mitarbeiter sind zumindest in der Theorie klar verteilt. »Pfarrer ohne Weihe« sind die Pastoralreferenten in Mainz nicht.

Alle Konsultationsprozesse können aber nicht verhindern, daß es mittlerweile auch an Laien fehlt, die in den kirchlichen Dienst treten wollen. In der Krise sind also nicht nur die Gemeinden, sondern alle Berufe der Kirche gleichermaßen, die Theologie nicht ausgenommen.

Trotzdem oder gerade deswegen wirbt Bischof Karl unermüdlich für eine Kirche von Mainz, deren Grenzen offenbar fließender geworden sind: Mögen Sonntag für Sonntag von

Jahr zu Jahr weniger Christen regelmäßig die Gottesdienste besuchen, so sind viele Kirchen an hohen Festtagen wie Weihnachten und Ostern überfüllt. Und die Kirche lebt nicht nur, wo sich der Glaube in Gestalt der *leitourgía* zeigt. Die *martyría,* das lebendige Zeugnis im Alltag, etwa durch und in den vielen Schulen des Bistums, gehören ebenso dazu wie die *diakonía*, die tätige Nächstenliebe.

### Heiße Eisen: Vorträge und Hirtenbriefe

Ganz in seinem Element als kirchlicher Wissenschaftler und als wissenschaftlicher Kirchenmann ist Lehmann, wenn er im Winter eines jeden Jahres den »Brief« entwirft, den der Bischof nach altem Brauch zu Beginn der österlichen Bußzeit an die Gemeinden seines Bistums schreibt. Nicht akademische Glasperlenspiele sind sie, sondern religiös-theologische Positionsbestimmungen in die Zeit hinein. Die Fragen, zu denen Lehmann schreibt, sollen die Christen in den Gemeinden nicht weniger umtreiben als ihn selbst.

Von Anfang an sei ihm klar gewesen, daß er als Theologe manche Gedanken hatte formulieren können, die ihm als Bischof niemand abnehmen würde, sagt der Kardinal. Umgekehrt aber hatte er das Gefühl, genügend theologische Einsichten »auf der Lafette« zu haben, um als Bischof manches zu verwirklichen, was der Professor nur habe denken können.

Schon der erste Fastenhirtenbrief trägt dem Bischof viel Aufmerksamkeit ein, die nicht an den Grenzen der Diözese Mainz haltmacht. »In den ersten Monaten meines Wirkens in unserem Bistum bin ich bei den Besuchen in den Gemeinden, aber auch in vielen Begegnungen mit Priestern, pastoralen Mitarbeitern und Laien sowie in vielen Briefen vor allem von Eltern auf eine Erscheinung unseres gesellschaftlichen Lebens aufmerksam geworden, die in den letzten Jahren sehr an Häufigkeit zugenommen hat: Ich meine die Beziehungen, die man mit Begriffen wie ›Ehe ohne Trauschein‹, ›eheähnliches Verhältnis‹, ›wilde Ehe‹ zu umschreiben versucht«, schreibt Lehmann unter dem Datum 1. März 1984.[21]

Man dürfe eine Lebensgemeinschaft von Menschen, die eine Ehe nicht von vornherein ausschlössen, nicht gleichsetzen mit »beliebig abbrechbaren Partnerschaften«, sagt der katholische Bischof. »Oft ist in ihnen nämlich die Sehnsucht nach Gewißheit in der Liebe verborgen gegenwärtig (...) Da fast alle Vorformen der Eheschließung (auch die Verlobung) und eine stufenweise Vorbereitung auf die Ehe im Niedergang begriffen sind, erscheint diese Form der nichtehelichen Lebensgemeinschaft wie eine letzte Probe.« Sein Rat: »An dieser Stelle muß man die Bindungsangst verstehen, weil das Führen einer geglückten Ehe zumal unter den modernen Lebensbedingungen gewiß schwierig ist. Man muß aber auch versuchen, diese Bindungsangst abzubauen und das Vertrauen in die Kraft treuer Liebe zu stärken.« Manch einer wird bei diesen Worten Ähnliches gesagt oder gedacht haben wie einst Nuntius Corrado Bafile: »Nun kennen wir den Bischof Lehmann ... «

Auch die Themen für die Hirtenbriefe der folgenden Jahre entnimmt Bischof Lehmann ebenso der Wirklichkeit, wie es Professor Lehmann mit seinen Seminaren gehalten hatte. 1984 gibt er mit seinem Brief das Signal für den Beginn eines Konsultationsprozesses über *Schwerpunkte gegenwärtiger Pastoral*. Nicht er maßt sich an zu wissen, wo die Gläubigen im Bistum Mainz der Schuh drückt, er möchte es vielmehr von ihnen erfahren.

Im Jahr 1989 veröffentlichen die »Deutsche Bischofskonferenz« und der Rat der EKD unter dem Titel *Gott ist ein Freund des Lebens* zum ersten Mal eine gemeinsame Stellungnahme zum umfassenden Schutz des Lebens. Der Mainzer Bischof, Vorsitzender der Bischofskonferenz, schreibt seinen Diözesanen zu diesem Thema einen persönlichen Brief: *Deine Augen sahen, wie ich entstand – Warum die Kirche für einen besseren Schutz des Lebens eintritt.*

Das Thema des Hirtenbriefes des Jahres 1992 irritiert noch heute all jene, die in Lehmann gerne einen »Liberalen« sähen: Wie Franz Kamphaus, der Bischof im benachbarten Limburg, bricht auch Bischof Lehmann eine Lanze für die Ehelosigkeit des Priesters in der römisch-katholischen Kirche: *Nachfolge des Herrn in ungeteiltem Dienst*, so lautet der Titel des Hirtenworts zur österlichen Bußzeit 1993.

Mochte dieser Text ganz nach dem Herzen der Römer sein, so beschwört im selben Jahr ein anderes Hirtenwort einen offenen Konflikt mit der vatikanischen Kongregation für die Glaubenslehre herauf. Zusammen mit den beiden anderen Bischöfen der Oberrheinischen Kirchenprovinz, dem Freiburger Erzbischof Oskar Saier und dem Rottenburger Bischof Walter Kasper, veröffentlicht Lehmann im Juli 1993 das *Gemeinsame Hirtenschreiben der Bischöfe der Oberrheinischen Kirchenprovinz zur Pastoral mit Geschiedenen und Wiederverheirateten Geschiedenen.*[22]

Vor mehr als 20 Jahren hatte der Freiburger Dogmatiker Lehmann in der Zeitschrift *Communio* bereits Überlegungen zu diesem Problem veröffentlicht, die damals als wegweisend empfunden wurden.[23] Hinter den zahlreichen moraltheologischen, kirchenrechtlichen und seelsorglich begründeten Positionen für und wider die Zulassung von Geschiedenen und Wiederverheirateten Geschiedenen hatte er nach den »systematisch-dogmatischen Voraussetzungen aller Bemühungen um die Stellung Wiederverheirateter Geschiedener«[24] in der Kirche gesucht. Dabei war es dem Hohenzollern wie gewöhnlich gelungen, die »extremen« Positionen in die Schranken zu weisen. Lehmann hielt es mit Joseph Ratzinger: »Die Kirche kann ... *an sich* nur eines: ›Gemäß der Lehre des Evangeliums und der Apostel‹ leben und lehren. Aber sie kann die Grenzfälle nicht völlig ausschließen, in denen sie zur Verhütung von

Schlimmerem unterhalb dessen verbleiben muß, was sie *eigentlich* sollte.«[25] So weit die theologische Hermeneutik.

Nach »eigenen Erfahrungen« hatte Lehmann die Zulassung Wiederverheirateter Geschiedener zu den Sakramenten nicht prinzipiell ausgeschlossen. Denn erstens gebe es Menschen, »die beim besten Willen subjektiv schuldlos in objektiv ungerechte Verhältnisse geraten, zumal in der Ehe«. Sodann könne eine neue Partnerschaft eine »irreversible und ernsthafte zwischenmenschliche Realität werden, so daß diese faktisch unauflöslich und sittlich verpflichtend werden kann« besonders wenn es auch um die Sorge für die Kinder geht. Und wenn drittens die geschlechtliche Hingabe Ausdruck einer solchen Grundhaltung sei, könne sie nicht von vornherein und in jedem Fall als *in sich* schlecht verurteilt werden.[26] Lehmann ist weit davon entfernt, ein »Recht« auf Trennung, Wiederverheiratung und Zulassung Wiederverheirateter Geschiedener zu postulieren. Ebensowenig hat er Richtlinien entwickelt, die es kasuistisch anzuwenden gilt, um »pastorale Notsituationen« aufzulösen. »Nur«, so sein Anliegen, »darf man nicht von vornherein erklären, eine Neuorientierung der pastoralen Praxis sei völlig unmöglich und unzumutbar.«[27]

Lehmann oder auch dem Bonner Moraltheologen Franz Böckle, dem Vorsitzenden der Sachkommission IV »Ehe und Familie« der Gemeinsamen Synode, wollten auf diesem Weg schon 1972 nicht alle folgen. In dem Beschluß »Ehe und Familie« der Synode waren nach quälend-langen Beratungen die Positionen der Gegner wie der Befürworter der Zulassung Wiederverheirateter Geschiedener zu den Sakramenten nebeneinandergestellt worden. Dann hieß es: »Angesichts der Not der Betroffenen finden Seelsorger in den geltenden kirchlichen Bestimmungen oft kein befriedigendes Instrumentarium für pastorale Hilfen. Diese für viele unbefriedigende Situation verlangt nach einer Lösung. Die notwendige Klärung der offenen theologischen, pastoralen und rechtlichen Fragen kann nur in

Übereinstimmung mit der Gesamtkirche gesucht und gefunden werden. Die Synode sieht sich zum gegenwärtigen Zeitpunkt außerstande, ein Votum zu formulieren.« Daher bat die Synode im Jahr 1975 die »Deutsche Bischofskonferenz«, die »dringend notwendige Klärung weiter zu betreiben und baldmöglichst ein Votum in dieser Frage an den Papst weiterzuleiten«. Und sie bat »den Papst, eine pastoral befriedigende Lösung herbeizuführen«.

20 Jahre später ist es zu beidem nicht gekommen, trotz einer internationalen Kommission, für die Lehmann den dogmatischen und den pastoralen Teil einer geplanten Stellungnahme schrieb. Die Bischofskonferenz konnte sich in der Frage der »Wiederverheirateten Geschiedenen« nicht auf ein Votum an den Papst verständigen. Johannes Paul II. wiederum schloß mit Datum vom 22. November 1981 in seinem Apostolischen Schreiben *Über die Aufgaben der christlichen Familie in der Welt von heute* (*Familiaris consortio*) die Zulassung Wiederverheirateter Geschiedener zu den Sakramenten kategorisch aus – es sei denn, sie lebten »völlig enthaltsam«.

Die Diözesansynode von Rottenburg-Stuttgart, das Freiburger Diözesanforum und die Diözesanversammlung im Bistum Mainz ließen sich von den Worten des Papstes nicht beeindrucken. Sie forderten die drei Bischöfe der Oberrheinischen Kirchenprovinz auf, den unerträglichen »Status quo« zu überdenken und dem »Wildwuchs« der seelsorglichen Praxis Einhalt zu gebieten. Erzbischof Oskar Saier, Bischof Karl Lehmann und Bischof Walter Kasper nehmen den Auftrag an. Und kommen zu einem Ergebnis, das sich in der Sache nicht von den frühen Überlegungen Professor Lehmanns in *Communio* unterscheidet. »Die Kirche kann das Wort Jesu von der Unauflöslichkeit der Ehe nicht zur Disposition stellen, sie kann aber auch vor dem Scheitern vieler Ehen nicht die Augen verschließen«, heißt es in dem Hirtenwort.[28] Daher sei »entgegen mancher Fehleinschätzungen und Fehlinterpretationen zu sagen: Geschiedene und Wiederverheiratete Geschiedene gehören zur Kirche und damit zur Pfarrgemeinde, in der sie leben. Sie sind – auch wenn ihre Mitgliedsrechte teilweise eingeschränkt sind – nicht exkommuniziert oder gar aus der Kirche ausgeschlossen; sie sind und bleiben Glieder der Kirche. Ihnen muß sich die Kirche wegen ihrer schwierigen Situation sogar in besonderer Weise zuwenden.«

Das tun die Bischöfe. »Die neueren kirchlichen Verlautbarungen erklären in Treue zur Weisung Jesu, daß die Wiederverheirateten Geschiedenen nicht generell zum eucharistischen Mahl zugelassen werden können, da sie sich in Lebensverhältnissen befinden, die in objektivem Widerspruch sind zum Wesen der christlichen Ehe«, heißt es unter Hinweis auf *Familiaris consortio*. Da aber das kirchliche Recht nur eine allgemeingültige Ordnung aufstellen, nicht aber alle einzelnen Fälle regeln könne, sei es »im seelsorgerlichen Gespräch zu klären, ob das, was im allgemeinen gilt, auch in der konkreten Situation zutrifft«. Am Ende dieses Gespräches steht für Saier, Kasper und Lehmann eine »Gewissensentscheidung einzelner«. So kann sich in einem »klärenden seelsorglichen Gespräch der Partner einer zweiten ehelichen Bindung mit einem Priester, in dem die ganze Situation gründlich, aufrichtig und objektiv aufgehellt wird ... im Einzelfall herausstellen, daß die Ehepartner (oder auch ein Ehepartner für sich allein) sich in ihrem (bzw. seinem) Gewissen ermächtigt sehen, an den Tisch des Herrn zu treten (vgl. dazu CIC can. 843 § 1)«.[29]

Woran die Würzburger Synode gescheitert war, ist nach zwanzig Jahren Wirklichkeit geworden – wenn auch nur für die Oberrheinische Kirchenprovinz als einen kleinen Teil der katholischen Kirche: Grundsätze für eine seelsorgliche Begleitung von Menschen aus zerbrochenen Ehen sind in Kraft.

Allerdings nur ein gutes Jahr. Es kommt zu harten Gesprächen in Rom. Die vatikanische Kongregation für die Glaubenslehre veröffentlicht schließlich am 14. September 1994 ein

*Schreiben an die Bischöfe der katholischen Kirche über den Kommunionempfang von wiederverheirateten geschiedenen Gläubigen.* Was haben sich Saier, Kasper und Lehmann, der Kirchenrechtler und die beiden Dogmatiker, angemaßt! »Es kommt dem universalen Lehramt der Kirche zu, in Treue zur Hl. Schrift und zur Tradition das Glaubensgut zu verkünden und authentisch auszulegen«, lautet die Botschaft aus Rom, formal. Inhaltlich: »Wenn Geschiedene zivil wiederverheiratet sind, befinden sie sich in einer Situation, die dem Gesetz Gottes objektiv widerspricht. Darum dürfen sie, solange diese Situation andauert, nicht die Kommunion empfangen.« Alles andere, und sei es ein Gewissensurteil, ist eine »irrige Überzeugung«. Sie steht im »offenen Gegensatz zur Lehre der Kirche«.

*Familiaris consortio* hin, *Schreiben an die Bischöfe* her: Für Lehmann gilt, was er 1972 geschrieben und 1993 gemeinsam mit den beiden anderen Bischöfen seiner Kirchenprovinz wiederholt hat.

## Chronik eines angekündigten Referats

Was der Hirtenbrief zur österlichen Bußzeit für das Bistum ist, ist das Eröffnungsreferat des Vorsitzenden bei der Herbst-Vollversammlung der Bischofskonferenz am Montag der letzten Septemberwoche eines Jahres für die deutsche Kirche: ein theologisches Wort in die Zeit. Julius Kardinal Döpfner hatte als Vorsitzender Ende der sechziger Jahre den Brauch eingeführt, die Vollversammlung mit einem Einführungsreferat zu eröffnen. Kardinal Höffner, sein Nachfolger, hat diesen Brauch übernommen. Auch Bischof Lehmann hält daran fest. Denn der Vorsitzende hat nicht nur das schläfrige Rund der überwiegend älteren Mitbrüder vor Augen. Das Eröffnungsreferat wird gedruckt und so als Positionsbestimmung der Mit- und Nachwelt überliefert.

Sommer 2001: Seit Monaten wird in Deutschland in aller Öffentlichkeit eine Debatte über Fragen der Bioethik geführt, wie sie in Europa nicht ihresgleichen hat. Es geht um die Einfuhr embryonaler Stammzellen, um Präimplantationsdiagnostik, um den menschenwürdigen Umgang mit Krankheit und Behinderung. Lehmann, den das Thema »Grundwerte« seit den siebziger Jahren beschäftigt und der sich schon früh mit Fragen der Bioethik auseinandergesetzt hat, nimmt sich vor, das Eröffnungsreferat der Herbst-Vollversammlung der Deutschen Bischofskonferenz zu einer Positionsbestimmung der Kirche zu nutzen. Pfarrer Udo Bentz, seit vier Jahren der Sekretär an der Seite Lehmanns, erhält den Auftrag, die Woche vom 16. bis zum 23. September 2001 nach Möglichkeit von Terminen freizuhalten.

Vor den Sommerferien deckt der Kardinal sich mit wissenschaftlicher Literatur ein, in den folgenden Wochen wird vieles gelesen. In den Tagen vor der Vollversammlung soll das Einführungsreferat in Ruhe entstehen können.

Doch es kommt anders, wie fast immer. Denn Lehmann macht sich seine Termine selbst und kann, wie so oft, nicht Nein sagen.

**Sonntag, 16. September:** Um neun Uhr morgens Abfahrt nach Dreieich. Um zehn Uhr beginnt aus Anlaß des Dekanatstages das Pontifikalamt mit Predigt. Auf den Gottesdienst folgt um 11.30 Uhr ein Besuch der Stände, an denen sich die einzelnen Pfarreien präsentieren. Das Mittagessen ist für 12.30 Uhr vorgesehen. Der Wagen mit Fahrer wartet. Um 15.30 Uhr geht es von Dreieich zum Flughafen Frankfurt am Main. Lehmann ist gebucht auf LH 3220, Flugziel Warschau, planmäßiger Abflug 16.35 Uhr. Nach der Ankunft in Warschau Transfer zum Abendessen mit dem polnischen Kardinalprimas Glemp. Ende offen.

**Montag, 17. September:** Frühstück vor der für 7.45 Uhr angesetzten Eucharistiefeier. Anschließend Abfahrt zum Grab des von den polnischen Kommunisten im Jahr 1984 ermordeten Priesters und Solidarność-Aktivisten Jerzy Popielusko. Für 10 Uhr ist ein halbstündiges Gespräch mit Kardinal Glemp vorgesehen. Es mündet in die Unterzeichnung eines Vertrags, den die Deutsche und die Polnische Bischofskonferenz über die Rückgabe der Kirchenbücher aus den ehemals deutschen Gebieten im heutigen Polen geschlossen haben. In einem anschließenden Pressegespräch stehen die Kardinäle Lehmann und Glemp den Vertretern der polnischen Medien für eineinhalb Stunden Rede und Antwort. Nach dem Mittagessen fährt Lehmann um 15.30 Uhr zur Deutschen Botschaft, wo der Botschafter ihn erwartet. Die Abfahrt zum Flughafen ist für 17.45 Uhr vorgesehen. Im VIP-Salon wird Lehmann offiziell verabschiedet, ehe er mit LH 3305 nach Frankfurt zurückfliegt und dort gegen 21.15 Uhr eintrifft. Rückkehr in Mainz gegen 22 Uhr. An das Eröffnungsreferat hat Lehmann noch keinen Gedanken verschwendet. Noch sieben Tage.

**Dienstag, 18. September:** Der Tag beginnt um 7 Uhr mit der Eucharistiefeier. Nach dem Frühstück ist für 8.30 Uhr die turnusmäßige Konferenz der Dezernenten anberaumt. Nach dem hastig eingenommenen Mittagessen fährt Lehmann gegen 13 Uhr nach Bonn und findet auf dem Weg ein wenig Schlaf. Um 14 trifft der Kardinal mit der Spitze des Sekretariats der Deutschen Bischofskonferenz zusammen, um über die Modifizierungen der Planung des Neubaus des Gebäudes zu beraten, in dem das Sekretariat untergebracht ist. Die Zeit von 17 bis 19 Uhr hat Lehmann sich reserviert, um mit leitenden Mitarbeitern über die kommende Vollversammlung der Bischofskonferenz und über andere aktuelle Fragen zu sprechen. Ankunft in Mainz gegen 21 Uhr. Auch an diesem Abend findet Lehmann keine Zeit, an dem Eröffnungsreferat zu arbeiten. Noch sechs Tage.

**Mittwoch, 19. September:** Der erste Termin am Vormittag ist ein Vortrag um 9.30 Uhr bei einem Religionslehrertag in

Rheinhessen. Es schließt sich eine einstündige Podiumsdiskussion an, ehe um 11.30 Uhr ein Pontifikalamt beginnt. Nach dem Mittagessen wird Lehmann gegen 14 Uhr mit dem Wagen nach Gütersloh gefahren. Akten studieren, Briefe lesen. In Gütersloh spricht der Kardinal um 18 Uhr auf einem Forum der Bertelsmann-Stiftung über das Thema »Baukasten Mensch – Sündenfall der Naturwissenschaft?« Im Anschluß an die Podiumsdiskussion und einen kleinen Imbiß reist Lehmann gegen 21.30 Uhr nach Mainz zurück. Ankunft gegen 1 Uhr früh. Immerhin hat Lehmann in Gütersloh das Thema des Eröffnungsreferates skizziert. Noch fünf Tage.

**Donnerstag, 20. September:** Um 10.30 Uhr kommen die Bischöfe der Region Südwest in Freiburg zusammen, um wie gewohnt die Vollversammlung der Bischofskonferenz vorzubereiten. Lehmann verläßt das Treffen am späten Nachmittag, um gegen 17 Uhr vom Flughafen Lahr mit einem von der rheinland-pfälzischen Landesbank gecharterten Privatflugzeug nach Mainz-Finthen zu fliegen. Um 19 Uhr eröffnet Lehmann im Martinsdom ein Benefizkonzert zugunsten des Dombauvereins Mainz. Im Anschluß an das Konzert nimmt der Kardinal im Dommuseum am Empfang für geladene Ehrengäste teil. Wie immer ist Lehmann unter den letzten, die das Haus verlassen. Noch vier Tage.

**Freitag, 21. September:** Um 7 Uhr fliegt Lehmann von Mainz-Finthen nach Lahr zurück und reist von dort aus nach Freiburg weiter. Dort stößt er wieder zu den Bischöfen der Region Südwest, die den Abend ohne ihn verbracht haben. Um 11 Uhr beginnt im Freiburger Münster ein feierlicher Gottesdienst aus Anlaß der Gründung des Verlags Herder vor 200 Jahren. Die Predigt hält selbstverständlich Kardinal Lehmann. Es ist eine Ehrensache, daß außer dem Bundespräsidenten Rau auch Kardinal Lehmann den Verlag während des nachfolgenden Festakts beehrt. Als Autor und Herausgeber ist Lehmann dem Herder-Verlag seit Jahrzehnten verbunden. Gegen 14 Uhr kehrt

Lehmann mit dem Auto nach Mainz zurück. Eigentlich wollte er sich am Abend dem Referat widmen. Ein kurzfristig anberaumtes Gespräch mit dem Präsidenten des Zentralkomitees der deutschen Katholiken, dem sächsischen Wissenschaftsminister Hans-Joachim Meyer (CDU), hat Vorrang.

**Samstag, 22. September:** Beim Frühstück zeigt sich der Kardinal heiter und ruhig. Gegen 9 Uhr zieht er sich mit seiner Sekretärin Agathe Hitzel in das Arbeitszimmer zurück und beginnt zu diktieren. Um die Mittagszeit türmen sich die Bücher. Am späten Abend, Frau Hitzel ist längst zu Hause, fügt Pfarrer Bentz die ersten Korrekturen ein.

**Sonntag, 23. September:** Es fehlen noch einige Literaturhinweise. Am späten Vormittag ist das Referat über das *Recht auf Menschsein* endgültig fertig und wird als elektronische Post dem Sekretariat der Deutschen Bischofskonferenz in Bonn übermittelt. Um 13 Uhr fährt Lehmann in Begleitung seines Kaplans nach Fulda. Dort wird am Nachmittag der Nachfolger von Erzbischof Johannes Dyba, der ehemalige Paderborner Weihbischof Heinz-Josef Algermissen, als neuer Bischof von Fulda eingeführt. Dem Gottesdienst steht als Metropolit der Paderborner Kardinal Johannes Joachim Degenhardt vor. Kardinal Lehmann spricht im Namen der Deutschen Bischofskonferenz ein Grußwort. An den Gottesdienst schließt sich um 16.30 Uhr ein Empfang an, der Rest des Tages ist zahlreichen Gesprächen und der Begegnung mit anderen Bischöfen gewidmet.

**Montag, 24. September:** Die Vollversammlung beginnt. Kardinal Lehmann spricht am späten Nachmittag vor der Vollversammlung der Deutschen Bischofskonferenz über das *Recht auf Menschsein*.

# Der Bischof privat

Doch wer ist Karl Lehmann, wenn er nicht Bischof von Mainz ist und nicht Vorsitzender der Deutschen Bischofskonferenz, nicht Vortragsredner und nicht Gesprächspartner der Medien? Wer ist Karl Lehmann, privat?

Und noch eine Frage drängt sich auf: Wer ist Karl Lehmann, der Priester? Manch ein Priester, manch ein Bischof, der einen streng geregelten Lebensrhythmus pflegt, der den Tag anhand der Gebetszeiten strukturiert und die Tage einteilt wie die Jahre in Zeiten der Aktion und der Kontemplation, ist zutiefst irritiert über die vermeintliche Unrast Lehmanns, über Bewegung ohne Pause. Hat der Kardinal, wenn schon nicht Zeit für sich, so doch Zeit für Gott, Kraft für Gebet, Muße für geistliche Übungen?

Die Kritik, die in beiden Fragen verborgen ist, trifft die Person Karl Lehmann wohl kaum. Denn die Unterscheidungen, die ihnen zugrunde liegen, privat-öffentlich ebenso wie weltlich-geistlich, markieren Bereiche, die von außen betrachtet voneinander getrennt sind, für Lehmann aber nahezu in eins fallen.

Für den, der sich von der Kirche in Dienst nehmen lassen will, ist schon die Unterscheidung zwischen privat und öffentlich hinfällig. Sie liegt ganz und gar quer zu dem, was Lehmann seit seiner Jugend vertraut ist: Ein Leben »zur immer größeren Ehre Gottes«, wie es Ignatius von Loyola seinen Gefolgsleuten aufgetragen hat.

Nicht anders verhält es sich mit der zweiten Unterscheidung zwischen weltlich und geistlich: Auch diese Sphären sind im Leben des Kardinals nicht voneinander getrennt. Lehmann ist nicht nur dann Priester, wenn er in der Soutane des Bischofs zu sehen ist oder in einem schlichten Anzug mit schwarzem Hemd und römischem Kragen. Er ist immer Priester, aber auf ganz und gar unklerikale Weise. Entsprechend findet das, was man das »geistliche Leben« nennt, nicht vor Tag, nur am Altar, beim Breviergebet oder vor dem Schlafengehen statt. Der Alltag ist der Ort, an dem sich Glaube, Hoffnung und Liebe, die theologischen Tugenden, bewähren müssen.

»Nicht immer stehen das Wort und das Sprechen im Vordergrund. Das gelebte Zeugnis, das keine großen Worte macht, darf nicht gering geschätzt werden (…) Es kommt vielleicht nicht immer sofort an den Tag, woraus einer lebt. Aber die Menschen spüren bald, daß hier einer die Überzeugung hat: Der Mensch lebt nicht vom Brot allein«, schreibt Karl Lehmann in seinem Hirtenwort zur Österlichen Bußzeit 1996. Es steht unter dem Titel *Ihr sollt meine Zeugen sein. Vom Sinn und Auftrag des Christseins.*[30] Der Bischof schreibt diese Worte im doppelten Sinn des Wortes von sich.

Lehmann schöpft Kraft nicht aus Extremen, sondern aus dem, was er an jedem Tag tut: dem Morgengebet mit der kleinen Hausgemeinschaft – den kroatischen Schwestern, dem Kaplan – in der Hauskapelle, der Eucharistiefeier (wenn er nicht später am Tag einem Gottesdienst vorstehen wird), dann aber aus dem konkreten Tagesablauf bis zum Gebet zur Nacht, dem Schuldbekenntnis, der Bitte um Vergebung. »Gott in allen Dingen finden« – durch nichts erschließt sich die Spiritualität Lehmanns besser als durch diese Maxime des heiligen Ignatius.

Als einen »Menschen der Realien« hat sein Klassenkamerad und Freund Fidel Rädle Karl Lehmann in Erinnerung. Um so überraschter ist er, als er Lehmann aus Anlaß der Erhebung in den Kardinalsstand als einen Mann erlebt, der mit einem von Herzen kommenden Lachen so viele verschiedene Menschen für sich gewinnt. Eines ist Lehmann freilich immer geblieben: ein sehr nüchterner, ja ein unromantischer Mensch. Einer, der sich die Wirklichkeit nicht in bunten Farben ausmalt, der sich nicht in Tagträumen verliert, einer, der nimmt, was kommt und wie es kommt, der im Heute lebt, nicht in der Vergangenheit oder in der Zukunft.

Wie er sein Gegenüber ohne Ansehen der Person wertschätzt, so reagiert er oft auf Bitten, er möge hier und da an einem Kongreß teilnehmen, einen Altar konsekrieren, eine Vorlesung halten, ein Interview geben. Da er bei kleinen Leuten genauso gerne sitzt wie im Kreis von Wirtschaftsführern, fehlt nahezu jedes Kriterium, diesen oder jenen Termin von vornherein abzusagen. Immer ist Lehmann besorgt, ob eine Absage nicht ungerecht sei gegenüber den Personen, die ihn eingeladen haben. Freilich könnte der Kardinal sein aufwendiges Leben dreimal leben, käme er allen Wünschen im Bistum, in Deutschland, in Europa, in der Welt nach. Seinem Kaplan kommt es dann zu, den Kardinal vor sich selbst zu schützen. Das gelingt nicht immer.

Hinter dieser radikalen Gegenwart müssen selbst bescheidene Annehmlichkeiten des Lebens zurückstehen. Wohl hat Lehmann das unter seinem Vorgänger Kardinal Volk errichtete Bischofshaus am Mainzer »Bischofsplatz« umbauen lassen. Doch nur ein Bedürfnis war dabei maßgebend: Platz für Bücher – und den reichlich. Denn die Bibliothek, die sich über das Erdgeschoß bis in das erste Stockwerk erstreckt und mittlerweile auch den geräumigen Keller füllt, besteht inzwischen aus 40 000, vielleicht aber auch 50 000 Bänden, nicht gerechnet die unzähligen Zeitschriften, die Lehmann seit Jahrzehnten bezieht. Wenn diese gut untergebracht sind, ist die Welt in Ordnung. Mit allen anderen Fragen, die das Leben und Wohnen unter dem Dach des Bischofs betreffen, muß man Lehmann erst gar nicht kommen.

So ist das Empfangszimmer im Parterre des Bischofshauses zwar großzügig geschnitten und zum Garten hin gelegen, aber ein eher düster wirkender Raum. Das Mobiliar trägt keine ordnende Handschrift, sondern besteht aus einer mehr oder weniger absichtslos zusammengestellten Sitzgruppe, einer langgestreckten Anrichte und, als der Mitte des Raumes, einem Tisch. Er hat ihn von seinen beiden Vorgängern übernommen. In seinem Arbeitszimmer gibt es außer am Schreibtisch nicht einmal eine Sitzgelegenheit. Wozu auch? Wenn Lehmann schon wenig Sinn für Mußestunden hat, dann reicht für die wenigen ruhigen Momente am Abend, an denen er sich ein Glas Wein schmecken läßt, der Arbeitsplatz oder gelegentlich das Zimmer des Kaplans.

Hobbys außer der Wissenschaft hat der Kardinal nicht. Freizeit ist ein Fremdwort, Besuche hier und da sind kurz, auch bei den Eltern, die noch lange auf dem Gebiet der Pfarrei St. Fidelis in Sigmaringen leben. Urlaub freilich muß sein. Die Tage über Karneval bieten sich an, dazu einige Wochen im Hochsommer: Bad Neuenahr-Ahrweiler und die Bühler Höhe bei Baden-Baden markieren den Radius des Winterurlaubs, die Nordsee und die Kanarischen Inseln das Spektrum des sommerlichen Vergnügens. Keinen Ort besucht Lehmann zweimal. Er möchte Neues und Anderes kennenlernen.

Für kleine Fluchten im Alltag fehlen Lehmann die Zeit und der Sinn. Das Fahrrad, mit dem er in den ersten Jahren ab und an in Mainz zu sehen war, ist seit langem nicht mehr benutzt worden. Nicht anders ergeht es der Hobelbank, die Lehmann aus Bollschweil nach Mainz hat bringen lassen. Für Schwimmen und Wandern, wie in den Freiburger Jahren, hat Lehmann nur noch im Urlaub Muße.

Dafür hat er Freude an Musik, wenn auch nicht so sehr wie an Büchern. »Abba« oder »Genesis«, so hat Professor DDr. Karl Lehmann, Kardinal der römisch-katholischen Kirche, Bischof von Mainz und Vorsitzender der Deutschen Bischofskonferenz, vor Jahren schon seine Vorlieben preisgeben. Bach, Händel, Vivaldi und moderne Komponisten wie Britten oder Zeitgenossen wie Penderecki sind ihm aber noch lieber.

»Er ist Bischof mit Lust und Wonne«, äußerte Reinhold Lehmann, der Bruder des Bischofs, wenige Monate nach der Übernahme des neuen Amtes durch den langjährigen Professor. Nahezu 20 Jahre später hat die Beobachtung an Aktualität nichts verloren.

# 6 Kampfzeit – Vorsitzender
## der Bischofskonferenz
## (1985–2002)

### Die Bischofskonferenz: Der Stellvertreter

1983 war Karl Lehmann Bischof von Mainz geworden. Vier Jahre später steht er an der Spitze der Deutschen Bischofskonferenz. Die Wahl Lehmanns, kaum 51 Jahre alt, ist eine Sensation.

Im September 1985 schon wird Lehmann zum Stellvertreter des Vorsitzenden der Deutschen Bischofskonferenz gewählt. Das Amt ist nicht nur für Lehmann neu, sondern für die gesamte Bischofskonferenz. Seit Jahrzehnten war es ungeschriebene Tradition, daß der jeweils dienstälteste Diözesanbischof der Stellvertreter des von der Vollversammlung gewählten Vorsitzenden sei. Das neue Kirchenrecht aus dem Jahr 1983 sieht nun auch die Wahl eines Stellvertreters vor.

Die annähernd 50 Ordinarien und Weihbischöfe stellen mit ihrer Wahl dem 77 Jahre alten Kölner Kardinal-Erzbischof Joseph Höffner einen fast jugendlich wirkenden Bischof an die Seite. Lehmann symbolisiert als jüngster Diözesanbischof nicht nur den Generationswechsel, der nach und nach alle deutschen Diözesen erfassen sollte. Er steht auch für eine philosophisch untermauerte theologische Wissenschaft, Präsenz der Kirche in der Gesellschaft und für einen Gleichklang mit dem »Zentralkomitee der deutschen Katholiken«. Zudem hatte er seit dem Ende der sechziger Jahre dem Vorgänger Höffners, Kardinal Döpfner, zugearbeitet und war der Bischofskonferenz unter anderem als Berater der Glaubenskommission verbunden.

Der Kölner Kardinal zeigt sich von der neuen Konstellation an der Spitze der Bischofskonferenz unbeeindruckt. Lehmann ist ein wenig enttäuscht. Er hatte gehofft, den älter gewordenen Vorsitzenden entlasten zu können. Zwei-, vielleicht dreimal habe Höffner ihn eingespannt, sagt der Kardinal.

Vom 10. bis zum 12. Juni 1987 nimmt Lehmann als Vertreter der Deutschen Bischofskonferenz an dem Dresdner Katholikentreffen teil. Höffner, der Vorsitzende, möchte nicht in die DDR fahren. Der Kölner Kardinal fürchtet, die Behörden würden ihn schikanieren. Lehmann läßt dieses Argument nicht gelten: »Ich mache in der Zeit für Dich alles, gehe doch bitte selbst hin. Das erwartet man von Dir.« Höffner geht nicht.

Bei der Eröffnung in der Dresdner Hofkirche wird der Repräsentant der Deutschen Bischofskonferenz mit keinem Wort erwähnt. Bei dem großen Gottesdienst am Elbufer steht der Repräsentant der Deutschen Bischofskonferenz unter den Weihbischöfen und Gästen aus aller Welt in der dritten Reihe. An einem Arbeitskreis darf der Repräsentant der Deutschen Bischofskonferenz nicht teilnehmen. Immerhin wird er zum Staatsempfang geladen, dort aber behandelt, als sei er nicht anwesend. Höffner ist schlau, denkt sich der Stellvertreter.

Tritt die Bischofskonferenz im Frühjahr und im Herbst zu ihren Vollversammlungen zusammen, hat jeder seinen festen Platz. Vorne im Plenum sitzen die Diözesanbischöfe nach dem Weihealter geordnet. Die Weihbischöfe schließen sich nach demselben Prinzip an. Dem Plenum gegenüber nimmt, etwas erhöht, das Präsidium Platz. Der Vorsitzende in der Mitte, flankiert von den Kardinälen, auf den Flügeln die Erzbischöfe. Lehmann, der Stellvertreter und der jüngste Ordinarius zugleich, bleibt zunächst an seinem angestammten Platz in der hintersten Reihe der Bischöfe – vor den dienstältesten Weihbischöfen. Nach zwei oder drei Vollversammlungen, so erinnert sich der Kardinal, darf der Stellvertreter den Platz im Plenum verlassen und am Präsidiumstisch neben dem Vorsitzenden

Platz nehmen. »Ich war grad' so geduldet.« Langsam und diskret führt er dem Vorsitzenden eine Liste mit den Wortmeldungen. Das Chaos hat ein Ende.

## Kardinal Höffner stirbt

Am 24. Dezember 1986 hat der Vorsitzende der Deutschen Bischofskonferenz, der Kölner Kardinal-Erzbischof Höffner, sein 80. Lebensjahr vollendet. Nach mehreren vergeblichen Versuchen des Kölner Kardinals, sein Amt niederzulegen, zeigt sich der Papst bei seinem dritten Deutschlandbesuch Anfang Mai 1987 endlich mit Höffners Rückzug einverstanden. Im Herbst soll der Kardinal als Erzbischof von Köln und damit auch vom Amt des Vorsitzenden der Deutschen Bischofskonferenz zurücktreten. In Fulda, während der Herbst-Vollvesammlung, möchte Höffner die »Königsteiner Erklärung« revidieren. Das schien er dem Papst als letzten Dienst wohl schuldig zu sein.

Im Mai fährt der Kölner Kardinal in Urlaub, wie immer nach Füssen. Und wie immer möchte er das Eröffnungsreferat der Herbst-Vollversammlung vorbereiten. Der große Bücherkoffer, der ihn wie in jedem Jahr begleitet, enthält Literatur über Empfängnisverhütung und kirchliche Sexualmoral. Als die Diözesanbischöfe Ende Juni turnusmäßig zu dem »Ständigen Rat« zusammenkommen, ist Höffner nicht anwesend. Die Sitzung leitet sein Stellvertreter Lehmann. Anfang Juli teilt das Erzbistum Köln mit, der Kardinal leide an einem Gehirntumor.

Bei dem ersten Besuch im Kölner Marienkrankenhaus trifft Lehmann den Vorsitzenden noch in guter Verfassung an. Beim zweiten Mal, es ist schon August, ist Höffner dem Koma nahe. Lehmann spricht von den letzten Stunden mit Höffner als einer Zeit der Freundlichkeit, der Milde und des Entgegenkommens. Am 15. August stellt der Kölner Kardinal nach fast elf Jahren sein Amt als Vorsitzender der Deutschen Bischofskonferenz zur Verfügung. Lehmann wird kommissarischer Vorsitzender.

Als sich die deutschen Bischöfe am Montag der letzten Septemberwoche in Fulda am Grab des Heiligen Bonifatius versammeln, kann Höffner nicht mehr bei ihnen sein. Schon sein fünfundzwanzigjähriges Bischofsjubiläum am 13. September war in Köln in seiner Abwesenheit begangen worden. Er stirbt am 16. Oktober.

### Die Wahl

Wer wird Vorsitzender der Deutschen Bischofskonferenz? Joseph Höffner war Erzbischof von Köln, dessen Vorgänger Julius Döpfner Erzbischof von München und Freising, dessen Vorgänger Joseph Frings Erzbischof von Köln. Nach dem Gesetz der Serie ist der Erzbischof von München und Freising an der Reihe: Friedrich Wetter, 58 Jahre alt, Germaniker, Dogmatiker, erfahrener Erzbischof, Kardinal.

Am Abend des 21. September, zu der Zeit, als Höffner sein Eröffnungsreferat über die »Königsteiner Erklärung« hatte halten wollen, hat der Stellvertretende Vorsitzende der Bischofskonferenz das Wort. Lehmann würdigt Leben und Werk von Kardinal Höffner. »Darf man die Zeit von Kardinal Döpfner als Periode des Aufbruchs und schwerer innerer Auseinandersetzungen beschreiben, so war der Zeitabschnitt unter Verantwortung von Kardinal Höffner von schwierigen Symptomen der Resignation und des weiteren Schwunds im religiösen und kirchlichen Leben, aber auch von Anzeichen einer beginnenden Erneuerung und Konsolidierung geprägt. An dieser Stelle stehen wir selbst und blicken voll Hoffnung, aber auch nüchtern und wachsam in die Zukunft.«[1] Manch einer hört dem Mainzer Bischof aufmerksamer zu denn je.

Kardinal Wetter steht als ranghöchstes Mitglied der Bischofskonferenz anstelle Höffners dem Eröffnungsgottesdienst am Dienstag morgen vor. In der Predigt zeichnet er ein zutiefst skeptisches Bild der säkularisierten Welt und der »desolaten« Kirche in ihr. »Ein Requiem«, heißt es später unter den Bischöfen.

Nach dem Eröffnungsgottesdienst wird im Bonifatiussaal des Fuldaer Priesterseminars der neue Vorsitzende gewählt. Niemand bewirbt sich, niemand wird vorgeschlagen, über niemanden wird eine Personaldebatte geführt, niemand wählt sich selbst. So ist es Brauch. Franz Hengsbach, der Bischof von Essen, meldet sich zu Wort – gegen alle Regeln. Normalerweise sei eine Aussprache vor der Abstimmung nicht statthaft. In dieser außerordentlichen Situation aber wolle er einen Wahlvorschlag unterbreiten. Es sei nämlich keine Frage, daß nur der Erzbischof von München und Freising für das Amt des Vorsitzenden in Frage komme.

Im ersten Wahlgang erhalten Wetter und Lehmann eine annähernd gleiche Stimmenzahl. Die Absicht Lehmanns ist nun hinfällig, bei einem eindeutigen Votum zugunsten des Münchner Kardinals für einen zweiten Wahlgang nicht mehr zur Verfügung zu stehen. Nach dem zweiten Wahlgang, bei dem weiterhin eine Zweidrittelmehrheit erforderlich ist, wird es für den Mainzer Bischof zur Gewißheit, daß viele Bischöfe ihn an der Spitze der Konferenz sehen wollen. Im dritten Wahlgang trägt er den Sieg davon: die einfache Mehrheit der abgegebenen Stimmen. 70 Minuten nach Beginn des Wahlvorgangs heißt der neue Vorsitzende der Deutschen Bischofskonferenz Karl Lehmann. 51 Jahre ist er alt und immer noch der jüngste Ortsbischof.

In Windeseile treffen Glückwünsche aus allen Teilen der Republik in Fulda ein. Das erste Gratulationsschreiben, das veröffentlicht wird, stammt von Hans-Jochen Vogel, dem Partei- und Fraktionsvorsitzenden der SPD. Sein Bruder Bernhard hört die Nachricht spät abends während der Autofahrt von

Krakau nach Danzig. »Große Begeisterung verleitete den Fahrer des Wagens zu überhöhter Geschwindigkeit«, hält Vogel fest. Die Strafe folgt auf dem Fuß: »Wir wurden von der Polizei gestoppt. Die hohe gebührenpflichtige Verwarnung bezahlten wir sofort.«[2]

Lehmann sucht die Begeisterung über seine Wahl zu dämpfen. In dem ersten Pressegespräch des neuen Vorsitzenden ist von der Bedeutung des Engagements der Laien die Rede und von der Stellung der Frau in der Kirche. Zugleich warnt er davor, den Einfluß seines Amtes zu überschätzen. Er sei nicht der »Papst in Deutschland«, sondern als einfacher Bischof noch mehr als ein Erzbischof oder ein Kardinal auf kollegiale Führung und den Konsens mit den anderen Bischöfen angewiesen. Noch oft wird Lehmann wiederholen, was er danach gesagt hat. Der Vorsitzende ist nicht einmal Erster unter Gleichen, sondern Gleicher unter Gleichen.

Gefragt, was bei der Wahl den Ausschlag zu seinen Gunsten gegeben habe, antwortet Lehmann: »Ich weiß nicht, welche Motive dafür ausschlaggebend waren. Es wäre mir auch lieber gewesen, wenn eine solche Aufgabe in sechs oder acht Jahren auf mich zugekommen wäre. Aber man kann sich die Aufträge nicht aussuchen.«

Die Lehmann ihre Stimme gegeben haben, schweigen über ihre Motive. Gewiß aber ist, daß Lehmann bei 56 abstimmungsberechtigten Bischöfen die wahlentscheidende Mehrheit der 38 Weihbischöfe auf seiner Seite hatte. Diese sahen in ihm wohl einen offensiveren und selbstsicheren Repräsentanten der deutschen Kirche in Staat und Gesellschaft, einen, der von Habitus und Ausstrahlung her dem charismatischen Papst Johannes Paul II. eher entsprach als Friedrich Wetter.

Als sicher kann auch gelten, daß Lehmann von einer Reihe von Bischöfen aus dem heimatlichen Südwesten unterstützt wurde. Vielen von ihnen waren seine Qualitäten als Theologe und Vermittler zwischen vielen Fronten aus langen Jahren bekannt. Oskar Saier, der Erzbischof von Freiburg, kannte Lehmann seit den gemeinsamen Jahren in München. Dem Rottenburger Bischof Georg Moser hatte Lehmann während der Küng-Affäre zugearbeitet. Der neue Limburger Bischof Franz Kamphaus, ein Münsteraner wie die Bischöfe von Trier, Münster und Hildesheim, Spital, Lettmann und Homeyer, stand wohl auch auf Lehmanns Seite.

Und was wird aus Kardinal Wetter? Es braucht nicht viel Phantasie, um sich vorzustellen, daß das Verhältnis zwischen Wetter und Lehmann nach jenen Septembertagen des Jahres 1983 für einige Zeit nicht ungetrübt ist. Aber beide behandeln einander mit Respekt und begegnen sich schon vor dem 28. Januar 2001 auf Augenhöhe, gewissermaßen von Vorsitzendem zu Vorsitzendem: Hier der Mann an der Spitze der Deutschen Bischofskonferenz, dort der Vorsitzende der Freisinger Bischofskonferenz.

Gleichfalls nicht einfach ist anfangs das Verhältnis des neuen Vorsitzenden zum Essener Bischof Franz Hengsbach. Beide hatten sich schon Ende der sechziger Jahre während der Vorbereitung der Gemeinsamen Synode kennengelernt und zunächst ein »sachliches« Verhältnis zueinander entwickelt. Lehmanns engagiertes Eintreten für das Synodendokument über die »Laienpredigt« kann Hengsbach ihm ebensowenig vergessen wie die Weigerung, unter dem Banner des Bischöflichen Hilfswerks »Adveniat« gegen die Theologie der Befreiung zu Felde zu ziehen. So war es nur konsequent, daß Hengsbach sich gegen die Wahl Lehmanns zum Vorsitzenden aussprach.

Hengsbach ist aber auch der Vorsitzende des Verbandsausschusses und des Verwaltungsrates des »Verbandes der Diözesen Deutschlands«, des Rechtsträgers der Deutschen Bischofskonferenz. Lehmann muß fürchten, Hengsbach könnte in dieser Rolle zu einem mächtigen Gegenspieler werden, wie schon bei Höffner. Die Befürchtung erhält weitere Nahrung, als der »Ruhrbischof« 1988 von Papst Johannes Paul II. wegen seiner

Verdienste um »Adveniat«, aber auch wegen einer großzügigen finanziellen Unterstützung der italienischen Bischofskonferenz, in den Kardinalsstand erhoben wird. Doch bald sieht Hengsbach Lehmann mit anderen Augen und zieht ihn auf seine alten Tage bis zu seinem Tod 1991 immer tiefer ins Vertrauen.

### Der Papst, der Vorsitzende und Königstein

Auch in Rom ist man über die Wahl Lehmanns überrascht. Hat doch ein junger Bischof entgegen allen ungeschriebenen Regeln einen Kardinal bei der Wahl zum Vorsitzenden der Deutschen Bischofskonferenz ausgestochen. Den Mann muß man sich merken.

Bald wird Lehmann aufgefordert, die »Königsteiner Erklärung« zurückzuziehen. Später wird er angegriffen, er gehorche nicht dem Papst, der ihn dazu aufgefordert habe. Manch einer behauptet sogar, er sei Zeuge einer solchen Aufforderung gewesen. Wie war es wirklich?

Papst Johannes Paul II. hat mit Lehmann zunächst nur eines im Sinn. Er möchte den neuen Vorsitzenden in die Pflicht nehmen. Im November empfängt er Lehmann zum ersten Mal in Privataudienz. »Ihr Vorgänger hat viel gelitten. Unter der ›Königsteiner Erklärung‹. Er wollte sie zurückziehen.« Der Kardinal spricht von seinem »schwierigsten Gespräch« mit dem Papst. Nach außen hin gibt er sich unbeeindruckt. Geistesgegenwärtig holt ihn die Erinnerung ein an seine letzte Begegnung mit Julius Kardinal Döpfner, an dessen »Freimut«.

Damals, im Juni 1976, hatte der Münchner Erzbischof nicht nur von seinem Hader mit Paul VI. über die Ostpolitik des Vatikans berichtet. Döpfner hatte ihm auch eröffnet, daß der Papst ihn mehrfach aufgefordert habe, die »Königsteiner Erklärung« vom Spätsommer 1968 zu revidieren. »Heiliger Vater, das kann ich nicht, unser pastorales Gewissen … Außerdem: Ich hätte dafür in der Bischofskonferenz keine Mehrheit«, antwortete Döpfner bei dem letzten Gespräch über dieses Thema, wenige Monate vor seinem Tod.

Zwar hatten auch ihn in der Zwischenzeit Zweifel an der Angemessenheit des Verhaltens der Bischöfe in der Frage der Sexualmoral beschlichen. Aber diese bezogen sich nicht auf die Aussagen über das Gewissensurteil als solche, sondern darauf, ob die Bischöfe seit 1968 genug unternommen hätten, um zur Gewissensbildung in Fragen des rechten Umgangs mit Sexualität beizutragen. Hatten die Bischöfe vor der schleichenden Erosion der christlichen Sexualmoral vielleicht sogar kapituliert? Doch vor dem Papst hatten diese Zweifel wohl keinen Platz. »Glauben Sie denn, daß ich auch nach meinem Gewissen entschieden habe?« möchte der Papst von Döpfner wissen. »Daran habe ich nie gezweifelt.« Der Papst schweigt. »Dann müssen wir beide damit leben«, antwortet Paul VI.

Als Lehmann zur Gegenrede ansetzen möchte, klingelt der Papst. Die Zeit ist um.

Höflich steht der Bischof auf – und nimmt sich doch das Wort. »Heiliger Vater, ich muß dazu aber etwas sagen. Erstens: Der Kardinal war jetzt fast zwölf Jahre Vorsitzender. Er hat lange Zeit gehabt. Er hat nie einen Versuch gemacht, die ›Königsteiner Erklärung‹ zurückzunehmen. Zweitens: Er hat auch genau gewußt, warum. Er wußte, daß er dafür wohl nie die Mehrheit in der Bischofskonferenz erhalten würde. Er hat auch genau gewußt, daß die Bischofskonferenz über eine solche Abstimmung zerbrechen könnte. Da bitte ich Sie, daß Sie das nicht von mir verlangen, wo ich jetzt gerade erst anfange.«

Lehmann ist noch nicht fertig: »Wenn Sie mir das noch gestatten: Es geht jetzt nicht um die Lehrfrage – das ist ein eigenes Thema –, sondern um die pastorale Frage. Im Kern unserer Gemeinden sind beste Leute, Frauen und Männer, die halten sich nicht an das strikte Verbot, sondern leben anders. Und sie sind fest davon überzeugt, daß sie nicht schwere Sünder sind.

Und vor diesem Problem standen die Leute im Jahr 1968. Vor diesem Problem stehen wir noch heute. Man kann es nicht einfach beiseite schieben, indem man die ›Königsteiner Erklärung‹ einfach zurücknimmt.«

Der Papst sagt: »Wenn nur die Lehre klar wäre!« Lehmann erwidert: »Es hat auf die Dauer keinen Sinn, wenn die Kirche meint, die Lehre stimmt, aber die Leute handeln völlig anders. Mit solchen Unwahrhaftigkeiten kann man bei uns nicht leben.« Er macht einen Vorschlag: Bis zum 25. Jahrestag der Veröffentlichung von *Humanae vitae* wolle er die Wirkungsgeschichte der Enzyklika ausloten, seine Erkenntnisse und Erfahrungen in einem Text festhalten und mit dem Papst darüber sprechen. Die Zeit ist endgültig um: »Reden Sie genauer mit Kardinal Ratzinger darüber.«

Lehmann hält sich an seine Ankündigung. Zum 25. Jahrestag von *Humanae vitae*, am 25. Juli 1993, widmet er der Wirkungsgeschichte der Enzyklika das Eröffnungsreferat der Herbst-Vollversammlung der Deutschen Bischofskonferenz. Der Text wird wenige Wochen später dem Papst persönlich überbracht. Johannes Paul II. habe den Vorsitzenden der Deutschen Bischofskonferenz seitdem nur noch einmal, und das auch nur nebenbei, auf *Humanae vitae* und die »Königsteiner Erklärung« angesprochen, sagt der Kardinal. Doch: »Die Wunde bleibt offen.«


**Papst contra Bischöfe (I): Die Kölner Wirren**


Die »Deutsche Bischofskonferenz« hat einen neuen Vorsitzenden. Nun muß der ebenso traditions- wie einflußreiche Stuhl des Erzbischofs von Köln neu besetzt werden.

Das Verfahren folgt zunächst den üblichen, im Preußen-Konkordat von 1929 festgelegten Regeln. Das Metropolitankapitel erstellt eine Liste mit drei geeigneten Kandidaten und übermittelt sie dem »Botschafter« des Papstes, dem Apostolischen Nuntius in Bonn. Vorschläge unterbreiten auch die Bischöfe der Diözesen, für die das Preußen-Konkordat gilt. Nun holt Nuntius Josip Uhać Informationen über die Kandidaten ein, die für das Amt geeignet zu sein scheinen. Vertrauenswürdige Personen erhalten dazu einen »Fragebogen«, der von ihnen Auskunft über Persönlichkeit, Neigungen, intellektuelle und seelsorgerische Fähigkeiten, theologische Zuverlässigkeit und vieles andere verlangt.[3] Auf der Basis dieser Befragungen übermittelt Erzbischof Uhać dem vatikanischen Staatssekretariat im Frühjahr 1988 die Namen mehrerer Kandidaten.

Anfang Juli 1988 erhält das Metropolitankapitel aus Rom die Dreierliste (»Terna«). Sie ist nicht identisch mit dem Vorschlag, den die Domkapitulare unter dem Vorsitz von Dompropst Bernard Henrichs gemacht hatten. Ein Bischof ist auf der Liste, einer, mit dem die Kölner nicht gerechnet hatten: Joachim Kardinal Meisner, seit 1980 Bischof von Berlin.

Allen Mitgliedern des Kölner Domkapitels ist klar, daß Meisner nicht aus Verlegenheit auf die Liste gelangt ist, noch dazu an die erste Stelle. Die Kölner müssen den Vorschlag Meisner als Aufforderung begreifen, den Berliner Kardinal zu wählen. Denn niemand anders steht hinter dieser Liste als der Papst selbst.

Auch im Westen des noch geteilten Deutschlands hat sich herumgesprochen, daß Johannes Paul II. Kardinal Meisner als einen bildmächtigen Prediger und in theologischen Fragen untadeligen Bischof schätzt. Die Zuneigung beruht auf Gegenseitigkeit.

Im Sommer machen am Rhein erste Gerüchte die Runde, Kardinal Meisner solle Erzbischof von Köln werden. Auch in Berlin sind viele hellhörig, manche allerdings aus Gewohnheit. Etwa das Ministerium für Staatssicherheit der Deutschen Demokratischen Republik.

Seit langem ist die Stasi über vieles im Bilde, was sich in der

Umgebung des Bischofs von Berlin abspielt. Auf moderne Abhörtechnik ist die Behörde nicht angewiesen. Unter den Berliner »Politprälaten« zeigt sich zumindest einer als wesentlich mitteilsamer, als es die Kirche erlaubt: »IM Peter« – Prälat Paul Dissemond, von Ende 1974 bis Mai 1987 Sekretär der Berliner Ordinarienkonferenz/Berliner Bischofskonferenz und offiziell Gesprächspartner der Abteilung XX/4 der Berliner Zentrale des Ministeriums für Staatssicherheit (MfS), die die katholische und die evangelische Kirche bearbeitet.[4]

Wie viele damals vermuteten und wie man heute weiß, legt Dissemond sein Mandat äußerst großzügig aus. Der »Inoffizielle Mitarbeiter mit Feindberührung« (IMF) wird nach 1979 zur wertvollsten Quelle der Stasi für Vorgänge in der katholischen Kirche überhaupt: »Keine Konfrontation zwischen Staat und Kirche« – auf dieser Ebene begegnen sich nach Darstellung von Hans Baethge alias »Ebert«, Dissemonds Führungsoffizier, die Repräsentanten des staatlichen Unterdrückungsapparats und der Leitung der katholischen Kirche in der DDR.

Der Prälat nimmt in dieser Frage einen »realistischeren Standpunkt« als Kardinal Bengsch und die Mehrzahl der katholischen Bischöfe ein, heißt es lobend über den kirchlichen Gesprächspartner. So ist Dissemond von Beginn seiner Tätigkeit an als Gesprächspartner der Stasi bereit, »positiven Einfluß« auf die Bischofskonferenz zu nehmen und in »einigen wesentlichen Fragen« Entwicklungen in der Kirche zu verhindern, die Partei und Staat mißfallen.

Schon im Jahr 1975 wird deutlich, inwieweit »IM Peter« hinsichtlich »korrigierender Eingriffe« kompetent ist. In einem »Treffbericht« vom 17. April jenes Jahres heißt es: »Die katholische Kirche in der DDR will ihren Standpunkt unbedingt beibehalten, noch in diesem Jahr die Pastoralsynode zu beenden und keine Tendenzen der Weiterführung, auch nicht in anderen Formen, zuzulassen. So soll nach der Beendigung der Synode in der DDR auch kein ›Synoden-Sekretariat‹ zur etwaigen Durchsetzung der Synoden-Beschlüsse eingerichtet werden, obwohl es solche Überlegungen von verschiedenen Personenkreisen gibt.«[5] So wird es kommen. Eine ständige Einrichtung der Pastoralsynode, die von den Bischöfen möglicherweise nicht kontrolliert werden könnte, wird es nicht geben. Die Kirchenleitung hat die Fortführung der Pastoralsynode »abgewürgt«. Partei und Staat ist das ganz recht. Alle innerkirchlichen Reformbestrebungen sind im Keim erstickt.

Im Mai 1987 gibt Dissemond das Amt des Sekretärs der Berliner Bischofskonferenz ab und ist nicht länger befugt, mit der Stasi zu sprechen. Der Auskunftsbereitschaft des Prälaten tut das keinen Abbruch. Auch nach den »funktionellen Veränderungen« wolle der IM alle Möglichkeiten nutzen, »auch der Einflußnahme auf leitende Kleriker«, um im Sinne der bisherigen Zusammenarbeit weiter tätig zu sein, heißt es 1987.

Wie sein evangelischer Gegenpart, Konsistorialpräsident Manfred Stolpe,[6] ist »IM Peter« für die Stasi so bedeutend, daß alle belastenden Unterlagen im Zuge der Auflösung der Berliner Hauptverwaltung des MfS im Dezember 1989 vernichtet werden sollen. Ein beträchtlicher Teil der Akten Dissemonds wird jedoch nur vorvernichtet und ist inzwischen rekonstruiert. Die meisten Blätter waren von Hand in vier Teile zerrissen worden.[7]

So ist auch überliefert, daß das MfS schon im Frühjahr 1987 von Dissemond den Hinweis erhält, Kardinal Meisner werde womöglich versetzt. Bis zum Rückzug Höffners in Köln ist es noch fast ein halbes Jahr hin. Die Stasi weiß seit langem, daß der Prälat von seinem Bischof keine allzu hohe Meinung hat. Wie viele andere Berliner Prälaten mißt er Meisner an dessen Vorgänger Bengsch, einem autoritären, mitunter schnodderigen Mann. Ihm verdanken viele ihre Macht, auch Dissemond. Meisner wiederum ist dem »Polit-Prälaten« gegenüber mißtrauisch, läßt ihn heilige Eide schwören, daß er mit der Stasi gebrochen habe. Nichts also liegt Dissemond näher, als Meisner, den »Schwächling«, gegenüber der Stasi lächerlich zu machen und sich selbst als den starken Mann zu präsentieren.

In der Anlage zum Treffbericht vom 30. April 1988 notiert Hauptmann Baethge, der Führungsoffizier: »M. ist nach wie vor maßlos und hat schon längst kein richtiges Einschätzungsvermögen. Er tritt intern stets so auf, als wäre er der Größte, und als Kardinal könne er alles und auch alles haben. Gesteigertes Selbstbewußtsein nimmt gefährliche Formen an.«[8]

Im Juni 1988 notiert ein anderer Offizier unter der Überschrift »Treff ›Peter‹«: »Kardinal nach Köln, noch vor wenigen Wochen nein, jetzt durchaus möglich, da er Erzbischof (Kardinal) von Wien kennengelernt hat. Dieser ist so geistig arm, daß auch Meisner in Köln vorstellbar ist.«[9]

Am 23. August erfährt Baethge bei einem Treffen mit Dissemond, daß dieser am Tag zuvor mit dem Berliner Kardinal gesprochen habe. »Er (Meisner) sei zu seiner Bereitschaft nach Köln zu gehen, vom Papst angefragt worden; zu diesem Problem hätte es inzwischen drei Unterredungen mit dem Papst gegeben. Jedesmal will er dem Papst dringend empfohlen haben, ihn in Berlin zu belassen. (Meisner fügte hinzu: Weiß man denn, was der Papst tatsächlich tut ... (!?)); Der Dreier-Vorschlag liegt jetzt dem Kölner Domkapitel vor. Dieses will im September die Entscheidung treffen und dann Rom informieren.« Der IM trägt auch eine persönliche Bewertung vor: »Meisner dürfte tatsächlich verbal erklärt haben, daß er in Berlin bleiben möchte. Sollte die Wahl an ihm vorbeigehen, wird er allerdings sehr gekränkt sein. Denn er rechnet mit Köln!«

Doch so sehr Meisner mit Köln gerechnet haben mag, die Kölner rechneten nicht mit ihm.

Als das Metropolitankapitel Anfang September zur Wahl eines neuen Erzbischofs zusammentritt, verfehlt der Berliner Kardinal im ersten Wahlgang die notwendige absolute Mehrheit.[10] Auch der zweite und dritte Wahlgang bringen keine Entscheidung. Denn anders als das allgemeine Kirchenrecht sieht das gerade erst neugefaßte Statut des Kölner Kapitels vor, daß ein Kandidat grundsätzlich die absolute Mehrheit der Stimmberechtigten hinter sich haben muß. So hatte es Kardinal Höffner empfohlen.

Als dem Metropolitankapitel klar wird, daß es womöglich nicht zu einer regulären Wahl eines neuen Erzbischofs kommen könne, suchen Dompropst Bernard Henrichs und Weihbischof Hubert Luthe, der Diözesanadministrator, Ende September das Gespräch mit dem Vatikan. Die Zeit drängt, denn Anfang Oktober läuft die Frist von drei Monaten ab, die den Kölnern nach dem Erhalt der Dreierliste gegeben war.

In Rom ist niemand bereit, den Kölnern entgegenzukommen und den Papst zu brüskieren. Die Liste wird weder zurückgezogen noch ergänzt. Am 6. Oktober beschließt das Kapitel endgültig, auf der Basis der römischen Vorschläge nicht nochmals in einen Wahlgang einzutreten. Die Domkapitulare wissen, was sie tun. Ihnen ist übermittelt worden, Kardinal Meisner solle und werde Erzbischof von Köln werden. Konkordat hin, Domkapitel her. Ein polnischer Papst, der Tausende von Bischöfen in aller Welt frei ernennen kann, hat nicht wirklich Verständnis für Mitwirkungsrechte einer guten Handvoll ausgerechnet deutscher Domkapitel bei der Bischofsbestellung.

Die Ministerpräsidenten der Länder Nordrhein-Westfalen und Rheinland-Pfalz, Johannes Rau (SPD) und Bernhard Vogel (CDU), sehen durch die wahrscheinliche Einsetzung eines Erzbischofs das geltende Konkordat verletzt. Sie werden von dem angesehenen Freiburger Staatskirchenrechtler Alexander Hollerbach unterstützt, einem langjährigen Kollegen Lehmanns. Der ebenfalls angesehene Kirchenrechtler Joseph Listl SJ sieht den Papst im Recht: Der könne wegen fahrlässiger Verletzung der Wahlpflicht auf der Basis des CIC einen Erzbischof einsetzen.

Eine hektische Diplomatie setzt ein. Am Buß- und Bettag 1988 findet in der nordrhein-westfälischen Landesvertretung in Bonn ein Gespräch zwischen den Ministerpräsidenten Rau und

Vogel sowie Nuntius Uhać statt. Zu einer Annäherung der Standpunkte kommt es nicht. Ministerpräsident Vogel zeigt sich befremdet darüber, daß die Bischöfe in der DDR ihre Gläubigen dazu ermunterten, auszuharren und ihrem Land nicht den Rücken zu kehren, der Bischof von Berlin und Vorsitzende der Berliner Bischofskonferenz aber auf Betreiben des Vatikans sein Bistum und sein Land verlassen solle. Uhać anschließend nach Rom. Gespräch mit Kardinalstaatssekretär Casaroli und Papst Johannes Paul II. Kardinal Meisner nach Rom. Brief der Ministerpräsidenten an das für Konkordatsfragen zuständige Staatssekretariat des Vatikans, Antwort des Nuntius. Rau und Vogel drohen mit Konsequenzen für den Fall, daß Rom das Konkordat verletze.

Nun muß Bischof Lehmann nach Rom reisen. Als Vorsitzender der Bischofskonferenz war er mit den Kölner Wirren nicht unmittelbar befaßt. Bischofswahlen oder -ernennungen sind eine Angelegenheit zwischen einem Bistum und dem Vatikan. Allerdings hatte Lehmann schon während des Papstbesuchs in Straßburg im September 1988 gegenüber Kardinalstaatssekretär Casaroli auf eine für alle Seiten akzeptable Lösung gedrungen – ohne Erfolg. Einen neuen Wahlvorschlag wollte der Vatikan schon damals dem Kölner Metropolitankapitel nicht präsentieren.

Die Bitte, er möge nach Rom kommen, erreicht Lehmann auf Kuba, wo er sich auf einer seiner seltenen Reisen nach Übersee an der Spitze einer Delegation der Bischofskonferenz aufhält.[11] Am 5. Dezember 1988 wird er von Kardinalstaatssekretär Casaroli und auch von Papst Johannes Paul II. empfangen. Am Tag darauf ist auch Weihbischof Hubert Luthe in Rom. Lehmann muß vermitteln. Ihm ist klar, daß der neue Erzbischof von Köln niemand anders sein könne als der Berliner Kardinal Meisner. Der Papst bittet ihn, ihm bei der Durchsetzung seiner Entscheidung zu helfen. Über etwas anderes will Johannes Paul nicht sprechen.

Damit alle Beteiligten ihr Gesicht wahren können, tritt Lehmann auf die Seite derer, die für eine einmalige Änderung des Artikels 39 des Kapitelstatuts eintreten: Wenn im dritten Wahlgang nicht mehr die absolute, sondern nur noch die einfache Mehrheit erforderlich wäre, könnte rebus sic stantibus das Wahlrecht des Kapitels gewahrt bleiben und der Oktroi des Papstes pro forma durch eine Wahl legitimiert werden.

Mit diesem Plan kehrt der Mainzer Bischof Lehmann am 6. Dezember nach Deutschland zurück und erörtert im Auftrag des Papstes die neue Lage mit dem Kölner Domkapitel und den zuständigen Ministerpräsidenten. Am 12. Dezember reist Lehmann abermals nach Rom. Er kämpft für das Wahlrecht. Der Papst gewährt dies. Lehmann nimmt die Dreier-Liste, die er nicht kennt, mit nach Deutschland.

Drei Tage später, am 15. Dezember, »wählt« das Kölner Domkapitel Joachim Kardinal Meisner, Bischof von Berlin, zum Erzbischof von Köln. Meisner nimmt die Wahl im Gehorsam gegenüber dem Papst an. Die Ernennung durch Johannes Paul II. erfolgt am 20. Dezember. »Wir alle müssen in unserer Verantwortung jedoch dafür mitsorgen, daß sich eine solche Monate dauernde Geschichte, die auch viele Mitbrüder in der öffentlichen Diskussion verletzt und dem Ansehen des Heiligen Vaters geschadet hat, nicht wiederholt. Wir werden vermutlich noch lange mit den Scherben zu tun haben«, schreibt der Vorsitzende der Bischofskonferenz zum Weihnachtsfest 1988 an die deutschen Bischöfe. Lehmann sollte recht behalten.

Bis Ende Januar unterschreiben weit mehr als 200 Professoren aus Deutschland, der Schweiz, Österreich und den Niederlanden die »Kölner Erklärung«: *Wider die Entmündigung – für eine offene Katholizität*. Sie ist ein flammender Protest gegen römischen Druck bei Bischofsbestellungen und zahlreiche weitere Mißstände. Der öffentliche Widerspruch der Hochschullehrer sollte nicht folgenlos bleiben – nicht anders das Verhalten der beiden Ministerpräsidenten, die für die Kölner Kirche das Konkordat verteidigten.

Ministerpräsident Bernhard Vogel, ehemaliger Präsident des Zentralkomitees der deutschen Katholiken (ZdK), wird nach seinen Äußerungen vom Buß- und Bettag gegenüber Nuntius Uhać im Vatikan als Persona non grata behandelt. Gesprächswünsche werden dem CDU-Politiker regelmäßig abgeschlagen, und das selbst dann noch, als er 1992 Ministerpräsident in Thüringen geworden ist und die katholische Kirche dort nach Kräften unterstützt. Erst im Februar 2002 wird Vogel, inzwischen der dienstälteste Ministerpräsident in Deutschland, im Vatikan wieder gebührend empfangen. Johannes Rau stehen in Rom weiterhin alle Türen offen, nicht erst als Bundespräsident. Die SPD verfügt in den achtziger und neunziger Jahren über einflußreiche Fürsprecher in der römischen Kurie.

Wer als Hochschullehrer die »Kölner Erklärung« unterzeichnet hat, steht seit dem Winter 1989 im Verdacht »anti-römischer Affekte«. Als Kandidaten für ein Bischofsamt wie auch als Berater bischöflicher Kommissionen kommen die Unterzeichner nur in Ausnahmefällen in Frage.[12]

Der angesehene Tübinger Dogmatiker Walter Kasper unterschreibt die »Kölner Erklärung« nicht. Statt dessen veröffentlicht er am 24. Februar 1989 in der *Frankfurter Allgemeinen Zeitung* auf Anregung der Nuntiatur einen längeren Beitrag, in dem er sich von der »Erklärung« distanziert, gleichwohl aber eine aufschlußreiche Analyse der Stärken und Schwächen des deutschen Katholizismus präsentiert. Am 17. April bestätigt Papst Johannes Paul II. seine Wahl zum Bischof von Rottenburg-Stuttgart.

Lehmann macht aus der Not eine Tugend. Nach der Sitzung des »Ständigen Rates« am 26. Januar erklärt er, die Bischöfe bäten »alle Lehrer der Theologie, die eingetretenen Beunruhigungen und alle Streitfragen in einem sorgfältigen, nach allen Seiten fairen und differenzierenden Dialog klären zu helfen«.[13] Inmitten der Kölner Wirren kommt er auf ein altes Anliegen zurück: »Bischöfe und Theologen kennen einander, abgesehen von wenigen Ausnahmen, meist nur aus Distanz oder vom Hörensagen durch Zweitvermittlungen«, schrieb er schon 1972.[14] Nun ist die Gelegenheit da, diesen Mißstand zu beenden. Mit der Autorität des Vorsitzenden der Bischofskonferenz ruft er einen »Treffpunkt« ins Leben, wie er ihm seit langem vorschwebt.

Auf persönliche Einladung Lehmanns kommen am 27. Mai 1989 Repräsentanten des »kirchlichen akademischen Lehramtes« und des »kirchlichen authentischen Lehramtes« zum ersten »Mainzer Gespräch« zusammen: Hier Bischöfe aus Deutschland, der Schweiz und Österreich, dort die gewählten Vorsitzenden der »theologischen Arbeitsgemeinschaften«. Sie repräsentieren die verschiedenen theologischen Disziplinen von der Dogmatik bis zum Kirchenrecht. Schon im Dezember trifft man sich abermals. Bei dem halbjährlichen Rhythmus ist es bis heute geblieben. Geblieben ist auch die Vertraulichkeit der Gespräche. Für die Öffentlichkeit bestimmt ist nur eine knappe Pressemitteilung, die über die Pressestelle des Bischöflichen Ordinariates Mainz verbreitet wird.[15]

### Vor der Wende

Die »Kölner Wirren« haben sich kaum gelegt, als der Vorsitzende der Deutschen Bischofskonferenz eine neue Aufgabe meistern muß. Nicht eine einzelne Person, die unter unglücklichen Umständen Mitglied der Deutschen Bischofskonferenz geworden war, muß in den Kreis der Bischöfe integriert werden, sondern eine ganze Bischofskonferenz – unter glücklichen Umständen. Deutschland und die deutschen Katholiken sind wiedervereinigt.

Für Bischof Karl Lehmann, den Vorsitzenden der Deut-

schen Bischofskonferenz, kommt das Ende der DDR überraschend, aber nicht unerwartet. Bis 1989 hatten sich die (West-)
Deutsche und die (Ost-) Berliner Bischofskonferenz zusammen
mit dem »Zentralkomitee der deutschen Katholiken« (ZdK)
unbeirrt von politischen Opportunitäten mit der deutschen
Teilung nicht abgefunden. Die katholische Kirche war eine der
wenigen »gesamtdeutschen Klammern«.

Regelmäßig war seit Mitte der siebziger Jahre eine Delegation des ZdK in Ost-Berlin mit Repräsentanten der Katholiken
in der DDR zu »Dienstbesprechungen« zusammengetroffen.[16]

Das Philosophisch-Theologische Studium in Erfurt, die einzige wissenschaftliche Priesterausbildungsstätte auf dem Boden
der DDR, hatte immer wieder Theologen aus dem Westen zu
Gastvorlesungen und Vorträgen eingeladen.[17] Im Rahmen beider Veranstaltungen war Karl Lehmann hin und wieder dabei.
Der Erfurter Neutestamentler Heinz Schürmann, ein Paderborner Diözesanpriester, der 1952 einen Lehrstuhl in Münster
ausgeschlagen hatte, um in der DDR unter kümmerlichen wissenschaftlichen Bedingungen Priester auszubilden, kannte und
schätzte Lehmann schon aus der gemeinsamen Arbeit in der
Internationalen Theologenkommission. Ebenso der Paderborner Moraltheologe Wilhelm Ernst, der sich ebenfalls für Erfurt
und gegen den heimatlichen Westen entschieden hatte.

Die Seelsorgeämter zwischen Schwerin und Görlitz hatten
Priesterfortbildungen und -werkwochen veranstaltet, bei denen
Theologen aus der Bundesrepublik mit Kollegen und Priestern
aus der DDR zusammentrafen. Auch hier war Professor Lehmann des öfteren unter den Gästen aus dem Westen.

Und schießlich war er wiederholt dabei, wenn sich in der
Berliner »Pappelallee« Mitarbeiter der Caritas aus Ost und
West zu Weiterbildungsveranstaltungen durch »Westreferen-
ten« versammelten.[18]

Die Erinnerungen des Kardinals an seine zahlreichen Reisen
in die DDR unterscheiden sich in nichts von den Schilderun-

gen anderer Westdeutscher, die die innerdeutsche Grenze im Zug oder mit dem Auto passieren mußten. Wer Manuskripte mitführt, macht sich der Konspiration mit dem Staatsfeind verdächtig. Also muß Lehmann seine Vorträge mehrere Wochen vor der Abreise in die DDR an die Dienststelle des Ost-Berliner Bischofs im Westteil der Stadt schicken. Von dort aus werden die Texte auf dem »KDW«, dem »Kirchlichen Dienstweg«, im Fahrzeug der Kardinäle Bengsch und Meisner nach Ost-Berlin gebracht und von dort aus an ihren Bestimmungsort in der DDR geschickt.

Einmal wecken Vortragsskizzen, die der Professor während der Zugfahrt auf Karteikarten entworfen hat, den Argwohn der DDR-Grenzer. Wohin die Reise denn gehe? Lehmann weiß, daß die Fortbildung, zu der er eingeladen ist, diesmal den Behörden nicht angezeigt worden war. Er läßt sich nichts entlocken, wird aber das Gefühl nicht los, daß die Grenzer genau im Bilde sind. Bei einem anderen Besuch möchte ein Beamter Lehmanns »Stundenbuch« konfiszieren. Der Professor droht mit Ärger, falls man ihm sein Brevier abnähme. Mit Erfolg.

Gespräche mit Bischöfen sind in der DDR in geschlossenen Räumen nur möglich, wenn im Hintergrund das Radio eingeschaltet ist oder eine Schallplatte den Abhörtechnikern des Staatssicherheitsdienstes das Mithören erschwert. Jedenfalls glauben das der Berliner Kardinal Bengsch und Hugo Aufderbeck, seit 1973 Apostolischer Administrator in Erfurt.[19] Oder ahnt Aufderbeck, daß seine Vorsichtsmaßnahme nahezu vergeblich ist? Der Kardinal erinnert sich an »bewegende Gespräche« mit einem Bischof, der weniger Kirchenpolitiker und Theologe als ein Geistlicher ist: entschlossen und schlau, klug und flexibel. Sie gehen an der Schwarzen Gera entlang, die Erfurt durchfließt.

# Papst contra Bischöfe (II): Die Wiedervereinigung

Als die Mauer im November 1989 fällt, soll die katholische Kirche diesseits und jenseits der ehemaligen Demarkationslinie so schnell wie möglich zusammenwachsen. In dem Brief, den Bischof Lehmann als Vorsitzender der Deutschen Bischofskonferenz seinen Mitbrüdern im Bischofsamt zum Weihnachtsfest 1989 schreibt, heißt es: »Das herausragende Ereignis des Jahres ist die gewaltfreie Revolution der Freiheit in den Ländern des Ostblocks und besonders im anderen Teil unseres Vaterlandes. Es bedeutet eine große Ermutigung für uns alle, daß das jahrzehntelange Durchhalten und die unbeirrbare Treue zum Glauben und zu den von ihm genährten Gütern der Freiheit und der Gerechtigkeit sich durchsetzen und Früchte bringen können (...) Die neue Situation wird uns gewiß im kommenden Jahr noch oft beschäftigen.«

Erst aber hat die Berliner Bischofskonferenz (BBK) einen neuen Vorsitzenden gewählt: Es ist der gerade zum Bischof von Berlin geweihte vormalige Erfurter Generalvikar Georg Sterzinsky.[20] Gegen den Westen richtet sich dieser Akt nicht. In den Monaten der Wende soll es einen Bischof geben, der im Namen aller Bischöfe den Untergang der DDR mit Worten und Taten befördern hilft. Schon ein Jahr später, im November 1990, beschließt die BBK ihre Auflösung.

Wann und wo immer sich die Mitglieder der BBK in diesen Monaten treffen, Lehmann und Prälat Wilhelm Schätzler, der Sekretär der Deutschen Bischofskonferenz, sind mit dabei. Jeden Monat fahren sie nach »drüben«. Die Bischöfe in der DDR vermerken das mit Dankbarkeit. Denn beide sind keine »Besserwessis«, denen man nur zuhören muß, um zu erfahren, wohin die Reise geht. Lehmann sitzt in der Regel schweigend dabei, hört zu, lernt – für manch einen gelernten DDR-Bischof, der sich noch an die straffe Führung durch Bengsch und Meisner erinnert, eine irritierende Erfahrung.

Den guten Rat Lehmanns lernen sie schnell schätzen. Alles, was sich die Katholiken in der DDR – nicht zuletzt mit finanzieller Unterstützung des Westens – aufgebaut haben, steht zur Disposition. Dem St. Benno-Verlag in Leipzig, der zu Zeiten der DDR einen beträchtlichen Teil seiner Unternehmungen auf die Beschaffung von Papier verwenden mußte, bläst der rauhe Wind der Marktwirtschaft ins Gesicht. Lehmanns Rat: behalten. Theologie braucht einen Ort. Was soll aus dem »Philosophisch-Theologischen Studium« in Erfurt werden? Würde es auf mittlere Frist noch genügend Priesteramtskandidaten geben und auch genügend Professoren, die bereit wären, in der Diaspora im Osten Deutschlands Theologie zu treiben? Lehmann ist entschieden dagegen, das verdiente Studium aufzugeben. Der Ort braucht die Theologie und die Theologie einen Ort.

Für Berlin, bald wieder Hauptstadt, und für alle neuen Länder schwebt dem Vorsitzenden ein anderes Projekt vor als eine von manchen favorisierte neue Theologische Fakultät: eine Akademie als Ort der Bildung und der Reflexion, der Begegnung und der Repräsentation. Um ein solches Vorhaben ins Werk zu setzen, braucht man einen mit allen Wassern gewaschenen, in West wie Ost erfahrenen Mann: Werner Remmers, einst Kultusminister des Landes Niedersachsen, macht sich auf Bitten Lehmanns noch im Jahr 1990 an den Aufbau der »Katholischen Akademie« in Berlin.

Nach und nach regeln sich auch die finanziellen Verhältnisse in Ost und West. Die Diözesen in der Bundesrepublik hatten die Katholiken in der DDR schon immer tatkräftig unterstützt. Nun wird der Finanztransfer von West nach Ost auf eine solide Basis gestellt. Lehmann setzt im »Verband der Diözesen Deutschlands«, dem Rechtsträger der Deutschen Bischofskonferenz, in »mühsamen und langwierigen Verhandlungen« eine Umlage Ost durch.

Ein halbes Jahr nach dem Fall der Mauer lädt Lehmann alle Mitglieder der Berliner Bischofskonferenz ein, an der Frühjahrs-vollversammlung der Deutschen Bischofskonferenz in Augsburg vom 7. bis 10. März 1990 teilzunehmen. Alle kommen, und die meisten betreten mit einer Mischung aus Freude, Neugier und Unsicherheit das Priesterseminar in der alten schwäbischen Bischofsstadt. Auch die westdeutschen Bischöfe sind gespannt auf ihre neuen Mitbrüder, viele auch neugierig.

Kardinal Sterzinsky fällt die Aufgabe zu, in der Vollversammlung im Namen der Bischöfe aus der DDR das Wort zu ergreifen und das Eis zu brechen. Der gebürtige Ermländer spricht, wie er fast immer spricht: staubtrocken. Kardinal Hengsbach, der Bischof von Essen, ist verwirrt: »Und ich dachte, ihr würdet euch freuen«, äußert er gegenüber dem Erfurter Bischof Joachim Wanke. Der folgende Abend widerlegt Hengsbachs dunkle Ahnungen.

Endlich ist auch die Zeit da für die Wiedervereinigung der seit 1945 getrennten Bistümer Berlin, Osnabrück, Paderborn, Fulda und Würzburg.[21] Während der Teilung Deutschlands hatten sich die Katholiken in Ost und West der Abtrennung der Bistumsanteile jenseits der Zonengrenze verbissen widersetzt. Nun aber, im Frieden, ist der Neuzuschnitt zumindest dieser vier Territorien zu vollen Diözesen nicht nur möglich, sondern unausweichlich.

Die Katholiken in der DDR, in der Mehrzahl Flüchtlinge und Vertriebene aus dem Ermland, aus Schlesien und aus dem Sudetenland,[22] hatten sich schon lange vor dem Bau der Mauer im August 1961 eigene kirchliche Strukturen geben müssen. Denn mochte Deutschland politisch geteilt sein, kirchlich unterstand der größte Teil der DDR der Jurisdiktion eines im Westen residierenden Bischofs. Den (Erz-)Bischöfen von Osnabrück, Hildesheim,[23] Paderborn und Fulda aber verweigerte die DDR-Führung seit 1953 die Einreise in die jenseits der Zonengrenze gelegenen Teile ihrer Diözesen.

Eine förmliche Abtrennung der östlichen Anteile der Diözesen von den Bistümern im Westen kam für die deutschen Ka-

tholiken nicht in Frage. Sollte die Kirche etwa die Geschichts-
mächtigkeit des atheistischen Kommunismus dadurch beweisen, daß sie kirchliche Grenzen den politischen Gegebenheiten
anpaßte? Zur Verbesserung der Lage der Katholiken kamen also nur solche Maßnahmen in Frage, die an dem kirchenrechtlichen Status quo nichts änderten und die für den Fall der
Wiedervereinigung nichts präjudizierten. Das war jedenfalls
der Standpunkt der (westdeutschen) Deutschen Bischofskonferenz, der (ostdeutschen) Berliner Ordinarienkonferenz und des
mit der westdeutschen Regierungspartei CDU damals eng ver-
flochtenen Zentralkomitees der deutschen Katholiken (ZdK) –
und lange Zeit auch des Vatikans.

Zu Beginn der siebziger Jahre änderte sich die Haltung von
Papst Paul VI. gegenüber der geteilten Kirche Deutschlands.[24]
Die Anerkennung der Oder-Neiße-Linie als deutsche Ostgren-
ze durch den deutsch-polnischen Vertrag von 1970 und die
Unterzeichnung des deutsch-deutschen Grundlagenvertrags im
Dezember 1972 ließen in Papst Paul VI. den Wunsch reifen,
die katholische Kirche in der DDR der Jurisdiktion westdeutscher Bischöfe zu entziehen und sie zu einer selbständigen Kirche innerhalb eines sozialistischen Staates zu machen.

Der Papst hatte dabei weniger die Gefahr einer deutschen
Zweistaatlichkeit vor Augen als die Hoffnung, durch die Herauslösung der kirchlichen Territorien die relativ große Freiheit
der Kirche auf dem Gebiet der DDR sichern zu können. Und
er glaubte, eine einigermaßen freie Kirche könne zum Vorbild
anderer angestrebter Neuordnungen werden, etwa in der Tschechoslowakei oder in Ungarn.

Die Bischöfe der Bundesrepublik wie der DDR sowie viele
namhafte Politiker in der Bundesrepublik[25] setzten dem Ansinnen Pauls VI. erbitterten Widerstand entgegen. Die politische
Teilung Deutschlands dürfe nicht durch eine kirchliche Trennung ratifiziert, die Auffassung der DDR von der Existenz
zweier souveräner deutscher Staaten nicht bestätigt werden.[26]

Der Vatikan ließ sich in seiner »Ostpolitik« nicht beirren. Nach dem Inkrafttreten des deutsch-polnischen Vertrages im Juni 1972 wurden die nunmehr endgültig polnischen Gebiete kirchlich neu umschrieben. Zugleich nahm der Vatikan mit der Errichtung der Apostolischen Administratur Görlitz zum ersten Mal in einem kirchenrechtlichen Akt Notiz von der DDR.

Nur durch ein gemeinsames Auftreten konnten die Kardinäle Bengsch, Döpfner, Höffner, Jaeger und Volk verhindern, daß der Vatikan noch vor der Ratifizierung des deutsch-deutschen Grundlagenvertrags die Bischöflichen Kommissare in Schwerin, Magdeburg und Erfurt-Meiningen zu »Apostolischen Administratoren« erhob und dadurch ein Zeichen der Verselbständigung setzte. Döpfner stellte im Blick auf die unterschiedlichen Bestrebungen des Vatikans auf der einen und der Kirche in Deutschland auf der anderen Seite unter dem Datum des 7. März 1973 fest, »daß wir in dieser für die Kirche der DDR und der Bundesrepublik so wichtigen Fragen nicht in voller Übereinstimmung mit dem Oberhaupt der Kirche sind«.[27]

Den Papst beeindruckte der zähe Widerstand der deutschen Katholiken nicht. Im Jahr 1973 wurden die drei Bischöflichen Kommissare in Schwerin, Magdeburg und Erfurt zu Apostolischen Administratoren *permanenter constituti*[28] ernannt – »o(h)ren, nicht u(h)ren« hieß es hüben wie drüben mit Erleichterung. Dieser Schritt war aber nur eine Etappe hin zur Verselbständigung der Kirche in der DDR.

Paul VI. habe selbst entschieden, »daß die Konferenz der Ordinarien der DDR. aufhören soll, eine regionale Konferenz im Rahmen der Deutschen Bischofskonferenz zu sein, und statt dessen nunmehr als selbständige Bischofskonferenz errichtet werden soll«, teilte der Kardinalstaatssekretär Villot am 10. April 1976 dem Berliner Kardinal Bengsch als dem Vorsitzenden der Berliner Ordinarienkonferenz (BOK) mit.[29] Und mit demselben Schreiben legte Villot den DDR-Bischöfen eine

Liste mit Fragen über die Umwandlung der Jurisdiktionsbezirke in Bistümer vor. Am 11. Mai teilte Bengsch dem Vatikan das Ergebnis der Abstimmungen mit: »Sollen die bisher von Apostolischen Administratoren verwalteten Gebiete von Erfurt-Meiningen, Magdeburg und Schwerin in Bistümer verwandelt werden? Antwort: Ja: 10.«[30] Dem Wunsch des Papstes nach Zustimmung der DDR-Bischöfe zur Abtrennung der katholischen Kirche auf dem Gebiet der DDR von der in der Bundesrepublik war formal Genüge getan. Um so ausführlicher versuchten die Bischöfe, die Argumente des Papstes zugunsten der Schaffung von selbständigen Diözesen in der DDR zu widerlegen: »Für den Verhandlungspartner, die Regierung der DDR, steht die Errichtung von Diözesen in unlösbarem Zusammenhang mit politischen und weltanschaulichen Zielen. Diese Zielvorstellungen widersprechen den meisten der [von den Kirchen] geforderten Garantien«, lautete das zentrale Argument der Berliner Ordinarienkonferenz.[31]

Die Bischöfe der DDR und der Bundesrepublik konnten vorbringen, was sie wollten. Der Vatikan ließ von seinen Plänen nicht ab. Papst Paul VI. und der Vorsitzende der Deutschen Bischofskonferenz, Julius Kardinal Döpfner, gingen bei ihrer letzten Zusammenkunft Ende Mai 1976 im Unfrieden über die Ostpolitik auseinander. So hat es Döpfner Lehmann wenige Wochen vor seinem Tod anvertraut.

Der Nachfolger Döpfners im Amt des Vorsitzenden der Deutschen Bischofkonferenz, der Kölner Kardinal-Erzbischof Höffner, behielt die harte Linie seines Vorgängers gegenüber den vatikanischen Bestrebungen bei. Auf allen kirchlichen und politischen Wegen versuchte Höffner, dem Werben des Vatikans um die Gunst der DDR-Führung ein Ende zu setzen. »Der Status quo der Jurisdiktionsbezirke Schwerin, Magdeburg und Erfurt und das Verhalten des Apostolischen Stuhls zu diesem Status quo war für Priester und Gläubige in den getrennten Teilen Deutschlands wie auch für Politiker und Öffentlichkeit der Bundesrepublik Deutschland eine Art Testfrage für die Einstellung der katholischen Kirche, insbesondere des Apostolischen Stuhles, zur Teilung Deutschlands«, schreibt der Vorsitzende der DBK am 19. November 1977 dem Apostolischen Nuntius in Bonn, Guido del Mestri. »Eine Änderung des Status dieser Jurisdiktionsbezirke würde unweigerlich dahin mißverstanden, als betrachte der Apostolische Stuhl die Trennung Deutschlands nicht mehr als vorläufig, sondern als dauernd.«

Auch diese Intervention blieb erfolglos. Im Frühsommer des Jahres 1978 schloß Paul VI. die Planungen zur Umwandlung der Jurisdiktionsbezirke in Bistümer und damit zur Teilung der deutschen Kirche ab. Am 6. August 1978 starb der Papst. In Deutschland sprachen hochgestellte Geistliche von einem Werk des Heiligen Geistes. Papst Johannes Paul II., der am 16. Oktober 1978 nach dem kurzen Pontifikat Johannes Pauls I. an die Spitze der katholischen Kirche getreten war, kam auf die Pläne seines Vorvorgängers zur Teilung der katholischen Kirche in Deutschland nie mehr zurück. Erst nach dem Untergang der DDR wird die Frage der Neuordnung der Diözesangrenzen wieder aktuell. Aber dieses Mal mit und nicht gegen den Willen der Kirche in Deutschland.

Wenige Monate nach der Wiedervereinigung setzt die »Deutsche Bischofskonferenz« eine Arbeitsgruppe ein, die Vorschläge zu einer Neuordnung der Bistümer machen soll. Lehmann leitet sie selbst. Der künftige Status des 1929 errichteten Bistums Berlin steht von Beginn an fest. Als größte Diözese im Osten muß Berlin in den Rang eines Erzbistums erhoben und Mittelpunkt einer Kirchenprovinz werden. Auch die Existenz des Bistums Dresden-Meißen, der einzigen Diözese auf dem Gebiet der DDR, ist ungefährdet. Was aber wird aus der Apostolischen Administratur Görlitz? Kann das schlesische Erbe bedeutend genug sein, um die Existenz eines eigenen Bistums mit weniger als 100 000 Katholiken in der Lausitz zu rechtfertigen? Was wird aus den Apostolischen Administratoren in Schwerin, Magdeburg und Erfurt?

Die Errichtung neuer Bistümer und die Veränderung der Diözesangrenzen fallen nicht in die unmittelbare Kompetenz der Bischofskonferenz, sondern unterliegt staatskirchenrechtlichen Vereinbarungen zwischen dem Vatikan und den deutschen Ländern. Der Vorsitzende der Bischofskonferenz ist demnach de jure zunächst nicht gefordert – zumal er sich zur Maxime gemacht hat, daß die Probleme dort gelöst werden sollten, wo sie entstanden sind. Ende 1991 sind alle betroffenen Bischöfe im Grundsatz einig: Die kirchlichen Territorien auf dem Gebiet der ehemaligen DDR sollen auch de jure selbständig werden.

Lehmann ist vor allem gefragt, als es um die Zukunft von Görlitz und von Mecklenburg geht. Zunächst, so erinnert sich der Kardinal, habe ihm nicht einleuchten wollen, daß ein Bistum von der Größe weniger Dekanate lebensfähig sei. Dann habe er alles noch einmal »gründlich studiert«. Vielerlei stellt sich dabei heraus. Etwa der Umstand, daß die evangelische Kirche an einer Lausitzer Landeskirche festhalten möchte. Dann ist zu hören, daß es zwischen den Sachsen und den Schlesiern wohl noch niemals zum besten gestanden hat. Beiläufig kommt Lehmann in einem Gespräch mit Bundeskanzler Kohl auf Görlitz zu sprechen. Lehmann fragt: »Wie würden die Polen das verstehen, wenn wir Görlitz aufgäben? Was würde mit den Kontakten nach Polen? Was aus der Nachbarschaft mit Breslau?« Der Bundeskanzler habe sofort gewußt, um was es gehe, sagt der Kardinal: »Du brauchst gar nicht weiterzureden. Du mußt Görlitz machen. Alles andere sähe so aus, als wenn ihr wieder nach Breslau wolltet.« Lehmanns Bischofskonferenz votiert für ein Bistum Görlitz. Der Vorsitzende hatte den Antrag selbst begründet.

Mecklenburg, eine reine Diaspora-Region, möchte offenbar nicht selbständig werden. Die Katholiken möchten mehrheitlich bei Osnabrück bleiben. Der Vatikan aber plant, das vor nahezu 1000 Jahren von dem heiligen Ansgar gegründete Bistum Hamburg wiederaufleben zu lassen – nicht als einfache Diözese, sondern als Erzbistum und damit als Zentrum einer neuen Kirchenprovinz. Der erste Teil des Planes leuchtet Lehmann ein: Hamburg als Bischofssitz, ja. Der zweite Teil zunächst weniger: Osnabrück, das sich in den schweren Zeiten der deutschen Teilung um Mecklenburg verdient gemacht hat, soll Erzbistum werden und Mecklenburg behalten. In Rom votiert man anders. 1995 werden die Stadt Hamburg, das Land Schleswig-Holstein und der Landesteil Mecklenburg aus dem Bistum Osnabrück ausgegliedert und zum neuen Erzbistum Hamburg zusammengefaßt.

Der Erzbischof von Paderborn, Johannes Joachim Degenhardt, ringt sich langsam und sehr mühsam durch, einem selbständigen Bistum Magdeburg zuzustimmen. Der Bischof von Fulda, Erzbischof Dyba, der im Unterschied zu seinen Mitarbeitern nicht so sehr an der Geschichte der Diözese hängt, tut sich ebenso wie das Bistum Würzburg leichter, einem eigenständigen Bistum Erfurt zuzustimmen.

Wichtige Aufgaben im deutschen Katholizismus werden bald von Katholiken übernommen, die sich in der DDR bewährt haben. Prälat Hellmut Puschmann wird Präsident des Deutschen Caritas-Verbandes. Professor Hans-Joachim Meyer, sächsischer Staatsminister für Wissenschaft und Kunst, wird Präsident des ZdK. »So leistet die katholische Kirche abseits der großen Politik vor, während und nach der Wende einen großen Beitrag zur inneren Einigung Deutschlands«, sagt der Kardinal.


## Staat und Kirche (I): Grundwerte

In die Wiege gelegt war dem Dogmatiker und Ökumeniker Lehmann das Nachdenken über Verhältnis von Staat, Gesellschaft und Kirche nicht. Erst die Mitwirkung in der Gemeinsamen Synode, die Freundschaft mit Kardinal Döpfner und das Engagement im »Zentralkomitee der deutschen Katholiken« (ZdK) haben Lehmann einen Einblick in das partnerschaftlich-heikle Zusammenspiel von Kirche und Staat in Deutschland ermöglicht.

Bewähren muß Lehmann sich auf diesem Feld zunächst nur intellektuell. In der »Grundwerte-Debatte« der siebziger Jahre repräsentiert er zusammen mit Hans Maier, dem bayerischen Kultusminister, das ZdK. 1973 wird er als Einzelpersönlichkeit in die Vollversammlung gewählt. Und schon bald entwickelt er auch als »politischer« Theologe einen eigenen, unverwechselbaren Stil. Etwa, als er vor der Vollversammlung des ZdK am 4. November 1976 – wenige Monate nach den Vorträgen von Bundeskanzler Helmut Schmidt (SPD), dem CDU-Vorsitzenden Helmut Kohl und Innenminister Werner Maihofer (FDP) in der Katholischen Akademie Hamburg – den »Versuch einer Zwischenbilanz der Grundwerte-Diskussion« unternimmt.[32]

Die »Wendung hin zu einer vorwiegend pragmatischen Politik«, die sich vor allem in den Reformen des Straf-, des Ehe- und des Familienrechts der sozial-liberalen Bundesregierung bemerkbar macht, ist in seinen Augen nicht das Ergebnis der vergangenen Jahre. »Man hat in der ökonomischen Prosperität auf die im Grundgesetz implizierten Grundüberzeugungen vertraut, als ob diese ›Substanz‹ gefahrlos und unangefochten von der Gründergeneration mit ihren Erfahrungen den Nachkommenden einfach weitergegeben werden könnte. Man hat zu wenig mit den erfahrungsabhängigen Faktoren, dem Kompromißcharakter und der inneren zentrifugalen Sprengkraft in der ›Übereinstimmung‹ bezüglich der Grundwerte gerechnet.«[33]

Als die wirtschaftliche Rezession der Jahre 1966/67 und die Studentenproteste des Jahres 1968 das Ende der Gründerjahre der Bundesrepublik besiegelten, wurde nicht nur die Gesellschaft von der offensichtlichen »Erosion der Grundwerte«

überrascht. Auch die Kirchen seien von der »unsichtbaren Auszehrung der geistigen und moralischen ›Substanz‹ der Nach-
kriegszeit« überrascht worden. Lehmann nennt auch einen
Grund dieser Wendung: »Sie waren ohnehin zu sehr mit inneren Problemen beschäftigt.«

Um so wichtiger ist Lehmann die Feststellung, daß die Kirche »bei aller Verläßlichkeit ihrer Grundorientierungen in dieser Diskussion kein Gesprächspartner mit eilfertiger Zunge
sein kann«. Sie müsse selbst viel aufarbeiten und manches
nachholen. Das Ziel dieses Prozesses bestimmt Lehmann so:
»In radikal neuer Weise muß die Kirche ihren ureigenen Auftrag neu übernehmen, die ethischen Grundüberzeugungen zu
pflegen und wachzuhalten.« Der Weg dorthin scheint jedoch
noch weit. »Bei uns«, so erläutert er, begrenze sich die Bezie-
hung zum demokratischen Gemeinwesen gelegentlich immer
noch auf Abwehr, Selbstbehauptung, Defensive, Grenzziehung,
Anspruchshaltung. Damit erscheine die Kirche für das Leben
unter den Bedingungen einer pluralistischen Gesellschaft kaum
gerüstet.

Überdies muß sie deutlicher zwischen den universalisierba-
ren Grundsätzen der menschlichen Vernunft und dem Sinnan-
spruch der im Glauben eröffneten Offenbarungswirklichkeit
unterscheiden: »Es gibt Einsichten in das Humanum, die ihren
Ursprung der denkerischen Auseinandersetzung mit den
Grunddaten der christlichen Offenbarung verdanken und unter dem Einfluß des christlichen Glaubens gewonnen worden
sind, die aber auch ohne die Voraussetzung des Glaubens ihre
Gültigkeit behalten.« Auf diese aber kommt es an – und auf die
Selbstbeschränkung der Kirche oder die Rückkehr zum »einen
Notwendigen«: »Ohne eine gewisse Abstinenz im Tagespoliti-
schen können Theologie und Kirche – ich spreche nicht un-
mittelbar vom Laienauftrag – nicht wirklich ethosbildend wirken. Es gehört dazu auch Mut zur ›Weltabgeschiedenheit‹.
Diese Distanz bringt für das Leben der Welt jedoch mehr ein

als ein hektisches Sichverbrauchen im Bereich des rein Empiri-
schen, wo andere allemal überlegen bleiben.«

Lehmanns Überlegungen münden in eine Gewissenserfor-
schung – eine ökumenische. Für ihn steht es außer Zweifel, daß
zu den Aporien der modernen Gesellschaft und des neuzeitlichen Staatswesens die Spaltung der Christenheit maßgeblich
beigetragen hat. Allerdings haben zumindest auf dem Feld der
Politik alte Frontstellungen überlebt. Christen verschiedener
Konfessionen hätten sich nach der Zeit des Nationalsozialismus
in einer gemeinsamen Partei und zusammen in anderen Parteien gefunden. Dieser »hohe faktische Konsens« sei wohl in
sozialer und gesellschaftlicher Hinsicht noch nicht genügend
eingelöst. Darum erweise er sich immer wieder als brüchig.

Ein Vierteljahrhundert nach dieser Diagnose kann Lehmann, der Vorsitzende der Deutschen Bischofskonferenz, auf
eine in der katholischen Welt einmalige Vielzahl von Veröffentlichungen[34] von ökumenischen Projekten auf dem Feld der So-
zialverkündigung zurückblicken. Unter seiner Verantwortung
entstanden die jährliche »Woche für das Leben«, die »Gemeinsamen Worte« zur »wirtschaftlichen und sozialen Lage in
Deutschland« (1997) und über die Ausländer- und Einwande-
rungspolitik (1997) bis hin zu den nahezu wortgleichen Einlassungen der Deutschen Bischofskonferenz und des Rates der
Evangelischen Kirche in Deutschland zu Fragen der Bioethik
und der Migration im Jahr 2001.


## Politische Freunde

Nicht zuletzt unter dem Eindruck der Grundwerte-Debatte beschließt die Görres-Gesellschaft, ihr renommiertes Staatslexikon neu aufzulegen. Erstmals wird das Stichwort Grundwerte
aufgenommen. Der Artikel wird verfaßt von Karl Lehmann.[35]

Als der Beitrag im Jahr 1986 erscheint, regiert im Bund seit vier Jahren die CDU. Unter Führung des vormaligen rhein-land-pfälzischen Ministerpräsidenten Helmut Kohl hatte die Union den Bürgern eine »geistig-moralische Wende« verspro-chen – ein fernes Echo der Grundwerte-Debatte der siebziger Jahre.

Persönlich und auch politisch steht Lehmann vielen Perso-nen nahe, die in diesen Monaten für die Union Regierungsver-antwortung übernehmen: Bernhard Vogel, dem Nachfolger Kohls als rheinland-pfälzischer Ministerpräsident, Erwin Teu-fel, dem Fraktionsvorsitzenden der CDU im Landtag von Ba-den-Württemberg und späteren Ministerpräsidenten, Hanna-Renate Laurien, zu Lehmanns Mainzer Zeiten Staatssekretärin unter Kultusminister Bernhard Vogel und in den achtziger Jah-ren Schulsenatorin in Berlin, Hans Maier, dem bayerischen Kultusminister und (von 1976 bis 1988) Präsidenten des ZdK.

Und schließlich Helmut Kohl selbst: Der CDU-Politiker aus der Pfalz und der Dogmatiker aus Hohenzollern hatten sich Ende der sechziger Jahre in Mainz kennengelernt. Und was es bisher noch nicht gab: Der Bundeskanzler und der Vor-sitzende der Deutschen Bischofskonferenz sind per du.

Seit fast 20 Jahren haben sie sich immer wieder getroffen – nicht nur bei offiziellen Anlässen, sondern auch in privatem Rahmen. Legendär sind die Wanderungen der beiden durch den Pfälzer Wald, meist in den Tagen nach Weihnachten. Sie enden mit einem guten Essen und gutem Wein in einem Gast-hof in der Pfalz, schließlich im Kreis der Familie des Bundes-kanzlers in Ludwigshafen. So lernt Lehmann auch Kohls Frau Hannelore kennen, dazu die beiden Söhne Walter und Peter.

Es ist kennzeichnend für das Verhältnis der beiden Männer, daß über den Inhalt ihrer Unterredungen nichts an die Öffent-lichkeit dringt. Weder äußert sich Kohl in den Gremien der Union, noch trägt Lehmann in der Bischofskonferenz über sei-ne Treffen mit dem Bundeskanzler vor. Der Bundeskanzler re-klamiert freilich unter Hinweis auf seine Nähe zu Lehmann eine gewisse Exklusivität, wenn es um die Beziehungen zwischen der CDU und der katholischen Kirche geht. Die doppelte Rolle des Forums und des Gesprächspartners, die der Evangelische Arbeitskreis der CDU (EAK) gegenüber den evangelischen Kirchen einnimmt, hatte auf der katholischen Linie noch nie ein Gegenstück. Jetzt kommt es nicht einmal mehr zu regelmäßigen Zusammenkünften zwischen der Spitze der Deutschen Bischofskonferenz und dem Präsidium der CDU. Was es mit der katholischen Kirche zu regeln gibt, das regelt der Kanzler weitgehend alleine.

Allzu viel kann es nicht gewesen sein. Denn der Kardinal tritt Mutmaßungen entgegen, es sei bei seinen Begegnungen mit Kohl im wesentlichen hohe Politik verhandelt worden. Zwar haben die beiden Männer auf ihren Wegen aktuelle politische Fragen nie ausgespart. Lehmann ist von jeher am politischen Geschehen und den mitunter sehr persönlichen Hintergründen interessiert. Aber im Mittelpunkt seiner Gespräche mit Kohl, so der Kardinal, hätten immer private Dinge gestanden.

Die Wertschätzung, die der Bundeskanzler Lehmann entgegenbringt, ist groß: Im Frühjahr 1997 entscheidet sich der Bundeskanzler, nach sechzehn Jahren im Amt bei der Bundestagswahl im Herbst kommenden Jahres abermals als Spitzenkandidat der Unionsparteien anzutreten. Ehe dieser Entschluß öffentlich wird, möchte Kohl ihn seiner Familie mitteilen. Am Ende einer gemeinsamen Wanderung bittet er den Mainzer Bischof wie immer, ihn nach Hause zu begleiten. Im Beisein Lehmanns erläutert Kohl seiner Frau und seinen beiden Söhnen nochmals den Entschluß, weitere vier Jahre im Amt bleiben zu wollen.

Der Bischof vermag nicht öffentlich für Kohl Partei zu ergreifen, als der CDU-Vorsitzende im Winter 1999/2000 zum Mittelpunkt der »CDU-Spendenaffäre« wird. Wenn sich auch manche Vorwürfe als haltlos erweisen, so ist doch gewiß, daß

Kohl mit der Annahme von Spenden in Höhe von fast drei Millionen Mark, die nicht im »Rechenwerk« der CDU auftauchen, das Parteiengesetz verletzt hat. Lehmann hält sich in der Beurteilung der Spendenaffäre öffentlich zurück. Doch auch über die Rolle Kohls schweigt er. Gelegentlich telefonieren sie miteinander. Dem Gebrauch des Begriffs »Ehrenwort«, wie Kohl ihn versteht, kann er nicht zustimmen. Die Kontakte werden spärlicher. Als sich Hannelore Kohl Anfang Juli 2001 das Leben nimmt, wird das Requiem im Dom zu Speyer gefeiert. Ein noch engerer Freund der Familie feiert das Totenamt. Der Mainzer Kardinal hat schon seinen Urlaub angetreten, aber nicht ohne Kohl als Vorsitzender der Bischofskonferenz und als Freund sein Beileid auszusprechen.

Im Herbst 2001 kommt es während eines Besuchs Lehmanns in Berlin zu einem ersten Wiedersehen in Helmut Kohls Abgeordnetenbüro. Die alten Freunde verstehen sich bald wieder.

### Staat und Kirche (II): Der Paragraph 218

An politische Grenzen war die Freundschaft des Bundeskanzlers und des Vorsitzenden der Deutschen Bischofskonferenz allerdings schon zehn Jahre vor der CDU-Spendenaffäre gelangt. Anfang der neunziger Jahre steht die Bundesregierung unter Führung von Bundeskanzler Kohl aufgrund der Wiedervereinigung vor der Aufgabe, das Abtreibungsrecht neu zu regeln. Und Lehmann, der Vorsitzende der Bischofskonferenz, stellt schon 1991 enttäuscht fest, daß nicht nur die FDP andere Auffassungen über den Schutz des ungeborenen Lebens hat als die katholische Kirche. Auch die Union habe abermals »größte Mühe«, zu einer einheitlichen Meinung zu kommen.[36]

Bei der katholischen Kirche kann von mangelnder Eindeutigkeit nicht die Rede sein. Das Zweite Vatikanische Konzil hatte die Überlieferung bekräftigt, daß Abtreibung ein »verabscheuungswürdiges Verbrechen« (GS 51) darstellt. Vehement hatten sich Bischofskonferenz und ZdK daher der sogenannten »Liberalisierung« des Abtreibungsrechts Mitte der siebziger Jahre durch die sozial-liberale Koalition unter Bundeskanzler Willy Brandt widersetzt. Allerdings reagiert die Kirche auf die weitgefaßte Indikationenregelung nicht nur mit politischem Protest und einer Debatte über die »Grundwerte«. Den Gefährdungen des ungeborenen Lebens sucht sie durch den Ausbau ihres Beratungssystems zu begegnen.

Ernst-Wolfgang Böckenförde, katholischer Verfassungsrechtler an der Reformuniversität Bielefeld und bald ein Kollege Lehmanns in Freiburg, stellte schon 1971 fest: »Die Mehrzahl der Abtreibungsfälle hat ihren Grund ja nicht in Bequemlichkeit, Streben nach ungehemmtem Lebensgenuß oder ungestörter Berufskarriere – obwohl es nicht wenige solcher Fälle gibt –, sondern in materiellen, sozialen, familiären und psychischen Notsituationen, aus denen man auf diese Weise einen Ausweg sucht. Gegenüber hier möglichen Veränderungen und Verbesserungen darf das Strafrecht im Grunde nur einen ›subsidiären‹ Charakter haben. Es ist auch nicht nur Sache des Staates, sondern ebenso Sache der Gesellschaft, in diesem Feld tätig zu werden. Ein Beispiel aus dem kirchlichen Bereich: Wie viele illegale Abtreibungen mögen durch die Mißachtung mitverursacht sein, die dem unehelichen Kind und einer ledigen Mutter gerade im kirchlichen Raum und in sog. gut-katholischen Elternhäusern lange Zeit entgegengebracht wurde und teilweise noch heute wird?«[37]

Im Juni 1973 erläßt der Ständige Rat der Bischofskonferenz »Rahmenrichtlinien für die Beratungs- und Hilfsmaßnahmen zum Schutz des ungeborenen Lebens«. Am 16. Dezember 1974 folgen detaillierte »Richtlinien für die Arbeitsweise von katholischen Beratungsstellen für werdende Mütter in Konfliktsituationen«. Darin heißt es: »Die katholischen Beratungsstellen werden jede erdenkliche Hilfestellung leisten, um den Schwangerschaftsabbruch vermeiden zu helfen und um dem Kind, der Mutter und allen anderen Bezugspersonen zu einem von ihnen akzeptierten Lebensweg zu verhelfen. Dabei geht es nicht nur um die Sicherung des biologischen Lebens, sondern auch um das personale und soziale Leben.«[38] Ohne Bezug auf die schwebende Rechtslage ist in diesen Richtlinien von »Konfliktberatung« die Rede – und von dem eindeutigen Ziel: »Ermutigung zur Bejahung des Kindes«, nicht zuletzt durch das Angebot langfristiger Beratung und sozialer Hilfen.

Unumstritten ist in den Sozialverbänden die Entscheidung der Bischöfe nicht, die Arbeit der Beratungsstellen von »Caritas« und dem »Sozialdienst katholischer Frauen« kirchlich anzuerkennen. Die Qualifizierung der Arbeit der Beratungsstellen, so das schon in den siebziger Jahren geäußerte Bedenken, gehe mutmaßlich einher mit einer indirekten Beteiligung der Kirche an dem Abtreibungsgeschehen: Die Kirche könne es wohl kaum dem medizinischen Personal untersagen, an einer Abtreibung mitzuwirken, gleichzeitig aber eine Beratung anbieten, wie sie der Gesetzgeber vor einer Abtreibung verlange.

Die deutschen Bischöfe halten die Möglichkeit, ungeborenes Leben zu retten, für erheblicher als die Gefahr eines Mißverständnisses über die kirchliche Haltung gegenüber der Abtreibung. Gleichwohl stehen sie dem Präfekten der vatikanischen Kongregation für die Glaubenslehre, dem kroatischen Alt-Germaniker Franjo Šeper, Rede und Antwort über die deutsche Rechtslage und die Beteiligung der Kirche an der staatlich verlangten Beratung. Der kroatische Kurienkardinal hält Konsultationen mit der Deutschen Bischofskonferenz für ausreichend und vertraut auf die Urteilsfähigkeit des deutschen Episkopats. Die Glaubenskongreation brauche diese Form der Beratung nicht gutheißen, aber auch nicht abzulehnen. Kardinal Höffner, der Vorsitzende, berichtet regelmäßig nach Rom.

In den »Richtlinien der deutschen Bischöfe für die katholi-

schen Beratungsstellen nach § 218b Abs. 1 Nr 1. StGB« vom
30. August 1982 wird die Ausstellung einer Beratungsbescheinigung erstmals klar geregelt. Auf Wunsch der Schwangeren,
so heißt es dort, könne ihr eine schriftliche Bestätigung ausgestellt werden, sofern sie sich auf ein ernsthaftes Beratungsge-
spräch eingelassen habe. Die Bescheinigung sei freilich nicht
die Feststellung einer Indikation und dürfe nicht als Einverständnis oder gar Empfehlung zu einem Schwangerschaftsabbruch mißverstanden werden.[39]

Die Skepsis in Rom wächst. Als im Frühjahr 1987 neue
Anfragen kommen, wird selbst der eher friedfertige und besonders romtreue Vorsitzende Höffner beinahe wütend. »Wir haben doch alles ausführlich dargestellt. Was soll das denn?«,
fragt er verständnislos.

Sein Nachfolger Lehmann stellt bald fest, daß die Rückfragen
grundsätzlicher werden. Die kritischen Stimmen, wie sie vor
allem von Professor Robert Spaemann, mit Ratzinger befreundet und vom Papst geschätzt, und von den »Juristen für das
Leben« geäußert werden, finden immer mehr Gehör. Die
innerdeutsche Auseinandersetzung verlagert sich nach Rom.
Ein Stellvertreterkrieg beginnt.

Nach der deutschen Wiedervereinigung kehrt der Paragraph 218 auf die Tagesordnung der Politik zurück. Wegen der
unterschiedlichen Rechtsverhältnisse im »Beitrittsgebiet« und
in der ehemaligen Bundesrepublik soll eine einheitliche Regelung gefunden werden, die »den Schutz vorgeburtlichen Lebens und die verfassungskonforme Bewältigung von Konfliktsituationen schwangerer Frauen vor allem durch rechtlich gesi-
cherte Ansprüche für Frauen, insbesondere auf Beratung und
soziale Hilfen, besser gewährleistet, als dies in beiden Teilen
Deutschlands derzeit der Fall ist«. So sieht es Artikel 31 des
Einheitsvertrags vom 3. Oktober 1990 vor.[40]

Wenige Wochen zuvor hatten Bischof Karl Lehmann als
Vorsitzender der Deutschen Bischofskonferenz und Bischof

Martin Kruse als Vorsitzender des Rates der EKD am 25. August 1990 in einer Gemeinsamen Erklärung einen wirkungsvolleren Schutz des ungeborenen Lebens im wiedervereinten Deutschland gefordert. Die offizielle Statistik verzeichnet für das Jahr 1989 exakt 75 207 Schwangerschaftsabbrüche in der Bundesrepublik Deutschland, in der DDR werden für den gleichen Zeitraum 73 899 Abtreibungen erfaßt. Ein seltsames Zahlenverhältnis. Gab es in der DDR bei einer Bevölkerung von annähernd 16 Millionen ebenso viele Abtreibungen wie bei einer Bevölkerung von etwa 60 Millionen im Westen Deutschlands? Die Bischofskonferenz und der Rat der Evangelischen Kirche in Deutschland trauen der Statistik nicht. In der seit langem vorbereiteten Erklärung *Gott ist ein Freund des Lebens. Herausforderungen und Aufgaben beim Schutz des Lebens*, die Ende 1989 veröffentlicht worden war, hatten die Kirchenleitungen von etwa 200 000 Abtreibungen im Jahr alleine in der Bundesrepublik gesprochen. Diesseits wie jenseits der Mauer war die Tötung ungeborenen Lebens ein Mittel der Familienplanung geworden.

*Gott ist ein Freund des Lebens* hin, Gemeinsame Erklärung her, die ökumenische Eintracht der Wendezeit hat bald ein Ende. Lehmann spricht in seinem Eröffnungsreferat zur Herbst-Vollversammlung der Deutschen Bischofskonferenz am 23. September 1991 offen aus, was andere nur zu denken wagen: Über der innerprotestantischen Einigung zwischen der EKD und dem Bund der evangelischen Kirchen in der DDR geht der mühsam erreichte sozialethische Konsens zwischen Bischofskonferenz und dem Rat der EKD in der alten Bundesrepublik verloren.[41] Auch über die politischen Verhältnisse macht Lehmann sich keine Illusionen: »Mit der Einheit Deutschlands haben sich die alten Vorkämpferinnen und Vorkämpfer im Westen mit den Vertretern der in der ehemaligen DDR geltenden Fristenregelung zusammengeschlossen, um mit neuer Schubkraft zu probieren, die längst bekannten, immer wieder versuchten, aber unerfüllt gebliebenen Forderungen nun für ganz Deutschland in die Tat umzusetzen.« Da hilft es nicht, daß der Vorsitzende der Bischofskonferenz hervorhebt, daß Bischöfe und das ZdK wie immer mit einer Stimme sprächen und die Kirche auf seine Initiative hin 1991 zum ersten Mal die »Woche für das Leben« veranstaltet habe, um die Medien für ihr Anliegen zu gewinnen und die Basis zu mobilisieren.[42]

Die im Einigungsvertrag gesetzte Frist zur Neuregelung des Abtreibungsrechts ist fast verstrichen, da findet am 27. Juni 1992 im Bundestag ein Gruppenantrag die Zustimmung der meisten Abgeordneten von SPD und FDP sowie von 35 CDU-Parlamentariern: Abtreibung wird nicht länger als rechtswidrig qualifiziert. Nicht das Strafrecht soll künftig den Schutz des Lebens garantieren, sondern eine verpflichtende Beratung. Habe sich eine Frau einer Pflichtberatung unterzogen, sei sie frei, innerhalb der ersten zwölf Schwangerschaftswochen abzutreiben.

Lehmann ist gleich doppelt alarmiert: Weder kann er akzeptieren, daß ein Staat sich eine Rechtsordnung gibt, in der eine nach der Lehre der Kirche in sich schlechte Handlung ins Belieben einer Person gestellt wird, noch dem zustimmen, daß Einrichtungen der Kirche als Teil eines flächendeckenden Beratungsnetzes die Voraussetzung dafür bieten sollen, daß der Staat die Abtreibung straffrei stellt. Doch der Zustand ist eingetreten, den Lehmann vorhergesehen hat: »Eine weitere Entmoralisierung von Recht und Gesetz, eine neue Verfassung und – wenigstens in mancher Hinsicht – eine andere Republik«. Und trotzdem ist die Kirche mittendrin: »Eine unklare, verschwommene Grundaussage zur Abtreibung und wieder durch einen Kranz von Hilfen und Beratungen ein gutes Gewissen ...«

Den Ausstieg der Kirche aus der gesetzlichen Beratung scheut Lehmann trotzdem. Denn Abgeordnete der CSU/CDU-Bundestagsfraktion und die Bayerische Staatsregierung erwirken schon am 4. August 1992 eine einstweilige Anordnung des Bundesverfassungsgerichts gegen den strafrechtlichen Teil des »Schwangeren- und Familienhilfeänderungsgesetzes«.

Und wie im Herbst 1991, so nutzt Lehmann auch jetzt sein Referat zu Beginn der Herbst-Vollversammlung der Bischofskonferenz zu einer Positionsbestimmung.[43] Während des Sommers befaßt er sich ausgiebig mit der »Theorie der Beratung«, wie sie vor allem von dem Amerikaner Carl Rogers begründet worden und in den Sozialwissenschaften auf starken Widerhall gestoßen war. Im September entwickelt Lehmann vor den deutschen Bischöfen im Blick auf die Beratung von Frauen in Not- und Konfliktsituationen eine eigenständige, mutmaßlich »verfassungsfeste« Vertiefung der Theorie der Beratung: »Beratung muß prinzipiell auf das Ziel ausgerichtet sein, die schwangere Frau zum Austragen der Schwangerschaft zu ermutigen. Der verfassungsrechtliche Vorrang des Lebensschutzes muß viel deutlicher erkennbar werden. Auch wenn das ungeborene Kind nur mit Hilfe und Zustimmung der Frau selbst zur Welt kommen kann, darf dies nicht zu einer Dominanz des Selbstbestimmungsrechts der schwangeren Frau führen, wie es faktisch im neuen Gesetzentwurf geschieht. Die Gefährdungen der wirklichen Eigenverantwortung der schwangeren Frau durch Druck aus dem Umfeld müssen viel ernster genommen werden. Angesichts des Ernstes einer Entscheidung über das Lebensrecht eines anderen kann nicht völlig auf die Darlegungspflicht und wenigstens eine minimale Protokollierung der Beratung verzichtet werden.«

Am 28. Mai 1993 verwirft der Zweite Senat des Bundesverfassungsgerichts wesentliche Teile des vor Jahresfrist beschlossenen »Schwangeren- und Familienhilfegesetzes« als mit den Artikeln 1 (Menschenwürde) und 2 (Lebensschutz) des Grundgesetzes unvereinbar und daher nichtig. Für eine Neuregelung der Straffreiheit der Abtreibung und der Pflichtberatung stellt das oberste Bundesgericht verpflichtende Maßstäbe auf. Abtreibungen müssen weiterhin als grundsätzlich rechtswidrig angesehen werden, können aber unter bestimmten, genau bezeichneten Umständen straffrei gestellt werden.

Eine verfassungskonforme Pflichtberatung bemißt sich in den Augen der Richter an den folgenden Maßstäben: »Die Beratung dient dem Schutz des ungeborenen Lebens. Sie hat sich von dem Bemühen leiten zu lassen, die Frau zur Fortsetzung der Schwangerschaft zu ermutigen und ihr Perspektiven für ein Leben mit dem Kind zu eröffnen; sie soll ihr helfen, eine verantwortliche und gewissenhafte Entscheidung zu treffen. Dabei muß sich die Frau bewußt sein, daß das Ungeborene in jedem Stadium der Schwangerschaft auch ihr gegenüber ein eigenes Recht auf Leben hat.«[44] Lehmann scheint mit seinem Referat vor der Herbst-Vollversammlung im September 1992 eine Anregung für die Entscheidung des Zweiten Senats des Bundesverfassungsgerichts geliefert zu haben, so augenfällig sind die Übereinstimmungen zwischen der Entscheidungsformel des Bundesverfassungsgerichts und den Überlegungen Lehmanns zu einer Beratungstheorie: Wenn möglich Hinzuziehung Dritter, vor allem des Vaters sowie naher Angehöriger beider Eltern des Ungeborenen, Beratungsprotokoll mit Angaben zur Person, zu den für den Abtreibungswunsch wesentlichen Gründen und zu den Informationen und Hilfsangeboten für die schwangere Frau, die Dauer des Beratungsgesprächs und gegebenenfalls die zu ihm hinzugezogenen weiteren Personen sind zu vermerken. Das Protokoll soll auch ausweisen, welche Informationen der Schwangeren vermittelt und welche Hilfen ihr angeboten wurden.[45] Ganz zufällig ist die Übereinstimmung zwischen Lehmann und dem höchsten deutschen Gericht nicht zustande gekommen. Aufgrund von Zeitungsberichten über die Vollversammlung hatten zwei Verfassungsrichter unabhängig voneinander das Eröffnungsreferat Lehmanns angefordert. Später lag das Referat allen Verfassungsrichtern vor, die mit dem Verfahren befaßt waren.

Der Beschluß ist erst wenige Monate alt, die Auswirkungen auf die Gesetzgebung und die Beteiligung der Kirche an einer gesetzlichen Konfliktberatung sind nicht abzusehen. Der Bischof von Fulda, Erzbischof Johannes Dyba, untersagt unmittelbar nach dem Ende der Herbst-Vollversammlung der Bischofskonferenz den katholischen Beratungsstellen in seinem Bistum, weiterhin Beratungsbescheinigungen auszustellen. Die deutschen Bischöfe sowie die Räte des Bistums erfahren von diesem Schritt aus der Zeitung.

### Papst contra Bischöfe (III):
### Die gesetzliche Konfliktberatung

Für die anderen Bischöfe bringt das Jahr 1995 die Wende. Zuerst, am 25. März, legt Papst Johannes Paul II. die Enzyklika Evangelium vitae (Das Evangelium des Lebens) über den »Wert und die Unantastbarkeit des menschlichen Lebens« vor. Darin bekräftigt er die Lehre der Kirche, daß Abtreibung ein verabscheuungswürdiges Verbrechen sei. Im Juni 1995 erfährt Bischof Lehmann, daß die Union in wenigen Tagen ein »Schwangeren- und Familienhilfeänderungsgesetz« in größtmöglicher Geschwindigkeit durch das Parlament bringen wolle. Der Vorsitzende ist empört. Offenbar will die Regierung schnell Tatsachen schaffen und einer abermaligen Konfrontation mit der Kirche aus dem Weg gehen. Er ist sich sicher, daß die Regierungskoalition an den Vorgaben des Verfassungsgerichts Abstriche machen würde. Ein Gespräch bei Wolfgang Schäuble, dem protestantischen Pragmatiker an der Spitze der Unionsfraktion, bleibt fruchtlos. Am 29. Juni 1995 beschließt der Deutsche Bundestag mit Zweidrittelmehrheit eine weitere, die endgültige Neuregelung des Paragraphen 218.

Danach bleiben Abtreibungen rechtswidrig. Aber sie werden straffrei, wenn die betroffene Frau eine Beratung bei einer staatlich anerkannten Stelle nachweist und seit der Empfängnis weniger als zwölf Wochen vergangen sind. Die Vorschriften für die Konfliktberatung bleiben jedoch deutlich hinter den Vorgaben des Bundesverfassungsgerichts zurück. So haben etwa auch Frauen, die sich einem Beratungsprozeß verweigern, Anspruch auf eine Beratungsbescheinigung. Auch die Grenze von 22 Wochen für eine medizinische Indikation wird aufgehoben – Spätabtreibungen bis zur Geburt sind seitdem unter bestimmten Umständen nicht nur straffrei, sondern nicht einmal rechtswidrig.

»Wir hoffen darauf, daß die bevorstehende Entscheidung des Bundesverfassungsgerichts zur Vorlage eines neuen Gesetzentwurfs führt, auf dessen Grundlage die katholischen Beratungsstellen ihren Auftrag in der bisherigen Ausrichtung fortsetzen können«, hatte Lehmann am 21. September 1992 in Fulda gesagt. Dieser Wunsch hat sich offenbar nicht erfüllt.

Ist der Zeitpunkt nun gekommen, an dem die Kirche sich der staatlich geregelten »Konfliktberatung« entziehen muß, um den kleinsten Anschein zu vermeiden, daß sie eine Abtreibung notfalls billige? Vor der Herbst-Vollversammlung der Deutschen Bischofskonferenz im September 1995 führen Bischof Lehmann als Vorsitzender der Deutschen Bischofskonferenz sowie Erzbischof Dyba in Rom getrennte Gespräche mit dem Präfekten der Glaubenskongregation, Kardinal Ratzinger. In Fulda kritisieren die deutschen Bischöfe das neue Gesetz als »lückenhaft und mehrdeutig«. Sie folgen aber der Linie ihres Vorsitzenden, der schon drei Jahre zuvor die Richtung für den Fall eines Konflikts mit einem neuen Gesetz skizziert hatte: »Im Ernstfall muß wirklichen Zwängen eine bessere Alternative entgegengestellt werden, was sicher auch mit der Hinnahme von Nachteilen verknüpft sein kann. Freilich ist es der Kirche nicht erlaubt, sich vorschnell aus komplexen und schwierigen Situationen zurückzuziehen. Auch ein Rückzug in eine vermeintlich eindeutigere und heilere Welt kann schuldig machen.

Wer gibt z. B. die Ermächtigung, auf die Rettung vieler ungeborener Kinder und die Ermutigung vieler schwangerer Frauen zu verzichten, indem man seinen Auftrag nicht mehr in dem gesetzlichen Beratungssystem erfüllt?«[46]

Im Herbst 1995 entscheiden sich die Bischöfe für die Chance, ungeborenes Leben zu retten. In Fulda beschließen sie, es den Beratungsstellen vorläufig nicht zu untersagen, Beratungsbescheinigungen auszustellen. Der Papst hat von ihnen das Gegenteil verlangt und dazu das Risiko geltend gemacht, das Eintreten der Kirche für den unbedingten Schutz des ungeborenen Lebens könne durch das Angebot einer Konfliktberatung im gesetzlichen System mißverstanden werden. In einem Brief von Papst Johannes Paul II., den die Bischöfe nach der Herbst-Vollversammlung am 29. September veröffentlichen, stand: »Die kirchliche Beratung muß in jedem Fall so erfolgen, daß die Kirche nicht mitschuldig wird an der Tötung unschuldiger Kinder. In vielen Bereichen ist die Zusammenarbeit mit dem Staat von großem Belang; die Freiheit der Kirche darf dabei aber nicht beeinträchtigt werden.« Lehmann ahnt, daß dieser Brief auf den Ausstieg der Bischöfe aus der gesetzlichen Konfliktberatung angelegt ist. Doch wissen die »Römer« wirklich, um was es in Deutschland geht?

Fünf Bischöfe sollen im Namen aller weitere Gespräche mit Papst Johannes Paul II. und mit der Glaubenskongregation führen: Außer dem Vorsitzenden, Bischof Lehmann, gehören ihr die Kardinäle Meisner (Köln) und Wetter (München) sowie Erzbischof Saier (Freiburg) und Bischof Kasper (Rottenburg-Stuttgart) an. Was sie nicht wissen, als sie im Dezember 1995 zu einem ersten Gespräch mit der Glaubenskongregation nach Rom kommen: Schon im Oktober hatte diese eine Vorentscheidung in der Sache getroffen: Man will die »Deutsche Bischofskonferenz« veranlassen, unter Hinweis auf eine verbotene »Mitwirkung« am Abtreibungsgeschehen aus dem gesetzlichen System »auszusteigen«.

Der offene Konflikt zwischen der deutschen Kirche und dem Vatikan ist programmiert. Denn in Unkenntnis der Entscheidung der Glaubenskongregation beschließt der »Ständige Rat« der Bischofskonferenz »Vorläufige Bischöfliche Richtlinien für katholische Schwangerenkonfliktberatungsstellen«. Sie gehen in mehreren Punkten über die gesetzlichen Mindestanforderungen für eine Beratung hinaus: Von einer ergebnisoffenen Beratung kann keine Rede sein, ebensowenig von einem Rechtsanspruch einer Schwangeren auf eine Beratungsbescheinigung unabhängig von ihrer Mitwirkung.

Im September 1996 kommen die Bischöfe unter dem Vorsitz Lehmanns wieder in Fulda zusammen. In der Erklärung »Menschenwürde und Menschenrechte von allem Anfang an. Zur ethischen Beurteilung der Abtreibung« üben sie im Herbst 1996 abermals harsche Kritik an dem geltenden Abtreibungsrecht. Nach wie vor sehen sie keinen Anlaß, aus der gesetzlichen Beratung auszusteigen. Auf der Frühjahrs-Vollversammlung in Mallersdorf im Februar des folgenden Jahres wird Erzbischof Dyba von mehreren Bischöfen wegen seiner Behauptung kritisiert, die Beratungsbescheinigungen seien »Tötungslizenzen«. In dem von Lehmann autorisierten Pressebericht heißt es, bei der intensiven Aussprache sei deutlich geworden, daß »die kirchliche Beratung für schwangere Frauen in Konfliktsituationen eine Hilfe leistet, die von den Beratungsstellen anderer Träger in keiner Weise ersetzt werden kann«. Ihr Dilemma verschweigen die Bischöfe dabei nicht: »Der staatliche Rahmen gibt der Kirche einerseits die Möglichkeit, viele Frauen zur Annahme des Kindes zu bewegen. Andererseits könne dieselbe positive Beratung und der hierüber ausgestellte Nachweis, ohne daß ein zwingender Zusammenhang besteht, zu einer maßgeblichen Voraussetzung für die Straffreiheit der Tötung des ungeborenen Kindes werden.«

Für erhebliches Aufsehen sorgt die auf Verlangen des Bundesverfassungsgerichts neu geregelte Statistik der Schwangerschaftsabbrüche. Am 24. März 1997 wird bekannt, daß die Zahl der statistisch erfaßten Schwangerschaftsabbrüche sich 1996 gegenüber dem Vorjahr um mehr als 30 000 auf annähernd 131 000 erhöht hat. Bei näherem Hinsehen zeigt sich, daß der Anstieg der Abtreibungen im wesentlichen auf die neuen gesetzlichen Vorschriften zurückzuführen ist: Das »Meldedefizit« ist geringer geworden.

Zwei Wochen später, am 4. April, trifft die Delegation der Bischofskonferenz ein weiteres Mal mit Repräsentanten der Kurie zusammen. Das gemeinsame Kommuniqué enthält eine Bekräftigung der »grundlegenden Einmütigkeit in der Frage der kirchlichen Lehre über die Abtreibung und den Lebensschutz sowie die Notwendigkeit einer umfassenden Hilfestellung gegenüber den Frauen in Konfliktsituationen«, läßt aber tiefgreifende Meinungsunterschiede zwischen Deutschland und Rom über die Mitwirkung der Kirche an der gesetzlichen Schwangerenkonfliktberatung erkennen.

Im Mai kommt das Thema Schwangerenkonfliktberatung auf einer Sitzung der römischen Glaubenskongregation abermals zur Sprache. Die deutschen Bischöfe haben nun keinen Zweifel mehr, daß Kardinal Ratzinger auf den »Ausstieg« hinarbeitet. Sie beschließen daraufhin, um ein Gespräch mit dem Papst nachzusuchen. Abschlägig beschieden werden die Bitten der Spitze des Zentralkomitees der deutschen Katholiken (ZdK) sowie der Ministerpräsidenten Edmund Stoiber (CSU), Bernhard Vogel (CDU) und Erwin Teufel (CDU) sowie von Bundesfamilienministerin Claudia Nolte (CDU) um Audienzen bei Papst Johannes Paul II.

Die Bundesregierung freilich ist nicht bereit, auf die Einwände der Bischofskonferenz einzugehen. Die fortdauernde Kritik an der Ambivalenz der neuen Gesetzgebung wird unter Hinweis auf die Mehrheitsverhältnisse im Parlament abgetan. Würde das Parlament abermals mit dem Thema Paragraph 218 befaßt, käme am Ende eine Lösung heraus, die noch schlechter wäre als die von den Bischöfen beklagte. Lehmann kann sich eines Verdachts nicht erwehren: »Die sind froh, daß wir im System bleiben, um ihr Gewissen zu beruhigen.« Doch ist das ein Argument gegen den Einsatz der Kirche für den Schutz des ungeborenen Lebens?

Am 27. Mai 1997 treffen 24 Diözesanbischöfe in Rom mit Papst Johannes Paul II. zusammen. 20 von ihnen legen dem Papst dar, welche Gründe sie davon abhalten, die Tätigkeit der kirchlichen Beratungsstellen im gesetzlichen Rahmen einzustellen. Sie warnen davor, sich auf den »Schein« zu fixieren und ihn losgelöst von seiner Funktion und dem Beratungsgeschehen zu betrachten. Habe das Bundesverfassungsgericht nicht gerade das »katholische« Beratungskonzept in Verfassungsrang erhoben? In welchem Land Europas, ja der Welt gebe es ein Gesetz, das vor der Abtreibung eine Pflichtberatung vorsehe? In Polen nicht. In Italien nicht. In Spanien auch nicht. Im Bistum Fulda ist der Anteil der gesetzlichen Konfliktberatungen an den Schwangerenberatungen insgesamt von 12 Prozent im Jahr 1993 auf 0,4 Prozent im Jahr 1995 gesunken. So geht es aus der Statistik des Sozialdienstes katholischer Frauen hervor.

Mit Datum vom 11. Januar 1998 schreibt der Papst abermals. Er spricht von der Notwendigkeit eines »klaren und entschiedenen Zeugnisses« der Kirche bei ihrem Eintreten für das Lebensrecht der ungeborenen Kinder und äußert die Bitte, daß eine gesetzlich geforderte Beratungsbescheinigung »solcher Art« in den kirchlichen oder der Kirche zugeordneten Beratungsstellen nicht mehr ausgestellt werde. Zugleich ersucht der Papst die Bischöfe, »dies auf jeden Fall so zu tun, daß die Kirche auf wirksame Weise in der Beratung der hilfesuchenden Frauen präsent bleibt«. Der Ausstieg scheint nur noch eine Frage der Zeit. In einem Kommentar im *Osservatore Romano*, der vom Staatssekretariat des Vatikans verantwortet wird, heißt es freilich unter Bezug auf die doppelte Bitte des Papstes: »Von einer Aufforderung, aus der gesetzlichen Beratung auszusteigen, kann also keine Rede sein.« Die Verwirrung ist komplett.

Am 27. Januar gibt Bischof Lehmann bekannt, bis zum Jahresende solle eine Arbeitsgruppe »nach möglichen neuen Wegen suchen, die dem Anliegen des Papstes und unserem Anliegen entsprechen, daß die Kirche auf wirksame Weise in der Beratung hilfesuchender Frauen präsent bleibt«. Will Lehmann nicht begreifen, daß die Entscheidung längst gefallen ist und er nur noch auf Zeit spielen kann? Oder kann er es nicht begreifen, da er an den Dialog und die Aufrichtigkeit seiner Gesprächspartner glaubt? »Ich gebe die begründete Hoffnung nicht auf, daß wir einen Weg finden«, sagt er immer wieder.

Doch was begründet diese Hoffnung? Das Verhalten Kardinal Ratzingers sicher nicht: Mitte Januar hatte der Deutsche Caritasverband unter Berufung auf seine seit Ende der sechziger Jahre geführte Beratungsstatistik mitgeteilt, daß jährlich mehr als 5000 Frauen nach einer Beratung in einer katholischen Beratungseinrichtung von einer Abtreibung Abstand genommen hätten. Die *Frankfurter Allgemeine Zeitung* hatte dieser Statistik eine Nachricht auf der ersten Seite des politischen Buches gewidmet, alle Zahlen waren mit ausführlichen Erläuterungen an die Glaubenskongregation übermittelt worden. Gleichwohl behauptet Kardinal Ratzinger am 4. Februar auf einer Pressekonferenz in Hamburg, ihm sei nicht bekannt, daß Frauen nach einer Beratung in einer katholischen Beratungsstelle von dem Vorhaben einer Abtreibung Abstand nähmen. Aufgrund der allgemeinen Verunsicherung über die Zukunft der kirchlichen Schwangerenkonfliktberatung geht die Zahl der ratsuchenden Frauen in immer mehr Beratungsstellen zurück. Zahlreiche Ärzte weisen ihre Patientinnen nicht mehr auf die katholischen Beratungsstellen hin.

Am 20. Mai meldet sich Kardinal Ratzinger abermals zu Wort. In einem Schreiben an Bischof Lehmann greift der Kurienkardinal den Limburger Bischof Kamphaus sowie Repräsentanten des Zentralkomitees der deutschen Katholiken (ZdK) an. Sie hätten Interpretationen des Papstbriefes verbreitet, die »dem Geist und dem Wortlaut des Papstschreibens« widersprächen. Ratzinger: »Wer das Papstschreiben sorgfältig liest, wird feststellen, daß darin nicht von der Fortsetzung der Konfliktberatung, sondern lediglich von der Beratung als solcher gesprochen wird.« Zugleich fordert der Kurienkardinal die Bischöfe auf, die Beratungstätigkeit so rasch wie möglich endgültig neu zu regeln, »auf jeden Fall noch innerhalb des Jahres 1998«. Seiner »Klarstellung« verleiht Ratzinger Gewicht, indem er den Papst veranlaßt, den Brief zu approbieren.

Selbst das deutsche Staatsoberhaupt ergreift nun das Wort. Am 11. Juni äußert Bundespräsident Roman Herzog auf einer Festveranstaltung aus Anlaß der 150jährigen Tradition der Katholikentage in der Frankfurter Paulskirche den Wunsch, daß die Kirche ihrer »wertvollen Aufgabe« innerhalb des staatlichen Beratungssystems weiterhin nachgehen könne. »Kompromißloser Rigorismus« sei theoretisch nachvollziehbar, »würde aber faktisch weniger Lebensschutz bringen«. Auch der Limburger Bischof Franz Kamphaus tritt die Flucht nach vorne an. Zu Beginn der Adventszeit des Jahres 1998 eröffnet er in seiner Diözese die »Aktion Konfliktberatung«. Innerhalb weniger Monate spenden Bürger annähernd eine Million Mark für einen »Bischöflichen Hilfsfonds«, zahlreiche Personen erklären ihre Bereitschaft, ehrenamtlich Frauen zu unterstützen, die wegen einer Schwangerschaft in Not geraten sind.

Die Arbeitsgruppe zeigt sich von Ratzingers Drohungen unbeeindruckt. In einem Bericht an die Vollversammlung der Bischofskonferenz werden mehrere Modelle vorgestellt und bewertet, wie dem Dringen des Papstes auf Klarheit und Eindeutigkeit des kirchlichen Zeugnisses entsprochen werden könne. Die Arbeitsgruppe favorisiert einen »Beratungs- und Hilfeplan«. Die in diesem Zusammenhang ausgestellte Beratungsbescheinigung soll, ja muß weiterhin den Zugang zur straffreien

Abtreibung ermöglichen. Falls sie den »Schein« nicht erhalten könnten, würden die Frauen eine katholische Beratungsstelle nicht mehr für eine Konfliktberatung aufsuchen, argumentiert die Arbeitsgruppe mit Blick auf die Erfahrungen im Bistum Fulda. Ende Februar schließt sich die Frühjahrs-Vollversammlung der Deutschen Bischofskonferenz in Lingen mit großer Mehrheit dem Vorschlag der Arbeitsgruppe an und bittet den Papst um Zustimmung zu dem »Beratungs- und Hilfeplan«.

Am 20. Mai erhält Bischof Lehmann nach monatelangem Warten eine Audienz bei Papst Johannes Paul II. Vergebens versucht er, dem Papst die Gründe darzulegen, warum die deutschen Bischöfe sich in Lingen für den Verbleib in der gesetzlichen Beratung entschieden haben. Wenn sich im Jahr mehr als 5000 Frauen nach einer Konfliktberatung in einer Beratungsstelle der katholischen Kirche für das Leben ihres ungeborenen Kindes entschieden, dürfe die Kirche auch auf die Gefahr des Mißverständnisses hin nichts unversucht lassen, um abtreibungsgeneigten Schwangeren den Zugang zu kirchlichen Einrichtungen zu ermöglichen.

Am 3. Juni setzt Papst Johannes Paul II. seine Unterschrift unter den dritten Brief. Ohne nochmals mit Lehmann zu sprechen, verwirft der Papst die Einbindung des »Beratungs- und Hilfeplanes« in die gesetzliche Konfliktberatung und ersucht die Bischöfe klarzustellen, daß die Beratungsbescheinigung nicht länger den »Zugang zur Abtreibung« gestattet. Zu diesem Zweck soll der Schein, der die kirchliche Beratung bestätigt und Anrecht auf die zugesagten Hilfen gibt, durch den Zusatz ergänzt werden: »Diese Bescheinigung kann nicht zur Durchführung straffreier Abtreibungen verwendet werden.« Den Bischöfen gibt der Papst bis zum Jahresende Zeit, die Beratungstätigkeit neu zu ordnen.

Bischof Lehmann hält den Brief des Papstes am 9. Juni in den Händen. Am 12. Juni übermittelt er dem Apostolischen Nuntius in Bonn, Erzbischof Lajolo, eine erste Reaktion auf den Papst-Brief: Wolle der Papst die Beteiligung der Kirche an der gesetzlichen Konfliktberatung untersagen, nehme er, Lehmann, für die Folgen dieser Entscheidung keine Verantwortung auf sich.

Vier Tage später schreibt Lajolo Bischof Lehmann einen Brief, der im Wortlaut mit Kardinal Ratzinger abgestimmt ist. Darin heißt es, der Heilige Stuhl würde sich einem Verbleib in der gesetzlichen Konfliktberatung nicht widersetzen, wenn die kirchliche Beratungsbescheinigung mit der Klausel versehen würde: »Diese Bescheinigung kann nicht zur Durchführung straffreier Abtreibungen verwendet werden.« Auf ihrer Zusammenkunft am 21. und 22. Juni greifen die Bischöfe nahezu einmütig nach diesem anscheinend letzten Strohhalm. Bei Enthaltung von Erzbischof Dyba billigen sie die »Schein-Lösung« von Würzburg: Verbleib in der gesetzlichen Beratung, gleichzeitig Aufnahme des päpstlichen Zusatzes. Wie beides zusammengehen soll, kann an diesem und an den folgenden Tagen niemand präzise erklären. Offenbar glauben die Bischöfe, dem Dringen des Papstes auf Klarheit sei Genüge getan, wenn sie durch die Klausel »kann nicht« die sittliche Pflicht der Schwangeren feststellen, keine Abtreibung vornehmen lassen zu dürfen. Ob der Gesetzgeber diese Interpretation anerkennen wird, ist vollkommen offen.

Der Kölner Kardinal-Erzbischof Meisner lobt dagegen in einem Brief vom 28. Juni an alle Priester und hauptamtlichen Mitarbeiter in der Seelsorge seiner Erzdiözese den Kompromiß von Würzburg. »Die Arbeit in unseren Schwangerenkonfliktberatungsstellen kann und soll nach unserem Dafürhalten in der bisherigen Qualität und Zielrichtung weitergeführt werden. Daran ändert sich nichts.« Und: »Die Entscheidung zur Abtreibung lag und liegt bei der Schwangeren.« Nur Erzbischof Dyba steht weiterhin außerhalb der Gemeinschaft der Bischöfe.

Am 30. Juli wendet sich Kardinal Meisner mit einer Frage an Papst Johannes Paul II.: »Liegt das wirklich in Ihrer Intention, den Beratungsschein mit Ihrem gewünschten Zusatz (»diese Bescheinigung kann nicht ...«) zu versehen und trotzdem zu dulden, daß ihn der Staat ignoriert?« Meisners Brief, der in diese Frage gipfelt, wird vom Papst mit der Anweisung abgezeichnet, an die deutschen Bischöfe solle ein weiterer Brief verfaßt werden. Erzbischof Dyba kritisiert den Beschluß von Würzburg unterdessen als »Etikettenschwindel« und sieht die »Gefahr eines Tumors am Leib der Kirche, der rapide all ihre Glaubwürdigkeit auffrißt«.

Am 23. August kommen die Diözesanbischöfe in Würzburg zu ihrem turnusmäßigen »Ständigen Rat« zusammen. Kardinal Meisner ist anwesend, läßt aber nicht erkennen, daß er den Beschluß vom Juni gegenüber dem Papst in Frage gestellt hat. Auch in Rom hält es zu diesem Zeitpunkt niemand für nötig, Bischof Lehmann oder seinen Stellvertreter Erzbischof Saier zu konsultieren.

Drei Wochen später, am 15. September, finden sich die Kardinäle Friedrich Wetter (München), Joachim Meisner (Köln) und Georg Sterzinsky (Berlin) sowie der Mainzer Bischof Lehmann als Vorsitzender der Bischofskonferenz in der Sommerresidenz des Papstes in Castel Gandolfo ein und werden dort über neue Weisungen »in Kenntnis« gesetzt. Am 18. September, nach der Rückkehr der Delegation, unterzeichnen die Kardinäle Sodano und Ratzinger einen weiteren Brief aus dem Vatikan und bekräftigen »auf Weisung« des Papstes, daß der Schein, der künftig von kirchlichen oder der Kirche zugeordneten Beratungsstellen im Rahmen des »Beratungs- und Hilfeplanes« ausgehändigt werden dürfe, »einzig und allein als Dokumentation der Ausrichtung der kirchlichen Beratung auf das Leben und als Garantie für die Gewährleistung der versprochenen Hilfeleistungen dienen« könne. Dem Papst liege es nämlich »außerordentlich am Herzen, daß die Kirche ein Beispiel großer Transparenz gibt und alles meidet, was als Doppeldeutigkeit oder Mangel an Klarheit interpretiert werden könnte«. Der De-facto-Ausstieg aus der gesetzlichen Konfliktberatung ist unwiderruflich: Keine Beratungseinrichtung, die von der katholischen Kirche anerkannt wird, darf nach dem Ende einer Übergangszeit noch Beratungsbescheinigungen ausstellen, wie sie nach dem Gesetz für eine Abtreibung notwendig sind. Daher werden Schwangere katholische Beratungseinrichtungen nicht mehr zum Zweck einer gesetzlichen Konfliktberatung aufsuchen. Das haben die Erfahrungen im Bistum Fulda allen, die es wollten, deutlich gemacht. Auch dem Papst. Der aber sieht sich in der Pflicht, alles zu verhindern, was die katholischen Beratungsstellen »in ein System mit hineinzieht, welches die Abtreibung zuläßt«.[47]

Auf ihrer Herbst-Vollversammlung in Fulda beraten die annähernd 70 deutschen Bischöfe über das weitere Vorgehen. Nicht wenige Ordinarien weigern sich, den Weisungen der Kardinäle Folge zu leisten. Ehe sie am Dienstag nachmittag in die Beratungen über das Thema »Konfliktberatung« eintreten, bestätigen sie Bischof Lehmann für weitere sechs Jahre im Amt des Vorsitzenden der Deutschen Bischofskonferenz. Er erhält schon im ersten Wahlgang die erforderliche Zweidrittelmehrheit.

Die Bestrebungen einer Minderheit von Bischöfen um Kardinal Meisner und Erzbischof Dyba, die Wiederwahl Lehmanns zu gefährden, sind gescheitert. Meisner hatte Lehmann wenige Wochen zuvor schriftlich vorgehalten, die Beratungen der Diözesanbischöfe im Juni in Würzburg über den dritten Papst-Brief manipuliert zu haben. Dyba wiederum hatte Lehmanns Argumentation zugunsten des Verbleibs in der Schwangerenkonfliktberatung in einem Zeitungsgespräch in die Nähe der Rede von »Pharisäern und Schriftgelehrten« gerückt und sah den Vorsitzenden von »mephistophelischen Haus- und Hofjuristen« umgeben. Lehmann sagt nach seiner Wiederwahl, er habe sich gegen die Attacken der vergangenen Wochen nicht verteidigt – das wäre unter seiner Würde gewesen. Im übrigen habe er stets mit offenen Karten gespielt und alles dokumentiert – was nicht alle in gleicher Weise sagen könnten.

In den folgenden Wochen verfügen Erzbischof Degenhardt (Paderborn) und der Bischof von Speyer, Schlembach, das Ende der kirchlichen Konfliktberatung zum 31. Dezember 1999. Zwölf Bischöfe hingegen wenden sich Anfang Oktober schriftlich an Papst Johannes Paul II. und bitten ihn um Antwort auf die Frage, wer die Verantwortung dafür übernehmen solle, daß die katholische Kirche nach einem Ausstieg aus der Konfliktberatung das ungeborene Leben nicht mehr so wirksam schützen könne wie bisher. Der Münsteraner Bischof Lettmann schreibt ebenfalls nach Rom. Bischof Lehmann ist nicht unter den zwölf. Als Vorsitzender des Bischofskonferenz sieht er sich außerstande, sich einer einzelnen Gruppe anzuschließen. Unter den Bischöfen ist der Eindruck weit verbreitet, daß Argumente zugunsten des Verbleibs in der Konfliktberatung und ihre Gewissensnöte in Rom schon seit Jahren keine Rolle spielen. Nicht die theologisch und kirchenrechtlich legitimierte Institution Bischofskonferenz – andere hätten in Rom das Ohr des Papstes und seiner Mitarbeiter.

Schon vor dem turnusmäßigen Ad-limina-Besuch der deutschen Bischöfe in Rom Mitte November erhalten die Protestierer Antwort aus Rom. Kardinalstaatssekretär Sodano bekräftigt die bindende Wirkung der Weisung vom September. Die Gewissensnot der Bischöfe erklärt er für unmaßgeblich. Daher werde der Papst für jedes einzelne Bistum das Ende der Konfliktberatung herbeiführen, sollte eine solche Weisung erforderlich werden. Es sei nämlich nicht bewiesen, daß aufgrund der »katholischen Beratung« in den vergangenen Jahren das Leben ungeborener Kinder habe gerettet werden können.

In der Nacht vom 17. auf den 18. November, wenige Stunden vor seinem Ad-limina-Besuch bei Papst Johannes Paul II., schreibt Lehmann einen letzten, verzweifelten Brief: »Ist es wirklich nicht möglich, wenigstens ›ad experimentum‹ für einige Jahre eine Pluralität von Beratungsweisen zu erlauben und gleichsam auszuprobieren, bis manche Probleme auch staatlicherseits besser gelöst sind und ein einheitliches Vorgehen auch kirchlicherseits wieder erreichbar ist? (…) Ich bitte Sie, Heiliger Vater, inständig um eine wohlwollende Überprüfung dieses Vorschlags. Ich bin zu jeder Mitarbeit bereit.« Die Antwort des Papstes erhält Lehmann, als er am Samstag, dem 20. November, gegen Mittag in das Mainzer Bischofshaus zurückkehrt. Per Fax. »Ich habe verloren«, wird er später sagen.

Damit ist auch für den Vorsitzenden klar, wie er sich zu verhalten hat: Entweder bietet er dem Papst den Amtsverzicht an, oder er ist dem Kirchenoberhaupt gegenüber gehorsam. »Widerstand« angesichts einer Weisung des Papstes ist in den Augen Lehmanns undenkbar. Für ihn ist das Amt untrennbar mit Gehorsam verbunden.

Doch es ist nicht nur Gehorsam. Lehmann hat nie einen Zweifel gelassen, daß er die Einwände gegen die Beratung mit »Schein« ernst nimmt. Die Position der Mehrheit der »Deutschen Bischofskonferenz« wurde auch angreifbarer, weil der Lebensschutz des ungeborenen Kindes sich gesellschaftlich verschlechterte, was auch die Statistik dokumentierte, und weil das Bundesverfassungsgericht in zwei Urteilen klar hinter frühere Entscheidungen zurückfiel. »Wenn die Grundnorm der Verfassung und der Gesetze, daß Abtreibung ein Unrecht ist und bleibt, im Bewußtsein der Menschen immer schwächer wird, wird das Absehen von Strafverfolgung im Fall von Abtreibung mehr und mehr ein Recht auf Abtreibung«, sagt der Kardinal im Rückblick. Der »Schein« wird dann falsch verstanden.

Für Lehmann gibt es jedoch noch einen weiteren Grund, nicht zu resignieren. Das Ziel der Beratung war unbestritten. Die Wege zu diesem Ziel waren weniger gewiß. Das ist auch der Hintergrund, warum Lehmann sich durch die Entscheidung des Papstes vom 20. November 1999 nicht restlos entmutigen läßt. Das ausführliche Referat zur Situation vor dem Ständigen Rat am 24. Januar 2000 ist dafür ein »wichtiges, oft übersehenes Dokument«. Der Kardinal bekräftigt: »Die Bischöfe lassen sich im Lebensschutz des ungeborenen Kindes nicht unterkriegen und werden auf neuen Wegen und mit allen Kräften daran weiterarbeiten.«

In diesem Sinn wird sich Lehmann in den beiden folgenden Jahren immer wieder gegenüber dem Limburger Bischof Kamphaus äußern. Kamphaus, ein Westfale, wie er im Buche steht, ist der einzige Bischof, der sich über Dezember 2000 hinaus weigert, dem Papst Gehorsam zu leisten. Lehmann hat Verständnis für diese Haltung, billigt aber diesen Weg nicht – und tut doch alles, was in seiner Macht steht, um Schaden von Kamphaus abzuwenden und es nicht zum Äußersten kommen zu lassen. Beide stehen in engem Kontakt.

Im März 2002 ist auch Kamphaus mit seiner »Aktion Konfliktberatung« am Ende. Mit Datum vom 18. Januar schreibt Papst Johannes Paul II.: »Ich ersuche Sie daher, lieber Bruder, mit Ihrer Diözese aus dem staatlichen System der Schwangerenkonfliktberatung auszusteigen und nicht den Weg zu wählen, der Ihnen der leichtere zu sein scheint, den Rücktritt vom Amt des Bischofs von Limburg. Ich weiß, daß ich Ihnen mit dieser Weisung ein großes Opfer abverlange, aber ich tue es zum Wohl der Kirche in Deutschland.« Kamphaus wehrt sich ein letztes Mal. Der Papst schreibt ein zweites Mal. Unter dem Datum des 7. März 2002 ist zu lesen, daß Papst Johannes Paul II. »kraft seiner apostolischen Vollmacht« die Verantwortung für die Schwangerenkonfliktberatung im Bistum Limburg an sich ziehe und den Ausstieg aus dem staatlichen Beratungssystem verfüge. An Bischof Kamphaus richtet der Papst den Wunsch, er möge im Amt des Bischofs von Limburg verbleiben.[48] Kamphaus akzeptiert.

Fast zehn Jahre nach dem »Ausstieg« des Fuldaer Erzbischofs Dyba aus der Konfliktberatung ist die Einheit der Bischofskonferenz wiederhergestellt – vermöge des Jurisdiktions-primats des Papstes. Über die absolutistische Machtfülle des Kirchenoberhaupts hatte der deutsche Reichskanzler Bismarck im Jahr 1872 geschrieben, der Papst sei infolge des Ersten Vatikanischen Konzils in die Lage gekommen, »in jeder einzelnen Diözese die bischöflichen Rechte in die Hand zu nehmen und die bischöfliche Gewalt der landesbischöflichen zu substituieren«. Im Prinzip sei er an die Stelle jedes einzelnen Bischofs getreten, »und es hängt nur von ihm ab, sich auch in der Praxis in jedem einzelnen Augenblick an die Stelle desselben gegenüber den Regierungen zu setzen«. Die Bischöfe seien nur noch Werkzeuge des Papstes, Beamte eines fremden Souveräns, »der vermöge seiner Unfehlbarkeit ein vollkommen absoluter ist – mehr als irgendein absoluter Monarch in der Welt«.

Lehmann, der Professor, hatte diesen Brief in seinen Vorlesungen über die Kirche oft behandelt. Als Bischof mußte Lehmann erfahren, daß die Wirklichkeit mitunter die Theorie überholt.

## »Donum vitae«

Am selben Tag, als Bischof Lehmann im September 1999 zum Abschluß der Herbst-Vollversammlung der Bischofskonferenz in Fulda die Entscheidung des Papstes über das Ende der Konfliktberatung in Deutschland bekanntgibt, am selben Tag und am gleichen Ort kündigt die frühere Präsidentin des ZdK, Rita Waschbüsch, die Gründung von »Donum vitae« an. Unter diesem Namen wollen Laien anstelle der Bischöfe eine »katholisch geprägte« Konfliktberatung in gesetzlichem Rahmen garantieren.

Lehmann, einst selbst Mitglied des Zentralkomitees, kann diesem Unterfangen wenig Positives abgewinnen. Er äußert sich ablehnend zu den Bestrebungen der aus dem ZdK hervorgegangenen Initiative, selbst Träger von Beratungseinrichtungen zu werden. Es gebe keine verschiedenen Rechte für Laien, Bischöfe oder Priester, und es sei »Augenwischerei«, daß »Donum vitae« nach eigenem Bekunden nichts gegen die Intention des Papstes unternehme. Zudem seien Konflikte in den Diözesen absehbar: Die Laien, die »Donum vitae« unterstützten, seien in der Regel die Säulen der ehrenamtlichen Arbeit in den Bistümern.

Das Präsidium des Zentralkomitees läßt sich nicht beirren. Der Antrag, »Donum vitae« zu unterstützen, findet im November die Zustimmung von 141 der 160 anwesenden Mitglieder. Müßten die Bischöfe die Einheit zwischen ihren Ortskirchen und der Weltkirche wahren, seien die Laien in der Pflicht, die Qualität und das Profil der bisherigen katholischen Schwangerenkonfliktberatung in die gesetzlich geregelte Beratung einzubringen, sagt Hans-Joachim Meyer, der Präsident des ZdK am 19. November 1999 vor der Vollversammlung dieses Gremiums.

Zwei Jahre später, im Herbst 2001, hat »Donum vitae« sein Ziel nahezu erreicht. Mit 89 staatlich anerkannten Beratungsstellen und weiteren 57 Außenstellen ist der Verein bürgerlichen Rechts an mehr als 140 Orten in Deutschland präsent. Zu größeren Konflikten zwischen Bischöfen und Laien über »Donum vitae« ist es nicht gekommen. Spannungen sind ohne Zweifel vorhanden.

Am 21. Februar 2002 zieht Lehmann, der Kardinal, zum Abschluß der Frühjahrs-Vollversammlung der Bischofskonferenz in Stuttgart Bilanz: Der Schutz des ungeborenen Lebens habe nichts an Brisanz und Aktualität verloren. Die Beratung und die Gewährleistung von Hilfen für schwangere Frauen in Not sei daher nach wie vor das Rückgrat der kirchlichen Beratungstätigkeit. Freilich sei die Zahl der Konfliktberatungen im Sinne des Gesetzes fast auf Null zurückgegangen. Was Lehmann immer wieder als Folge des »Ausstiegs« beschrieben hatte, ist eingetreten: »Abtreibungsgeneigte« Frauen finden den Weg in die kirchlich anerkannten Einrichtungen nicht mehr.

Da ist es nur ein schwacher Trost, daß die Zahl der Schwangeren, die sich wegen anderer Notlagen beraten ließen, fast überall um vier bis sechs Prozent gestiegen ist. Trotzdem: Die Beratungstätigkeit sei in vielen Bistümern nach dem von Papst Johannes Paul II. verlangten Ausstieg aus der gesetzlichen Beratung intensiviert und mit anderen kirchlichen Arbeitsfeldern verbunden worden. Ebenso habe man neue Beratungsfelder erschlossen, etwa Beratung bei vorgeburtlicher Diagnostik.

Lehmann berichtet auch, daß immer mehr Frauen in katholische Beratungsstellen kämen, die bei anderen Einrichtungen bereits einen »Schein« erhalten hätten, aber mit einer Abtreibung zögerten und abermals Beratung suchten oder auf Hilfe warteten. Die Vollversammlung der Bischofskonferenz habe nun beschlossen, daß schwangere Frauen, die sich nach einer Konfliktberatung, etwa bei »Donum vitae«, für ihr Kind entschieden hätten, »grundsätzlich« finanzielle Hilfe aus kirchlichen Fonds in Anspruch nehmen könnten.

## Bioethik

Seit nahezu 15 Jahren steht Karl Lehmann, Bischof von Mainz, im Frühjahr 2002 an der Spitze der Deutschen Bischofskonferenz. Mehr als die Hälfte dieser Zeit, seit September 1993, waren die Bischöfe nicht so eins, wie es dem Vorsitzenden der Bischofskonferenz als Ideal vorgeschwebt hat. Ist nun, nachdem auch Kamphaus im Amt bleibt, alles wieder beim alten?

Fast will es so scheinen. Schon im Jahr 2001 hatten die Mitglieder der Deutschen Bischofskonferenz nach innen wie nach außen wiederholt Geschlossenheit demonstrieren können. In Fragen der Bioethik ziehen alle – von Franz Kamphaus bis Joachim Meisner, von Karl Lehmann bis Walter Mixa – an einem

Strang: Forschung an embryonalen Stammzellen, Präimplantationsdiagnostik – die Position der Deutschen Bischofskonferenz ist eindeutig: »Wir übersehen den medizinischen Fortschritt zum Wohl der Menschen nicht«, sagt der Vorsitzende
der Deutschen Bischofskonferenz zum Abschluß der Frühjahrs-Vollversammlung am 7. März 2001 in Augsburg. »Wir machen aber zugleich auf die Grenzen aufmerksam, die dem Menschen gesetzt sind. Der Mensch darf nicht alles, was er kann.«

Einstimmig verabschieden die Bischöfe ein »Wort« zu Gentechnik und Biomedizin. Darin heißt es, die Möglichkeiten der
»Lebenswissenschaften« rüttelten an den Grundwerten der
Gesellschaft. Es sei daher unerläßlich, sich mit den neuen Erkenntnissen und ihren Auswirkungen vertraut zu machen. Zugleich müßten ethische Grenzen für die Nutzung der For-
schungsergebnisse bestimmt werden.

Ausgangspunkt der ethischen Argumentation der Bischöfe
ist die Überzeugung, daß die Menschenwürde jedem Menschen
»unabhängig von der Einschätzung anderer oder seiner Selbst-
einschätzung« zukomme, erläutert Lehmann. Dieser Schutz
gelte für Geborene wie Ungeborene, für Gesunde wie Kranke,
für Behinderte wie Sterbende. So stellen die Bischöfe nach Ab-
wägung von Zielen, Mitteln und Folgen gentechnischen Han-
delns im Blick auf »Gentests« fest, daß niemand gezwungen
werden dürfe, bestimmte Tests in Anspruch zu nehmen. »Das
›Recht auf Nichtwissen‹ als Teil des Grundrechts auf informa-
tionelle Selbstbestimmung gehört zu den verfassungsmäßig
verbrieften Persönlichkeitsrechten.« Genetische Testverfahren
seien nicht grundsätzlich unerlaubt. Es bestehe jedoch die Gefahr, in einem Menschen nicht mehr zu sehen als die Summe
seiner Gene. Die Bischöfe raten daher vor allem zu Zurückhaltung oder Verzicht bei der genetischen Diagnostik solcher
Krankheiten, die nicht behandelt werden können. Dem Träger
möglicher Erbkrankheiten blieben unter Umständen viele
Chancen verschlossen, bei der Arbeitssuche, im Beruf oder so-

gar im Hinblick auf die Ehe. Erst recht dürfen voraussagende Gentests an Arbeitnehmern nach dem Willen der Bischöfe weder verlangt noch angenommen oder sonstwie verwertet werden. Dasselbe gelte für genetische Analysen für die Aufnahme in eine Kranken- oder Lebensversicherung.

Gentests in der vorgeburtlichen Diagnostik stehen die Bischöfe nur insoweit positiv gegenüber, wie sie die Möglichkeit einer frühzeitigen Therapie schon im Mutterleib oder unmittelbar nach der Geburt eröffneten. »Mit großer Sorge stellen wir aber fest, daß diese Methode inzwischen in erster Linie dazu eingesetzt wird, kranke Kinder abzutreiben«, sagt der neue Kardinal.

Die »Präimplantationsdiagnostik« lehnen die Bischöfe als Tötung menschlichen Lebens kategorisch ab. Lehmann spricht von einem »eindeutigen Instrument der Selektion«, da genetisch belastete Embryonen aussortiert und vernichtet würden, um das gewünschte genetisch gesunde Kind zur Welt zu bringen.

Ebenso eindeutig wie über Präimplantationsdiagnostik äußern sich die Bischöfe über jede Art des Klonens menschlicher Wesen. Das sogenannte »therapeutische Klonen« wird mit den Worten abgelehnt, was immer durch die Herstellung genetisch identischer Zellen bewirkt werden solle, geschehe auf dem Weg der Erzeugung von Embryonen, die »als Rohstoff und als Ersatzteillager« benutzt und verbraucht würden. »Auch medizinischer Nutzen kann kein Verfahren mit menschlichen Lebewesen rechtfertigen, das die unantastbare Würde dieses Lebens in Frage stellt«, heißt es in dem Bischofswort. Statt dessen sei Hinweisen zu folgen, daß sich medizinische Ziele wie die Schaffung von Medikamenten zur Heilung bislang nicht therapierbarer Krankheiten oder die Züchtung von Organen und Gewebe möglicherweise auch dann erreichen ließen, wenn man Stammzellen nicht aus Embryonen, sondern aus dem Körper erwachsener Menschen gewönne.

»Es gilt, ethisch richtige Ziele und Methoden der Gentechnik zu unterstützen, falsche Zielsetzungen der Gentechnik zu durchschauen und weder alles zu glauben, was sie verspricht, noch alles zu tun, was sie ermöglicht«, stellen die Bischöfe fest.


## Der »Nationale Ethikrat«

Freilich kommt es auch über diese eindeutige Haltung zu einer Auseinandersetzung über den Auftrag der Kirche gegenüber Staat und Gesellschaft. Denn am Abend desselben Tages, an dem die Bischöfe ihre Erklärung zur Bioethik verabschieden, versammelt sich bei Bundeskanzler Gerhard Schröder der »Nukleus« des »Nationalen Ethikrats«. Mit dabei: Karl Kardinal Lehmann, der Vorsitzende der Deutschen Bischofskonferenz, und Präses Manfred Kock, der Vorsitzende des Rates der Evangelischen Kirche.

Beide möchte der Bundeskanzler als Mitglieder seines Ethikrats gewinnen. Beide sind sich jedoch einig, daß es nicht Aufgabe der obersten Repräsentanten der beiden großen Kirchen sei, in einem Ethikrat mitzuwirken. Zumindest nicht in einem Ethikrat, den der Bundeskanzler bewußt nicht über den Parteien, beim Bundespräsidenten, ansiedeln möchte und auch nicht beim Deutschen Bundestag, der Legislative, sondern im Zentrum der Exekutive, seinem Bundeskanzleramt.

Lehmann ist zunächst auch dagegen, daß ein Bischof an seiner Stelle in den Ethikrat berufen wird. Sein Kandidat ist Hans Maier, Politikwissenschaftler, ehemals bayerischer Kultusminister, Präsident des ZdK und Inhaber des Romano-Guardini-Lehrstuhls an der Universität München. Auf der Seite der EKD fällt der Name des früheren Bundesverfassungsrichters Ernst Benda. Doch dann wird Kock gewahr, daß kein evangelischer Ethiker die Position der EKD – ein Nein zur Forschung an embryonalen Stammzellen – im Ethikrat eindeutig vertreten wird.

Am Ende stimmt die katholische Seite zu, daß der Bischof von Berlin-Brandenburg, Wolfgang Huber, die evangelische Ethik im Ethikrat repräsentiert. Doch was ist mit der Position der katholischen Kirche? Huber war vor seiner Wahl zum Bischof Professor für Sozialethik an der evangelisch-theologischen Fakultät der Universität Heidelberg und verfügt daher über ein solides wissenschaftlich-theologisches Fundament, um in der Bioethik mitzuhalten. Der neue Rottenburger Bischof Gebhard Fürst, der Huber dem Rang nach ebenbürtig ist, ist kein Fachmann für Bioethik, sondern leitete »nur« die Katholische Akademie des Bistums Rottenburg-Stuttgart. Ein katholischer Ethiker ist aber nicht unter den Mitgliedern des Ethikrats, die das Bundeskanzleramt Ende April 2001 Hals über Kopf zusammentelefoniert.

Dieses Versäumnis ruft Lehmann abermals auf den Plan. Dem Kanzleramt versichert er schriftlich, mit der Mitarbeit der Kirche werde es ein Ende haben, sollte nicht auch ein Moraltheologe in das Gremium aufgenommen werden. Mitte Mai werden der Freiburger Moraltheologe Eberhard Schockenhoff und der evangelische Augsburger Transplantationsmediziner Nagel vom Bundeskanzleramt nachträglich in den Ethikrat berufen.

Doch Moraltheologe hin, Bischof her, die Repräsentanten der Kirche bilden zusammen mit einigen anderen Mitgliedern des Ethikrats die Minderheit, als dieser im Herbst 2001 das Ansinnen der Deutschen Forschungsgemeinschaft billigt, embryonale Stammzellinien für Forschungszwecke nach Deutschland zu importieren. Der Ethikrat hat seinen ersten Auftrag erfüllt. Lehmann zweifelt nicht daran, daß es richtig war, dem Bundeskanzler bei der Berufung der Mitglieder des Ethikrates nicht die kalte Schulter zu zeigen. Nur von innen her könne die Kirche an der Meinungsbildung dieses Gremiums mitwirken. In dieser Haltung weiß er die Mehrheit der Deutschen Bischofskonferenz wie der veröffentlichten Meinung hinter sich.

# Der Künstler in Sachen »communio«

Nach der quälend langen Auseinandersetzung über die Konfliktberatung und in der Hoffnung auf ein gutes Ende des Limburger Sonderwegs ist allen Bischöfen zu Beginn des Jahres 2001 die Erleichterung anzumerken, daß die Bischofskonferenz sich nicht im Konflikt über die Konfliktberatung zerfleischt hat. Noch immer vermag jeder mit jedem zu reden – wäre es anders, Lehmann hätte in seinen Augen als Vorsitzender versagt.

Doch ist nicht nur die Lust am Streit unter den Bischöfen zu Beginn des Jahres 2001 so gering wie selten, sondern auch die Kraft. Denn in nahezu allen Diözesen hat der Konflikt über die Konfliktberatung viele andere Probleme in den Hintergrund treten lassen – überall fehlt es nicht mehr nur an Priestern. Es fehlen auch Interessenten an vielen anderen Berufen der Kirche, erst recht aber fehlt es an Gläubigen. Das alles ließe sich mit Statistik beweisen. Was aber in keiner Tabelle aufscheint, ist die intellektuelle und geistlich-geistige Auszehrung weiter Teile des deutschen Katholizismus. »Unserer katholischen Kirche in Deutschland fehlt die Überzeugung, neue Christen gewinnen zu können«, schreibt der Erfurter Bischof Joachim Wanke im Dezember 2000 in einem Brief über das Thema *Missionarisch Kirche sein*. Nüchterner und dramatischer zugleich könnte die Situationsanalyse nicht ausfallen.

Lehmanns Sicht auf die Kirche in Deutschland unterscheidet sich nicht von der des Bischofs von Erfurt. In seinen Predigten und Vorträgen über die Kirche ist in den zurückliegenden Jahren ein Begriff immer häufiger geworden, der wie kein zweiter die Stellung und den Auftrag eines Christen in der Welt umschreibt: »Zeugenschaft«.

Eine frühe Spur dieser für Lehmanns Spiritualität zentralen Kategorie findet sich in dem Schlußbericht seines väterlichen Freundes Julius Kardinal Döpfner beim Abschluß der Gemeinsamen Synode der Bistümer in der Bundesrepublik Deutschland am 22. November 1975. Karl Lehmann, der Freiburger Dogmatiker, hatte Döpfner diese Ansprache entworfen. Und nicht zufällig findet sich hier eine Theologie der »Zeugenschaft« in nuce: »Die wirksamste Kommunikation, die überzeugendste Sprache bleibt das Zeugnis des Lebens (...) Die ›martyria‹, ein Grundvollzug kirchlichen Lebens, bleibt derjenige der Welt schuldig, der nicht im Apostolat der Kirche durch sein eigenes Leben, durch sein eigenes Handeln christliches Zeugnis gibt (...) So wird durch das Leben und Tun von uns Christen in aller Welt deutlicher werden, daß Gott ist und daß er unser aller Vater ist. Er nimmt uns in Anspruch und ist unser Halt. Auf ihn sind wir verwiesen und von ihm werden wir getragen. Wir leben dafür, daß sein Reich komme. Ihm muß in erster Linie und letztlich unsere Aufmerksamkeit gelten, nicht uns selbst und unserer Kirche.«[49]

Im Jahr 1996 stellt Bischof Lehmann sein Hirtenwort zur Österlichen Bußzeit unter den Titel *Ihr sollt meine Zeugen sein. Vom Sinn und Auftrag des Christseins*. Ein Abschnitt, er findet sich etwa in der Mitte des Textes, kann als Zusammenfassung seiner persönlichen Spiritualität gelten: »Auf den Zeugen kommt es an. Er tritt ganz und gar, total engagiert für die Wahrheit der Sache oder der Person ein, um die es geht. Der Zeuge spielt nicht mit der Sache, er probiert nicht bloß. Er kann sich nur entschieden und ohne Zweideutigkeit für seine Sache verwenden. Es kommt auf den Zeugen an in seiner Einmaligkeit, seiner Unabhängigkeit und seiner Verbindlichkeit. Wir fordern von ihm ein hohes Maß an Glaubwürdigkeit. Sonst trauen wir ihm nicht. Dieses ›Ich‹ des Zeugen ist wichtig. Darum möchten die Gegner eines bestimmten Zeugnisses den Zeugen selbst als Person vernichten. Es ist darum kein Zufall, daß der Märtyrer das Urbild des Zeugen darstellt, der unter Einsatz seines Lebens und unerschrocken vor Drohungen für die Wahrheit bürgt. Aber es ist wichtig zu sehen, daß es dabei nicht um die Person des Zeugen für sich allein geht. Der Mensch wird nicht Zeuge um seiner selbst willen. Er tritt ganz zurück hinter der Wahrheit, für die er einsteht. Darum gibt es bei jedem Zeugen zwei Dinge, die sonst nicht zusammenpassen: Leidenschaft und Gelassenheit.«[50]

Zu diesem Zeugnis zählt freilich auch, daß die Kirche und die, die sie repräsentieren, nicht in sich zerstritten sind, sondern in den wichtigen Fragen eins. Lehmann tut alles, was in seiner Macht steht, um diesen Zustand immer wieder neu herbeizuführen. Denn unter Uneinigkeit leidet nicht nur er selbst. Aus langer Erfahrung weiß er, daß Uneinigkeit im letzten auf die Kirche als ganze zurückfällt: Acht Jahre lang, von 1993 bis 2001, ist Lehmann Erster stellvertretender Vorsitzender des »Rates Europäischer Bischofskonferenzen« (CCEE), eines Gremiums, das schon lange vor dem Fall des Eisernen Vorhangs Repräsentanten der Kirchen aus dem Westen, der Mitte und dem Osten Europas zu regelmäßigen Zusammenkünften versammelte.

Doch in dieser Position kann Lehmann auch erleben, wie tief Gräben sein können, die Bischofskonferenzen über Jahre und Jahrzehnte durchziehen. Nicht nur in Mittel- und Osteuropa, wo sich nach dem Ende des Kommunismus Bischöfe in ein- und derselben Konferenz wiederfinden, die mit dem Staat und seinen Sicherheitsdiensten kollaboriert hatten, und solche, die von eben jenem Staat und seinen Sicherheitsdiensten verfolgt worden waren.

Auch in Westeuropa stand und steht es um manche Bischofskonferenz nicht zum besten, freilich aus anderen Gründen. Während seines langen Pontifikats hat Papst Johannes Paul II. in vielen Ländern eigenwillige Personalentscheidungen getroffen. Die Ernennung des Benediktiners Hans Hermann Groër zum Erzbischof von Wien und von Wolfgang Haas zum Bischof von Chur stürzten die katholische Kirche in Österreich wie in der Schweiz in Konflikte, die noch auf Jahre ihre Spuren hinterlassen werden. Auch über die katholische Kirche in Frankreich fällt das Urteil nicht günstig aus.

Verhältnisse wie diese hat Lehmann in Deutschland immer verhindern wollen – und offenbar auch verhindern können. Und das, obwohl er als Vorsitzender der Bischofskonferenz auf die Auswahl neuer Bischöfe wenig Einfluß hat.

Freilich gehört Lehmann seit 1998 der vatikanischen Kongregation für die Bischöfe an[51] und ist dort mitunter an der Beurteilung von Kandidaten für dieses oder jenes Bischofsamt beteiligt. Für eine uniforme, auf die »Treue zum Lehramt« reduzierte Kirche stehen die meisten Bischöfe nicht, die unter diskreter Mitwirkung Lehmanns ernannt werden. In Rottenburg-Stuttgart wird Gebhard Fürst, der langjährige Leiter der Katholischen Akademie, im Juni 2000 Nachfolger von Bischof Walter Kasper. Fürst ist ein Rottenburger, wie er im Buch steht: ein Mann der »communio« und des Dialoges zwischen Kirche und Gesellschaft. In Fulda wird im Sommer 2001 der Paderborner Weihbischof Heinz-Josef Algermissen Nachfolger von Erzbischof Dyba. Der Name des neuen Bischofs hat vor allem in der Ökumene einen guten Klang: Der »Algermissen«, die von einem Großonkel verfaßte erste katholische Konfessionskunde, war in den zwanziger Jahren des 20. Jahrhunderts ein Meilenstein der Ökumene. Und der neue Bischof von Fulda hatte lange Zeit in Bielefeld, der Diaspora des Erzbistums Paderborn, gearbeitet – keine schlechte Voraussetzung für die Leitung des Diasporabistums Fulda. Ein weiterer Weihbischof aus Paderborn, Reinhard Marx, wird im Herbst 2001 Bischof von Trier. Der Nachfolger von Hermann-Josef Spital ist eine barocke Erscheinung, in der Theologie römisch-loyal, in der Sozialethik, seinem Spezialgebiet, eher fortschrittlich. So vielfältig kann Kirche sein.

Kein Geringerer als Hans Maier hat 1996 seine Anerkennung für die Lebensleistung des Bischofs von Mainz mit den Worten zum Ausdruck gebracht, Lehmann sei »ein Glücksfall für die deutschen Katholiken – und nicht nur für sie«.[52] Er sei »so etwas wie die radikale Mitte des deutschen Katholizismus«, so Maier in seiner Festansprache beim Wortgottesdienst im Dom zu Mainz aus Anlaß des 60. Geburtstages Lehmanns, »ein Mann von unerbittlicher Friedfertigkeit«. Gelassen trage er die Last seines Amtes. Geduldig spreche er mit allen Menschen, mit Gegnern und Freunden der Kirche, mit Neugierigen und solchen, die schon alles wüßten, mit freundlich Verstehenden und skeptisch Ablehnenden, mit Neutralen, Lauen, Eifernden, Militanten – »und mit den vielen Normalen dazu, welche die – leider oft schweigende! – Mehrheit der Kirche bilden«.

Maier hat aber auch andere Seiten kennengelernt: »Verträgt er Kritik? Er ist ehrlich genug zuzugeben, daß er sich anfangs nur langsam und schwer an sie gewöhnt hat – wie es so manchem erfolgreichen akademischen Lehrer ergeht, den es vom Universitätskatheder in ein öffentliches Amt verschlägt.«

Wenn man wegen angeblich fehlender »Basisnähe« getadelt werde, so erinnert sich Maier an eine Aussage Lehmanns aus Anlaß seines zehnjährigen Bischofsjubiläums im Jahr 1993, und doch täglich viele Stunden mit Menschen aus allen Schichten zusammenkomme, wie es kaum ein anderer Beruf zugleich erlaube und fordere, dann überkomme einen schon manchmal der Zorn. »Manchmal kommt man sich wie ein Prellbock vor«, zitiert Maier den Geehrten.[53]

Maier, ein exzellenter Orgelspieler, greift das alte Motiv auf, variiert, transponiert es: »Ein Prellbock, das ist ein Bischof heute oft genug: zwischen Rom und der Ortskirche, zwischen den kirchlichen Ämtern und der Öffentlichkeit, zwischen den verschiedenen Gruppen, Richtungen, Temperamenten, Gangarten in der Kirche.« Da helfe kein Kommandowort, kein Ausbrechen und Voranstürmen, freilich auch kein Sich-Versteifen, Festklammern und Abwarten. »Der Bischof muß inmitten seiner Kirche sein, er muß dafür sorgen, daß alle, die zur Kirche gehören, mitkommen auf dem gemeinsamen Weg, daß nie-

341

mand sich isoliert oder preisgegeben fühlt.« Das sei mühsam und erfordere Geduld. »Manchmal ist in einer großen und pluralistischen Gemeinschaft wie der Kirche schon viel erreicht, wenn möglichst viele aufeinander hören und sich in Geduld ertragen und annehmen. Kommt dann noch die Wirkung von Vorbildern hinzu, entwickelt sich Bewegung auf die Zukunft hin, eine Dynamik, die über den Alltag hinausweist und die Stagnation überwindet, so ist das meiste schon getan. Doch gerade bis zu diesem Punkt zu gelangen ohne Enttäuschungen und Verletzungen, ohne den Verlust oder das Zurückbleiben vieler – das ist die seltene und schwere Kunst.«[54] Lehmann ist wohl in diesem Sinn ein Künstler, und wohl ein großer. Auch wenn der Erfolg – im übrigen nach Martin Buber kein Stichwort im Wörterbuch biblischer Sendung[55] – nicht immer auf Anhieb zu erkennen ist.

Aber Kardinal werden muß er deswegen noch lange nicht.

# 7 Der Kardinal (seit 2001)

## Der Römer

Römischer« als Karl Lehmann ist kein zweiter Bischof in Deutschland. Manche haben ihre Studienzeit in Rom verbracht: Kardinal Friedrich Wetter, der Erzbischof von München und Freising, oder Josef Voß, Weihbischof in Münster. Aber in den bewegenden Jahren vor und während des Zweiten Vatikanischen Konzils hat nur einer die Gestaltwerdung einer neuen Form von Kirche aus allernächster Nähe erlebt: Karl Lehmann.

Keinem deutschen Germaniker war in diesen Jahren aufgetragen worden, in Rom nicht nur die Theologie in aller Gründlichkeit zu studieren, sondern auch die Philosophie; dort gelang es Lehmann sogar, die römische Sicht der Dinge durch den aufsehenerregenden Brükckenschlag zu Heidegger zu befruchten und anzuregen. Gleich zweimal war Lehmann an der von den Jesuiten geleiteten Päpstlichen Universität »Gregoriana« promoviert worden. Niemand, weder ein Bischof noch einer der zahlreichen Inhaber theologischer Lehrstühle, die einst an der »Gregoriana« studiert haben, haben der »römischen Schule« so viel Respekt entgegengebracht wie Karl Lehmann: Profunde Kenntnis der Tradition, rigide, systematische Theologie. Wer in Lehmanns »dogmatischer Denkform« nur den Hermeneutiker erkennt, der übersieht den Römer in ihm.

Lehmann hat nie ein Hehl aus seinem durch und durch positiven Verhältnis zu Rom gemacht. »Lebendige Katholizität« – auf diesen Begriff bringt der Kardinal aus der Distanz von mehr als 30 Jahren seine Erfahrung in und mit der Ewigen Stadt.

Da waren die Studienkollegen und Freunde aus allen Teilen der Erde, die Gespräche während der Pausen zwischen den Vorlesungen, Besuche in anderen nationalen Kollegien: »Ich habe nicht nur für mich den Eindruck gewonnen, daß dieser Austausch der Kulturen eine wichtige und grundlegende Voraussetzung und Erfahrung des Katholischen ist«, sagt der Kardinal.[1] »Wenn mich nicht alles täuscht, dann hat dieser Umgang auch eine eigene Schule der Annahme des Fremden und der Toleranz mit sich gebracht.« So äußert sich nur ein wahrer Römer, einer, der an seiner Kirche das Weltumspannende, das wahrhaft Katholische kennen- und schätzengelernt hat.

Und wie die römische Kirche als weltumspannende Gemeinschaft katholisch ist, so ist sie es auch als eine, die Zeiten und Kulturen umspannt: Antike und Mittelalter, Renaissance und katholische Reform, Byzanz und Griechenland, »man spürt etwas vom langen Atem der Geschichte, aber auch von ihrer Vergänglichkeit«, schreibt Karl Lehmann und denkt an den Petersdom und Nepotismus, das »saeculum obscurum« und die Sixtinische Kapelle. Die Stadt kann einen Römer demütig machen – »und auch etwas immun gegen ein triumphalistisches Kirchenverständnis«.

Rom ist nicht nur ein Synonym für die Macht der Päpste. Sicher, im Petersdom liegt – der Überlieferung nach – Simon Petrus begraben, der Stein, auf den Jesus seine Kirche bauen wollte. Vor den Toren der Ewigen Stadt aber ist – der Überlieferung nach – auch der Mann beerdigt, der vom Saulus zum Paulus wurde. »In einer spannungsvollen Doppel-Einheit repräsentieren die beiden Apostelfürsten den Ursprung der Kirche«, sagt Lehmann über die wahre *romanità*: Einheit in der Verschiedenheit, bis hinein in die Temperamente und die Aufgaben: »Der Völkerapostel, der sich ganz der Heidenwelt zuwandte, und der mehr bodenständige Petrus, der eher das beharrliche Amt verkörpert, gehören für immer zusammen.«

»Man darf auch nicht verschweigen, daß Paulus bekennt,

daß er bei dem Konflikt um die Rechtfertigung aus dem Glauben dem Petrus ›offen entgegengetreten ist, weil er sich ins Unrecht gesetzt hatte‹ (Gal 2,11).« Und manches Mal ist auch Karl Lehmann, der Römer, Papst Johannes Paul II. entgegengetreten. Freilich diskret, nicht offen, wie Paulus. Und nicht immer ging es so friedlich aus wie damals, als Petrus und Paulus »ihre gemeinsame Sendung höher schätzten als ihre persönlichen Ansichten« und »in dem gemeinsamen Ringen auch zu einer wirklichen Übereinkunft kamen«.

Der wahre Römer kennt nicht nur Petrus und Paulus. Er kennt auch die vielen römischen Heiligen, die in dem Satz des Paulus, daß Jesus seine Kirche auf das »Fundament der Apostel und Propheten« gebaut hat, gleichfalls gemeint sind: Karl Lehmann spricht von unvergeßlichen Wallfahrten zu den sieben Hauptkirchen Roms und den großen Heiligtümern Italiens.

Zu Hause ist er freilich nicht in monumentaler Renaissance-Architektur. Seine Welt sind die Katakomben und mehr noch die romanischen Basiliken mit ihrer einfachen und klaren Sprache. Auch der allgegenwärtige Jesuitenbarock ist nicht nach dem Empfinden des Römers Lehmann. Um so tiefer ist er geprägt von der Kirchlichkeit des Gründers des Jesuitenordens, des heiligen Ignatius von Loyola. »Ignatius stand dieser Stadt und dieser Kurie nicht in naiver Begeisterung gegenüber«, hält Lehmann fast. Er hatte das Glück, bei Jesuiten in die geistliche Schule zu gehen, die dem Geist der »Gesellschaft Jesu« treu geblieben waren: Hugo Rahner, Franz von Tattenbach, Alois Grillmeier, Karl Rahner, Otto Semmelroth, Juan Alfaro, Peter Henrici, Wilhelm Klein. »Es war für mich immer befreiend und ein großer Nutzen nicht nur des Studiums, sondern des Umgangs mit dem heiligen Ignatius und seinen Söhnen, daß die Liebe zur Kirche und die Treue zum Papst Kritik an reformbedürftigen Zuständen nicht aus-, sondern einschloß.«

Mit einem »antirömischen Affekt« hat diese Form der Liebe

zur Kirche nichts gemein. Gehorsam, wie ihn Ignatius versteht, setzt vielmehr Glaubwürdigkeit und Aufrichtigkeit voraus – »selbst wenn einem auf dem Weg zum Papst die Knochen im Leib zittern«. So hat es Ignatius gesagt, sagt Lehmann. Auch er hat diese Erfahrung gemacht. »Aller Gehorsam und alle Kritik können nur den Sinn haben, dem ungeschmälerten Evangelium sein Recht einzuräumen und, falls es verletzt sein sollte, es wieder in seiner Reinheit in der Kirche sichtbar zu machen«.

Zu Hochmut gibt ein Leben in Rom keinen Anlaß: »Das Entdecken einer tiefen Theologie des Kreuzes gehört zu den Schätzen eines Aufenthaltes zum Studium in Rom. Sonst kann man die Wunden am Leib der Kirche nicht ertragen, wird in herablassender Weise zu einem unanfechtbaren und selbstsicheren Revoluzzer und steht am Ende in der Gefahr, aus der Nachfolge Christi herauszufallen. Wer in Rom Theologie studiert, der muß auch die Bereitschaft zum Kreuztragen, besser: zum Mittragen des Kreuzes wie Simon von Cyrene lernen. Aber gerade dazu gehört dann die biblische Parrhesia, die wir nur schlecht mit ›Freimut‹ übersetzen. Dieser Einsatz für die Freiheit des Evangeliums ist alles andere als ein Aufbegehren oder als ein Aufruf zum Widerstand.«

Der Kreis schließt sich. »Parrhesia«, Freimut, das hat Karl Lehmann nach seinem Studium in Rom bei einem anderen Römer gelernt: bei Julius Kardinal Döpfner, seinem Freund.

So hat der Römer Karl Lehmann in recht verstandenem Gehorsam eine lange Wegstrecke zurückgelegt: Als Wissenschaftler und Seelsorger in Mainz und Freiburg, als Bischof von Mainz und Vorsitzender der Deutschen Bischofskonferenz, als Repräsentant der deutschen Kirche auf Synoden und in ständigen Gremien, gegenüber den aus der Reformation hervorgegangenen Kirchen, gegenüber der deutschen Öffentlichkeit und der deutschen Politik. Karl Lehmann ist nicht nur die Stimme der deutschen Katholiken, die katholische Kirche in Deutschland hat ein Gesicht.

Und da es in der Kirche auch immer sehr menschlich zugeht, sollte es niemanden verwundern, wenn manche an dieser Stimme und an diesem Gesicht Anstoß nehmen. Gleich, wo er arbeitet und welches Amt er bekleidet, immer sind da welche, die sich durch seine ausgleichende, vermittelnde Art provoziert fühlen; und solche, die sich einen Bannerträger wünschen und keinen Moderator; die Antworten suchen und auf jemanden stoßen, der schwierige Fragen stellt; die von der Reinheit der Lehre überzeugt sind und eine Klarheit des Zeugnisses fordern, wo Lehmann vor voreiligen Sicherheiten warnt und in manch vermeintlicher Klarheit im Ergebnis eher eine Verdunkelung des Evangeliums der Liebe zu erkennen meint.

So einen können die deutschen Bischöfe zu ihrem Vorsitzenden wählen. Und dafür einen Kardinal übergehen. So einer kann auch wiedergewählt werden, und das noch ein drittes Mal, selbst in einem Moment, wo ihn sein Verständnis von Gehorsam offenbar direkt gegen den Papst in Stellung bringt.

Aber deswegen muß Karl Lehmann, der Römer, noch lange nicht Kardinal der römisch-katholischen Kirche werden.

Oder ist der Mainzer Bischof doch nicht so katholisch, wie es scheint, so wahrhaft römisch? Der Römer habe eine eigene Weise des Führens und Leitens, der Ausübung der Autorität und des Entscheidens. Er regiere gerne mit wenigen festen Grundsätzen und einem flexiblen Anwenden, sagt Lehmann aus langer Erfahrung. Die germanische Denkform dränge überall mehr auf das Grundsätzliche, eventuell auch auf eine Revision des Prinzipiellen, wenn es notwendig ist. Auch das ist aus langer Erfahrung gesagt. Doch auch im Licht dieser Gegenüberstellung erscheint Lehmann oft als Römer, weniger als Germane.

»Umgekehrt wird der Römer leicht ärgerlich, wenn die Nordlichter dazu neigen, immer alles zu hinterfragen«, meint Lehmann milde. Zumindest als akademischer Lehrer und sicher auch als Bischof ist er so sehr Hohenzoller, schwäbischer

Preuße, daß er von dem Woher und Warum, dem Wohin und Wozu nicht lassen kann. Aber eine echte *romanità* schließt – so meint es jedenfalls der Kardinal mit Blick auf Ignatius – diese Haltung nicht aus, sondern setze sie geradezu voraus.

### Kein Römling: Freimut und Gehorsam

Unvereinbar ist Lehmanns Mentalität mit dem Denken und Empfinden derer, die seit Jahrhunderten »Römlinge« genannt werden: die Gehorsam mit Unterwürfigkeit verwechseln und Demut mit Devotheit, die zwischen Tradition und Traditionalismus ebensowenig trennen können, wie sie zwischen Toleranz und Indifferenz nicht zu unterscheiden vermögen. Für jeden von ihnen ist Lehmann und die »Lehmann-Kirche« ein rotes Tuch, mitunter Objekt entehrender Tiraden und haßerfüllter Invektiven. Was immer Lehmann in seiner Kirche geworden ist und noch werden soll – Kardinal in ihrer römisch-katholischen Kirche soll so einer niemals werden.

Manche in der engsten Umgebung des Papstes denken über Lehmann so. Und Johannes Paul II. übergeht den Vorsitzenden der Deutschen Bischofskonferenz auch dann, als er so viele neue Kardinäle ernennt wie noch kein Papst vor ihm, damals, am 21. Januar 2001.

Lange hat man in der Kirche auf diesen Tag gewartet. Das letzte ordentliche Konsistorium, in dem Papst Johannes Paul II. das Kardinalskollegium durch neue »Senatoren« ergänzt hat, liegt schon drei Jahre zurück. Mittlerweile ist die Zahl von 120 Papstwählern, die im Kardinalskollegium das 80. Lebensjahr noch nicht vollendet haben, weit unter die von Papst Paul VI. festgesetzte Marke gefallen. Nun nennt der Papst die Namen von 37 neuen Kardinälen aus aller Welt. Warum ist der Bischof von Mainz nicht darunter?

»Ist das Amt des Papstes ein Dienst an allen Nationen, so

entstammt doch der jeweilige Mensch, der dieses hohe Amt innehat, einem bestimmten Volk und hat in seiner Lebensgeschichte unterschiedliche Erfahrungen mit einzelnen Völkern gesammelt«, hat Bischof Lehmann als Vorsitzender der Deutschen Bischofskonferenz aus Anlaß des 70. Geburtstag des Kirchenoberhauptes im *Osservatore Romano* vom 20. Mai 1990 formuliert.[2]

Die Erfahrung Karol Wojtylas mit dem deutschen Volk und der deutschen Kirche ist eine ganz spezielle: »Karol Wojtyla lernte die Deutschen zuerst von ihrer dunkelsten Seite her kennen, als Besatzungsmacht in den Jahren des 2. Weltkriegs. Nur kurz hat er später in seinen Ansprachen in Deutschland davon gesprochen, daß er persönlich diese Besatzungszeit und ›die grausame Erfahrung dieses Weltkrieges tief erlebt‹ habe (Abschiedsrede in München am 19. 11. 1980). Millionen polnischer Staatsbürger verloren damals ihr Leben. Besonders erfaßt vom Vernichtungswillen der Deutschen wurden Polen jüdischer Abkunft, aber auch Intellektuelle und Priester. Schon ganz alltägliche Besorgungen konnten unversehens in Verhaftung, Deportation oder Ermordung enden. Seine Studien mußte der junge Karol aufgeben. Statt dessen leistete er in einer Krakauer Chemiefabrik schwere körperliche Arbeit. In diesen notvollen Jahren entschloß er sich, Priester zu werden. Theologische Studien waren damals jedoch nur im Untergrund möglich. Das letzte Jahr der Besatzungszeit verbrachte Wojtyla dann in einem geheimen Priesterseminar.«

Lehmann ist voller Respekt vor diesem Papst, der ungeachtet seiner traumatischen Erfahrungen mit Deutschland seit den Konzilstagen immer wieder in der Kirche Deutschlands zu Gast und mit den Kardinälen Volk und Höffner befreundet war. Doch bei allem Respekt und mancher Bewunderung hat Lehmann auch nie seine Sorge verborgen, das Verständnis des polnischen Papstes für manche Erscheinungsformen der deutschen Kirche könne ebenso begrenzt sein wie das Verständnis mancher, wenn nicht vieler deutscher Katholiken für den polnischen Papst. »Papst Johannes Paul II. ist ein Freund der Deutschen, nicht in einer schwärmerischen Form, er kennt unsere Schwächen und Stärken. Aber sind wir Deutschen immer ein Freund dieses Papstes oder messen wir einen Mann mit den Sorgen für die Kirche auf der ganzen Welt nur an unseren Interessen und Bedürfnissen?«, fragt der Vorsitzende der Deutschen Bischofskonferenz. Für sich nimmt Lehmann in Anspruch, den Papst in all seiner Größe, gerade auch in seiner Sorge um die Unantastbarkeit des menschlichen Lebens in all seinen Formen, zu erkennen und zu würdigen.

Doch hat ihn diese Hochachtung nicht daran gehindert, mitunter mit Papst Johannes Paul II. ebenso zu hadern wie Kardinal Döpfner mit Papst Paul VI.: In allem Freimut, Paulus gegenüber Petrus, und mit zitternden Knochen, so, wie es einst Ignatius ergangen war, als er erfuhr, daß Kardinal Gianpietro Caraffa zum Papst gewählt worden war. Der Bogen spannt sich von der ersten Begegnung des neuen Vorsitzenden der Deutschen Bischofskonferenz im Herbst 1987 mit Papst Johannes Paul II., bei der es um die »Königsteiner Erklärung« ging, bis zu seinem Dringen auf einen Weg in der Schwangerenkonfliktberatung, bei der die Kirche in Deutschland nicht schuldig werden möchte gegenüber einer hohen Zahl von ungeborenen Kindern.


### Die Kardinalserhebung

Solch einen Bischof kann der Papst zum Kardinal erheben. Er muß es nicht. »Karl Lehmann, Bischof von Mainz« ist jedenfalls nicht unter denen, die Papst Johannes Paul II. am 21. Januar 2001 während des Angelus-Gebets am Sonntag mittag als neue Kardinäle ausruft.

Dem Kardinalskollegium gehören immerhin bereits fünf Deutsche an: Da ist Joseph Ratzinger, Präfekt der vatikanischen

Kongregation für die Glaubenslehre, dazu der emeritierte Kurienkardinal Paul Augustin Mayer OSB. Drei residierende Kardinal-Erzbischöfe kommen hinzu: Friedrich Wetter (München und Freising), Joachim Meisner (Köln) und Georg Sterzinsky (Berlin). Damit müßte die deutsche Kirche zufrieden sein. Zumindest ist traditionell kein weiterer Bischofssitz mit dem Anrecht auf die Kardinalswürde verbunden: nicht Paderborn (Lorenz Jaeger, der Vorgänger Erzbischof Degenhardts, war wegen seiner Verdienste um die Ökumene und das Konzil zum Kardinal erhoben worden), nicht Mainz (Hermann Volk, der Vorgänger Lehmanns, war aus denselben Gründen wie Jaeger ad personam Kardinal geworden).

Ungeachtet der ohnehin schon starken Stellung der Deutschen im Kardinalskollegium erhebt der Papst nun zwei weitere Deutsche zu »Senatoren« der Kirche. Zuerst Kurienbischof Walter Kasper, der als Theologe und Bischof manchen Strauß mit seinem Dogmatiker-Kollegen Ratzinger ausgefochten, den der Papst aber zum Sekretär des Päpstlichen Rates zur Förderung der Einheit der Christen gemacht hatte. Dann Leo Scheffczyk, einen Dogmatiker an der Schwelle zum 81. Lebensjahr, in Rom als prinzipienfester Mann der Kirche in Erinnerung, der freilich seine Skepsis gegenüber der Wirkungsgeschichte des Zweiten Vatikanischen Konzils nie verborgen hat.

Sieben Deutsche zählt das Kardinalskollegium nun, so viele wie niemals zuvor. Und kein anderes Land in Europa außer Italien kann so viele Kardinäle aufweisen wie Germania: Spanien nicht, Polen nicht, Frankreich nicht. Was zählen dagegen die Stimmen in Deutschland und weit über Deutschland hinaus, die auch den Mainzer Bischof Karl Lehmann für kardinalswürdig halten?

Doch was wäre das für ein Papst, der das Kardinalskollegium der römisch-katholischen Kirche allein nach deutschen Befindlichkeiten zusammensetzte? Hat Papst Johannes Paul II. nicht wie keiner seiner Vorgänger durch Pastoralreisen in alle

Erdteile die wahre Katholizität der Kirche sichtbar gemacht? Schon Paul VI. hatte nach dem Zweiten Vatikanischen Konzil die absolute Dominanz der italienischen Kardinäle beendet. Bei der womöglich letzten Gelegenheit, dem Kardinalskollegium seinen Stempel aufzudrücken, will der polnische Papst durch die Kardinalserhebung von Bischöfen aus aller Welt dieser Gestalt der Kirche noch stärker Ausdruck verleihen.

Wunsch und Wirklichkeit klaffen aber auch hier auseinander. »Der Papst wählt die Männer, die zu Kardinälen erhoben werden sollen, frei aus; sie müssen wenigstens die Priesterweihe empfangen haben, sich in Glaube, Sitte, Frömmigkeit sowie durch Klugheit in Verwaltungsangelegenheiten auszeichnen«, bestimmt Kanon 351 Absatz 1 des Kirchenrechts. De facto ist der Handlungsspielraum des Papstes erheblich eingeschränkt. Die meisten der neuen Kardinäle vom 21. Januar waren sichere Anwärter auf diese Würde: Kurienbischöfe etwa, der neue Präfekt der Bischofskongregation, der Italiener Giovanni Battista Re, und der neue Präfekt der Bildungskongregation, der Pole Zenon Grocholewski. Kardinäle werden immer auch die Erzbischöfe von Lyon, Lissabon, Lima, Sao Paulo, Johannesburg, Bombay und … und … und mittendrin soll noch Platz sein für einen einfachen Bischof, den von Mainz?

Nein.

Oder doch? Sagt der Papst nicht am Ende seiner Ansprache während des Angelus-Gebets, es gebe noch weitere verdiente Persönlichkeiten, denen er die Kardinalswürde verleihen wolle? Offenbar sind da noch Bischöfe, die der Papst zu einem geeigneteren Zeitpunkt öffentlich in den Senat der Kirche berufen wird.

Ungewöhnlich ist das Verfahren nicht. Mutmaßlich handelt es sich um Bischöfe aus China oder aus Vietnam, aus Ländern, in denen die katholische Kirche unterdrückt oder gar verfolgt wird, deren Namen aus politischen Gründen noch nicht veröffentlicht werden können.

Ungewöhnlich ist allerdings, daß der Papst schon eine Woche später, am Sonntag, den 28. Januar 2002, nach dem Angelus-Gebet auf dem Petersplatz die Namen sieben weiterer Kardinäle bekanntgibt.

Wer immer am Sonntag, den 21. Januar, die Botschaft vernimmt, daß der Mainzer Bischof Lehmann nicht unter der großen Zahl der neuernannten Kardinäle sei – gleichgültig läßt diese Nachricht in Deutschland niemanden. Wieder einmal ist Lehmann übergangen worden, und dieses Mal, obwohl er sich doch erst vor wenigen Wochen im Streit über die Konfliktberatung endgültig dem Papst gebeugt hat – und für diese Entscheidung mit seiner Person in der Öffentlichkeit einsteht.

Will der Papst den Vorsitzenden der Deutschen Bischofskonferenz nun besonders demütigen, indem er ihm trotz seines Gehorsams den Kardinalspurpur vorenthält? Oder will Johannes Paul II. den Mainzer Bischof nun erst recht schützen und ihn nicht dem Verdacht aussetzen, erst als Unterworfener werde er mit dem Kardinalshut belohnt? Keine Verschwörungstheorie ist zu abwegig, als daß sie in diesen Tagen nach dem 21. Januar nicht hin- und hergewendet würde. Will der Papst durch die Nicht-Berücksichtigung von Bischof Lehmann nicht nur ihn selbst, sondern alle deutschen Bischöfe bestrafen? Oder gleich die Kirche in Deutschland? Oder aber ist die »nachkonziliare« Dogmatik durch die Auszeichnung des Kurienbischofs Walter Kasper ausreichend vertreten?

Es machen auch Spekulationen die Runde, die weniger mit einem anti-deutschen Affekt in Rom rechnen oder mit einer weltkirchlichen Perspektive als mit sehr persönlichen Sympathien und Antipathien in der römischen Kurie gegenüber Lehmann. Ein Kräftemessen hinter den Kulissen? Waren Kardinalstaatssekretär Angelo Sodano und der Apostolische Nuntius in Deutschland, Erzbischof Giovanni Lajolo, Lehmann gegenüber nicht immer freundlich gesinnt? Selbst in dem Konflikt über die Konfliktberatung hatten die beiden den Vorsitzenden der Deutschen Bischofskonferenz lange Zeit unterstützt, Lehmann, den »Mann der communio«.

Wo steht Kardinal Joseph Ratzinger? Der frühere Erzbischof von München und Freising war lange Zeit der Widersacher Lehmanns im Konflikt über die Konfliktberatung. Aber der Präfekt der vatikanischen Kongregation für die Glaubenslehre ist derjenige in Rom, der Lehmanns theologische Fähigkeiten aus fast 40 Jahren gemeinsamen Wegs wohl am besten einzuschätzen weiß. Hat Lehmann nicht selbst gesagt, er habe in der Kurie und selbst in der engsten Umgebung des Papstes nicht nur Freunde, sondern auch einflußreiche Gegner?

Gleichwohl schießen nach dem 21. Januar auch andernorts die Spekulationen ins Kraut. In Italien und in Polen, selbst in den Vereinigten Staaten registrieren aufmerksame Beobachter, daß Bischof Lehmann abermals nicht Kardinal geworden ist. Doch Genaues weiß niemand. Am allerwenigsten Bischof Lehmann selbst.

»Fühlen sich die Bischöfe düpiert, weil ihr Vorsitzender Lehmann wieder nicht Kardinal wird?« Reinhold Michels, der für die in Düsseldorf erscheinende *Rheinische Post* die Geschehnisse in der katholischen Kirche beobachtet, fragt den Aachener Bischof Heinrich Mussinghoff, den stellvertretenden Vorsitzenden der Deutschen Bischofskonferenz. Die Antwort: »Die Eigenschaft, Vorsitzender einer Bischofskonferenz zu sein, ist bei Kardinalsernennungen nicht im Blick. Was aber Bischof Lehmann als Theologen und als einen der führenden Bischöfe unseres Landes betrifft, hätte ich mir schon früher und auch jetzt gewünscht, daß er den Kardinalspurpur bekommen hätte.« Mussinghoff, Kirchenrechtler von internationalem Format, ist kein Mann der lauten Töne. Aber diese Worte sind deutlich.

Die nächste Frage: »Hat Lehmann zu viele einflußreiche Gegner im Vatikan?« Die Antwort: »Lehmanns Beurteilung in Rom scheint unterschiedlich zu sein: Von vielen wird er als Theologe sehr geschätzt. Er ist stets in bedeutenden Kongregationen gewesen: Von 1988 bis 1998 in der Glaubenskongregation, seitdem in der Bischofskongregation. Aber es gibt auch andere in Rom, die seine Art nicht mögen, was uns wiederum nicht gefällt. Er ist ein sehr vermittelnder Mann, der die Fähigkeit hat, Gegensätze auszugleichen und so zu vorwärtsweisenden Lösungen zu kommen. Ich schätze das an ihm, aber das tun nicht alle.« Auch das ist deutlich.

Am Freitag, den 26. Januar, erscheint das Gespräch mit Bischof Mussinghoff. Um die Mittagszeit desselben Tages erhält Lehmann einen Anruf aus der Apostolischen Nuntiatur in Bonn. Prälat Thomas Gullickson, der den erkrankten Nuntius vertritt, erreicht ihn in Mainz kurz vor dem Beginn einer Tagung der Glaubenskommission der Bischofskonferenz. Papst Johannes Paul II. werde am folgenden Sonntag seine Ankündigung wahrmachen und weitere Kardinäle ernennen. Er, Lehmann, werde darunter sein. Im ersten Moment glaubt Lehmann an einen schlechten Scherz. Aber die Stimme des Anrufers kennt er genau. Wieso? Weshalb? Warum? Lehmann ist vollkommen überrascht. Anmerken lassen darf er sich nichts. Weder jetzt, im verschwiegenen Kreis der Glaubenskommission, noch am folgenden Tag. Lehmann fliegt als Stellvertretender Vorsitzender des »Rates der Europäischen Bischofskonferenzen« (CCEE) zu dem jährlichen Treffen mit der »Konferenz Europäischer Kirchen« (KEK) nach Porto.

Am Sonntag morgen hält Rudolf Hammerschmidt, der Pressesprecher der Deutschen Bischofskonferenz, mindestens einen Zeitungsredakteur vom Besuch des Gottesdienstes ab. Gegen zehn Uhr morgens klingelt das Telefon: Papst Johannes Paul II. werde nach dem Angelus-Gebet Bischof Lehmann mit der Kardinalswürde auszeichnen. Wer immer die Nachricht im Lauf der nächsten Stunden erfährt, ist nicht weniger überrascht und perplex wie Lehmann etwa 48 Stunden zuvor.

Während an den Schreibtischen in den Redaktionen und zu Hause schon an den ersten Kommentaren und Nachrichten gefeilt wird, ist in Mainz kein Halten mehr. Als pünktlich zum Angelus aus Rom im Bischofshaus die endgültige Bestätigung der Nachricht per Fax eintrifft, ruft Weihbischof Rolly das Domkapitel zusammen: Der Mann, den sie vor 18 Jahren zum Bischof gewählt haben, wird wie sein Vorgänger Hermann Volk Kardinal. Die Überraschung ist vollkommen. Eine Viertelstunde läuten die Glocken des Domes zu Mainz. Nicht eine (das bedeutete einen Todesfall), nicht zwei oder drei (wie zu einem Gottesdienst), alle läuten. Festlicher geht es nicht.

Die Sensation verbreitet sich in der Stadt, im Bistum, in Deutschland, überall auf der Welt wie ein Lauffeuer. Keine Nachrichtensendung am Sonntag, keine Zeitung am Montag, die den Neuigkeiten nicht einen Platz unter den wichtigsten Meldungen des Tages einräumt. Wer dem neuen Kardinal persönlich gratulieren möchte, der muß sich noch gedulden. Der Kardinal in spe ist noch in Porto, wo seine Ernennung in den Delegationen der CCEE und der KEK Punkt 12 Uhr mit langanhaltendem Beifall aufgenommen wird.

Derweil stehen im Bischofshaus und in der Bischöflichen Pressestelle die Telefone und Faxgeräte nicht mehr still. Die elektronischen Postfächer quellen bald über von Glück- und Segenswünschen. Mehr als 5000 werden es am Ende sein, und keiner, der sich dem Mainzer Bischof verbunden fühlt, wird unter den Gratulanten fehlen. Selbst der Erzbischof von Santiago de Chile und der von Taipeh lassen es sich nicht nehmen, Lehmann ein Zeichen der Freude und der Anerkennung zu senden.

Als der Bischof am Nachmittag des 29. Januar aus Portugal nach Mainz zurückkehrt, sind die Stadt und das Bistum noch immer wie im Fieber. Im Hof des Bischöflichen Ordinariats ist Platz für eine Freudenkundgebung Mainzer Bürger, umrahmt durch den Domchor, der Felix Mendelssohn-Bartholdy aufführt. Über dem barocken Eingang der ehemaligen Komturei des Johanniter-Ordens ist ein Plakat gespannt: »Das Bistum

Mainz grüßt seinen Kardinal«. Der Mainzer Oberbürgermeister Jens Beutel läßt es sich nicht nehmen, dem designierten Kardinal eine weitere, nicht minder seltene Würde anzukündigen: Lehmann wird Ehrenbürger der Stadt Mainz.

Der neue Kardinal weiß an diesem Montag noch immer nicht, wie ihm geschehen ist. Und er weiß es bis heute nicht. Was sich zwischen dem Sonntag, den 21. Januar, und Freitag, den 26. Januar, in Rom und um dem Papst herum abgespielt hat, wird möglicherweise niemals ganz genau in Erfahrung zu bringen sein. Es bleibt die Frage: Warum nun doch?

Lehmann war nicht gemeint, als der Papst am 21. Januar davon sprach, er habe noch Kardinäle »in pectore«. Denn diese entpuppen sich am Sonntag als der lateinisch-katholische Erzbischof von Lemberg (Ukraine), Marian Jaworski, und der Erzbischof der lettischen Hauptstadt Riga, Janis Pujats. Der Papst hatte beide schon seit dem Konsistorium vom 21. Februar 1998 »in petto«, heißt es am 28. Januar.

Auch nichts zur Klärung der Umstände der Kardinalserhebung Lehmanns trägt bei, daß zusammen mit ihm ein weiterer Deutscher, der Paderborner Erzbischof Johannes Joachim Degenhardt, mit der Kardinalswürde ausgezeichnet wird. Degenhardt vollendet zwei Tage nach der überraschenden Ankündigung sein 75. Lebensjahr. Sollte Lehmann vielleicht nicht als einziger Deutscher nachträglich mit der Kardinalswürde ausgezeichnet werden? Die Spekulationen, die nach dem 28. Januar angestellt werden, sind nicht weniger kühn und vielfältig als die, die nach dem vorangegangenen Sonntag kursierten.

Hartnäckig halten sich Gerüchte, in Polen und in Rom sei schon Mitte der Woche über die »Spätberufung« des Mainzer Bischofs gesprochen worden. Haben sich etwa Bischöfe, Erzbischöfe oder gar Kardinäle aus Polen bei ihrem Landsmann in Rom für den Mainzer Bischof eingesetzt? Die Überlegung liegt nahe. Lehmann hat in Polen viele Freunde, allen voran Alfons Nossol, den deutschstämmigen Erzbischof der oberschlesischen Diözese Oppeln (Opole). Nossol genießt das Vertrauen des Papstes. Noch andere Namen fallen: Welche Rolle spielen der Apostolische Nuntius in Warschau, Erzbischof Jozef Kowalczyk, und der ehemalige polnische Außenminister Bartoszewski? Zu Lehmanns Förderern gehört auch Kardinalstaatssekretär Angelo Sodano ....

Mehr als eine Mutmaßung ergibt sich aus dieser Verknüpfung nicht. Vielleicht haben ja die Polen das auch in Italien unüberhörbar negative Echo auf die Nicht-Berücksichtigung Lehmanns zusätzlich verstärkt. Und vielleicht haben unter dem Eindruck der öffentlichen Meinung auch einige italienische Kardinäle zugunsten Lehmanns interveniert.

### Die Reise nach Rom

19. Februar, Montag, Flughafen Frankfurt am Main. Nur wenige Fluggäste wollen am späten Abend mit der letzten Lufthansa-Maschine nach Rom. Was die wenigsten ahnen: Unter ihnen ist der künftige Karl Kardinal Lehmann, begleitet von seinem Sekretär, Pfarrer Udo Bentz. Und kaum sind die beiden, geleitet von einer VIP-Betreuerin der Fluggesellschaft, am Flugsteig angekommen, dürfen sie auch schon an Bord des Flugzeugs. Ein Kamerateam des Zweiten Deutschen Fernsehens folgt ihnen auf dem Fuß. Lehmann hat zugestimmt, daß man ihn auf seiner Reise nach Rom für ein Fernseh-Porträt auf Schritt und Tritt begleitet.

Sehr bezeichnend für den neuen Mainzer Kardinal ist eine Szene, die sich vor dem Start in der Kabine des Flugzeugs abspielt. Eine junge Flugbegleiterin geht errötend auf den Kardinal zu, nennt ihren Namen und berichtet ihm freudestrahlend, er habe sie vor Jahren gefirmt. Ja sicher, das wisse er noch, sagt Lehmann und kann sogar auf Anhieb den Ort nennen, an dem er der jungen Frau vor Jahren begegnet ist – als einer von vier

Töchtern, die sich mit ihrer Mutter, einer Ärztin, hatten taufen lassen.

Und wie es der Zufall will, am Steuerknüppel des Airbus, der den Kardinal nach Rom bringt, sitzt – Kapitän Lehmann. So schallt es noch vor dem Start aus den Lautsprechern in der Kabine. Natürlich ist es nicht der Bischof von Mainz, sondern Flugkapitän Jürgen Lehmann, der Kurs auf Rom halten wird. Als der Kardinal am darauffolgenden Freitag von Rom aus den Heimflug antritt, wartet auf ihn ein Lufthansa-Airbus, der auf den Namen der Bischofsstadt seiner Heimatdiözese getauft ist: »Freiburg«. Diese Reise ist Lehmann offenbar bestimmt.

Es ist fast Mitternacht, als die Maschine mit Lehmann an Bord in Rom-Fiumicino ankommt. Am Flughafen wartet schon der Freund und Geistliche Botschaftsrat Max-Eugen Kemper, um den Kardinal in die »Villa Mater Dei«, das Gästehaus der Deutschen Bischofskonferenz am Gianicolo-Hügel, unweit des Petersplatzes zu bringen. Fast 40 Jahre sind vergangen, seit die beiden im »Collegium Germanicum-Hungaricum« Bücherberge versetzten und Kemper, schon damals ein kunstsinniger Mann, die Primizgäste Lehmanns durch Rom führte, vierzig schnell vergangene Jahre.


## Der große Tag: Der neue Kardinal

Am Mittwoch, den 20. Februar, zeigt sich Rom von seiner schönsten Seite. Über der Ewigen Stadt scheint eine warme Vorfrühlingssonne, als könne es keinen strahlenderen Tag geben. Zehntausende machen sich an diesem Morgen auf den Weg zum Petersplatz, wo das größte Konsistorium in der Kirchengeschichte stattfinden soll. 44 Bischöfe und Theologen aus 27 Ländern, aus Europa und Amerika, Asien und Afrika sind mit ihren »Familien« – Verwandten, Freunden, Mitarbeitern – nach Rom gekommen, damit Papst Johannes Paul II. sie in einem feierlichen Akt in das Kollegium der Kardinäle der römisch-katholischen Kirche aufnehme. Wer von den Kardinälen der Weltkirche abkömmlich ist, hat sich gleichfalls nach Rom begeben, von Politikern, Pilgern und Berichterstattern gar nicht erst zu reden.

Nicht zu übersehen inmitten der Menge: die Deutschen. Das Erzbistum Paderborn ist mit einer stattlichen Delegation in Rom vertreten, um dabei zu sein, wenn Erzbischof Degenhardt aus der Hand des Papstes am ersten Tag des Konsistoriums den roten Pileolus und das Kardinalsbirett mitsamt der Ernennungsurkunde erhält, am folgenden Tag dann im Rahmen einer Eucharistiefeier den Kardinalsring. Auch aus dem Bistum Rottenburg-Stuttgart haben sich viele Gläubige auf den Weg nach Rom gemacht. Zahlreiche Diözesanen mit dem neuen Bischof Gebhard Fürst und der Katholisch-Theologischen Fakultät Tübingen an der Spitze wollen Walter Kasper, 20 Jahre Dogmatiker in Tübingen und zehn Jahre Bischof von Rottenburg-Stuttgart, die Ehre geben. Ministerpräsident Erwin Teufel ist eigens nach Rom geflogen. Er hatte doppelten Anlaß, sich auf die Tage in Rom zu freuen. Gleich zwei seiner Landeskinder sollen künftig den Kardinalspurpur tragen: Neben Kasper, dem Schwaben, der Hohenzoller Karl Lehmann.

Der Mainzer Bischof nimmt an diesem Morgen zum ersten Mal an einer feierlichen Kardinalserhebung teil. Und nicht als Zuschauer, sondern gleich als eine der Personen, die im Mittelpunkt dieses festlichen Geschehens stehen. Lehmann, der Vorsitzende der Deutschen Bischofskonferenz, ist der *primus inter pares*: nicht nur, aber vor allem ihm zu Ehren ist sogar der Vorsitzende des Rates der Evangelischen Kirche in Deutschland, Präses Manfred Kock, nach Rom gereist. Dieser Besuch drücke aus, »was wirklich ist«, wird Lehmann am Mittwoch abend über dieses ökumenische Zeichen sagen.

Erst aber werden die Namen der neuen Kardinäle verlesen. Sie werden von Beifall begleitet, mal leiser, mal lauter. Kardinal

Giovanni Battista Re, lange Jahre einer der engsten Mitarbeiter des Papstes und nun der Präfekt der Kongregation für die Bischöfe, hat sich im Namen aller neuen Kardinäle bei Johannes Paul II. bedankt. Die Lesungen aus der Heiligen Schrift und die Predigt des Papstes sind verklungen. Das Glaubensbekenntnis ist gesprochen, ebenso das Treueversprechen gegenüber dem Papst.

Nun treten sie der Reihe nach vor das Oberhaupt der römisch-katholischen Kirche, knien nieder, nehmen die Zeichen ihrer neuen Würde entgegen und tauschen mit dem Papst den Friedensgruß. Dieselbe Geste mit den anderen Kardinälen, und jeder hat seinen Platz unter den Senatoren der Kirche. Es war eine »noble, herausragende Geste«, wird Lehmann über seine Erwählung zum Kardinal nach seiner Heimkehr nach Mainz am 4. März in einem feierlichen Pontifikalamt im Hohen Dom zu Mainz sagen.

Am Mittwoch vormittag haben die Feierlichkeiten in Rom erst begonnen. Am Nachmittag öffnen sich für zwei Stunden die prachtvollen Säle des Apostolischen Palastes, um allen, Gästen wie Römern, die Gelegenheit zu geben, den neuen Kardinälen persönlich zu gratulieren. Den vier neuen Purpurträgern aus Deutschland hat man die Benediktions-Aula zugewiesen, jenen imposanten Raum oberhalb des Eingangs von Sankt Peter, durch dessen Fenster an der einen Längsseite man in das Kirchenschiff schauen kann, und von dessen Balkon an der anderen Seite aus der Papst am Osterfest den Segen über Stadt und Land »Urbi et Orbi« erteilt.

Mit dem Rücken genau zu jener Balkontür steht Karl Kardinal Lehmann. Ohne Unterlaß ist er umringt von einfachen Gläubigen, Bischöfen und Kardinälen, aus der Kurie, aus Mainz, aus Deutschland, aus aller Welt. Es ist wie immer: Für jeden hat der Bischof ein herzliches Wort, einen Dank, ein »Vergelt's Gott«. Nichts entgeht ihm, so daß er am Abend mit einem Anflug von Ironie feststellen kann: »Ich habe heute gesehen, wie viele Freunde ich hier habe – viel mehr, als ich vermutet hätte …«

Kamerateams und Reporter aus vielen Ländern lassen Lehmann in diesen Tagen nicht aus den Augen. Immer wieder werden ihm Fragen gestellt: Warum so spät? Was nun? Lehmann ist um Antworten nie verlegen, auch wenn sie sich mit der Zeit wiederholen.

Nein, er wisse es wirklich nicht, warum der Papst ihn nachträglich in die große Schar neuer Kardinäle eingereiht habe, beteuert er immer wieder. Nein, er habe nicht darauf gewartet, Kardinal zu werden. Nach 14 Jahren an der Spitze der Bischofskonferenz brauche er für das, was er tue, keinen Kardinalshut.

Nein, als Kardinal müsse er nun nicht besonderen Gehorsam leisten. Schon bisher hätte er als Vorsitzender keine Chance gehabt, wenn er eine Randposition eingenommen hätte. Ja, er glaube an die Macht des echten Kompromisses. »Ich glaube nicht, daß ich mich ändern muß.«

Wie ist Ihr Verhältnis zu Papst Johannes Paul, Herr Kardinal? »Ein wirklich großes Geschenk ist der Papst aus Polen, auch wenn wir an manchen Entscheidungen gelitten haben. Wir werden immer gehört, nicht immer können wir unsere Meinung durchsetzen.« Hat er sich auf den Tag gefreut? War alles so, wie er es sich vorgestellt hat? »Ich bin ein unromantischer Mensch, ich male mir den Tag nicht vorher aus.«

Langsam reicht es. Es müsse auch einmal einen Tag geben ohne Kirchenpolitik, so wehrt der Kardinal immer neue Fragen nach Ökumene und Kurienreform, Deutschland und dem Vatikan ab. Nein, über die Kardinalswürde solle man nicht immer nur politisch denken. Lehmann fühlt sich in seinem Bemühen anerkannt. Einen Hinweis verkneift er sich freilich nicht: »Ich bin der einzige Bischof, der Kardinal geworden ist.« Alle anderen sind Erzbischöfe.

Herr Kardinal, sind Sie Liberaler? Nein. Oder doch? »Wenn sich das ›liberal‹ auf Dialogbereitschaft bezieht, auf

Diskurs und Gespräch, was nicht Standpunktlosigkeit bedeutet, dann akzeptiere ich das Wort ›liberal‹.« Auf die Frage, was ihn denn bei der Ernennung am meisten gefreut habe, antwortet der neue Kardinal: »Ich habe immer versucht, meinem Gewissen, gegründet im Glauben, dem Sachverhalt, den ich mir erarbeitet habe, der Sorge um das Wohl und Heil der Menschen und darin der Sendung der Kirche zu folgen. Beifall, an dem ich gelegentlich auch Freude hatte, und Ablehnung, unter der ich mitunter gelitten habe, sollten nie das letzte Wort haben. Mit dieser Abneigung gegen allen Opportunismus und mit der damit verbundenen Geradlinigkeit bin ich am Ende trotz mancher Enttäuschungen gut gefahren. Dies stärkt mich auch für die Zukunft, die ich noch zu bestehen habe. Daß Papst Johannes Paul II. schließlich gegen alle anderen Einflüsse diese Grundorientierung meines Lebens und Wirkens als Theologe, Priester und Bischof erkannt und anerkannt hat, bezeugt seine letzte Unabhängigkeit, an die ich immer geglaubt habe.«

Der erste Tag der Feierlichkeiten geht mit einem festlichen Abendessen auf Einladung der Deutschen Bischofskonferenz zu Ende. Der zweite beginnt so, wie der erste: Wieder strahlt die Sonne über dem Petersplatz, wieder ist das Kardinalskollegium um den Papst versammelt, wieder sind Zehntausende auf dem Petersplatz. Es ist das Fest »Kathedra Petri«. Und wieder treten alle Kardinäle einzeln vor das Kirchenoberhaupt, knien nieder. Nun empfangen sie aus seiner Hand den Ring – als »Zeichen der Würde, der seelsorglichen Verantwortung und der stärkeren Gemeinschaft mit dem Stuhl Petri«.

Die Feiern nehmen kein Ende: am Nachmittag in der Deutschen Botschaft beim Heiligen Stuhl, wo sich neben Botschafter Wallau Außenminister Joschka Fischer und Bundesinnenminister Otto Schily einfinden, am Abend vor der Stadt, in dem Restaurant »Cecilia Metella« an der Via Appia Antica, diesmal bei einem »Mainzer Abend« im Kreis der Freunde, Verwandten und Gäste aus dem Bistum Mainz, aus dem Heimatbistum Freiburg, besonders aus der hohenzollerischen Heimat.

Auf drei Kardinäle kommt das Bistum Mainz nun in seiner langen Geschichte, auf immerhin zwei das kleine, in der Geschichte versunkene Land Hohenzollern zwischen Bodensee und dem nördlichen Schwarzwald. Die Mainzer: Bischof Konrad I. von Wittelsbach, 1165 zum Kardinal erhoben, Erzbischof Albrecht von Brandenburg, Kardinal 1518, und Bischof Hermann Volk, Lehmanns Vorgänger, Kardinal seit 1973. Auch die Sigmaringer haben einen Kardinal vor Lehmann vorzuweisen: Eitel Friedrich, Graf von Hohenzollern-Sigmaringen, Kardinal 1620, Bischof von Osnabrück 1623 bis 1625.[3]

### Der Kreis schließt sich: San Saba

Nach einer kurzen Nacht beginnt der Freitag mit einem Gottesdienst. 7.30 Uhr, San Saba, die alte Primizkirche Karl Lehmanns. Inmitten der römischen Pracht ist dies ein Ort der Einkehr und der Stille. Vielen, die den Kardinal nach Rom begleitet haben, geht dieser Gottesdienst so nahe wie kein anderes Ereignis in diesen Tagen.

Hier an diesem Ort hat Karl Lehmann, ein junger Germaniker, am 11. Oktober 1963, ebenfalls an einem Freitag, seine erste heilige Messe gefeiert. Nahezu 40 Jahre später kehrt er als Kardinal an diesen Ort zurück – in eine Kirche, die mit seinem Priestersein bleibend und ganz elementar verbunden ist, wie er in der Predigt bekennt: »Durch ihre Schlichtheit, ihre deutliche geistliche Ausrichtung und die Kostbarkeit ihrer Ausstattung und Fresken«.

Viele, die ihn geprägt, die ihn auf seinem Weg als Priester begleitet haben, nennt Lehmann in dieser Stunde: Von seinen Eltern spricht er, von Reinhold, dem verstorbenen jüngeren Bruder, von Heimatpfarrer Fridolin Abberger. An Robert

Schlund erinnert er, den Direktor des Theologischen Konvikts und Generalvikar in Freiburg, an seinen väterlichen Freund Julius Kardinal Döpfner. Das »Ich bin bereit«, das er bei seiner Priesterweihe in San Ignazio in Rom gesprochen hatte, wiederholt er. Auch das »Kommt und seht« des Johannes-Evangeliums aus der kurzen Freiburger Zeit ruft er in Erinnerung, dazu ein Wort seines Vorgängers, des Mainzer Kardinals Volk, der nicht aufgehört habe zu predigen, daß man alles, was man nur halb tue, mit schwerem Herzen tue. Und von seinem Wahlspruch als Bischof von Mainz spricht Lehmann, als wäre es der erste Tag in diesem Amt: »Steht fest im Glauben«.[4]

Als Papst Johannes Paul II. ihm am Tag zuvor den Kardinalsring überreicht hatte, brauchte er nur wenige Momente, um zu erkennen, wer da vor ihm kniet: »Ja, Mainz, gut, gut, gut.«

# Anmerkungen

## Kapitel 1

1 So der Historiker Hubert Jedin über Karl Borromäus, in LThK² 2, Sp. 611–613.

2 Ein Pionier neuzeitlicher Pastoral: Der hl. Karl Borromäus starb vor 400 Jahren, in: KNA-Katholische Korrespondenz Nr. 42 (16.10.1984), 2–3.

3 Wilhelm Burger, Das Erzbistum Freiburg in Vergangenheit und Gegenwart, Freiburg i. Br. 1927; Das Erzbistum Freiburg 1827–1977, hg. vom Erzbischöflichen Ordinariat, Freiburg i. Br. 1977; Art. Freiburg, LThK³ 4, Sp. 87–90.

4 Zur Geschichte des Bistums Rottenburg-Stuttgart vgl. Das katholische Württemberg, hg. vom Bischöflichen Ordinariat Rottenburg, Ulm-Ostfildern ²1993; Art. Württemberg, LThK³ 10, Sp. 1326–1328 (H. Wolf); Art. Rottenburg-Stuttgart LThK³ 8, Sp. 1326–1327 (H. Wolf).

5 Zu der »Geschichte Hohenzollerns im Alten Reich« und der »Sonderentwicklung Hohenzollerns« zwischen 1806 und 1850 s. die gleichnamigen Artikel von Fritz Kallenberg in: Ders. (Hg.), Hohenzollern, Stuttgart 1996, 48–128 (Lit.) und 129–280 (Lit.).

6 Zitiert nach Kallenberg, Hohenzollern (Anm. 5), 27.

7 Vgl. Andreas Zekorn, Maurus und Placidus Wolter, in: Kallenberg, Hohenzollern (Anm. 5), 486–490 (Lit.).

8 So die Angaben bei Kallenberg, Hohenzollern (Anm. 5), 170.

9 Zitiert nach Martin Heidegger, Aus der Erfahrung des Denkens. 1910–1976, Frankfurt a. M. 1983 (GA 13), 113–116, hier 115 f.

10 Kallenberg, Hohenzollern (Anm. 5), 27.

11 In einem Grußwort zum 65. Geburtstag von Kardinal Lehmann schreibt der ehemalige Bundesaußenminister: »Herzlichen Glückwunsch, lieber Bischof Lehmann. Mich verbindet mit Ihnen nicht nur die Landsmannschaft: Sie aus Sigmaringen, ich aus Hechingen, wir beide also waschechte Hohenzollern, Muß-Preußen. Wir sind auch im selben Jahr geboren – und beide noch weit vom mit 65 Jahren eigentlich verdienten Ruhestand entfernt.« In: Albert Raffelt (Hg.), Weg und Weite. Festschrift für Karl Lehmann, Freiburg i. Br. 2001, XXIV.

12 Näheres bei Otto H. Becker, »Ici la France« – Die Vichy-Regierung in Sigmaringen 1944/45, in: Kallenberg, Hohenzollern (Anm. 5), 428–446 (Lit.).

13 Heute Bad Saulgau und nach der Kommunalreform 1972 nicht mehr Teil des württembergischen Kreises Biberach, sondern des Kreises Sigmaringen. Die hohenzollerische Exklave Langenenslingen wird im Gegenzug dem Kreis Biberach zugeschlagen – nach mehr als 160 Jahren in nahezu unveränderten Grenzen hat Hohenzollern seine territoriale Integrität verloren.

14 Zu den Theologischen Konvikten im Erzbistum Freiburg vgl. noch immer Burger, Erzbistum Freiburg (Anm. 3), 117–126.

15 Vgl. Hermann Brodmann, Thomas Geiselhart (1811–1891). Ein Leben im Dienst der Menschen und der Erneuerung der Kirche, Sigmaringen 1984 und Otto H. Becker, Thomas Geiselhart, in: Kallenberg, Hohenzollern (Anm. 5), 493–495 (Lit.).

16 Erwin Zillenbiller, Stadt Veringen, Gammertingen 1963, 26. Zur Beratung über Inhalt, Form und Art der Darstellung stand Zillenbiller ein Ausschuß zur Seite, in dem Honoratioren wie Stadtpfarrer Fridolin Abberger und Oberlehrer Karl Lehmann, der örtliche Vorsitzende des »Schwäbischen-Alb-Vereins«, mitwirkten (Ebd. 9).

17 Ebd. 261.

18 Zitiert nach Brodmann, Geiselhart (Anm. 15), 25.

19 Schwäbische Zeitung vom 10. Februar 2001.

20 Ausführlich dazu: Fritz Kallenberg, Die Sonderentwicklung Hohenzollerns, in: Ders., Hohenzollern (Anm. 5), 129–282, bes. 226–256.

21 Rudolf Nikolaus Maier, Ruth Schaumann. Wesen und Wandlung der lyrischen Form, Diss. Frankfurt a. M. 1935; s. auch Ders., Paradies der Weltlosigkeit. Untersuchungen zur abstrakten Dichtung seit 1909, Stuttgart 1964.

22 Das häusliche Paradies, Zürich 1955.

23 Das moderne Gedicht, Düsseldorf 1959; Das Gedicht: Über die Natur des Dichterischen, Düsseldorf ³1963; Paradies der Weltlosigkeit. Untersuchungen zur abstrakten Dichtung seit 1909, Stuttgart 1964; Nachricht von draußen. Gedichte, Sigmaringen 1988; Wohnen unter den Dingen, Sigmaringen 1990; Eine Kastanie in der Tasche, Sigmaringen 1993.

24 Tübingen 1953.

25 Veröffentlicht in Barbara Nichtweiß (Hg.), Karl Kardinal Lehmann 2001, Mainz 2001, 129.

26 Vgl. Brodmann, Geiselhart (Anm. 15), 26.

## Kapitel 2

1 Oskar Saier, Robert Schlund zum Gedenken, in: Robert Schlund, Vom priesterlichen Dienst-Amt, Freiburg 1990.

2 Erstmals veröffentlicht in Karl Rahner, Bernhard Welte (Hgg.), Mut

zur Tugend. Über die Fähigkeit, menschlicher zu leben, Freiburg i. Br. 1979, 117–123.

3 Karl Lehmann, Der Priester und der Tod. Exhorte des Bischofs von Mainz im Priesterseminar am Vorabend der Priesterweihe (8. Juli 1988), in: Hermann Kardinal Volk zum Gedenken, Mainz 1988, 29–35, hier 33.

4 Vorlesung und Vortrag wurden 1957 in Pfullendorf veröffentlicht.

5 Vgl. dazu Ignatius von Loyola, Gründungstexte der Gesellschaft Jesu, übersetzt von Peter Knauer, Würzburg 1998, bes. 85–289 (Deutsche Werkausgabe, Band 2).

6 Innsbruck 1938.

7 Vgl. Karl-Heinz Neufeld, Die Brüder Rahner. Eine Biographie, Freiburg i. Br. 1994.

8 Karl Lehmann, Es ist Zeit, an Gott zu denken. Ein Gespräch mit Jürgen Hoeren, Freiburg i.Br. 2000, 163.

9 Karl Lehmann, Meine Erfahrungen mit dem Konzil, in: Gerhard Eberts (Hg.), Das Zweite Vatikanische Konzil und was daraus wurde, Aschaffenburg 1985, 114–116.

10 Catholica 12, 1958, 1–16, 1964 wieder in den Schriften zur Theologie IV, 137–155.

11 Bernhard Welte, 150 Jahre Theologische Fakultät Freiburg als Exempelfall theologischer Entwicklung, in: Ders., Zwischen Zeit und Ewigkeit. Abhandlungen und Versuche, Freiburg i.Br. 1982, 135–157, hier 150 f.

12 Erich Przywara, Die Reichweite der Analogie als katholischer Grundform (1940), in: Ders., Analogia entis. Metaphysik, Ur-Struktur und All-Rhythmus, Einsiedeln 1962, 247–301, hier 248–250.

13 Vgl. Klaus Hemmerle, Bernhard Welte, in: Baden-Württembergische Biografien I, 378–390. Biographische Angaben zu fast allen Freiburger Theologen sind zugänglich im Internet unter http://www.ub.uni-freiburg.de/referate/04, zu fast allen Freiburger Philosophen unter http://www.ub.uni-freiburg.de/referate/02.

14 Karl Lehmann, Vom Ursprung und Sinn der Seinsfrage im Denken Martin Heideggers: Versuch einer Ortsbestimmung, Diss. phil. (masch.), Pont. Univ. Gregoriana, Rom 1962, 3 Bände, LXVIII, 1417 Seiten.

15 Die Pflichtveröffentlichung geschah in Gestalt des Auszugs: Karl Lehmann, Vom Ursprung und Sinn der Seinsfrage im Denken Martin Heideggers: Versuch einer Ortsbestimmung. Excerpta ex dissertatione ad Lauream in Facultate Philosophica Pont. Univ. Gregorianae, Romae 1964, 52 S. Dank des Engagements von Lehmanns ehemaligem Freiburger Assistenten und heutigem stellvertretenden Direktor der Freiburger Universitätsbibliothek Albert Raffelt wurde sie in elektronischer Form im Jahr 1999 publiziert und kann im Internet über den »Freiburger Dokumentenserver« unter der Adresse

http://www.freidok.uni-freiburg.de/volltexte/7 gelesen und herunter-geladen werden. Für die elektronische Veröffentlichung wurde die Arbeit gründlich durchgesehen und im Blick auf Schreibfehler und Versehen korrigiert.

16 Karl Lehmann, Auferweckt am dritten Tag nach der Schrift. Früheste Christologie, Bekenntnisbildung und Schriftauslegung im Lichte von 1 Kor. 15,3, Freiburg i.Br. 1968 (QD 38).

17 Zur Geschichte des Kollegs vgl. die Sondernummer des *Korrespondenzblatts* aus Anlaß des 400. Gründungstages des Kollegs im Jahr 1952 und Heft 1 im 80. Jahrgang des *Korrespondenzblatts*, das 1973 zum 400. Jahrestag der Wiedergründung des Kollegs im Jahr 1573 erschien.

18 Siehe Ignatius von Loyola, Briefe und Unterweisungen, übersetzt von Peter Knauer, Würzburg 1993, 541–544 (Deutsche Werkausgabe 1).

19 Karl Lehmann, Vom Sinn und Nutzen des Studiums in Rom, in KB 111, 2002, 106–116, hier 111.

20 »… und im Germanikum gab es schon immer eine streitbare Gruppe von ›Supernaturalisten‹, welche die Position de Lubacs (allerdings in stark vergröberter Fassung) vertraten und den Begriff einer ›natura pura‹ ablehnten. Ihr unbestrittener Wortführer war Hans Küng, der in jenen Jahren eine erste Fassung seines Barthbuches als theologische Lizenzarbeit schrieb.« So beschreibt Peter Henrici, zweimal Philosophie-Repetitor im Germanikum, die Atmosphäre in der ersten Hälfte der fünfziger Jahre. Dann fährt der Jesuit fort: »Ein späteres, diskutableres Werk Küngs, *Unfehlbar?* spiegelt wohl ebenfalls seine römische Studienerfahrung wider: nicht nur die einer stark simplifizierten Erkenntnistheorie, sondern vor allem, daß sich der römische Theologieunterricht damals weitgehend auf das ›ordentliche Lehramt‹ des Papstes abstützte, das mit immer neuen Schreiben und Ansprachen Jahr für Jahr anschwoll.« Peter Henrici, Das Heranreifen des Konzils. Erlebte Vorkonzilstheologie, in: IkaZ 19, 1990, 482–496, hier 494.

21 Über Lotz vgl. O. Muck, in: Emerich Coreth, Christliche Philosophie 2, Stuttgart 1996, 594–600.

22 Vgl. den Nachruf von Robert Leiber, in: KB 69, 1962, 63–67.

23 KB 66, 1959, 38–40.

24 Geboren 1910, gestorben 1992. 1945 Vizerektor des Berchmanskollegs in Pullach, von 1946 bis 1948 Seelsorger in deutschen Kriegsgefangenenlagern in Frankreich, 1949–1952 Spiritual am Priesterseminar in Freising, seit 1953 Rektor des Germanikums. Roman Bleistein, Alfred Delp. Geschichte eines Zeugen, Frankfurt 1989, 243 Anm. 15.

25 KB 66, 1959, 2–5.

26 StZ Bd. 155, 1954/55, 321–329.

27 Vgl. Roman Bleistein, Alfred Delp, in: Zeitgeschichte in Lebensbildern 6, 1984, 50–63, und Ders., Delp. Geschichte (Anm. 24).

28  Antonia Leugers, Gegen eine Mauer bischöflichen Schweigens. Der Ausschuß für Ordensangelegenheiten und seine Widerstandskonzeption 1941 bis 1945, Frankfurt a. M. 1996, 300.

29  Bleistein, Delp (Anm. 24), 59.

30  Viele Germaniker haben offenbar im Lauf der Jahrhunderte unter einer solchen Karikatur eines »jesuitischen« Führungsstils gelitten. In den dreißiger Jahren schreibt ein junger Germaniker aus Würzburg namens Julius Döpfner an seinen Schulfreund Georg Angermaier, es sei problematisch, daß im Germanikum »das bedingungs- und kritiklose Beugen als Ideal hingestellt wird, während hinter dem Begriff ›kraftvolle, einmalige Einzelpersönlichkeit‹ das Drohgespenst der Ichsucht und des Subjektivismus gemalt wird. Solche Marionettentypen sind am Platz in der Kirche, die nach bekanntem Muster hauptsächlich Rechts- und Organisationsgemeinschaft ist. Die lebendige Idee des Corpus Christi Mysticum verträgt diese Schematisierung auf keine Weise.« Zitiert nach Antonia Leugers, Julius Döpfner. Briefe an Georg Angermeier 1932 bis 1944, in: WDGBl 58, 1996, Ergänzungsband, 24 f.

31  Siehe auch den anonymen Dank an P. Spiritual Wilhelm Klein SJ, in: KB 68, 1961, 71–74.

32  Lehmann, Sinn und Nutzen (Anm. 19), 115.

33  Lehmann, Zeit (Anm. 8), 28.

34  Besuch des deutschen Bundespräsidenten, in: KB 64, 1957, 133–137.

35  KB 65, 1958, 23

36  Ebd. 103.

37  Ebd. 115–127.

38  Lehmann, Sinn und Nutzen (Anm. 19).

39  Lehmann, Heidegger (Anm. 14), V.

40  Leiber, Naber (Anm. 22), 64.

41  Ebd.; Leiber bezieht sich auf Nabers Aufsatz »De existentialismo M. Heidegger, eiusque nota ›transcendentali‹ observationes quaedam« (Greg. 25, 1944, 335–356).

42  Rom 1958.

43  Über Henricis theologische Prägung siehe den in Anm. 20 zitierten autobiographischen Beitrag.

44  Pullach bei München 1958 (PPhF 3).

45  Lehmann skizziert die Bandbreite der Zugänge und Urteile in der Einleitung seiner Dissertation (Anm. 15), 2–25. Siehe auch die Zusammenfassung der Arbeit in KB 70, 1963, 61.

46  Martin Heidegger, Der Feldweg (1949), in: Aus der Erfahrung des Denkens 1910–1976, Frankfurt a. M. 1983 (GA, I. Abteilung, 13), 87–90.

47  Lehmann, Heidegger (Anm. 14), VII.

48  Der Schilderung der folgenden Ereignisse liegt der Bericht Wolfgang Beinerts, Der Tod des Papstes, in: KB 65, 1958, 78–89 zugrunde.

49 Wolfgang Beinert (Ein Konzil in unserer Zeit – Ein Konzil für unsere Zeit?, in: Ders. u. a. (Hg.), Unterwegs zum Glauben. Festschrift für Lothar Ullrich zum 65. Geburtstag, Leipzig 1997, 102–129) merkt zu der Diözesansynode an: »Vorhaben Nummer zwei, die Diözesansynode, fand 1960 statt; sie währte ganze acht Tage, vom 24. bis 31. Januar, und produzierte Beschlüsse von atemberaubender Kleinkariertheit – Priestern etwa wurde verboten, in Badeanstalten in Ostia zu baden und mit einer Frau alleine im Auto zu fahren.« (109). Karl Rahner hat gleichfalls kein Blatt vor den Mund genommen: »Aber die göttliche Vorsehung oder, Sie können auch sagen, der geschichtliche Zufall hat diesen Papst aus Gründen, die mir völlig unbekannt sind, dazu gebracht, in einer mutigen Harmlosigkeit, könnte man beinahe sagen, auf die Idee zu kommen, ein Konzil einzuberufen. Wie das Konzil verlaufen sollte, darüber, meine ich, hat Johannes XXIII. außer einigen ganz allgemeinen Ideen keine Ahnung gehabt, Er hat ja kurz vorher eine römische Lokalsynode gehalten und approbiert von der reaktionärsten, altmodischsten Weise.« Karl Rahner, Erinnerungen. Im Gespräch mit Meinold Krauss, Innsbruck 2001, 86.
50 So Henrici, Vorkonzilstheologie (Anm. 20), 496.
51 Eine detaillierte Chronik des Zweiten Vatikanischen Konzils einschließlich der Vorbereitungen und der anschließenden Arbeit von Oktober 1957 bis Dezember 1967 bietet Giovanni Caprile SJ in LThK² 13, 624–664. Aus der umfangreichen Literatur über das Konzil sei nur empfohlen: Otto Hermann Pesch, Das Zweite Vatikanische Konzil. Vorgeschichte – Verlauf – Ergebnisse, Würzburg 1993. Die große, fünfbändige Geschichte des Zweiten Vatikanischen Konzils (1959 bis 1965), hg. v. Giuseppe Alberigo, dt. Mainz 1997f., bleibt mitunter hinter den historischen und systematischen Einzelforschungen zurück.
52 Beinert, Ein Konzil (Anm. 49), 109.
53 Nach Beinert, ebd., betrug die Rücklaufquote 76,4 Prozent (2150 Antworten). Vgl. Acta et documenta Concilio Oecumenico Vaticano II apparando. Series I (Antepraeparatoria), Romae, Vol II: Consilia et vota episcoporum ac praelatorum, Pars I–VIII, 1960f.; Vol. III: Proposita et monita Sacrarum Congregationum Curiae Romanae, 1960; Vol IV: Studia et vota Universitatum et Facultatum Ecclesiasticarum et Catholicarum, Pars I–II, 1960f.; Näheres zu der Umfrage bei Victor Conzemius, Die Modernisierungsproblematik in den Voten europäischer Episkopate, in: Franz-Xaver Kaufmann, Anton Zingerle (Hgg.), Vatikanum II und Modernisierung, Paderborn 1996, 107–129 (Lit.).
54 KB 66, 1959, 106.
55 Georg Schwaiger, Papsttum und Päpste im 20. Jahrhundert: von Leo XIII. zu Johannes Paul II., München 1999, 314.
56 Vgl. Karl Rahner, Theologisches zum Monogenismus, in: Schriften zur Theologie I, Einsiedeln 1954, 253–322.

57 Zitiert nach Barbara Nichtweiß, Karl Kardinal Lehmann 2001, Mainz 2001, 138.
58 Papst Johannes XXIII. hatte Döpfner und König im Dezember 1958 gleichzeitig in den Kardinalsstand erhoben. Der Bericht über die Feierlichkeiten in Rom und im Germanikum aus diesem Anlaß füllen in KB 65, 1958 die Seiten 91–98. Döpfner ermahnte die Alumnen des Germanikums bei seinem Abschied vielsagend, sie sollten sich mit dem Rot begnügen, das sie nun einmal hätten. Von denen, die ihm im Dezember 1958 zuhörten, kam nur einer zu einem anderen, dem Kardinalsrot: Karl Lehmann.
59 Zitiert nach Klaus Wittstadt, Julius Kardinal Döpfner. Anwalt Gottes und der Menschen, München 2001, 183.
60 Kardinal Franz König, Der Konzilstheologe, in: Paul Imhof, Hubert Biallowons (Hgg.), Karl Rahner – Bilder eines Lebens, Zürich, Freiburg i.Br. 1985, 60–64, hier 62. Ob Rahner aus Anlaß des Konzils zum ersten Mal in Rom war, steht ungeachtet der Angaben Kardinal Königs dahin.
61 Ebd.
62 Rahner war bei weitem nicht der einzige Theologe, der in den Jahren unmittelbar vor dem Konzil angegriffen wurde. Peter Henrici, Vorkonzilstheologie (Anm. 20), 495 etwa berichtet, daß im Herbst 1960 zwei Professoren des Päpstlichen Bibelinstituts, Maxilimian Zerwick (später der Zweitgutachter der theologischen Doktorarbeit Lehmanns) und Stanislas Lyonnet die Lehrerlaubnis vorübergehend entzogen wurde – »was P. Lyonnet die Möglichkeit gab, umso intensiver als Berater von Bischöfen und Konzilstheologen tätig zu werden und damit nicht wenig zum Werden der Konstitution Dei Verbum beizutragen«.
63 »In der Theologischen Kommission saßen sich die Mitglieder an einem langen Tisch gegenüber, mitten im großen Saal der Kongregationen: die ›Experten‹ hingegen saßen an einer Wandseite hinter einem anderen langen Tisch. Wenn ich mich recht erinnere, gab es drei Mikrophone auf beiden Tischen; eines hatte Msgr. G. Philipps mit Beschlag belegt: Er brauchte es. Die beiden anderen standen den etwa zehn Experten zur Verfügung, die sich auf der Seite befanden: Sie sollten einander die Mikrophone weitergeben, wenn sie sprechen wollten (und wenn der Präsident, Kardinal Ottaviani, ihnen das Wort erteilte). Rahner jedoch schien eines dieser Mikrophone gemietet zu haben – aus gutem Grund. Öfter als andere griff er in die Debatte ein und keineswegs deshalb, um dann etwa nichts zu sagen. Aber vielleicht ist das schon ein wenig zu indiskret. Wenn Rahner sprach, war er mit Leib und Seele dabei.« Yves Congar, Erinnerungen an Karl Rahner auf dem Zweiten Vatikanum, in: Rahner, Bilder (Anm. 60), 65–69, hier 65.
64 Ebd. 58.
65 Über diesen flämischen Dominikaner s. Robert J. Schreiter, Edward

Schillebeeckx, in: David Ford (Hg.), Theologen der Gegenwart, Paderborn 1993, 143–153, und Edward Schillebeeckx, Gott ist jeden Tag neu. Ein Gespräch, Mainz 1984.

66 Lehmann, Erfahrungen (Anm. 9), 115.

67 Das Vorhaben einer Promotion in Philosophie bei Martin Heidegger hatte Rahner verworfen, weil ihm nach dem Rektorat Heideggers die weltanschauliche Nähe des Denkers zu den Nationalsozialisten nicht geheuer war. (Vgl. Rahner, Erinnerungen [Anm. 49], 40.) Der Doktorvater Heideggers, Martin Honecker, nahm Rahners Entwurf »Geist in Welt« nicht an. Karl Lehmann kommentierte diesen Vorgang 1994 mit den Worten: »Es klingt heute wie ein Treppenwitz der neueren Philosophie-Geschichte, 1936 war es jedoch bittere Wahrheit, daß der damalige Inhaber des Freiburger Konkordats-Lehrstuhls für Philosophie, Martin Honecker, diese Arbeit nicht zuletzt wegen ihres überwiegend systematischen, zu wenig historischen Charakters der Thomas-Interpretation und möglicherweise auch wegen der Nähe zu Heideggers Denken nicht als Dissertation angenommen hat. Karl Rahner interessierte sich in der Tat weniger für die einzelnen Verästelungen des thomanischen Denkens in historischer Absicht, sondern überließ sich ganz dem Gewicht und der Dynamik der Grundgedanken des Thomas, die er frisch und relativ unbekümmert weiterentwickelte.« Karl Rahners Vermächtnis für die Kirche. Gedenkstunde zum 90. Geburtstag Karl Rahners SJ am 4. März 1994 im Erbacher Hof in Mainz, MS, 3. Die Neuedition von Rahners »Promotionsversuch« findet sich nun in Band 2 der »Sämtlichen Werke« (Freiburg 1996). In der Einleitung hat Albert Raffelt die Vorgänge um die gescheiterte Promotion akribisch dokumentiert.

68 Vgl. zum Folgenden ausführlich Günter Wassilowsky, Einblick in die »Textwerkstatt« einer Gruppe deutscher Theologen auf dem II. Vatikanum, in: Hubert Wolf, Claus Arnold, Die deutschsprachigen Länder und das II. Vatikanum, Paderborn 2000, 61–87 und ausführlich Ders., Universales Heilssakrament Kirche. Karl Rahners Beitrag zur Ekklesiologie des II. Vatikanums, Innsbruck 2001 (ITS 59).

69 Zitiert nach Wassilowsky, Textwerkstatt (Anm. 68), 65, Anm. 12.

70 Karl Lehmann, Karl Rahner. Ein Porträt, in: K. Lehmann, A. Raffelt (Hgg.), Rechenschaft des Glaubens. Freiburg 1979, 13*–53*, hier 19*.

71 Wassilowsky, Textwerkstatt (Anm. 68), 68.

72 Ebd.

73 Norbert Lohfink, Das Hauptgebot: Eine Untersuchung literarischer Einleitungsfragen zu Dtn 5–11, Rom 1963 (AnBib 20).

74 Lehmann, Sinn und Nutzen (Anm. 19), 116.

75 Ebd.

76 Lehmann, Zeit (Anm. 8), 85.

77 Nichtweiß, Kardinal (Anm. 57), 137.

78 Text nach KB 70, 1963, 76.
79 Vgl. Guy Ferrari, Die frühe Geschichte von San Saba, in: KB 66, 1959, 7–17 und die Ansprache Kardinal Beas anläßlich der Inbesitznahme seiner Titelkirche in KB 67, 1960, 9–10.
80 Ich danke Herrn Günter Wassilowsky, Mainz, für die Überlassung einer Kopie der entsprechenden Einträge Semmelroths.
81 Lehmann beschreibt den Neuaufbau der Bibliothek ausführlich unter dem Titel »Ein neuer Abschnitt im Aufbau unserer Bibliothek«, in: KB 71, 1964, 16–31.
82 Ebd. 19–21.
83 Ebd. 24–25.
84 Karl Lehmann, Ein Büchergeschenk aus der Bibliothek Pius’ XII. für unser Kolleg, in: KB 69, 1962, 162–164, hier 163.
85 Vgl. Pierre Blet SJ, Papst Pius XII. und der Zweite Weltkrieg. Aus den Akten des Vatikans, Paderborn 2000.
86 Freundliche Mitteilung von Weihbischof Henrici, Zürich.
87 Leiber stand über das Generalat der Jesuiten in Rom in Kontakt mit Pater Rösch SJ. Dieser wiederum hatte Verbindungen zum Kreisauer Kreis und der Widerstandsgruppe um Stauffenberg. Vgl. Leugers, Mauer (Anm. 28), 139.
88 KB 69, 1962, 163.
89 Leugers, Mauer (Anm. 28).
90 Lehmann, Büchergeschenk (Anm. 84), 163.
91 Ebd. 163f.
92 Karl Lehmann, »Bibliotheca Landgrafiana«, in: KB 71, 1964, 9–15.

## Kapitel 3

1 Zu Leben und Werk Guardinis vgl. Arno Schilson, Romano Guardini, in: Michael Kappes (Hg.), Theologische Profile im 20. Jahrhundert, Kevelaer 2001, 131–214.
2 Karl Rahner, Erinnerungen, Innsbruck 2001, 72.
3 So die Paraphrase der Rahnerschen Bitte von Oskar Saier, Grußwort, in: Albert Raffelt (Hg.), Weg und Weite. Festschrift für Karl Lehmann, Freiburg i.Br. 2001, XXIX.
4 Ebd. XXX.
5 Ebd.
6 Siehe LThK² 12, 137–347. Dort auch der Kommentar Rahners zu den Artikeln 18–27, die im wesentlichen vom Bischofsamt handeln. Über den Beitrag des Jesuiten zur Ekklesiologie des Zweiten Vatikanums siehe jetzt Günther Wassilowsky, Universales Heilssakrament Kirche, Innsbruck, Wien 2001.
7 LThK² 14, 9–125.

8 Rahner steuert hauptsächlich die Abschnitte 19 bis 21 über Atheismus und die Kirche bei.

9 Vgl. Ratzingers Kommentar zu Kapitel 1 von GS in LThK² 14, 316–354.

10 Karl Rahner, Bekenntnisse. Rückblick auf 80 Jahre, hg. v. Georg Sporschill SJ, München 1984, 38.

11 Zusammen mit Heinrich Schlier.

12 Freiburg i.Br. 1961 (zusammen mit Herbert Vorgrimler).

13 Franz-Xaver Arnold, Karl Rahner, Viktor Schurr, Leonhard M. Weber, Handbuch der Pastoraltheologie, 4 Bände, Freiburg i. Br. 1964–1968. Ein dazugehöriges Lexikon erschien 1972 als V. Band.

14 Rahner hatte den Plan dieses größeren Handbuchs der katholischen Dogmatik schon 1939 zusammen mit Hans Urs von Balthasar gefaßt. Vgl. Karl Rahner, Sämtliche Werke 4, Freiburg, Solothurn 1997, XXII bis XXIV sowie 404–448 und Karl-Heinz Neufeld, Die Brüder Rahner, Freiburg i. Br. 1994, 178–186.

15 Freiburg i.Br. 1967–1969, 4 Bände. Übersetzung in zahlreiche Sprachen. Später auch erschienen als »Herders Theologisches Lexikon«.

16 Die Kirche und die Herrschaft der Ideologien, in: HPTh II/2, Freiburg i. Br. 1966, 115–179.

17 HPTh III, Freiburg i.Br. 1968, 636–670.

18 Karl Lehmann, Pastoraltheologische Maximen christlicher Verkündigung an den Ungläubigen von heute, in: ConcD 3, 1967, 208–217, hier 216.

19 Karl Rahner an J. Ziegler, Dekan der Katholisch-Theologischen Fakultät Mainz,4. Juli 1968.

20 In: MySal I, Einsiedeln 1965, 622–707.

21 Ebd. 727–787.

22 »Ich muß erklären, daß diese Arbeit von Lehmann selbständig und allein (wenn natürlich auch unter Verwendung meiner gedruckten Beiträge zu den systematischen Abschnitten dieser Themen) verfaßt worden ist; ich wollte, daß Lehmann diese Abschnitte unter seinem Namen allein veröffentliche, und habe meinen Namen nur auf heftiges Drängen der Herausgeber und des Verlages und auch auf Bitten von Lehmann selbst hin in die Angabe der Autoren zugelassen.«

23 Karl Lehmann, Meine Erfahrungen mit dem Konzil, in: Gerhard Eberts (Hg.), Das Zweite Vatikanische Konzil und was daraus wurde, Aschaffenburg 1985, 114.

24 Vgl. die von Franz Henrich im Auftrag des Sachverständigengremiums für den Literarischen Nachlaß Romano Guardinis bei der Katholischen Akademie in Bayern herausgegebenen »Werke« (Mainz-Paderborn 1992ff.) und Hanna-Barbara Gerl-Falkovitz, Romano Guardini 1885–1968, Mainz, Paderborn 1985.

25 Jörg Splett, Auf dem Lehrstuhl Romano Guardinis, in: Paul Imhof,

Hubert Biallowons (Hgg.), Karl Rahner – Bilder eines Lebens, Zürich, Freiburg i. Br. 1985, 72–73.

26 Heinrich Fries, Professor in München, in: ebd. 70.

27 Vgl. Albert Raffelt, »Grundkurs des Glaubens« – ein einzigartiges Rahner-Werk, in: ebd., 89–90.

28 Die Promotion erscheint 1973 in München.

29 Fries hatte sich in seiner Habilitationsschrift »Die katholische Religionsphilosophie der Gegenwart« (Heidelberg 1949) mit Rahners »Hörer des Wortes« beschäftigt. Vgl. Karl Rahner, SW 2 Freiurg i. Br., Solothurn 1996), 3.

30 Näheres dazu in Karl Lehmann, Auferweckt am dritten Tag nach der Schrift. Früheste Christologie, Bekenntnisbildung und Schriftauslegung im Lichte von 1 Kor. 15,3–5, Freiburg i. Br. 1968 (QD 38), 262 ff.

31 Die Mitschrift dieser Darstellung Lehmanns verdanke ich Frau Barbara Nichtweiß.

32 Über die Bedeutung des für die »Vorkonzilszeit« neuen Kirchenverständnisses von »Mystici corporis« siehe Näheres bei Peter Henrici, Das Heranreifen des Konzils. Erlebte Vorkonzilstheologie, in: IkaZ 19, 1990, 482–496.

33 So die Definition von Henrici, ebd. 483.

34 Greg. 43, 1962, 5–11. Bei dem Text handelt es sich um die Vorlesung zur Eröffnung des akademischen Jahres 1961/1962 am 25. November 1961 der »Gregoriana«.

35 Karl Rahner an J. Ziegler, 4. Juli 1968.

36 Die Lexikonartikel Rahners werden in den »Sämtlichen Werken« von Herbert Vorgrimler in einem eigenen Band ediert.

37 Heute »Denzinger-Hünermann«, Freiburg i.Br. 1997 (CD-Rom).

38 LThK² 14, 442.

39 Gaudium et Spes 51, ebd.

40 Paulus VI., Litterae Encyclicae de propagatione humanae prolis rexte ordinanda/Papst Paul VI., Enzyklika über die rechte Ordnung der Weitergabe menschlichen Lebens, Nr. 14, Nachkonziliare Dokumentation 14, Trier 1968. Die »Verlautbarung der Deutschen Bischofskonferenz zur Diskussion um die Enzyklika *Humanae vitae*« und das »Wort der deutschen Bischöfe zur seelsorglichen Lage nach dem Erscheinen der Enzyklika *Humanae vitae*« – die »Königsteiner Erklärung« – sind gemeinsam zugänglich in: Dokumente der Deutschen Bischofskonferenz, Band 1, 1965–1968, Bonn 1998, 463–471.

41 So Lehmann in seinem Eröffnungsreferat der Herbst-Vollversammlung der Deutschen Bischofskonferenz über »Verantwortete Elternschaft zwischen Gewissenskonflikt, pastoraler Verantwortung und lehramtlichen Aussagen« am 20. September 1993 in Fulda. Als »Pressemitteilung der Deutschen Bischofskonferenz« dort verteilt. Zitat S. 2.

42 Zitiert nach ebd.
43 Vgl Karl Lehmann, Zum Verhältnis zwischen kirchlichem Amt und Theologie. In: M. Seckler u.a. (Hgg.), Begegnung. Beiträge zu einer Hermeneutik des theologischen Gesprächs. Festschrift H. Fries. Graz, Wien, Köln 1972, 415–430, hier 418, Anm. 8.
44 Die Ansprache Pauls VI. ist der deutschen Ausgabe von *Humanae vitae* beigegeben. Nachkonziliare Dokumentation (Anm. 40), 58 ff.
45 Vgl. Lumen Gentium 25 (LThK² 12, 235–243) und Dignitatis Humanae 14 (LThK² 13, 743–745).
46 Das Schreiben ist zugänglich in: Dokumente der Deutschen Bischofskonferenz, Band 1, 1965–1968, Bonn 1998, 325–350.
47 Nr. 19, ebd. 333.
48 Ebd.
49 Wort der deutschen Bischöfe (Anm. 40), 469.
50 Ebd.
51 Ebd. 469 f.
52 Die »Berliner Ordinarienkonferenz« veranlaßte der Berliner Kardinal Bengsch als Reaktion auf die »Königsteiner Erklärung« zu einem eigenen »Pastoralschreiben«, genannt »Hinweise zur pastoralen Besinnung nach der Enzyklika *Humanae vitae*« (9. September 1968). Veröffentlicht in: Dokumente (Anm. 40), 472–482. Freilich haben sich andere Bischofskonferenzen ähnlich wie die westdeutschen Bischöfe zu *Humanae vitae* geäußert. Vgl. Leonhard Weber, Exkurs über *Humanae vitae*, in LThK² 14, 607–609. Weitere Literatur bei Lehmann, Elternschaft (Anm. 41).

**Kapitel 4**

1 Unveröffentlicht.
2 Karl Rahner an Rudolf Henning, 6. April 1968.
3 Karl Rahner an J. Ziegler, 4. Juli 1968.
4 So das anfängliche Urteil über Lehmann im Seminar und an der Fakultät nach Gerhard Ludwig Müller, Heute Dogmatik lehren, in: Karl Hillenbrand, Barbara Nichtweiß (Hgg.), Aus der Hitze des Tages. Kirchliches Leben in Momentaufnahmen und Langzeitperspektiven. Für Bischof Karl Lehmann in dankbarer Verbundenheit zur Vollendung des 60. Lebensjahres am 16. Mai 1996, Würzburg 1996, 15–24, hier 15 f.
5 Ein facettenreiches Lebensbild des 1983 verstorbenen Mainzer Kardinals bietet die Broschüre: Hermann Kardinal Volk. Die Feier zum 75. Geburtstag, hg. von der Abteilung Öffentlichkeitsarbeit im Bischöflichen Ordinariat Mainz, 1979.
6 Karl Rahner, Erinnerungen, Innsbruck 2001, 85.

7 Rahner an Ziegler (Anm. 3).

8 Lehmann hatte schon 1963 eine »umfangreiche Untersuchung zur Fundamentalontologie Martin Heideggers« angekündigt. Die Drucklegung des größten Teils der Untersuchung, die im Jahre 1962 als Diss. phil. der Päpstlichen Universität Gregoriana in Rom vorlag, werde vorbereitet. So Anmerkung 148 von: Metaphysik, Transzendentalphilosophie und Phänomenologie in den ersten Schriften Martin Heideggers (1912–1916) in: PhJ71, 1964, 331–357. Drei Jahre später heißt es dann:»Meine eigenen ... umfangreichen Studien zur Fundamentalontologie Heideggers konnten leider wegen anderweitiger Beanspruchungen nicht gedruckt werden.« Karl Lehmann, Christliche Geschichtserfahrung und ontologische Frage beim jungen Heidegger, in: PhJ 74, 1966, 126–153, 127, Anm. 5.

9 Ihr sollt meine Zeugen sein. Vom Sinn und Auftrag des Christseins, Hirtenwort des Bischofs von Mainz Dr. Dr. Karl Lehmann zur Österlichen Bußzeit 1996, 7.

10 Zur Geschichte der Katholisch-Theologischen Fakultät Freiburg vgl. Wilhelm Burger, Das Erzbistum Freiburg in Vergangenheit und Gegenwart, Freiburg 1927, 126–128 sowie Bernhard Welte, 150 Jahre Theologische Fakultät Freiburg als Exempelfall theologischer Entwicklung, in: Ders., Zwischen Zeit und Ewigkeit, Abhandlungen und Versuche, Freiburg 1982, 135–157.

11 So die Selbstbezeichnung Vorgrimlers als Verfasser eines Beitrags über Karl Rahner, in: Michael Kappes (Hg.), Theologische Profile im 20. Jahrhundert, Kevelaer 2001, 215–284. Lehmann wird in diesem Beitrag nicht erwähnt.

12 »1971 bat Professor Lehmann um ein Gespräch«, erinnert sich Bernhard Vogel, der Kultusminister. »Es falle ihm schwer, denn er fühle sich wohl in Mainz. Sein Plan sei gewesen, lange hier zu bleiben und jeden Ruf an eine andere Universität abzulehnen. Aber nun wolle man ihn in Freiburg haben. Freiburg sei sein Heimatbistum, diesem und der dortigen Universität, an der er 1956 sein Studium begonnen habe, sei er besonders verpflichtet. Normalerweise widerspricht ein Kultusminister in solchen Fällen (...) Aber in diesem Fall war mir nach wenigen Minuten klar, daß er nicht aufzuhalten war.« Albert Raffelt (Hg.), Weg und Weite. Festschrift für Karl Lehmann, Freiburg i.Br. 2001, XX.

13 Marie-Luise Kaschnitz hat dem Ort Bollschweil, in dem sie ihre Kindheit verbrachte, in der »Beschreibung eines Dorfes« (Frankfurt 1967) ein literarisches Denkmal gesetzt.

14 Zitiert nach Leo Scheffczyk, Nachkonziliare Irritationen und die Irritierten, in: Gerhard Eberts (Hg.), Das Zweite Vatikanische Konzil und was daraus wurde, Aschaffenburg 1985, 118–121, hier 119.

15 Näheres bei Heinz Hürten, Deutscher Katholizismus unter Pius XII.: Stagnation oder Erneuerung?, in: Franz-Xaver Kaufmann, Anton Zin-

gerle (Hgg.), Vatikanum II und Modernisierung, Paderborn 1996, 53–65 (Lit.).

16 Im Abstand von 25 Jahren wird Karl Lehmann, Bischof von Mainz, in einem Vortrag zum Konzilsjubiläum dieses »geistliche Ereignis der Kirche im 20. Jahrhundert« wägen. Evangelium und Dialog, in: Her-Korr 45, 1991, 84–90.

17 Näheres bei Karl Gabriel, Katholizismus und katholisches Milieu in den fünfziger Jahren der Bundesrepublik: Restauration, Modernisierung und beginnende Auflösung, in: Kaufmann, Zingerle, Vatikanum (Anm. 15), 67–83 (Lit.).

18 Vgl. Thomas Großmann, Zwischen Kirche und Gesellschaft. Das »Zentralkomitee der deutschen Katholiken« 1945–1970, Mainz 1991 (Lit.); Heinz Hürten, Spiegel der Kirche – Spiegel der Gesellschaft? Katholikentage im Wandel der Zeit, Paderborn 1998 (Lit.).

19 Siehe s.v. Bischofskonferenz, in: Lexikon für Kirchen- und Staatskirchenrecht, Band 1, Paderborn ²2000, 275–279. Eine Geschichte der Deutschen Bischofskonferenz gibt es bislang nicht.

20 Karl Lehmann, Synode '72. Die Öffentlichkeit hat jetzt das Wort. Kommentar zur Thematik und zum Statut der gemeinsamen Synode, in: Publik 36 vom 5. September 1969, 23–25.

21 So die Aufgabe der Synode nach Artikel 1 des Statuts, OG I, 856.

22 Karl Lehmann, der zweite Nachfolger Döpfners im Amt des Vorsitzenden, sollte den wenige Monate nach dem Abschluß der Synode jäh verstorbenen Kardinal im Abstand von 25 Jahren mit den Worten würdigen: »Julius Döpfner ist eine der großen Bischofsgestalten des 20. Jahrhunderts: entschlossen, aber nicht verengt; leutselig, aber kein Populist; offen und flexibel, aber nicht anbiedernd; geschwisterlich, aber durchaus seiner Autorität bewußt; kollegial, aber auch unbestechlich in seiner eigenen Verantwortung; radikal ehrlich, aber nicht indiskret; dem Papst und Rom eng verbunden, aber nicht ultramontan.« Geleitwort zu: Karl Hillenbrand, Priester aus Passion. Die Entwicklung des Priesterbildes bei Julius Döpfner, Würzburg 2001, 4.

23 Die erste Ausgabe von *Publik* war im September 1968 erschienen, kurz nach dem Essener Katholikentag. Publizistisch war sie die ambitionierteste Wochenzeitschrift auf dem Markt, wirtschaftlich nicht lebensfähig und trotzdem eine Bedrohung des traditionsreichen *Rheinischen Merkur*. Nach drei Jahren wurde das mit Kirchensteuern finanzierte Blatt auf Beschluß der Deutschen Bischofskonferenz wegen wirtschaftlicher Erfolglosigkeit eingestellt. Lehmann hielt in diesen Jahren enge Verbindung mit dem Limburger Weihbischof Kampe, dem Leiter des »theologischen Beirats« von *Publik*. Diesem Kreis gehörten namhafte Theologen an: Rudolf Schnackenburg, der Neutestamentler, Alois Grillmeier, der Dogmengeschichtler, Otto Semmelroth, der Dogmatiker, auch Erwin Iserloh, der streitbare Kirchengeschicht-

ler. Stellvertreter Kampes und damit geschäftsführender Vorsitzender des Beirats war der junge Mainzer Professor der Dogmatik Karl Lehmann. Als die Einstellung drohte, wurden Lehmann und Alois Schardt, der Chefredakteur von *Publik*, nach Königstein bestellt. Sie sollen sich den Ordinarien, dem »Ständigen Rat« der Deutschen Bischofskonferenz, zur Verfügung halten. Die Beratungen beginnen. Es dauert nicht lange, und Weihbischof Kampe verläßt den Sitzungssaal und teilt den beiden Gästen mit, es sei nichts mehr zu retten. Am 19. November 1971 erscheint die letzte Ausgabe von *Publik*: Die Schlagzeile lautet: »*Publik* ist tot«.

24 Lehmann, Einleitung, OG I, 155.

25 Ebd. 162.

26 Ebd. 163.

27 Tagesprotokoll. Gemeinsame Synode der Bistümer in der Bundesrepublik Deutschland, 3. Vollversammlung, 3.–7.1.1973. Hg. Der Sekretär der Gemeinsamen Synode der Bistümer in der Bundesrepublik Deutschland, Prälat Dr. Josef Homeyer. »Zentralkomitee der deutschen Katholiken«, Bonn. Archiv, 11. Alle weiteren Zitate auf dieser und den folgenden Seiten.

28 OG I, 177f.

29 Raffelt, Weg und Weite (Anm. 12), XXVI.

30 Barbara Nichtweiß, Karl Kardinal Lehmann 2001, Mainz 2001, 148.

31 Dienste und Ämter 7 (OG I, 634)

32 Vgl. Karl Lehmann, Kommentar zum Verständnis der römischen Erklärung über die Zulassung der Frauen zum Priesteramt, in: Erklärung der Kongregation für die Glaubenslehre zur Frage der Zulassung der Frauen zum Priesteramt, hg. vom Sekretariat der Deutschen Bischofskonferenz, Bonn 1977 (Verlautbarungen des Apostolischen Stuhls 3), 53–60; Ders., »In allem wie das Auge der Kirche«. 25 Jahre Ständiger Diakonat in Deutschland – Versuch einer Zwischenbilanz, in: LZ 48, 1993, 175–191.

33 Eine überarbeitete Fassung findet sich in Karl Lehmann, Glauben bezeugen – Gesellschaft gestalten, Freiburg i.Br. 1993, 52–62.

34 Dorothea Reininger, Diakonat der Frau in der einen Kirche. Diskussionen, Entscheidungen und pastoral-praktische Erfahrungen in der christlichen Ökumene und ihr Beitrag zur römisch-katholischen Diskussion. Mit einem Geleitwort von Bischof Karl Lehmann, Ostfildern 1999.

35 Geboren 1923, Promotion bei Friedrich Stegmüller zum Dr. theol. 1956, Privatdozent 1963, Berufung auf den zweiten Dogmatik-Lehrstuhl neben seinem Lehrer Stegmüller 1964, Emeritierung 1988.

36 Karl Lehmann, Vom Sinn und Nutzen des Studiums in Rom, in: KB 101, 2002, 106–116, hier 109.

37 Rahner, Karl, in: LThK³ 8, 805–808, hier 806.

38 Zitiert nach Oskar Saier, Grußwort, in: Raffelt, Weg und Weite (Anm. 12), XXX..

39 Freiburg i.Br., o.J. Daraus auch die folgenden Zitate.

40 Karl Rahner, Bekenntnisse. Rückblick auf 80 Jahre, hg. v. Georg Sporschill SJ, München 1984, 38.

41 Thomas Krenski, Aus Opportunismus auf beiden Schultern getragen? Karl Lehmann im Gespräch mit Karl Rahner und Hans Urs von Balthasar, in: Raffelt, Weg und Weite (Anm. 12), 387–401, hier 400.

42 Karl Lehmann, Vor dem Geheimnis Gottes den Menschen verstehen. Karl Rahner zum 80. Geburtstag, München, Zürich 1984, Einführung, 6.

43 Lehmann, Es ist Zeit, an Gott zu denken. Ein Gespräch mit Jürgen Hoeren, Freiburg i.Br. 2001, 166.

44 Karl Lehmann, Auferweckt am dritten Tag nach der Schrift. Früheste Christologie, Bekenntnisbildung und Schriftauslegung im Lichte von 1 Kor. 15, 3–5, Freiburg i.Br. 1968 (QD 38), 15.

45 EvTh 30, 1970, 469–487. In demselben Heft finden sich auch die Antrittsvorlesungen zweier weiterer Mainzer Professoren, der evangelischen Exegeten Ferdinand Hahn und Gerhard Sauter. Mit Ferdinand Hahn wird Lehmann in Mainz einen regen Austausch pflegen. Der Kontakt bleibt auch dann bestehen, als Hahn nach München und Lehmann nach Freiburg gehen.

46 Karl Lehmann, Denkform, zitiert nach der überarbeiteten Fassung in Karl Lehmann, Gegenwart des Glaubens, Mainz 1974, 39. Vgl. auch Hans-Georg Gadamer, Art. Hermeneutik, in: HistWBPhil 3, Sp. 1061–1073.

47 Ebd., 48.

48 Vgl. dazu Krenski, Opportunismus (Anm. 41).

49 Karl Lehmann, Das gelebte Zeugnis: Karl Rahner, in: Dein Reich komme. 89. Deutscher Katholikentag, Aachen, 10.–14. September 1986. Dokumentation, Band 1, Paderborn 1998, 832–842, hier 833.

50 Rahner, Bekenntnisse (Anm. 40), 38.

51 Nikolaus Schwerdtfeger, Gnade und Welt. Zum Grundgefüge von Karl Rahners Theorie der »anonymen Christen«, Freiburg i.Br. 1982 (FThSt 123).

52 Werner Löser, Im Geiste des Origenes. Hans Urs von Balthasar als Interpret der Kirchenväter, Frankfurt a. M. 1976 (FTS 23); Manfred Lochbrunner, Analogia caritatis. Darstellung und Deutung der Theologie Hans Urs von Balthasars, Freiburg i.Br. 1981 (FThSt 120).

53 Vgl. Leo J. O'Donovan, Zwei Söhne des Ignatius – Drama und Dialektik, in: Raffelt, Weg und Weite (Anm. 12), 371–385.

54 Karl Lehmann, Karl Rahner und die Kirche, in: Ders., Geheimnis (Anm. 42), 120–135, hier 128.

55 Ebd.

56 Vgl. Vorgrimler, Rahner (Anm. 11), besonders 226–231.

57  Karl Rahner, Marsch ins Getto?, in: StZ 189, 1972, 1.
58  Karl Lehmann, Karl Rahner (Hgg.), Marsch ins Getto? Der Weg der Katholiken in der Bundesrepublik, München 1973.
59  Ebd., Vorwort, 7
60  Karl Rahner, Sämtliche Werke, hg. von der Karl-Rahner-Stiftung unter Leitung von Karl Lehmann, Johann Baptist Metz, Karl-Heinz Neufeld, Albert Raffelt und Herbert Vorgrimler, Freiburg i. Br. 1995 ff.
61  LThK³ 7, Sp. 805–808.
62  Vgl. Krenski, Opportunismus (Anm. 41).
63  Das Vorwort Rahners in Heft 3 des 3. Jahrgangs 1967 etwa stammt ohne Zweifel von Lehmann: Die einfache Sprache und der gelenkige Satzbau heben seine Texte eindeutig von den sprachlich wie grammatisch oft sperrig-überladenen Sätzen Rahners ab. Dasselbe gilt für die Vorbemerkung zu dem Bulletin »Situation der Verkündigung und Predigthilfe« (Conc[D] 4, 1968, 204–205) und das Vorwort zu dem Heft »Dienst und Leben des Priesters in der Welt von heute« (Conc[D] 5, 1969, 157–158).
64  Conc(D) 3, 1967, 208–217.
65  Ebd. 216.
66  Conc(D) 7, 1971, 171–181.
67  Ebd. 180.
68  Hans Urs von Balthasar, Communio – Ein Programm, in: IKaZ 1, 1972, 4–17, hier 17.
69  Vgl. Franz Greiner, Das erste Echo, in: IkaZ 1, 1972, 284–286.
70  Die Idee einer eigenen theologischen Zeitschrift war im Umfeld der Internationalen Theologenkommission herangereift. Der Jesuit Henri de Lubac, neben den beiden Dominikanern Yves Congar und Marie-Dominique Chenu der Dritte im Bunde der bedeutenden französischen Theologen des 20. Jahrhunderts, ist von Beginn an in die Pläne Balthasars eingeweiht. Mitstreiter der ersten Stunde sind auch der Münchner Politikwissenschaftler und spätere bayerische Kultusminister und ZdK-Präsident Hans Maier, der Publizist Otto Roegele, der Psychoanalytiker Albert Görres und der Regensburger Dogmatiker Joseph Ratzinger. Vgl. auch Karl Lehmann, Walter Kasper, Hans Urs von Balthasar – Gestalt und Werk, Köln 1989, Geleitwort der Herausgeber, 10.
71  IkaZ 1, 1972, 355–372.
72  Ebd. 474–478.
73  Ebd. 481–495.
74  Lehmann, Balthasar (Anm. 70), 9.
75  Vgl. Theologenkommission, Internationale, in: Niccolò del Re, Vatikanlexikon, München 1998, 779.
76  Commission Théologique Internationale, Textes et documents (1965–1985), Paris 1988, 419.

77 Vgl. Karl Rahner, Glaubenskongregation und Theologenkommission heute, in: StdZ 185, 1970, 217–230.

78 Rahner, Erinnerungen (Anm. 6), 83.

79 Karl Lehmann mit Heinz Schürmann, Olegario González de Cardedal und Hans Urs von Balthasar, Theologie der Befreiung, Einsiedeln 1977, 8.

80 So von Heinz-Joachim Fischer, Für »Adveniat« und die Theologie der Befreiung, in: FAZ vom 3. Dezember 1977.

81 Karl Lehmann, Den Armen verpflichtet – 40 Jahre gelebte Solidarität. Festvortrag bei der Jubiläumsveranstaltung »40 Jahre Adveniat« am 11. Oktober 2001 in Berlin (MS), 8.

82 ThPh 52, 1977, 57–66.

83 Commission, Textes (Anm. 76), 174.

84 Erstveröffentlichung der Thesen, in: Gr. 61, 1980, 609–632.

85 Allocution du 5 décembre 1983, in: Commission, Textes (Anm. 76), 403. Der Papst spielt an auf Commissio Theologica Internationalis, Theologia – Christologia – Anthropologia. Quaestiones selectae. Altera series (Sessio plenaria 1981, relatio conclusiva), in: Gr. 64, 1983, 5–24.

86 Siehe jetzt auch die von Karl Lehmann und Albert Raffelt herausgegebenen Schriften Rahners zur Ökumene (Sämtliche Werke 27, Freiburg i. Br. 2002).

87 Lehmann, Denkform (Anm. 46).

88 Dogmatische Vorüberlegungen zum Problem der »Interkommunion«, in: J. Höfer u.a.: Evangelisch-katholische Abendmahlsgemeinschaft? Regensburg, Göttingen 1971, 77–141; wieder abgedruckt in Lehmann, Gegenwart (Anm. 46), 229–273.

89 Ebd., 243 (Lit.). Dort auch die folgenden Zitate.

90 Näheres dazu in Karl Lehmann, Wie kann die Einheit der Kirche erreicht werden, in: Una sancta 29, 1974, 344–348.

91 IkaZ 4, 1975, 289–297, hier 297.

92 Vgl. Barbara Schwahn, Der Ökumenische Arbeitskreis Evangelischer und Katholischer Theologen von 1946 bis 1975, Göttingen 1996 (FSÖTh 74).

93 B. Schwahn hat diese Neuausrichtung, wie folgt, wiedergegeben: »Zu einer größeren Veränderung in der Arbeitsweise des ÖAK kam es erst, als Karl Lehmann und später Wolfhart Pannenberg die wissenschaftliche Leitung übernahmen. Waren die anderen leitenden Persönlichkeiten mit Ausnahme von Schlink in Hinsicht auf eine Angleichung der Arbeit an die neue Situation nach dem II. Vatikanum sehr zurückhaltend, so sahen jene in der Fortsetzung der Gespräche nur dann einen Sinn, wenn man stärker auf Ergebnisse hinarbeite und diese auch veröffentliche.« (ebd. 39). Anfang der achtziger Jahre erscheinen in dichter Folge drei Bände, von katholischer Seite jeweils herausgegeben

von Karl Lehmann: Glaubensbekenntnis und Kirchengemeinschaft. Das Modell des Konzils von Konstantinopel (381), Freiburg i.Br., Göttingen 1982 (Dialog der Kirchen 1); Evangelium – Sakramente – Amt und die Einheit der Kirche. Die ökumenische Tragweite der Confessio Augustana Freiburg i.Br., Göttingen 1982 (Dialog der Kirchen 2); Das Opfer Jesu Christi und seine Gegenwart in der Kirche. Klärungen zum Opfercharakter des Herrenmahles, Freiburg i.Br., Göttingen 1983 (Dialog der Kirchen 3).

94 Papst Johannes Paul II. in Deutschland, Offizielle Ausgabe, Bonn, Sekretariat der Deutschen Bischofskonferenz, 1981, 76–79 (Verlautbarungen des Apostolischen Stuhles 25A).

95 Lehrverurteilungen – kirchentrennend, Bd. 1: Rechtfertigung, Sakramente und Amt im Zeitalter der Reformation und heute, Freiburg i.Br., Göttingen 1986, 177.

96 Ebd. 14.

97 Ebd. 170.

98 Lehmann, Interkommunion (Anm. 88), 267.

99 Döpfner war Altgermaniker des Eintrittsjahrgangs 1933 und wurde am 29. Oktober 1939 in Rom zum Priester geweiht. Im Alter von nicht einmal 36 Jahren wurde Döpfner am 10. August 1948 zum Bischof von Würzburg ernannt. Am 26. November 1956 wurde er zum Bischof von Berlin gewählt. Papst Johannes XXIII. erhob ihn am 15. Dezember 1958 zum Kardinal und bestimmte ihn am 22. Juni 1961, kurz vor dem Bau der Berliner Mauer, zum Erzbischof von München und Freising. Zu Leben und Werk Döpfners vgl. ausführlich Klaus Wittstadt, Julius Kardinal Döpfner. Anwalt Gottes und der Menschen, München 2001.

100 Vgl. Karl Lehmann, Zum Verhältnis zwischen kirchlichem Amt und Theologie, in: M. Seckler u.a. (Hgg.), Begegnung. Beiträge zu einer Hermeneutik des theologischen Gesprächs. Festschrift H. Fries, Graz, Wien, Köln 1972, 415–430.

101 Ebd. 421.

102 Vgl. zum Folgenden auch Karl Lehmann, Mehr als eine biographische Episode, in: Paul Imhof, Hubert Biallowons (Hgg.), Karl Rahner. Bilder eines Lebens, Zürich, Freiburg i.Br. 1985, 123–126.

103 Entgegen der Absicht der Verfasser und Unterzeichner wurde das »Memorandum« im Frühjahr 1970 im Jahrgang 34 der Zeitschrift Orientierung veröffentlicht (69–72). Daraus auch die Zitate.

104 Karl Rahner, Freiheit und Manipulation in Kirche und Gesellschaft, München 1970, 49.

105 Ebd. 52.

106 Ernst Tewes, Gemeinsam mit kirchlichen Amtsträgern, in: Rahner, Bilder (Anm. 103), 118–122, hier 122. Tewes berichtet, daß Rahner in seinem Vortrag der »Amtskirche« Vorwürfe machte – ein Begriff,

den Döpfner ganz und gar nicht schätzte. Immerhin ist in dem gedruckten Vortrag nicht mehr von »Amtskirche«, sondern von »kirchlichen Amtsträgern« die Rede.

107  In dem Nachwort zu »Freiheit und Manipulation in Kirche und Gesellschaft« streitet Rahner indirekt ab, die Festakademie bewußt provoziert zu haben. »Wenn der Vortrag in München dem festlichen Anlaß der Stiftung des Guardini-Preises der Katholischen Akademie in Bayern und der ersten Verleihung des Preises an mich selbst nicht ganz entsprach, so kommt dies daher, daß ich bei der Abfassung des Referates von dieser Situation nichts wußte.«

108  Rahner, Bilder (Anm. 103), 126.

109  Näheres bei Wittstadt, Döpfner (Anm. 100), 300–304.

110  Vgl. HK 25 (1971), 533.

111  Römische Bischofssynode, Der priesterliche Dienst. Gerechtigkeit in der Welt, Trier 1972, 39.

112  Ebd.

113  »Gott selbst hat dem Menschengeschlecht Kenntnis gegeben von dem Weg, auf dem die Menschen, ihm dienend, in Christus erlöst und selig werden können. Diese einzige wahre Religion, so glauben wir, ist verwirklicht in der katholischen, apostolischen Kirche, die von Jesus, dem Herrn, den Auftrag erhalten hat, sie unter allen Menschen zu verbreiten (...) Alle Menschen sind ihrerseits verpflichtet, die Wahrheit, besonders in dem, was Gott und seine Kirche angeht, zu suchen und die erkannte Wahrheit aufzunehmen und zu bewahren (...) Da nun die religiöse Freiheit, welche die Menschen zur Erfüllung der pflichtgemäßen Gottesverehrung beanspruchen, sich auf die Freiheit von Zwang in der staatlichen Gesellschaft bezieht, läßt sie die überlieferte katholische Lehre von der moralischen Pflicht der Menschen und der Gesellschaften gegenüber der wahren Religion und der einzigen Kirche Christi unangetastet.« (Dignitatis Humanae1, LThK$^2$ 13, 713–715).

114  Hans Küng, Rechtfertigung. Die Lehre Karl Barths und eine katholische Besinnung, Einsiedeln 1957; Ders., Strukturen der Kirche, Freiburg 1962 (QD 17).

115  Hans Küng, Unfehlbar? Eine Anfrage, Zürich 1970.

116  Küngs Name wurde freilich in der Pressekonferenz der Glaubenskongregation aus Anlaß der Erklärung ausdrücklich genannt. Vgl. Kongregation für die Glaubenslehre, Erklärung »Mysterium ecclesiae« zur katholischen Lehre über die Kirche und ihre Verteidigung gegen einige Irrtümer von heute, hg., eingeleitet und kommentiert von Karl Lehmann. Dokumentarischer Anhang zum Lehrverfahren über die Bücher von Hans Küng »Die Kirche« und »Unfehlbar? Eine Anfrage«, Trier 1975, 178.

117  Vgl. den Wortlaut der neuerlichen Erklärung: ebd. 194–199.

118 Dokumentation der Bemühungen der Glaubenskongregation des Apostolischen Stuhles und der Deutschen Bischofskonferenz um sachgerechte Klärung der umstrittenen Auffassungen von Professor Dr. Hans Küng, Bonn (Sekretariat der Deutschen Bischofskonferenz), 18. Dezember 1979, 45.

119 Ebd. 52 ff.

120 Walter Jens (Hg.), Um nichts als die Wahrheit. »Deutsche Bischofskonferenz« contra Hans Küng, München 1978. Lehmann reagiert auf diese Veröffentlichung mit dem Artikel »Hoftheologie für und von Hans Küng« im *Rheinischen Merkur* vom 24. Februar 1978.

121 Hans Küng, Geleitwort zu August Bernhard Hasler, Wie der Papst unfehlbar wurde. Macht und Ohnmacht eines Dogmas, München 1979, XIII–XXXVII; Ders., Kirche – gehalten in der Wahrheit?, Zürich 1979 (Theologische Meditationen 51).

122 In: Raffelt, Weg und Weite (Anm. 12), 705–710, hier 710.

123 Zitiert nach Nichtweiß, Lehmann (Anm. 30), 143.

124 Werner Löser hat Heinrich Schlier als einen »Grenzgänger zwischen den Kirchen und ihren Theologien« bezeichnet (Heinrich Schlier zum 100. Geburtstag – 31.3.1900–26.12.1978, in: IkAZ 29, 2000, 181–189, hier 186.) In den Marburger Theologen- und Philosophenkreisen hatte Schlier mit Heidegger, Gadamer und Rudolf Bultmann verkehrt und war zur Zeit des Nationalsozialismus eines der bedeutendsten Mitglieder der Bekennenden Kirche. 1953 tritt Schlier zur katholischen Kirche über und ist fortan beiden Seiten verdächtig. Die evangelischen Kollegen schneiden ihn, an einer Katholisch-Theologischen Fakultät erhält der namhafte Exeget keinen Lehrstuhl. Immerhin gibt Schlier gemeinsam mit Karl Rahner die *Quaestiones disputatae* heraus, die damals angesehenste theologische Buchreihe weltweit. Lehmann, selbst ein Grenzgänger, fühlt sich Schlier immer wesensverwandt, nicht zuletzt aufgrund der gemeinsamen Prägung durch Heidegger und die Exegese. In den letzten Jahren seiner Freiburger Zeit betreut Lehmann auf Bitten der Familie Schlier zusammen mit dessen jüngster Tochter den Nachlaß des am zweiten Weihnachtstag des Jahres 1978 verstorbenen Exegeten. Vgl. Heinrich Schlier, Die Freude seiner Nähe, Freiburg i.Br. 1980; Ders., Der Geist und die Kirche, Freiburg i.Br. 1980 (mit Bibliographie); Ders., Gotteswort in Menschenmund, Freiburg i.Br. 1982.

125 OG I, 7.

126 Karl Lehmann, Geleitwort zu: Karl Hillenbrand, Priester aus Passion. Die Entwicklung des Priesterbildes bei Julius Döpfner, Würzburg 2001, 4.

127 Ebd. – wobei Lehmann die Kardinäle Döpfner und Volk in einem Atemzug nennt.

# Kapitel 5

1 So Papst Johannes Paul II. zu Bischof Lehmann über Kardinal Volk, wenige Wochen vor des Mainzer Kardinals 80. Geburtstag. Zitiert nach Aktuelle Informationen Nr. 34, Mainz 1984, 8.

2 Vgl. Georg Schwaiger, Papsttum und Päpste im 20. Jahrhundert, München 1999, 373–396.

3 Informationen (Anm. 1.), 8.

4 »Zur Oberrheinischen Kirchenprovinz gehören das Erzbistum Freiburg i. Br. u. d. Bistümer Rottenburg und Mainz«, Baden-Konkordat Artikel II.

5 »Nach Erledigung des Erzbischöflichen Stuhles reicht das Domkapitel dem Heiligen Stuhl eine Liste kanonisch geeigneter Kandidaten ein. Unter Würdigung dieser sowie der durch den Erzbischof jährlich einzureichenden Liste benennt der Heilige Stuhl dem Domkapitel drei Kandidaten, aus denen es in freier geheimer Abstimmung den Erzbischof zu wählen hat. Unter den drei Benannten wird mindestens ein Angehöriger der Erzdiözese Freiburg i. Br. sein.« Schlußprotokoll zu Art. III Abs. 1 S. 3: »Als Angehöriger der Erzdiözese Freiburg gilt auch ein aus der Erzdiözese stammender Geistlicher, der in derselben seine Studien ganz oder teilweise absolviert und wenigstens zeitweise im Dienste der Erzdiözese gestanden hat«, Baden-Konkordat Artikel III. Er wird sinngemäß auch in Rottenburg und in Mainz angewendet.

6 Barbara Nichtweiß, Karl Kardinal Lehmann, Mainz 2001, 153.

7 GS 76.

8 Glauben und Leben. Kirchenzeitung Bistum Mainz, Jg. 30, Nr. 40, Sondernummer vom 2. Oktober 1983, 14. Die folgenden Zitate aus diesem Text.

9 Karl Rahner, Bekenntnisse. Rückblick auf 80 Jahre, hg. v. Georg Sporschill SJ, München 1984, 38.

10 Vgl. zum Folgenden Heinz Heckwolf, Vor zehn Jahren … Bischofsernennung und -weihe aus einer ungewöhnlichen Perspektive, in: Mit Nüchternheit und Zuversicht. Karl Lehmann 10 Jahre Bischof von Mainz, Mainz 1993, 6–10.

11 Vgl. Friedhelm Jürgensmeier, Das Bistum Mainz. Von der Römerzeit bis zum II. Vatikanischen Konzil, Frankfurt 1988 und Ders., Art. Mainz in LThK³ 6, Sp. 1208–1213.

12 Hermann Kardinal Volk zum Gedenken, Mainz 1988, 25.

13 »Der Bischof ist verpflichtet, die Diözese … zu visitieren, und zwar so, daß er wenigstens alle fünf Jahre die gesamte Diözese visitiert, sei es persönlich, sei es … durch … einen Auxiliarbischof …« Can. 396 § 1 CIC 1983.

14 Vgl. Franziskus Eisenbach, Bischöfliche Pastoralvisitationen – Dienst am Glauben und an der Einheit, in: Karl Hillenbrand, Barbara Nichtweiß (Hgg.), Aus der Hitze des Tages: Kirchliches Leben in Moment-

aufnahmen und Langzeitperspektiven. Für Bischof Karl Lehmann in dankbarer Verbundenheit zur Vollendung des 60. Lebensjahres am 16. Mai 1996, Würzburg 1996, 127–161.

15 Zahlreiche dieser »Kurz-Kommentare« des Kardinals sind jetzt zusammengefaßt in: Karl Kardinal Lehmann, Mut zum Umdenken. Klare Positionen in schwieriger Zeit, Freiburg i.Br. 2002.

16 In: Albert Raffelt (Hg.), Weg und Weite. Festschrift für Karl Lehmann, Freiburg i.Br. 2001, XXXII.

17 Rolf Dörrlamm, Können Sie als Überraschung kommen? Karl Lehmann und die Medien, in: Mit Nüchternheit und Zuversicht. Karl Lehmann 10 Jahre Bischof von Mainz, Mainz 1993, 13–14.

18 Ebd. 14.

19 Vgl. Karl Lehmann, Zur Theologie der Gemeindeleitung, in: PThI 3, 1970, 2–31; Ders., Was ist eine christliche Gemeinde? Theologische Grundstrukturen, in: IKaZ 1, 1972, 481–497; Ders., Was bleibt für die Gemeinde? Kleine Bilanz der Synode in der Bundesrepublik Deutschland, in: LS 27, 1976, 129–132; Ders., Chancen und Grenzen der neuen Gemeindetheologie, in: IKaZ 6, 1977, 111–127; Ders., Gemeinde, in: Franz Böckle u.a. (Hgg.), Christlicher Glaube in moderner Gesellschaft, Bd. 29, Freiburg i.Br. 1982, 5–65.

20 Vgl. Eine Idee gewinnt Gestalt. 50 Jahre Gemeindereferentinnen und -referenten, hg. von Barbara Nichtweiß, Mainz 1996 (Mainzer Perspektiven. Berichte und Texte aus dem Bistum 7).

21 Fastenhirtenbrief des Hochwürdigsten Herrn Bischofs von Mainz Dr. Dr. Karl Lehmann, Bischöfliche Kanzlei Mainz 1984. Daraus auch die folgenden Zitate.

22 Einführung, Hirtenwort und Grundsätze. Die Bischöfe der Oberrheinischen Kirchenprovinz, Freiburg i.Br., Mainz, Rottenburg-Stuttgart 1993.

23 Unauflöslichkeit der Ehe und Pastoral für Wiederverheiratete Geschiedene, in: IKaZ 1, 1972, 355–372. Wieder abgedruckt in: Gegenwart des Glaubens, Mainz 1974, 274–294. Dort auch »Nochmals: Wiederverheiratete Geschiedene«, 295–308.

24 Lehmann, Nochmals (Anm. 23), 295.

25 Lehmann, Unauflöslichkeit 289 (Anm. 23), unter Berufung auf Joseph Ratzinger. Zur Frage der Unauflöslichkeit der Ehe, in: Franz Henrich, Volker Eid (Hgg.), Ehe und Ehescheidung, München 1972, 35–56, hier 51.

26 Lehmann, Nochmals (Anm. 23), 299.

27 Lehmann, Unauflöslichkeit (Anm. 23), 293.

28 Hirtenwort (Anm. 22), 10. Daraus auch die folgenden Zitate.

29 Siehe auch Peter Walter, Wiederverheiratete Geschiedene in der kirchlichen »communio«, in: Theodor Schneider (Hg.), Geschieden – Wiederverheiratet – Abgewiesen? Antworten der Theologie, Freiburg i. Br. 1995, 168–182 (QD 157).

30 Mainz 1996, 6.

# Kapitel 6

1 Karl Lehmann, Würdigung von Joseph Kardinal Höffner bei der Herbst-Vollversammlung der Deutschen Bischofskonferenz am 21. September 1987, in: Gerechtigkeit und Liebe. Joseph Kardinal Höffner, Vorsitzender der Deutschen Bischofskonferenz 1976–1987, Bonn 1987, 5–16, hier 6.

2 Bernhard Vogel, Karl Lehmann – ein Zeuge des Glaubens, in: Albert Raffelt (Hg.), Weg und Weite. Festschrift für Karl Lehmann, Freiburg i. Br. 2001, XX–XXII, hier XXI.

3 Einen Fragebogen, wie er bei einer Bischofsbestellung Ende der neunziger Jahre von der Apostolischen Nuntiatur in Deutschland verwendet wurde, hat der Verfasser erstmals in der *Frankfurter Allgemeinen Zeitung* vom 7. März 2001 veröffentlicht.

*Fragebogen*

0. Zu beschreiben ist, welche Beziehungen zum Kandidaten bestehen, seit wann man ihn kennt.

1. Angaben zur Person – Äußere Erscheinung; Gesundheit; Belastbarkeit; Familienverhältnisse, insbesondere bezüglich eventueller Anzeichen von Erbkrankheiten.

2. Menschliche Eigenschaften – Spekulative und praktische geistige Fähigkeiten; Temperament und Charakter, inneres Gleichgewicht; Ausgewogenheit des Urteils; Sinn für Verantwortung.

3. Menschliche, christliche und priesterliche Bildung – Besitz und Zeugnis menschlicher, christlicher und priesterlicher Tugenden (Klugheit, Gerechtigkeit, Rechtschaffenheit, Redlichkeit, Sachlichkeit, Glaube, Hoffnung, Liebe, Gehorsam, Demut, Frömmigkeit, tägliche Feier der Eucharistie und des Stundengebetes, marianische Frömmigkeit).

4. Verhalten, sittliche Haltung; Verhalten zu den Mitmenschen und in Ausübung des priesterlichen Dienstes; Fähigkeit, freundschaftliche Beziehungen anzuknüpfen; Beziehungen zu staatlichen Autoritäten (Achtung Unabhängigkeit).

5. Bildung und geistige Fähigkeiten – Sachkenntnis und ständige Weiterbildung in den kirchlichen Wissenschaften; Allgemeinbildung; Kenntnis und Gespür für die Probleme unserer Zeit; Kenntnis anderer Sprachen; eventuelle Veröffentlichungen von Büchern oder Zeitschriftenartikeln von Bedeutung.

6. Rechtgläubigkeit – Überzeugte und treue Anhänglichkeit an die Lehre und das Lehramt der Kirche. Insbesondere Einstellung des Kandidaten zu den Dokumenten des Heiligen Stuhles über das Priesteramt, die Priesterweihe von Frauen, die Ehe und Familie, die Sexualethik (insbesondere die Weitergabe des Lebens gemäß der Lehre der

Enzyklika *Humanae vitae* und des Apostolischen Schreibens *Familiaris consortio*) und die soziale Gerechtigkeit. Treue zur wahren kirchlichen Überlieferung und Engagement für die vom II. Vatikanischen Konzil und von den darauf folgenden päpstlichen Unterweisungen eingeleitete echte Erneuerung.

7. Disziplin – Treue und Gehorsam gegenüber dem Heiligen Vater, dem Apostolischen Stuhl, der Hierarchie, Achtung und Annahme des priesterlichen Zölibats, wie er vom kirchlichen Lehramt vorgestellt wird; Beachtung und Befolgung der allgemeinen und besonderen Normen, betreffend den Vollzug des Gottesdienstes sowie hinsichtlich der geistlichen Kleidung.

8. Seelsorgerische Eignung und Erfahrung – Fähigkeit, Erfahrung und erlangte Erfolge im seelsorgerischen Dienst; Verkündigung des Evangeliums und Katechese; Predigt und Unterweisung (Vorbereitung, Fähigkeit, öffentlich zu sprechen); sakramentale und liturgische Pastoral (besonders bei der Spendung des Sakramentes der Buße und bei der Eucharistiefeier), pastorale Tätigkeit zur Förderung von geistlichen Berufen; Einsatz für die Mission; ökumenische Geisteshaltung; Ausbildung der Laien zum Apostolat (Familie, Jugend, Förderung und Verteidigung der Menschenrechte, Welt der Arbeit, der Kultur und der Medien); menschliche Förderung und soziale Tätigkeit mit besonderer Aufmerksamkeit den Armen und Notleidenden gegenüber.

9. Führungseigenschaften – Väterliche Haltung, Dienstbereitschaft und Fähigkeit zu Initiativen; Befähigung zur Führung, zum Dialog; Fähigkeit, Mitarbeiter anzuregen und entgegenzunehmen; Fähigkeit zur Analyse und Planung, zur Entscheidung und Durchsetzung, Orientierung zu geben und gemeinsame Arbeiten zu begleiten; ein Gespür für die Rolle und Zusammenarbeit mit Ordensleuten und Laien (Männern und Frauen) und für eine gerechte Verteilung der Verantwortung; Interesse für die Probleme der Gesamt- und Teilkirche.

10. Verwaltungsfähigkeiten – Achtung und guter Gebrauch der Güter der Kirche; Geschick und Tüchtigkeit in der Verwaltung; Gerechtigkeitssinn und Geist der Loslösung von irdischen Gütern; Bereitschaft, für Fachfragen Sachverständige heranzuziehen.

11. Öffentliche Wertschätzung – seitens der Mitbrüder, des Volkes und der Behörden.

12. Gesamturteil über die Persönlichkeit des Kandidaten und seine Eignung für das Bischofsamt – Bei positiver Beurteilung, angeben, ob sich der Kandidat eher zum Diözesanbischof oder zum Weihbischof eignet sowie für welche Art von Diözese er besser geeignet scheint (städtische, industrielle, ländliche, bedeutende, mittlere oder kleine Diözese). – Eventuelle andere Informationen.

13. Schließlich wird darum gebeten, Namen, Wohnadresse und Stel-

lung weiterer Personen anzugeben (Priester, Ordensleute – Männer und Frauen – sowie Laien), die infolge ihrer Urteilsfähigkeit, Unbefangenheit und Verschwiegenheit zuverlässig erscheinen und den Kandidaten gut kennen.

4 Einen Überblick bieten Bernd Schäfer, Staat und katholische Kirche in der SBZ/DDR 1945–1989, in: Thomas Brose (Hg.), Deutsches Neuland, Beiträge aus Religion und Gesellschaft, Leipzig 1996, 81–89; Dieter Grande, Bernd Schäfer, Kirche im Visier. SED, Staatssicherheit und katholische Kirche, Leipzig 1998, bes. 23–45; Josef Pilvousek, Die katholischen Bischöfe der DDR im Visier des Staatsapparats, in: Thomas Brose (Hg.), Gewagte Freiheit. Wende, Wandel, Revolution, Leipzig 1999, 90–109 (Lit.).

5 Akte XV 665/75 »Peter«, BstU ZA AIM 25136/91 (Beifügung), 000041.

6 Nach Aktenlage traf Dissemond sich mit seinen Gesprächspartnern von der Stasi wie Manfred Stolpe hin und wieder im Objekt »Wendenschloß«. In der Stasi-Akte sind Details dieser Treffen bis hin zur Bestellung des Mittagessens überliefert: »wenn möglich Forelle, aber bitte kein Karpfen«.

7 Für den Zeitraum Ende 1978 bis Mitte 1981 sind in der Akte keine Treffberichte erhalten. Da sich dieser Zeitraum weitgehend mit der Vakanz auf dem Berliner Bischofsstuhl deckt, könnten sich die Treffberichte in Dresden unter den Unterlagen über Bischof Schaffran, den Interims-Vorsitzenden der BBK, befinden.

8 Akte (Anm. 5), 000262.

9 Ebd., 000263

10 Vgl. zum Folgenden auch Gerhart Hartmann, Der Bischof. Seine Wahl und Ernennung, Graz 1990, 124 ff.

11 Lehmanns Reisen nach Übersee während seiner Lehrtätigkeit in Mainz und Freiburg sowie als Bischof von Mainz und Vorsitzender der Deutschen Bischofskonferenz sind fast an einer Hand abzuzählen: 1974 vertritt er Joseph Ratzinger bei einer Zusammenkunft von »Faith and Order« in Accra (Ghana), 1976 lehrt Lehmann einige Zeit an der Dormitio-Abbey in Jerusalem, 1980 besucht er aus Anlaß des zehnjährigen Bestehens eines Hilfsfonds die Sahel-Zone, 1998 ist er während der Kölner Wirren auf Cuba, 1991 verleiht ihm die Georgetown-University in Washington D.C. die Ehrendoktorwürde.

12 Der international angesehene Tübinger Ethiker Dietmar Mieth etwa wird erst im Jahr 2001, zwölf Jahre nach der von ihm mitverantworteten »Kölner Erklärung«, als Berater in die (neugeschaffene) Unterkommission »Bioethik« gewählt.

13 Pressedienst der Deutschen Bischofskonferenz, Dokumentation, PRDD89P-03 vom 26. Januar 1989.

14 Karl Lehmann, Zum Verhältnis zwischen kirchlichem Amt und Theologie, in: M. Seckler u. a. (Hgg.), Begegnung. Beiträge zu einer Hermeneutik des theologischen Gesprächs. Festschrift Heinrich Fries, Graz, Wien, Köln 1972, 415–430, hier 418 f.

15 Der Münchner Kanonist Heribert Schmitz sieht den Wert der Mainzer Unterredungen denn auch nicht in besonderer Publizität, sondern in sachgerechter Information und Gedankenaustausch ohne den Druck der Öffentlichkeit: »Die Mainzer Kontaktgespräche zwischen Bischöfen und Theologieprofessoren haben dazu geführt, daß wenigstens zwischen den Gesprächsteilnehmern kein weiterer Problemstau entstanden ist«, heißt es in der Bilanz, die Schmitz nach mehr als zehn Jahren oder zwanzig »Mainzer Gesprächen« zieht. Heribert Schmitz, »Mainzer Gespräche«. Kontaktgespräche zwischen Bischöfen und Theologen, in: Raffelt, Weg und Weite (Anm. 2), 787–804, hier 797.

16 Friedrich Kronenberg, Zur Rolle des Zentralkomitees der deutschen Katholiken. Ein Bericht aufgrund eigener Kenntnisse und persönlicher Erfahrungen, in: Ulrich von Hehl, Hans Günter Hockerts (Hgg.), Der Katholizismus – gesamtdeutsche Klammer in den Jahrzehnten der Teilung, Paderborn 1996, 39–68.

17 Zur Geschichte des Erfurter Studiums siehe jetzt Josef Pilvousek, Theologische Ausbildung und gesellschaftliche Umbrüche. 50 Jahre Katholische Theologische Hochschule und Priesterausbildung in Erfurt, Leipzig 2002 (EThS 82).

18 Vgl. Lothar Ullrich, Dankbare Erinnerung. Festvortrag zur Vierzigjahrfeier des Philosophisch-Theologischen Studiums am 11. Juni 1992, in: Claus-Peter März (Hg.), Die ganz alltägliche Freiheit. Christsein zwischen Traum und Wirklichkeit, Leipzig 1993 (EthS 65), 129–143, bes. 137.

19 Vgl. Clemens Bordkorb, Hugo Aufderbeck, in: ThGl 88, 1998, 145–169.

20 Der Erfurter Generalvikar hatte aus damals unerfindlichen Gründen den Vorzug vor dem Erfurter Bischof Joachim Wanke erhalten. Todkrank hatte Bischof Aufderbeck im Sommer 1980 den Erfurter Priesterrat zusammengerufen. Der möge ihm Männer vorschlagen, von denen einer sein Weihbischof werden könne. Allen war klar, daß der neue Weihbischof auch der nächste Bischof von Erfurt sein würde. Die meisten Voten vereinigte ein junger, 39 Jahre alter Priester auf sich: Dr. Joachim Wanke, als Theologe und Bischof vielleicht die bedeutendste Persönlichkeit, die die DDR hervorgebracht hat. Am 26. November 1980 weihte der neue Berliner Bischof Joachim Meisner Wanke im Erfurter Mariendom zum Bischof. Nach Aufderbecks Tod am 17. Januar 1981 trat der junge Weihbischof an die Spitze der Erfurter Kirche. Als nach der Versetzung Meisners der Berliner Bi-

schofsstuhl vakant wurde und Wanke nicht zum Zuge kam, hatte nicht etwa die Stasi ihre Finger im Spiel. Einflußreiche kirchliche Kreise in der DDR und in Rom hatten kein Interesse daran, einen »unzuverlässigen« Mann nach Berlin zu schicken. So hat die Stasi festgehalten. Der Führungsoffizier Dissemonds schrieb in der Anlage TB (Treffbericht) »Peter« vom 19. August 1987 (Anm. 5, 000245), Wanke habe weder als Nachfolger Meisners noch als Nachfolger des Dresdner Bischofs Schaffran die Unterstützung von Kardinal Ratzinger, des Präfekten der vatikanischen Kongregation für die Glaubenslehre: »Ratzinger hat gegen Wanke Vorbehalte wegen dessen theologischer Standpunkte in Fragen der Frauenarbeit (den Frauen mehr Verantwortung), der Öffnung für die Ökumene (siehe Auftreten auf der Bundessynode in Erfurt) und der Laienarbeit (breitere Einbeziehung). Offenbar hat man sich in Rom schon lange für Wanke interessiert und Informationen, die dem Ansehen des Erfurter Bischofs abträglich waren, gerne entgegengenommen.

21 Zur Neuordnung der Diözesangrenzen siehe auch Konrad Hartelt, Die Neuordnung der Diözesangrenzen in der ehemaligen DDR, in: ÖAKR 43, 1994, 183–208.

22 »Vor dem Krieg hatte es auf dem Gebiet der ehemaligen DDR lediglich 1 081 387 Katholiken gegeben. Von 1945 bis 1949 erhöhte sich also die Gesamtzahl der Katholiken auf 2 772 522, das entspricht einer Zunahme von 156,4 Prozent.« Josef Pilvousek, Flüchtlinge, Flucht und die Frage des Bleibens, in: März, Freiheit (Anm. 18), 9–23, hier 11.

23 Zum Bistum Hildesheim gehörten nur sechs Pfarreien auf dem Gebiet der DDR: vier im Magdeburger, eine im Erfurter und eine im Schweriner Gebiet.

24 Vgl. zum Folgenden ausführlicher Heinz Hürten, Was heißt Vatikanische Ostpolitik?, in: Karl-Joseph Hummel (Hg.), Vatikanische Ostpolitik unter Johannes XXIII. und Paul VI. 1958–1978, Paderborn 1999, 1–17 und Josef Pilvousek, Vatikanische Ostpolitik – Die Politik von Staat und Kirche in der DDR, in: ebd., 113–134 (Lit.).

25 Vgl. Rudolf Morsey, Die Haltung der Bundesregierung zur vatikanischen Ostpolitik in den früheren Ostgebieten des Deutschen Reiches 1958–1978, in: Hummel, Ostpolitik (Anm. 24), 31–78.

26 Vgl. ebd.

27 Döpfner an Paul VI., Theologische Fakultät Erfurt, Seminar für Zeitgeschichte, BOK/BBK P XIII, Dokumente zu kirchenpolitischen Fragen (Administraturen, Nuntiatur, Diözesen). Dort auch die nachfolgend zitierten Dokumente zur vatikanischen Ostpolitik.

28 Günter Bier, Apostolischer Administrator, in: HKSrR 1, 139.

29 Schreiben des Staatssekretärs Seiner Heiligkeit vom 10. April 1976 (Prot. Nr. 2326/76).

30 Protokoll der Sitzung der BOK vom 11. Mai 1976.
31 Erklärung der Berliner Ordinarienkonferenz zu der dem Schreiben des Staatssekretärs Seiner Heiligkeit vom 10. April 1976 (Prot. Nr. 2327/76) beigefügten Anlage.
32 Die Vorträge sowie weitere Stellungnahmen einschließlich der Darlegungen Lehmanns sind dokumentiert in Günter Gorschenek (Hg.), Grundwerte in Staat und Gesellschaft, München 1977. Lehmanns Ausführungen finden sich auf den Seiten 158–172. Eine ausführlichere Einlassung Lehmanns zu diesem Thema bietet ders., Die Funktion von Glaube und Kirche angesichts der Sinnproblematik in Gesellschaft und Staat heute, in: J. Krautscheidt, H. Marré (Hgg.), Essener Gespräche zum Thema Staat und Kirche 11, Münster 1977, 9–56 (mit Diskussion).
33 Lehmann, Zwischenbilanz, in: Gorschenek, Grundwerte (Anm. 32), 164. In diesem Beitrag auch die folgenden Zitate.
34 Vergl. den umfangreichen Sammelband »Glauben bezeugen, Gesellschaft gestalten« (Freiburg i. Br. 1993).
35 Grundwerte, in: Staatslexikon, 7. Aufl., Bd. 2, Freiburg 1986, Sp. 1131–1137.
36 Karl Lehmann, Das Eintreten für das Lebensrecht des ungeborenen Kindes als christlicher und humaner Auftrag. Eröffnungsreferat von Bischof Karl Lehmann bei der Herbst-Vollversammlung der Deutschen Bischofskonferenz in Fulda, 23. September 1991, hg. vom Sekretariat der Deutschen Bischofskonferenz (Der Vorsitzende der Deutschen Bischofskonferenz, 16), 19 f.
37 Ernst-Wolfgang Böckenförde, Abschaffung des § 218 StGB?, in: StZ 188, 1971, 147–167, hier 162 f.
38 Caritas-Korrespondenz 4/1975, 7–12.
39 Ja zum Leben, Rahmenbedingungen für die Arbeit Katholischer Beratungsstellen für werdende Mütter in Not- und Konfliktsituationen, verabschiedet vom Zentralrat des Deutschen Caritasverbandes am 9. Mai 1984, 15.
40 Vgl. auch Wolfgang Schäuble, Der Vertrag, Stuttgart 1991, 229–250.
41 Lehmann, Lebensrecht (Anm. 36), 20. Dort auch die folgenden Zitate.
42 Lehmann äußert sogar die Hoffnung, daß die »Woche für das Leben« bald auf europäischer Ebene von den Nachbarkirchen mitgetragen werde.
43 Beratung zwischen Lebensschutz und Abtreibung. Eröffnungsreferat bei der Herbst-Vollversammlung der Deutschen Bischofskonferenz am 21. September 1992 in Fulda, in: Pressemitteilungen der Deutschen Bischofskonferenz vom 25. 9. 1992 (PRDD92G-03). Dort auch die folgenden Zitate.
44 BverfG E 88, 203, II.
45 Ebd.

46 Lehmann, Beratung (Anm. 43), 16 f.
47 So Papst Johannes Paul II. am 20. November 1999 in einem Brief an Bischof Lehmann.
48 Beide Briefe sind veröffentlicht im Amtsblatt des Bistums Limburg, 1. April 2002.
49 Schlußbericht des Präsidenten, in: Synode 8, 1975, 89–96, hier 95.
50 Karl Lehmann, Ihr sollt meine Zeugen sein. Vom Sinn und Auftrag des Christseins, Hirtenwort zur Österlichen Bußzeit 1996, Bischöfliche Kanzlei Mainz 1996, 5. Vgl. auch die Texte in Glauben bezeugen (Anm. 34)
51 Zuvor war Lehmann zwei Perioden lang Mitglied der vatikanischen Kongregation für die Glaubenslehre.
52 Hans Maier, Die Zukunft der Kirche, in: Peter Reifenberg, Anton van Hooff, Walter Seidel (Hgg.), Licht aus dem Ursprung. Kirchliche Gemeinschaft auf dem Weg ins 3. Jahrtausend, Würzburg, 1998, 324 bis 339, hier 324. Daraus auch die weiteren Zitate.
53 Ebd. Maier bezieht sich auf das Gespräch »Ich komme mir oft wie ein Grenzgänger vor«, in: Mit Nüchternheit und Zuversicht. Karl Lehmann 10 Jahre Bischof von Mainz, Bischöfliches Ordinariat Mainz 1993, 60–67, hier 62.
54 Maier, Zukunft (Anm. 51), 324 f.
55 Lehmann, Zeugen (Anm. 49), 8.

# Kapitel 7

1 Vom Sinn und Nutzen des Studiums in Rom, in: KB 111, 2002, 106 bis 116, hier 111. Daraus auch die folgenden Zitate.
2 Aus diesem Text sind auch die folgenden Zitate entnommen.
3 Erwin Gatz (Hg.), Die Bischöfe des Heiligen Römischen Reiches 1448–1648. Ein biographisches Lexikon, Berlin 1996, 149–150 (M. Feldkamp).
4 Die meisten Texte dieser Tage, eine ausführliche Schilderung und viele Bilder sind dokumentiert in: B. Nichtweiß, Karl Kardinal Lehmann, Mainz 2001.

# Personenregister

396